The Pizza BIBLE
피자 바이블

세계적으로 인기 있는 피자를 모두 모았다.
나폴리식, 딥디시, 장작화덕, 시칠리아식, 칼조네, 포카치아부터
뉴욕, 뉴헤이븐, 디트로이트, 그 밖의 다양한 피자까지.

토 니 제 미 냐 니
★★ TONY GEMIGNANI ★★
월 드 피 자 챔 피 언 11 회 수 상
with 수지 헬러 & 스티브 시겔만
photography 사라 레밍턴

GREENCOOK

이 책을 내 인생에 큰 영향을 준 세 사람에게 바치고 싶다.

내 아내 줄리(Julie)는 나와 내가 하는 일을 언제나 적극적으로 지지해준다. 내 삶의 빛인 그녀가 있어서 나는 더 나은 사람이 되고 싶다. 그녀는 내게 그야말로 최고의 사람이다.

이 획기적인 책을 만드는 데 많은 사람들이 함께할 수 있도록 도움을 준 수지 헬러(Susie Heller)에게 감사한다. 처음 작업을 함께 시작할 때부터 우리는 같은 비전과 열정과 결의를 공유했다. 그녀는 진정한 아티스트이자 좋은 친구이다.

가장 친한 친구이자 동업자인 조지 카파티(George Karpaty)는 내 열정을 불타오르게 하는 기폭제 역할을 한다. 조지는 내가 아는 사업가 중에서 가장 의욕적으로 일하는 사람이고, 완벽을 추구하는 나의 열정과 노력에 공감한다.

CONTENTS

기술을 중시하라 9

마스터 클래스 THE MASTER CLASS
준비단계 12
마스터 클래스를 위한 쇼핑 리스트 14

파트 1_ 이론 15
재료 19

파트 2_ 실습 29
1일째 29
2일째 34
3일째 37

미국의 지역피자 REGIONAL AMERICAN
스타터를 사용한 마스터 도우(Master Dough with Starter) 52
티가 & 풀리시 스타터(Tiga and Poolish Starters) 54
스타터를 사용하지 않은 마스트 도우(Master Dough without Starter) 56
뉴요커(New Yorker) 59
뉴욕-뉴저지 토마토소스(New York-New Jersey Tomato Sauce) 61
스위트 펜넬 소시지(Sweet Fennel Sausage) 62
칼라브레제 허니 소시지(Calabrese Honey Sausage) 63
소시지 케이싱하기 64
뉴헤이븐 위드 클램(New Haven with Clams) 67
뉴저지 토마토 파이(New Jersey Tomato Pie) 69
디트로이트 레드 탑(Detroit Red Top) 71
세인트루이스(St. Louis) 74

시카고 CHICAGO
시카고 딥디시 도우(Chicago Deep-Dish Dough) 82
시카고 스터프트 도우(Chicago Stuffed Dough) 84
딥디시 토마토소스(Deep-Dish Tomato Sauce) 85
시카고 딥디시 위드 칼라브레제 & 펜넬 소시지
(Chicago Deep-Dish with Calabrese and Pennel Sausages) 86
시카고 딥디시 위드 스피니치 & 리코타
(Chicago Deep-Dish with Spinach and Ricotta) 89
풀리 스터프트(Fully Stuffed) 95
캐스터아이언 스킬렛(Cast-Iron Skillet) 101
크래커신 도우(Cracker-Thin Dough) 105
크래커신 위드 펜넬 소시지(Cracker-Thin with Fennel Sausage) 106
크래커신 토마토소스(Cracker-Thin Tomato Sauce) 107
프랭크 니티(Frank Nitti) 109
이탈리안 스탤리온(Italian Stallion) 112
이탈리안 비프(Italian Beef) 114
이탈리안 비프 샌드위치(Italian Beef Sandwich) 117
시카고에서 영감을 얻은 칵테일(Chicago-Inspired Cocktails) 119

시칠리안 SICILIAN
스타터를 사용한 시칠리안 도우(Sicilian Dough with Starter) 126
스타터를 사용하지 않은 시칠리안 도우
(Sicilian Dough without Starter) 128
시칠리안 도우 미리 굽기 130
더 브루클린(The Brooklyn) 133
시칠리안 토마토소스(Sicilian Tomato Sauce) 134
페페로니 & 소시지(Pepperoni and Sausage) 135
부라티나 디 마르게리타(Burratina di Margherita) 137
퍼플포테이토 & 판체타(Purple Potato and Pancetta) 141
라 레지나(Ra Regina) 143
그랜드마(Grandma) 147
얼리 걸 토마토소스(Early Girl Tomato Sauce) 149
콰트로 포르니(Quattro Forni) 151

캘리포니아 스타일 CALIFORNIA STYLE
칼-이탈리아(Cal-Italia) 157
멀티그레인 도우(Multigrain Dough) 159
허니 파이(Honey Pie) 161
에디 먼스터(Eddie Muenster) 165
구안치알레 & 퀘일에그(Guanciale and Quail Egg) 167

캄파리(Campari) 171
오가닉 3치즈(Organic Three Cheese) 173
에그플랜트 & 올리브(Eggplant and Olive) 176
피그, 아몬드, 몬터레이 잭(Fig, Almond, and Monterey Jack) 179
유기농 도우(Organic Dough) 181
호라산 도우(Khorasan Dough) 184
아인콘 도우(Einkorn Dough) 186
발아밀 도우(Sprouted Wheat Dough) 188

나폴레타나 NAPOLETANA
나폴리식 도우(Napoletana Dough) 195
나폴리식 토마토소스(Napoletana Tomato Sauce) 197
핸드메이드 모차렐라(Handmade Mozzarella) 198
장작화덕피자의 기본 202
장작화덕에 굽기 205
가정용 오븐의 브로일 모드로 굽기 210
마르게리타(Margherita) 213
마르게리타 엑스트라(Margherita Extra) 215
마리나라(Marinara) 216
마스투니콜라(Mastunicola) 219

이탈리아의 지역피자 REGIONAL ITALIAN
루카(Lucca) 225
리미니(Rimini) 227
칼라브레제「디아볼라」(Calabrese「Diavola」) 230
콰트로 안초비(Quattro Anchovy) 232
사르데냐(Sardinia) 234
피자 로마나(Pizza Romana) 235
로마식 도우(Romana Dough) 240

글로벌 GLOBAL
바르셀로나(Barcelona) 245
뮌헨(München) 249
더블리너(Dubliner) 253
파리지앵(Parisian) 257
그레코(Greco) 259

그릴 GRILLED
그릴용 도우(Dough for Grilling) 265
그릴피자 기본 레시피(Grilled Pizza Master Recipe) 266
스테이크 러버스(Steak Lover's) 268
인살라타(Insalata) 271
생제르맹 바비큐 치킨(St-Germain BBQ Chicken) 273

랩 · 롤 WRAPPED AND ROLLED
칼조네 위드 미트볼 or 스피나치
(Calzone with Meatballs or Spinach) 280
모르타델라 & 치즈 칼조네위치(Mortadella and Cheese Calzonewich) 282
더 보우타이(The Bow Tie) 284
페퍼롤리(Pepperoli) 286
소시지롤(Sausage Roll) 289
남은 도우로 만들 수 있는 두 가지 멋진 메뉴
(Two Cool Things to Do with Leftover Dough) 291
미트볼(Meatballs) 295

포카치아 · 브레드 FOCACCIA AND BREAD
포카치아(Focaccia) 302
포카치나(Focaccina) 305
치아바타(Ciabatta) 306
애프터스쿨 치아바타 피자(After-School Ciabatta Pizza) 308

베이커스 퍼센티지 표 310
계량 단위 환산표 311
재료와 도구 312
감사의 말 314
Index 315

기술을 중시하라

피자는 단순하다. 도우(반죽), 토마토, 치즈, 토핑이 전부다. 그러나 인생의 반 이상을 피자 만드는 일에 매달려온 내 입장에서는, 정말로 대단하고 아주 단순한 다른 모든 것들과 마찬가지로 피자는 무한하다고 말할 수 있다. 나는 아직도 배우는 자세로 피자 기술을 연마하며, 좀 더 맛있는 피자를 만들기 위해 매일 노력하고 있다. 그리고 내가 자신 있게 말할 수 있는 것은 피자가 단지 레시피나 배합률만으로 결정되는 것이 아니라, 기술을 필요로 한다는 것이다.

그 한 마디가 이 책을 쓰고 싶었던 이유였다. 수많은 피자 관련 책, 블로그, 웹 사이트에는 수천 가지 피자 레시피들이 있다. 이런 상황에서 레시피가 정말로 더 필요할까? 나는 이에 대해서 많은 생각을 했고 마침내 결론을 내렸다. 일반인과 셰프, 그리고 피자이올로(pizzaiolo, 피자 전문 셰프)들을 대상으로 피자 강습을 할 때, 나는 레시피보다는 피자 기술을 완벽히 숙지할 것을 더 많이 강조한다. 이 피자 기술이란 특정 피자를 만들 때 그에 맞는 재료를 선택하는 이유를 알고, 동시에 피자도우를 믹싱, 성형, 토핑, 굽기까지 전 과정을 모두 파악하고 이해하는 능력을 말한다.

누구나 당신에게 피자 레시피를 알려줄 수 있고 그 레시피가 어느 정도 믿을 만하다면, 당신은 오늘 저녁 주방에서 특별한 도구나 많은 준비 없이도 괜찮은 피자를 만들 수 있다. 그러나 내가 당신에게 알려주고자 하는 것은 그런 것이 아니다. 나는 당신에게 별 5개 최고 평점을 받은 피자 레스토랑 퀄리티의 피자를 지속적으로 만들 수 있는 방법을 알려주고 싶다. 시카고 딥디시 또는 크래커신(cracker-thin), 크고 폭신한 시칠리아식 팬피자 또는 부풀어오른 가장자리가 검게 탄 정통 나폴리식 마르게리타 피자 등 어떤 스타일이든 당신의 주방에 있는 오븐의 종류와 상관없이 당신이 원하는 피자를 마스터할 수 있게 해주고 싶다.

"정말 가능한가요?" "정말로 피자 전용 오븐 없이 그 모든 것들을 만들어낼 수 있나요?" 이것은 바로 내가 가장 많이 받는 질문들이다. 믿거나 말거나, 가능하다. 당신의 오븐에 답이 있는 것이 아니라 피자에 사용하는 재료와 당신이 사용하는 기술에 답이 있기 때문이다. 그리고 나는 당신이 성공하기 위해 필요한 기술적인 조언과 모든 재료에 관한 정보들을 제공하려고 한다.

그러나 만약 당신이 집에서 오로지 레스토랑 스타일의 멋진 피자만을 만들기 원한다면, 단지 피자 만드는 일에 전력투구하라는 말밖에는 조언할 것이 없다. 내 레스토랑 메뉴의 맨 앞면에는 내 좌우명이 적혀 있고, 레스토랑 정문에도 세 단어가 새겨져 있다. 심지어 내 두 손에도 문신이 새겨져 있다. 「기술을 중시하라(Respect the craft).」

기술이라는 것은 「괜찮다(good)」와 「훌륭하다(great)」의 차이다. 그것은 몇 가지 추가적인 단계, 알맞은 도구, 시간 여유, 그리고 상당히 많은 연습이 필요하다. 그러나 당신이 이를 위해 꾸준히 노력한다면 값진 보상을 얻게 될 것이다.

따라서 이 책을 시작하기 전에, 나는 당신에게 약간은 색다른 부탁을 하려고 한다. 처음 피자를 만들어보기 전에 이 책의 처음부터 p.27까지 쭉 읽어보기 바란다. 그 다음에 나는 당신을 마스터 클래스에 초대하여 당신의 첫 피자를 함께 만들 것이다. 그리고 당신이 이 책의 마지막 레시피까지 스스로 만들어볼 수 있도록 클래스를 마치기 전에 몇 가지 피자를 더 만들려고 한다. 그 결과, 당신이 피자를 만들 때 스스로 응용도 해보고 즉흥적으로 활용할 줄도 알게 되리라고 생각한다.

기술을 중시하는 것, 그리고 그 안에 숨겨진 이유와 방법들을 잘 다루게 되는 것이 바로 내가 말하고자 하는 바이다. 어쩌면 학생시절로 되돌아간 듯 느껴질지도 모르겠지만, 분명 즐거운 경험이 될 테니 나를 믿고 기대해도 좋다. 분명히 기말시험도 잘 볼 것이다.

더 많은 정보와 아이디어를 얻고 싶다면, 내 홈페이지 〈ThePizzaBible.com〉을 방문하기 바란다.

The Master Class
마스터 클래스

준비단계

피자 만들기를 시작하기 전에, 몇 가지 기본적인 도구와 재료들이 필요하다.

당신이 주방도구를 어느 정도 갖추고 있는지에 따라 새로 구입할 것들이 생길 수도 있다. 하지만 그 도구들은 영구적으로 사용할 수 있고, 그 도구들이 피자의 완성도에 커다란 차이를 만들 수도 있다. 게다가 준비단계의 기대와 설렘은 언제나 즐겁지 않은가.

이 책의 마스터 클래스를 위해 준비해야 할 필수도구를 아래에 정리해놓았다. 이 책의 또 다른 레시피들을 위해 몇 가지 도구가 더 필요할지도 모르지만, 일단 시작단계 필수도구들만 정리하였다. 가지고 있지 않은 품목들은 주방용품점이나 식자재 전문점에서 구입하거나 인터넷에서 구입하면 된다. 그리고 내가 추천하는 품목과 구입처는 p.312~313을 참고하기 바란다.

필요한 도구 체크 리스트

- ☐ 전자저울_ 그램(g)과 온스(oz)를 모두 세팅할 수 있고 0.1g 단위까지 재는 것
- ☐ 소형 전자저울(손바닥 또는 포켓 크기)_ 0.01g 단위까지 재는 것 (선택사항이지만 도움이 된다)
- ☐ 스탠드 믹서
- ☐ 핸드 블렌더
- ☐ 주방용 볼(둥근 유리볼이 크기별로 있으면 더 좋다)
- ☐ 계량컵(마른 재료와 액체 계량용)과 계량스푼 세트
- ☐ 탐침온도계
- ☐ 일자형 도우 커터
- ☐ 둥근 볼 스크레이퍼
- ☐ ½사이즈 시트팬(46×33㎝/18×13인치) 또는 ¼사이즈 시트팬(23×33㎝/9×13인치) 2개
- ☐ 비닐랩(되도록 폭이 넓은 것)
- ☐ 줄자
- ☐ 정사각형이나 직사각형 피자스톤 2개 또는 베이킹스틸 2개(구입 전 p.13을 참조할 것)_ 최소 38×38㎝(15×15인치) 크기의 정사각형으로 오븐에 들어갈 수 있는 폭과 깊이여야 한다.
- ☐ 피자삽_ 최소 36×36㎝(14×14인치), 되도록 38×38㎝(15×15인치) 크기의 정사각형에 손잡이가 짧은 것
- ☐ 주방용 타이머
- ☐ 페이스트리 브러시(오일을 적시거나 바르는 용도)
- ☐ 반달 피자커터(또는 피자휠)
- ☐ 대형 피자접시 또는 서빙용 도마
- ☐ 폭이 넓은 오븐 청소용 내열 브러시, 피자스톤이나 베이킹스틸을 닦을 행주

필요한 도구들

피자스톤에 구울까? 베이킹스틸에 구울까?
내 레시피의 대부분은 2개의 피자스톤이나 베이킹스틸이 필요하다. 피자스톤은 지난 수년간 많은 사람들이 사용해온 좋은 도구로, 커다란 직사각형이 가장 좋다. 그에 비해서 베이킹스틸은 비교적 최근에 등장하였다. 이 책의 레시피를 개발하면서 홈베이커들을 위해 베이킹스틸을 테스트했는데 결과가 매우 만족스러웠다. 철판은 잘 달궈지고 골고루 익으며, 피자스톤보다 열전도율이 높아서 피자를 여러 개 구울 때 아주 좋다. 피자스톤보다 보관하기도 쉽고, 특히 가정용 오븐의 브로일 모드(p.210)로 피자를 구울 때 더욱 좋다.

어떤 피자삽이 좋을까?
피자도우에 토핑을 올려서 오븐에 넣었다가 꺼내기 위한 도구로 나무로 만든 피자삽이 필요하다. 최소 36~38×36~38㎝(14~15×14~15인치) 크기의 정사각형이 적당하다. 만일 장작화덕을 사용한다면 손잡이가 최소 50㎝(20인치) 이상인 것을 구입한다(화덕이 클수록 손잡이가 긴 것이 좋다).

피자전문점 주방에서는 주로 대리석 작업대 위에서 곧바로 피자를 만든다. 그 다음에 토핑한 피자도우를 피자삽 위에 미끄러트리듯이 올려놓고 오븐으로 옮긴다. 우리 레스토랑에서는 얇은 금속 타공삽(p.313)을 사용한다. 이 피자삽은 구멍을 통해서 피자도우의 바닥면에 붙어 있는 밀가루나 세몰리나(semolina, 밀 종류 중에서 가장 딱딱한 듀럼밀을 거칠게 간 가루)를 털어낼 수 있기 때문에 화덕 안에서 가루가 타는 것을 방지한다. 이런 피자삽은 아주 획기적인 발명품이지만, 토핑을 잔뜩 올린 피자도우를 타공판에서 오븐으로 솜씨 좋게 옮기기란 쉬운 일이 아니다. 재빨리 움직이지 않으면 도우가 처지면서 구멍에 끼어버릴 수 있다. 따라서 홈베이커들에게는 나무로 만든 피자삽 위에 놓고 토핑을 올리는 방법을 추천한다. 일단 이 피자삽에 익숙해진 다음에 금속 타공삽을 사용하면 된다.

도우 커터 vs. 볼 스크레이퍼
도우 커터(벤치 스크레이퍼 또는 도우 스크레이퍼라고도 한다)는 칼날이 일자형이고 표면은 평평하며, 반죽을 자르거나 들어올릴 때 사용한다. 그리고 작업대를 깨끗이 청소할 때도 아주 유용하다. 볼 스크레이퍼는 좀 더 유연한 재질로 만들어져 있고, 가장자리가 둥글어서 주방용 볼에서 반죽을 꺼낼 때 고무주걱처럼 사용할 수 있다. 도우를 만들 때 항상 두 가지 모두 가까이에 두고 사용하도록 한다.

반달 피자커터로 피자 자르기
일반적인 피자휠을 사용해도 되지만, 최근에는 칼날을 새롭게 개발한 제품들이 등장하고 있다. 그 중에서 반달 피자커터를 사용하면 좀 더 편리하다. 이 커터는 칼날이 곡선이고 양 끝에 손잡이가 달린 이탈리아의 전통 칼인 대형 메찰루나(mezzaluna)와 비슷하게 생겼다. 길이 50㎝(20in) 정도의 크고 무거운 것을 구입하면 피자를 한 번에 쉽게 자를 수 있다. 사용할 때는 도마에 올려놓은 피자의 가장자리 끝에 커터의 한쪽 끝을 45도 각도로 댄다. 그리고 크러스트 가장자리 끝을 칼날 끝으로 힘있게 누른 다음 커터를 좌우로 움직여서 확실하게 자른다. 같은 방법으로 원하는 개수만큼 조각으로 자른다. 이 방법으로 피자를 자르고 나면 더 이상 피자휠을 사용하고 싶지 않을 것이다. 하지만 도우를 넓게 펼 때 가장자리를 다듬는 용도로 피자휠을 하나 갖고 있는 편이 좋다.

피자 스탠드
한 테이블에서 여러 명이 함께 피자를 먹거나, 다른 사이드 메뉴와 곁들여서 서빙할 때 피자 스탠드가 아주 유용하다. 파이를 테이블 바닥에 놓지 않고 스탠드에 올려놓을 수 있어서 테이블을 여유 있게 활용할 수 있다. 특히 크기가 큰 시칠리아 피자나 로마식 피자를 서빙할 때 아주 효율적이다.

마스터 클래스를 위한 쇼핑 리스트

다음은 이 책의 마스터 클래스에서 사용할 재료들을 정리한 것으로, 클래스 전 과정을 여러 번 만들 수 있게 분량을 넉넉하게 계산하였다. 이 클래스에서 사용할 재료들은 주위에서 쉽게 구할 수 있는 소매용 브랜드 위주로 소개한다. 하지만 이 책의 모든 레시피에서는 내가 선호하는 전문가용 브랜드들을 추천한다.

- ☐ 1봉지 1.4kg(3파운드)_ 고단백 밀가루(강력분)_ 킹 아서(King Arthur)의 서 랜슬롯 고단백 무표백 밀가루(Sir Lancelot Unbleached Hi-Gluten Flour) 또는 주스토스(Guisto's)의 고성능 고단백 무표백 밀가루(High Performer High Protein Unbleached Flour), 펜들턴 플라워 밀스(Pendleton Flour Mills)의 파워 밀가루(Power Flour), 토니스 캘리포니아 아티장 밀가루(Tony's California Artisan Flour) 추천. 자세한 내용은 p.19를 참조한다.

- ☐ 1봉지 680g(24온스)_ 고운 세몰리나(semolina)_ 몇 가지 피자를 만들기에 충분한 양

- ☐ 액티브 드라이 이스트(퀵라이즈나 인스턴트 이스트는 피한다)_ 레드 스타(Red Star) 추천

- ☐ 고운 바닷소금

- ☐ 소량(피자 1판당 몇 ts 또는 9g 정도)_ 활성 몰트(p.24 참조)_ 온라인이나 수제맥주 재료판매점에서 구입 가능

- ☐ 엑스트라버진 올리브오일

- ☐ 1캔 794g(28온스)_ 그라운드 토마토(ground tomatoes, 분쇄한 토마토를 가열한 것으로 토마토 퓌레보다 짧게 가열한다)_ 7/11 또는 디나폴리(DiNapoli) 추천

- ☐ 1캔 340g(12온스) 토마토 페이스트_ 콘타디나(Contadina) 또는 슈퍼돌체(SuperDolce) 추천

- ☐ 1캔 794g(28온스)_ 홀플럼토마토 또는 홀페어토마토_ 디나폴리(DiNapoli) 추천

- ☐ 340g(12온스) 홀밀크(Whole-milk, 유지방 함량 3.5% 일반우유) 모차렐라치즈_ 치즈피자 2판을 만들려면 453g(1파운드)이 필요하다.

- ☐ 드라이 오레가노_ 그릭(Greek) 추천

- ☐ 파르미지아노 레지아노(Parmigiano-Reggiano) 치즈 작은 조각_ 필러로 얇게 슬라이스한 것

- ☐ 페코리노 로마노(Pecorino Romano) 치즈_ 치즈갈이로 간 것_ 뿌리기용

- ☐ 115g(4온스)_ 슬라이스한 페퍼로니, 또는 140g(5온스)_ 펜넬 소시지나 칼라브레제 벌크 소시지(케이싱하지 않은 소시지 반죽)_ 홈메이드(p.62~63)나 시판제품

- ☐ 6장 약 115g_ 얇게 슬라이스한 프로슈토(prosciutto, 돼지 뒷다리로 만든 이탈리아 햄)

- ☐ 1½C(20g)_ 루콜라잎

- ☐ 12개_ 방울토마토_ 되도록 다양한 색깔로 선택

- ☐ 1통_ 마늘

- ☐ 1다발_ 바질

PART 1_ 이론

피자스쿨에 온 것을 환영한다. 지금은 이른 아침이고, 당신은 샌프란시스코에 있는 〈토니스 피자 나폴레타나(Tony's Pizza Napoletana)〉 주방에 앉아서 13명의 다양한 학생들과 함께 주방 테이블 위로 드리워진 아침 햇살을 바라보며 카푸치노를 마시고 있다. 이제부터 나는 피자 만들기의 기본원칙에 대해 간단하게 설명하려고 한다. 그 다음에 우리는 피자를 만들기 시작할 것이다.

느림의 비법

사람들은 항상 내게 은밀하고도 기이한 방식으로 찬사를 보낸다. 그들은 마치 고해소에 들어가는 사람처럼 좌우를 살피며 내게 다가와서는 낮은 목소리로 "토니, 사실은 말이야. 난 피자를 별로 좋아하지 않았어. 그런데 네가 만드는 피자를 먹고 나서는 피자가 너무 좋아졌어!"

또는 이렇게도 말한다. "이보게 친구, 자네 피자는 내가 어린 시절 좋아했던 피자를 생각나게 해."

이 이야기는 자랑을 하려는 것이 아니라 사실을 말하는 것일 뿐이다. 어린 시절에 먹던 피자를 좋아하는 사람들은 아마도 그들이 살던 동네에서 개인이 운영하는 피체리아(피자전문점)에서 먹었던 피자를 기억하고 있을 것이다. 한편 피자를 전혀 좋아하지 않는 사람들은 분명히 프랜차이즈 피자를 먹고 자랐을 가능성이 크다. 그런 곳에서는 값싼 재료를 사용하고, 피자도우는 공장에서 생산한 것처럼 만들거나 정말로 공장에서 만들기도 한다.

그런 종류의 피자는 저렴한 비용으로 빨리 배부르게 해준다. 내 피자는 그와 반대이다. 파이 하나를 먹고도 과식했다고 후회하거나 배가 아플 정도로 배부르다는 생각을 하지 않게 된다. 만일 이탈리아에서 피자를 먹어본 경험이 있다면 내 말이 무슨 뜻인지 이해할 것이다. 온 가족이 먹어도 될 것 같은 커다란 피자가 각자에게 제공된다. 포크와 나이프로 열심히 먹다가 어느새 피자 한 판을 아무 문제없이 혼자서 다 먹었다는 걸 깨닫게 된다.

여기서 말하고자 하는 것은 소화력이다. 피자도우를 제대로 만들면 맛만 좋은 것이 아니라 위에도 부담을 느끼지 않고 먹을 수 있다. 그 비결은 바로 시간이다. 피자도우는 살아 있는 생명체와 같다. 이스트가 밀가루와 물을 만나는 순간부터 이스트는 밀가루의 당을 먹기 시작한다. 그리고 먹는 시간을 많이 주면 줄수록 (적어도 밀가루 안의 당이 소진될 때까지) 더 많이 먹는다. 바로 이런 이유 때문에 내가 냉장고에서 적어도 24~48시간 동안 피자도우를 발효시키라고 하는 것이다.

피자도우를 발효시키지도 않고 1시간 이내에 피자를 완성해서 테이블에 내놓을 수 있는 레시피를 주변에서 쉽게 볼 수 있다. 이런 레시피들은 시작 단계에서부터 퀵라이즈(quick-rise) 이스트를 다량으로 사용하여 밀가루 안의 풍부한 당을 먹이로 곧바로 활성화가 일어나게 한다. 그것은 마치 이스트를 진한 에스프레소커피 3잔의 양만큼 듬뿍 사용한 이치와 같다. 그런 방법으로 피자를 만들 수는 있다. 그러나 그렇게 만들면 피자의 풍미를 맛보기 힘든 것은 물론, 부드럽지도 않고 잘 소화되지도 않는다. (만일 피자를 만들기 위해 적어도 하루 먼저 계획을 세우는 것이 부담스럽다면 p.57의 냉동 피자도우 레시피와 방법을 살펴보기 바란다.)

수분, 온기, 당은 이스트의 생존에 필요한 조건들이다. 내가 하는 일은 발효가 최대한 늦게 진행되도록 이 3가지 요소들을 조절하는 것이다. 미지근한 물에 이스트를 녹여 활성화한 다음, 밀가루에 소량의 몰트(이것은 나중에 도우를 갈색으로 약간 변하게 하고 미미한 단맛을 내준다)를 섞고 얼음물을 넣는다. 이때 사용하는 얼음물은 재료들이 섞일 때 이스트의 활성을 약하게 만든다. 나는 언제나 스탠드 믹서를 저속으로 (반죽의 온도가 상승할 수 있는 푸드 프로세스보다 더 저속으로) 설정해놓고 이 재료들을 아주 천천히, 비교적 짧게 믹싱한다. 이어서 이스트를 녹인 물을 넣고 천천히, 비교적 짧게 다시 믹싱한다. 그 다음에는 소금을 넣어 이스트의 활성 속도를 완화시킨다. 마지막으로 오일을 약간 넣는다. 그리고 나서 실온에서 1시간 정도 발효시킨 후, 냉장고에 넣어 24시간 이상 저온숙성발효를 시킨다. 이렇게 장기발효를 하면 비교적 적은 양의 이스트로도 반죽을 시작할 수 있으며, 이스트를 너무 많이 사용한 결과 많은 홈베이킹 브레드나 피자에서 불쾌하게 느껴지는 전형적인 풍미를 더 이상 경험하지 않아도 된다.

반죽 안에서 이스트가 당을 천천히 먹을수록 더 좋은 결과가 나온다. 그리고 이스트가 당을 많이 먹을수록 피자는 더욱 가벼워지고 소화도 잘된다. 이렇게 생각하면 된다. 이스트가 당신을 대신해서 미리 소화시키도록 놔두는 것이다.

또한 장기발효는 도우의 복합적인 풍미를 많이 만들어낸다. 이것은 맥주나 와인, 또는 치즈를 만들 때 숙성발효시키는 원리와 같다. 이 숙성발효 과정은 맛의 변화 없이는 진행될 수 없으므로 빨리 완성하려는 생각은 버려야 한다. 세계인이 좋아하는 패스트푸드인 피자는 사실 슬로푸드인 것이다.

무게 계량은 필수

만약 이 책이 당신의 요리나 베이킹 습관 중에서 한 가지를 바꾼다면, 그것이 모든 재료들을 무게로 계량하고 미터법 사용에 익숙해지는 것이라면 좋겠다. 유럽이나 다른 세계 여러 나라의 요리사들은 다행스럽게도 이러한 환경에서 성장했다. 이탈리아의 피자 레시피는 밀가루 500g부터 시작하고, 나머지 재료들도 그램(g)이나 액체의 경우에는 밀리리터(㎖)로 제공된다.

미국에서는 컵(C)과 테이블스푼(Ts)을 사용하는 데 익숙해져 있다. 무게를 재는 것은 요리 수준을 도약시켜줄 정도로 충분한 가치가 있다. 특히 베이킹에서는 더욱 그렇다. 원칙적으로 볼 때, 마른 재료와 액체 재료들의 무게를 재는 것은 부피를 재는 것보다 훨씬 더 정확하고 쉽다. 그렇기 때문에 대부분의 셰프들과 전문 베이커들은 무게를 잰다. 피체리아에서도 정확한 계량과 매일매일 반복되는 일관성이 필요하다. 이것은 가정에서 베이킹을 할 때에도 마찬가지다. 만일 당신과 내가 각자 밀가루 1C의 무게를 잰다고 할 때 그 결과가 같을 가능성은 거의 없다. 왜냐하면 우리 둘 중 한 사람은 분명 상대방보다 밀가루를 가볍게 담았거나 컵 윗면을 정확하게 깎아 담지 못했을 수도 있기 때문이다. 그리고 우리가 서로 다른 종류의 밀가루를 계량한다면 이 때문에도 무게 차이가 생길 수 있다. 그러나 우리가 정확한 저울을 사용하면 모든 것을 무게로 재서 사용할 수 있다. 어떤 밀가루를 사용하든 상관없이 우리가 각자 도우 레시피대로 453g(1파운드)의 밀가루를 계량했다면, 우리는 정확히 같은 양의 밀가루를 사용하게 된다.

이 책을 보면 알겠지만 나는 레시피에 그램(g)과 온스(oz)를 함께 표기한다. 도우와 스타터에 사용하는 재료는 정확하게 계량하는 것이 매우 중요하기 때문에 그램만 표기한다. 그 밖의 다른 재료들도 무게를 재지만, 예를 들어 치즈 같은 경우는 재료의 양을 좀 더 어림잡기 쉽도록 온스로도 제공한다. 미국의 식료품점에서는 치즈를 대부분 온스 단위로 판매하기 때문에 치즈 200g을 정확하게 구입하기란 어려울 수도 있다. 따라서 온스 단위로 구입한 치즈를 레시피에 사용하기 편하게 치즈의 경우 온스 단위로도 표기하였다. 그리고 한 가지 더 알아둘 것은 치즈를 갈아서 컵으로 계량하는 것보다 무게를 계량하는 것이 훨씬 정확하다는 점이다.

그러므로 이 책을 더 읽기 전에 먼저 0.1그램 단위까지 정밀하게 측정하고, 그램과 온스 둘 다 표시하는 주방용 저울을 구입하기 바란다(p.313 참조). 그리고 예를 들어 이스트 같은 극소량의 재료를 계량하기 위해서는 0.01그램 단위까지 측정하는 휴대용 전자저울도 구입하기 바란다.

그램 단위 계량에 일단 익숙해지면 작업하기가 훨씬 쉬워질 것이다. 그리고 모든 요소들이 10단위를 기준으로 되어 있기 때문에 비율에 대한 감각도 익힐 수 있다. 이어지는 베이커스 퍼센티지가 바로 비율에 대한 이야기이다.

베이커스 퍼센티지(Baker's Percentages)

만일 전문가용 레시피를 본 적이 있다면, 그 레시피들 대부분이 베이커스 퍼센티지를 기본으로 구성되어 있다는 사실을 알고 있을 것이다. 베이커스 퍼센티지는 (대부분의 요리책에 나오는 레시피들처럼) 각 재료들을 정해진 양대로 적어놓은 것이 아니라, 밀가루 양에 대해 백분율로 표시하여 배합률을 제공하는 편리한 방식이다. 밀가루 양이 기준이 되므로 밀가루는 언제나 100%가 된다. 그 밖의 다른 재료들은 밀가루 양의 백분율(퍼센티지)로 나타낸다.

그러므로 내가 만일 밀가루 500g과 물 350g을 섞어 반죽을 만들려고 할 때, 배합률은 밀가루 100%에 물은 70%가 된다(350은 500의 70%이기 때문이다).

이 책의 모든 도우는 베이커스 퍼센티지가 함께 실려 있다(p.310 참조). 이것은 전문가들뿐만 아니라 홈베이커들을 고려한 것이기도 하다. 일단 베이커스 퍼센티지에 익숙해지고 나면 레시피만 보고도 도우에 대해 바로 이해할 수 있게 될 것이다. 그리고 원하는 만큼 밀가루 양을 정한 다음에는 배합률에 따라 각 재료들의 퍼센티지를 밀가루 양과 곱해서 레시피 양을 쉽게 가감할 수 있다.

이제 내가 늘 사용하는 500g의 밀가루를 기준으로 생각해보자. 이스트 배합률이 1%라고 했을 때, 500g의 1%를 계산하면 500×0.01 = 5g이 된다. 만일 한 번에 10kg(10,000g)의 밀가루를 계량한다면 이스트의 양은 10,000×0.01, 즉 100g이 된다.

전문가들이 손쉽게 피자도우의 레시피를 계산할 수 있는 인터넷 온라인 사이트가 있다. 리만 피자도우 계산법(Lehmann Pizza Dough Calculator, pizzamaking.com에서 검색 가능)이라고 불리는 이 온라인 환산표는 사용하려는 재료들의 퍼센티지와 도우의 무게 등을 조건으로 입력하면 재료들의 양이 자동으로 계산되어 표시되는 편리한 프로그램이다. 홈베이커들은 직접 계산하여 간단하게 해결할 수 있겠지만, 이 온라인 환산표를 활용해보는 것도 좋은 경험이 된다. 이를 통해서 레시피에 대한 깊은 이해와 각 재료들 간의 연관성을 알아보는 데 도움이 될 것이다. pizzamaking.com에서 메뉴바 「dough tools」를 검색하면 다른 타입의 환산표들도 찾아볼 수 있다.

수분율

대부분의 피자도우는 4가지 재료인 밀가루, 물, 이스트, 소금을 기본으로 하며, 도우의 다양성은 밀가루 대비 물의 양에 의해 만들어진다. 이것을 수분율(Hydration)이라고 한다.

일반적으로 반죽의 수분율이 높을수록 피자도우는 가볍고 폭신하며 훨씬 부드럽고 바삭해진다. 그렇다, 훨씬 바삭해진다. 물을 더 첨가하면 도우가 질척해질 거라고 생각할 수 있다. (적어도 여기까지 생각하면 그렇다.) 그러나 피자가 구워지는 동안 반죽 안의 수분은 스팀을 만들어내면서 도우가 팽창할 수 있게 도와준다. 이때 크러스트의 겉면은 바삭해지고 내부는 높은 수분율로 인해 촉촉하고 부드러운 상태가 되는 것이다.

나는 이런 효과를 좋아한다. 더불어 대부분의 피자이올로들과 베이커들도 나와 같은 생각이다. 그렇기 때문에 주변의 많은 레시피들이 85%의 수분율을 권장하기도 한다. 그러나 이런 레시피들을 사용하려면 대대적인 보완책이 필요하다. 반죽의 수분율이 올라갈수록 작업의 효율성은 떨어진다. 수분율이 70% 이상이면 반죽은 점점 다루기가 까다로워지며, 특히 홈베이커들에게는 더욱 그렇다. 반죽이 부드러우면서 질척하고 늘어지기 때문에 손으로 다룰 때 쉽게 찢어진다. 그러므로 반죽을 넓게 펼쳐서 균일한 두께의 둥근 모양으로 만들기가 무척 어려워진다. 그것은 결국 군데군데 생긴 구멍 때문에 피자스톤 위에 녹은 치즈와 소스가 흘러내리기도 하고, 고르게 구워지지 않으면서 제멋대로 생긴 피자가 만들어진다는 것을 의미한다. 레시피를 만드는 일부 사람들은 그처럼 수분율이 높은 피자를 투박하다(rustic)고 말하지만, 나는 그것들을 형편없다고 말하고 싶다.

이 책에 나오는 대부분의 도우가 수분율 60~70%인 이유는 여기에 있다. 이제 당신은 베이커스 퍼센티지에 대해 이해했으므로 내 도우의 어느 레시피를 보더라도 물 옆에 표시된 퍼센티지 숫자만 보면 곧바로 수분율이 어느 정도인지 알 수 있을 것이다. 정말 쉽지 않은가?

도우를 다루는데 익숙해지고 나면, 도우의 수분율을 조금씩 올려보고(단지 믹싱 도중에 물을 조금만 추가하면 된다) 그 결과가 어떤지 살펴보면 된다. 그러나 지금 알아두어야 할 것이 있다면, 이 책에서 소개하는 모든 도우의 수분율은 피자의 텍스처, 완성도, 그리고 작업 효율성의 최적점을 찾아서 만들었다는 것이다

PRO TIP

오토리즈법(Autolyse method) 어떤 베이커들은 빵이나 피자의 속살을 더욱 좋게 하고 구조적으로 견고하게 만들기 위해 밀가루를 물에 미리 불리기도 한다(대략 30분가량 또는 최대 6~8시간까지 불리기도 한다). 이것은 오토리즈라고 알려진 테크닉으로, 나머지 재료들을 넣기 전에 밀가루가 물에 완전히 수화되는 장점이 있다. 즉, 밀가루에 함유된 효소들이 일찌감치 전분과 단백질을 분해하기 시작해서 글루텐이 형성되게 한다. 한번 시도해보고 싶다면 다음과 같이 하면 된다. 스탠드 믹서의 볼에 레시피대로 밀가루와 물을 혼합하고 마른 가루가 보이지 않을 때까지 저속으로 돌린다. 비닐랩으로 볼을 덮고 30분간 실온에 둔 다음 레시피의 다음 단계로 진행하면 된다.

재료

재료에 대해서는 수도 없이 들었을 테지만, 피자에 관한 한 아무리 강조해도 지나치지 않는다. 피자에 사용하는 재료는 그다지 많지 않으므로 각 재료들은 자신이 구할 수 있는 최고의 재료를 구할 필요가 있다. 마트에서 포장된 슈레드 모차렐라치즈를 구입하면 편리하지만, 그 안에는 응고방지제 같은 셀룰로오스가 들어 있을 수 있고, 덩어리째 사서 직접 갈아서 사용하는 것보다는 치즈의 풍미가 진하지 않을 것이다. 이것은 단지 한 가지 예에 불과하다. 피자에 사용하는 소금이나 몰트에서부터 토마토와 토핑 재료에 이르기까지 모든 재료를 세심하고 주의 깊게 선택하는 것은 충분한 가치를 발휘한다. 분명히 맛에서 차이가 느껴지기 때문이다.

아메리카 스타일이든 이탈리아 스타일이든, 나는 지역적인 특색을 지닌 피자를 제대로 만들기 위해 각 지역에서 사용하는 전통적인 재료를 사용한다. 그러한 재료들을 원산지에서 구입하기 위해 지불해야 할 거리와 비용도 감수한다. 내가 만드는 나폴리식 피자에 사용하는 이탈리아산 카푸토(Caputo) 밀가루와 DOP(Denominazione di Origine Protetta, 원산지명칭보호제품) 인증을 받은 산 마르자노 토마토(San Marzano, 이탈리아 남부에서 재배되는 플럼토마토) 같은 유명한 식재료뿐만 아니라, 세인트루이스식 피자의 상징적 재료인 프로벨치즈(Provel cheese) 같은 가공치즈까지도 거기에 포함된다. 현지에서 사용하는 재료를 사용할수록 피자의 맛은 더욱 특별해지고 오리지널에 가까워진다.

근래에 들어와서, 전문가들이 사용하는 피자 재료들을 인터넷 온라인을 통해서 예전보다 훨씬 쉽게 구입할 수 있게 된 것은 아주 바람직한 일이다. 한번 구입할 때마다 대량으로 구입해야 하는 아쉬움이 여전히 남아 있지만, 일부 재료들은 냉장고나 냉동고에 잘 보관할 수도 있고 한두 명의 친구들과 함께 구입해서 나누는 방법도 있다.

또 다른 좋은 방법은 당신이 살고 있는 동네의 친절한 피체리아 주인이나 매니저와 잘 사귀어두는 것이다. 당신에게 필요한 재료들이 비록 구하기 어려운 재료나 도구라 할지라도 그들은 아마도 흔쾌히 판매할 것이다.

반면에, 피자 재료들을 직접 구입하고 싶다면 이 책 p.312~313에서 소개하는 구입처들을 참고해도 좋다. 그곳들을 통해서 괜찮은 재료를 구입하는 데 필요한 정보들을 얻을 수 있을 것이다.

밀가루

밀가루는 피자의 가장 핵심이 되는 재료이므로 알맞은 재료를 선택하는 것이 매우 중요하다. 만들고자 하는 피자의 유형과 도우를 얼마 동안 숙성시킬지에 따라 밀가루를 선택하는 기준이 결정된다.

나는 전통을 매우 중시하는 사람이라서, 어떤 스타일의 피자를 만들든지 간에 되도록 역사가 깊고 전통적인 밀가루를 사용하려고 한다. 그리하여 내 메뉴의 아메리칸 피자와 이탈리안 피자들을 그 지역에서 맛보는 피자와 최대한 가깝게 만들 수 있도록 이탈리아와 미국 전역에 걸쳐서 다양한 종류의 밀가루를 구입한다. 이 책의 각 도우 레시피에서는 각 도우의 타입에 알맞은 밀가루를 소개하고 있다. 그 중에서 어떤 것은 집에서 필요한 만큼 소량으로 구입하기 어려울 수도 있기 때문에 온라인이나 가게에서 좀 더 적당한 분량으로 구입할 수 있는 브랜드를 추천하였다.

많은 요리책이나 웹 사이트에서는 다목적 밀가루(All-purpose flour, 중력분)로 피자를 만들면 좋다고 설명한다. 그러나 대부분의 피자에 대해서라면, 나는 그에 동의하지 않는다. 밀가루는 글루텐이라는 단백질을 함유하고 있고, 밀가루로 도우를 반죽하면 단백질 가닥으로 이루어진 그물 모양의 「글루텐 그물구조」가 형성된다. 밀가루 안에 글루텐 함량이 많을수록 그물구조는 더 강해지고 탄력성도 강해진다. p.20에 있는 도우볼(dough ball)의 내부사진은 늘 내 수강생들과 함께 눈으로 직접 글루텐 그물조직을 확인할 수 있는 놀라운 모습이다.

이스트가 이산화탄소를 생산하면 글루텐 그물조직이 이 가스를 품어 도우는 늘어나고 부풀게 된다. 밀가루 안에 들어 있는 단백질 성분의 대부분은 글루텐이다. 그러므로 밀가루에 글루텐이 많다는 의미는 밀가루에 단백질이 많다는 뜻과 같다.

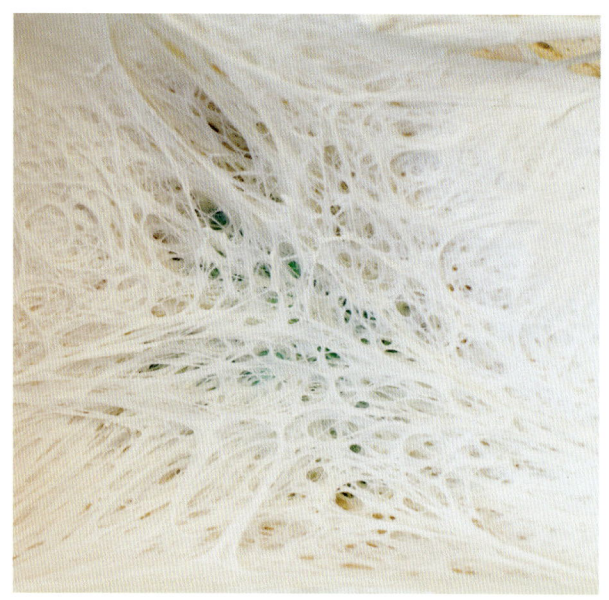

다목적 밀가루(중력분)은 일반적으로 글루텐 함량이 10~12% 정도 된다 (이것은 밀가루의 단백질 함량이라고 표시할 수도 있다). 이 밀가루는 단기 발효에는 적당하다. 그러나 나는 장기발효를 좋아하기 때문에 글루텐 함량이 많은 고단백 강력 밀가루를 선호한다. 우리 레스토랑에서는 36시간 발효를 할 때 단백질 함량이 12.5~13%인 밀가루를 사용하고, 48시간 발효를 할 때는 단백질 함량이 13~14%인 밀가루를 사용하는 편이다. 이런 종류의 밀가루는 일반적으로 브레드용으로 판매된다. 그러나 흥미로운 사실은, 밀가루의 단백질 함량은 매년 재배할 때마다 다르기 때문에 밀가루 포대의 제품설명에서 단백질 함량이나 글루텐 함량을 찾기 어렵다는 것이다. 그러므로 만들려는 피자에 알맞은 밀가루를 생산하는 브랜드를 알아보는 것이 최선일 수 있다. 이 책의 레시피에서는 언제나 그 레시피에 알맞은 브랜드나 종류를 추천하고, 대안으로 선택할 만한 것도 소개하고 있다.

p.22와 p.23에 내가 이 책의 레시피에 사용한 밀가루 목록과 그 밀가루들의 일반적인 단백질 함량 범위를 함께 적어놓았다. 구입처는 p.312를 참조한다.

물

밀가루 다음으로, 물은 두 번째로 중요한 피자도우의 구성 성분이므로 당신이 사용하는 물은 많은 차이를 만들어낸다. 경수(센물, 미네랄 함량이 높고 특히 칼슘과 마그네슘이 많다)를 사용하면 반죽이 단단하다. 연수(단물)는 반죽이 너무 많이 늘어지는 그 반대의 효과가 나타난다. 그러므로 약간 경수에 가까운 물이 적당하다.

대부분의 수돗물은 피자도우를 만드는 데 적당하다. 그러므로 몇 가지 간단한 원칙만 지키면 된다. 만일 당신이 사용하는 수돗물이 식수로 적당하다면 베이킹용으로도 괜찮다. 만일 그렇지 않다면 정수된 물을 사용하거나 생수(미네랄워터는 삼간다)를 사용하도록 한다.

만일 경수 사용을 고려하고 있다면 도우를 반죽할 때 소금을 레시피 분량보다 조금 적게 넣는다. 연수를 사용할 경우에는 반대로 소금을 조금만 더 넣도록 한다. 그리고 염소 처리한 물은 이스트의 활동을 지연시킬 수 있다. 염소 처리를 한 물인지 알아보려면 우선 냄새부터 맡아본다. 만일 수영장에서 나는 냄새가 난다면 통에 담아서 뚜껑을 열어놓은 채 냉장고에 하룻밤 넣어두면 염소가 소멸된다.

이스트

이스트는 3가지 형태로 판매된다.

- 신선한 상태의 이스트를 압축한 형태(생이스트). 압축한 정육면체로 판매하기 때문에 케이크 이스트라고도 부른다. 식품점의 유제품을 판매하는 냉장 코너에서 구입이 가능하다.

- 액티브 드라이 이스트. 일반적으로 1회 사용분을 3개씩 포장해서 판매하며, 슈퍼마켓 베이킹 코너에서 구입이 가능하다.

- 퀵라이즈 이스트(또는 인스턴트 드라이 이스트). 역시 여러 개의 소포장으로 판매하며, 대부분 슈퍼마켓에서 구입이 가능하다.

3가지 형태의 이스트 모두 수분을 제거하여 이스트의 활성을 정지시킨 것이다. 약 30%의 수분을 제거한 생이스트에 비해 액티브 드라이 이스트나 퀵라이즈 이스트는 90% 이상의 수분을 제거한 것이다. 이스트의 수분량이 적으면 적을수록 이스트의 유효기간은 더 오래 지속된다.

비록 우리 레스토랑에서는 생이스트를 더 많이 사용하지만, 홈베이커들에게는 액티브 드라이 이스트를 권하는 편이다. 왜냐하면 구입하기 편하고 빨리 변질되지 않기 때문이다. 나는 레드 스타(Red Star) 브랜드를 좋야한다. 이 책의 대부분의 레시피에서는 액티브 드라이 이스트를 사용하도록 되어 있지만, 나폴리식 피자를 만들 경우에는 예외이다. 왜냐하면 그 경우에 나는 나폴리피자협회(AVPN, Associazione Verace Pizza Napoletana)의 공식적인 레시피 규정대로 생이스트를 사용하기 때문이다. 만약 생이스트를 사용하고자 한다면 액티브 드라이 이스트 사용량의 2~3배 정도를 사용하면 된다.

피자를 만드는 경우에 나는 전적으로 퀵라이즈 이스트(인스턴트 드라이 이스트)만 사용하는 것을 권하지 않는다. 인스턴트 드라이 이스트는 되도록 느리게 발효시키고 싶은 의도를 저해할 수 있다.

이스트는 살아 있는 단세포 생물이고, 수분과 따뜻한 온도에 의해 활성화가 이루어지므로 냉장고에 보관해야 한다. 압축된 생이스트를 비닐랩으로 감쌀 때에는 이스트가 호흡을 할 수 있도록 약간 느슨하게 감싼다. 만일 색이 변했거나 말라버린 부분이 있으면 제거한다. 홈베이커들은 소포장 이스트를 구입하도록 한다. 만일 대용량을 구입했다면 식품 저장용 유리병이나 밀폐용기에 담아 저장한다.

생이스트는 냉장고에서 약 2주일까지 보존할 수 있다. 드라이 이스트는 2달까지 보존이 가능하지만, 구입하기 전에는 어떻게 보관되었는지 모르기 때문에 생존기간이 얼마나 남았는지, 심지어 다 사멸해버린 것은 아닌지 확인할 수가 없다. 그러므로 가장 좋은 방법은 이스트를 필요 이상은 절대로 구입하지 않는 것이다. 그리고 피자를 만들 때마다 새로 구입해서 최대한 빨리 사용하는 것이 좋다.

나는 냉동한 이스트를 신뢰하지 않는다. 냉동으로 인해 세포 안의 수분이 팽창하면서 이스트의 세포벽이 파괴되고 사멸되었을 수도 있기 때문이다. 공장에서 밀봉상태로 포장된 것들도 이스트를 신선하게 보존하기 위해서는 밀폐용기에 보관해야 한다. 이스트를 개봉한 상태로 냉장고에 보관하는 것은 양의 우리에 사자를 풀어놓는 상황과 같다. 굶주린 이스트는 냉장고 안을 떠돌아다니다가 먹을 것을 찾으면 즉시 발효를 시작한다. 우리 같은 피자이올로들조차도 초대형 냉장고 안에 이스트를 개봉한 상태로 보관했다가 가까이에 있는 토마토소스통의 소스가 곧바로 상해버리는 것을 직접 경험한 뒤에야 깨닫는 경우가 많다.

생이스트나 드라이 이스트를 활성화시킬 때 물이 너무 뜨거우면 이스트가 사멸할 위험이 있다. 29℃(85℉) 이상의 물은 절대 사용하지 말아야 한다. 나는 이스트 활성이 느리게 진행되기를 원하기 때문에 대체로 27℃(80℉) 정도의 물을 사용한다.

스타터

스타터(starter)는 당신이 만든 피자에 월등한 차이를 보여줄 또 하나의 「비법」이다. 스타터를 사용하여 도우를 만드는 것은 때로는 「간접 방법」으로도 알려져 있다. 왜냐하면 피자도우의 재료들을 두 단계 이상의 과정으로 믹싱하기 때문이다. 스타터(사전발효반죽)는 밀가루와 물을 섞은 혼합물을 이스트로 발효시킨 것이다. 그런데 이 혼합물에 있는 이스트는 여러 종류의 이스트들을 한데 모아놓은 일종의 패키지와 같아서 포도의 표면이나 그 밖에 다른 과일, 채소 등에서도 추출이 가능할 수도 있고, 주변 대기 중에 떠돌아다니며 자연스럽게 존재하는 이스트일 수도 있다(p.183 〈브랜 스타터〉 참조). 내가 사용하는 거의 모든 스타터들 역시 그 안에 들어 있는 좋은 이스트 패키지를 꾸준히 유지하기 위해 많은 관심을 기울이며 관리하고 있다.

스타터는 된 반죽일 경우도 있고, 액상의 묽은 반죽일 경우도 있다. 또한 바로 전에 만든 반죽에서 떼어낸 발효반죽의 일부도 스타터가 될 수 있다. 당신은 아마도 스타터의 지속적인 생존을 위해 먹이주기(피딩)를 꾸준히 해야 한다는 생각에 익숙할지도 모른다. 우리 레스토랑에서는 이렇게 먹이주기로 만든 스타터와 매번 하루 전날 새롭게 만든 스타터를 모두 사용한다. 집에서 피자를 처음 만들어보는 초보자에게 나는 언제나 도우를 만들기 하루 전에 새롭게 만든 스타터를 사용하도록 권장한다. 이 방법은 훨씬 쉽고 늘 일관된 결과를 얻을 수 있다. 일단 이런 방법으로 사전발효에 익숙해지고 나면 르뱅(levain)이나 천연과일로 만든 스타터 같은 다른 종류를 시도해볼 수도 있다.

시카고 딥디시, 디트로이트, 세인트루이스, 그랜드마(Grandma) 피자를 제외하고, 나는 우리 레스토랑에서 만드는 모든 피자에 스타터를 사용하고 있으며 당신도 그렇게 하기를 바란다. 비록 추가적인 단계가 있지만, 아주 소량의 스타터로도 현저한 차이를 느낄 수 있기 때문이다. 즉, 피자 크러스트에서 복합적인 풍미를 느낄 수 있고, 갓 구운 피자의 향이 더욱 살아나면서 훨씬 더 좋은 크럼(속살)과 텍스처가 나오며, 소화도 잘된다.

스타터를 사용하는 피자도우를 만들려면 적어도 도우를 만들기 18시간 전에 스타터를 준비하기 시작해야 한다. 그러므로 스타터를 사용하도록 되어 있는 레시피로 피자를 만들되, 비록 스타터를 사용하지 않더라도 결과물은 나쁘지 않다. 그래서 나는 스타터를 사용하는 레시피와 스타터를 사용하지 않는 레시피 둘 다 제공한다(다른 재료들의 비율은 적절하게 적용했다). 이 클래스는 이제 단지 「시작하기」 단계이므로, 좀 더 간단하게 시작할 수 있도록 스타터를 사용하지 않는 레시피를 제공한다.

내가 주로 사용하는 스타터는 p.54~55에서 찾아볼 수 있다.

내가 사용하는 밀가루 리스트

밀가루	내용	단백질 함량(%)
파워 밀가루(Power Flour) _ 펜들턴 플라워 밀스(Pendleton Flour Mills)	• 정통 피자용 밀가루 • 초강력 • 세계적으로 사용 • 나폴리식과 시카고식을 제외하고 내가 대부분 사용하는 밀가루 • 미국 동부해안지역에서는 드물고, 대부분 미국 서부해안지역에서 사용 • 장기숙성발효에 좋다 • 풍미가 약간 향긋하다	13.5%
올 트럼프 밀가루(All Trumps Flour) _ 제너럴 밀스(General Mills)	• 정통 피자용 밀가루 • 전통적인 뉴욕 슬라이스 피자용 • 브롬산염 첨가*·무첨가 둘 다 가능 • 초강력(브롬산염 무첨가는 약하다) • 밀 향기가 약간 난다 • 단단한 적색 봄밀로 만든다	14.2%
하베스트 킹 밀가루(Harvest King Flour) _ 제너럴 밀스(General Mills)	• 가볍고, 견과류 향기가 나는 중강력분 • 겨울밀로 만든다	12%
고성능 고단백 무표백 밀가루(High Performer High Protein Unbleached Flour) _ 주스토스(Giusto's)	• 파워 밀가루(Power Flour)와 비슷하다 • 세계적으로 사용 • 크러스트의 맛과 텍스처가 빵과 비슷하다 • 북부지역에서 생산되는 적색 봄밀(특맥이라고도 한다)로 만든다	13~13.5%
토니스 캘리포니아 아티장 밀가루(Tony's California Artisan Flour)	• 나와 센트럴 밀링이 공동연구하여 개발한 밀가루(전문가용과 가정용으로 구분해서 포장 판매한다) • 강력 • 향긋하다 • 세계적으로 사용하고, 파워 밀가루(Power Flour)와 비슷하다 • 나폴리식 피자용으로는 적당하지 않다	13~13.5%
서 랜슬롯 고단백 무표백 밀가루(Sir Lancelot Unbleached Hi-Gluten Flour) _ 킹 아서(King Arther)	• 전문가용 밀가루가 없을 경우에 적당한 피자용 밀가루 • 준강력 • 세계적으로 사용 • 크러스트의 풍미와 텍스처가 빵과 약간 비슷하다.	14.2%
유기농 고산지대 고단백 밀가루(Organic High Mountain Hi-Protein Flour) _ 센트럴 밀링(Central Milling)	• 강력 • 향긋하며, 많이 건조하지 않은 밀 향기가 난다 • 연한 크림색 • 100% 북부지역에서 생산되는 적색 봄밀(특맥이라고도 한다)로 만든다	13%
유기농 아티장 타입 70 몰트 밀가루(Organic Artisan Type 70 Malted Flour) _ 센트럴 밀링(Central Milling)	• 고산지대 밀가루보다 풍미가 가볍다 • 향긋하며, 밀 향기가 난다 • 연한 크림색 • 70% 제분율	12.5%
유기농 통밀 중력 밀가루(Organic Whole Wheat Medium Flour) _ 센트럴 밀링(Central Milling)	• 배아가 함유된 100% 통밀로 만들어서 풍미가 향긋하고, 배아에 함유된 천연당에 의해 발효가 빠르게 진행된다	12.5%

밀가루	내용	단백질 함량(%)
세레소타 & 헤커스 중력분(Ceresota and Heckers All-Purpose Flour)	• 시카고 크래커신이나 딥디시 피자용으로 적당하다 • 빵 느낌이 거의 없다 • 식감이 쫄깃하다 • 도우가 가볍지만 잘 휘어진다 • 중간 정도의 내구력(반죽 자체의 형태를 유지하려는 힘)이 있고 섬세하다	12%
유기농 흑호밀가루(Organic Dark Rye Flour) _ 센트럴 밀링(Central Milling)	• 선명한 청록색 호밀 품종으로 만든 100% 통곡물 • 천연당이 들어 있어서 발효를 촉진시키므로 단기발효가 필요한 도우나 활성이 느린 도우에 혼합하면 좋다 • 스타터의 발효를 촉진시킬 때 좋다 • 가루가 곱고 분리되지 않으며 깨끗하다	해당 없음
유기농 흰 호라산가루(Organic White Khorasan Flour) _ 센트럴 밀링(Central Milling)	• 이집트인이 처음 사용했고 지금은 이탈리아에서 인기 있는 고대 밀 • 단백질 함량, 단단함, 색깔이 듀럼밀과 비슷하면서도 훨씬 향긋하다 • 믹싱의 특성이 스펠트(spelt)와 비슷하다	14.7~15%
아인콘가루(Einkorn Flour) _ 조비알(Jovial)	• 밀도가 약간 높고 노란색을 띠며, 흡수성이 강하다 • 단기숙성발효 도우에 적당하다	14%
안티모 카푸토 더블제로 밀가루 (Antimo Caputo 00 Flour) _ 전문가용 포장지에는 더블제로 피체리아 밀가루(00 Pizzeria Flour)라고 적혀있다	• 나폴리식 피자와 그릴피자에 적당하다 • 중력분 • 일관성이 있다 • 약간 향긋하다 • 피자도우가 부드럽고 섬세하지만 잘 휘어진다	11.5~12.5%
몰리노 산 펠리체 더블제로 밀가루 (Molino San Felice 00 Flour)	• 나폴리식 피자나 그릴피자에 적당하다 • 중간 정도의 내구력 • 향긋하다 • 피자도우가 부드럽고 섬세하지만 잘 휘어진다	11~12.2%
레 친퀘 스타지오니(Le 5 Stagioni)	• 이탈리아 정통 피자에서부터 팬피자와 나폴리식 피자에 이르기까지 다양한 종류의 피자용 밀가루를 판매하는 이탈리아 유명 브랜드	11.5~13.5%
물리노 마리노(Mulino Marino)	• 이탈리아 피에몬테 지역에서 스톤 그라운드 방식으로 만드는 더블제로(00)와 제로(0) 밀가루 • 다른 밀가루와 섞어서 사용하는 것이 이상적이고, 소화가 잘 된다	12.5~16%
몰리노 파시니(Molino Pasini)	• 이탈리아 정통 피자에서부터 팬피자와 나폴리식 피자에 이르기까지 다양한 종류의 밀가루를 제분하는 이탈리아 제분회사	11~13.5%

이 밖에 내가 여러 해 동안 사용하면서 좋은 결과를 얻었던 다른 밀가루들을 소개한다. 그러나 이 책을 만들 때 이 밀가루들을 사용하지는 않았다.
나는 일반적으로 표백 밀가루를 선호하지 않지만, 이 중에는 표백 밀가루도 일부 포함되어 있다.

- 킹 카이저(King Kaiser) : 단백질 14%, 높은 글루텐 함량, 고단백질, 표백, 미국 서부
- 밸런서(Balancer) : 단백질 14%, 높은 글루텐 함량, 고단백질, 표백, 미국 동부
- 슈퍼러티브(Superlative) : 단백질 12.6%, 몰트 첨가, 표백, 미국 동부
- 카이롤(Kyrol) : 단백질 14%, 높은 글루텐 함량, 고단백질, 표백, 미국 동부
- 올 에이스(All Aces) : 단백질 12%, 미국 동부
- 풀 스트렝스(Full Strength) : 단백질 12.6%, 브롬산염 첨가* 또는 무첨가, 몰트 첨가, 미국 동부와 서부
- 하이 라이즈 하이글루텐 밀가루(Hi-Rise High-Gluten Flour) : 단백질 14.5%, 미국 동부
- 쇼니 하이글루텐 피자 밀가루(Shawnee Hi-Gluten Pizza Flour) : 단백질 10.5~11.5%, 미국 오클라호마와 중서부
- 퍼펙트 다이아몬드(Perfect Diamond) : 단백질 13.2%, 높은 글루텐 함량, 고단백질, 봄밀, 미국 일리노이와 중부

* 브롬산염을 첨가한 밀가루 : 밀가루에 내구성을 높이기 위해 브롬산칼륨(브롬산염이라고도 부른다)을 첨가한다. 오리지널 뉴욕 피자에는 일반적으로 브롬산염을 첨가한 밀가루를 사용한다. 그러나 일부 연구에서 브롬산칼륨은 암을 유발할 수 있다고 하므로 피하는 것이 좋다.

소금

나는 피자도우를 만들 때나 요리를 할 때 염도도 높고 풍미가 깔끔한 고운 시솔트(sea salt), 즉 바닷소금을 사용한다. 곱게 간 바닷소금은 굵은 바닷소금이나 코셔 소금(Kosher salt, 요오드와 같은 첨가물을 넣지 않은 입자가 크고 거친 소금)보다 빠르게 녹아서 도우에 골고루 섞인다는 점에서 중요하다. 그리고 어떤 소금을 사용하든, 쓴맛이나 화학적인 맛이 느껴지는 요오드가 함유된 소금은 피하는 게 좋다.

티스푼이나 테이블스푼 같은 부피계량 도구들을 사용할 경우에는 소금마다 결정의 크기가 달라서 차이가 생길 수 있으므로 무게로 계량하는 것이 좋다.

소금은 피자도우의 풍미를 더해주는 것 이상의 역할을 한다. 소금은 글루텐 그물조직을 강화해서 도우의 강도를 높이고 탄력적으로 만든다(일반적으로 우리가 피자 공중돌리기 대회에서 평소보다 3배에 가까운 소금을 도우에 첨가하는 것도 그 때문이다). 습도가 높은 기후에서는 도우가 부드럽고 약해질 수 있다. 그런 경우에 오래 전에 내가 배운 요령은 소금을 평소보다 0.5~1% 더 사용하는 것이다.

또한 소금은 방부제 역할을 하여 산화로 인한 변색을 막아준다. 그리고 삼투압으로 인해 이스트의 세포벽에서 수분이 빠져나가 이스트의 활동이 약해지면서 발효가 느려진다. 그렇기 때문에 나는 반죽할 때 처음부터 소금을 넣지 않고 재료들이 모두 섞여 이스트가 활동할 때까지 몇 분 기다렸다가 넣는다.

완성된 피자 위에 소금을 가니시로 올릴 때에는 굵은 소금 입자가 보일 수 있도록 말돈 소금(Maldon sea salt, 영국 에섹스 말돈 지방의 깨끗한 바닷물을 끓여서 만드는 소금)을 사용한다.

오일과 지방

나는 대부분의 도우에 재료들이 잘 유화되도록 도와주고, 텍스처를 매끄럽게 해주며, 도우를 좀 더 말랑말랑하게 만들어주는 엑스트라버진 올리브오일을 사용한다. 또한 오일은 약간의 갈색 착색제 역할을 하는데, 버터, 라드, 우유, 또는 달걀에 들어 있는 지방 역시 도우 안에서 같은 역할을 한다. 일반적으로 나는 믹싱의 마지막 단계에 오일을 첨가한다. 오일을 너무 일찍 넣으면 밀가루가 물을 흡수하는 것을 방해하는 장해물이 될 수 있다. 그래서 나는 언제나 학생들에게 도우를 만드는 일은 마치 엔진을 조립하는 과정과 같다고 말한다. 모든 부품들을 조립하여 완성한 다음, 엔진을 작동시키기 위해 마지막으로 오일을 넣는 원리와 같은 것이다.

음식을 볶거나 튀길 때, 나는 엑스트라버진 올리브오일보다 끓는점이 높은 퓨어 올리브오일(내 레시피에는 단순하게 올리브오일이라고 표기한다)을 사용한다. 엑스트라버진 올리브오일은 피자의 가니시나 마무리, 또는 다른 요리에 생으로 사용하기도 하고, 갈릭오일처럼 집에서 다른 재료를 넣어 향을 내서 사용하기도 한다. 그리고 나는 풋내가 나거나 매콤한 향보다는 과일맛이 나는 필리포 베리오(Filippo Berio)나 코르토(Corto) 브랜드를 좋아한다.

몰트

몰트(Malt)는 유럽에서 베이킹에 관련된 다양한 제과 제빵에 자주 사용되기 때문에 유러피언 베이커의 비법이라고 불리기도 한다. 또한 몰트는 피체리아에서 사용하는 오븐 정도로 온도를 높일 수 없는 가정용 오븐으로 피자를 구울 때 좋은 비법 재료이다. 피자도우에 소량의 몰트를 넣으면 상대적으로 낮은 온도에서도 갈색으로 착색이 되고, 구수한 캐러멜향이 은은하고 향긋하게 배어 나온다. 만약 340℃(650℉) 이상에서 피자를 다음 3가지 방법, 즉 그릴이나 장작화덕, 또는 오븐의 브로일 모드로 (p.210 참조) 구울 계획이라면 도우에 몰트를 넣지 않아도 된다.

몰트는 대부분 보리싹을 틔운 다음 말린 것을 갈아서 만든다. 그 안에는 말토오즈(maltose, 맥아당이라고도 한다)라는 당이 함유되어 있는데, 이 당은 빵의 풍미와 색깔에 관여할 뿐만 아니라 이스트의 먹이로도 사용되어 발효가 더 잘된다.

몰트는 활성(diastatic)과 비활성(nondiastatic) 두 가지 종류가 있다. 피자를 만들 때는 활성 몰트를 사용하는데, 때로는 저활성(low-diastatic)으로 표시되어 있다. 그 안에 들어 있는 활성효소들은 밀가루의 전분을 분해하여 이스트의 먹이가 되는 당으로 분해한다. 비활성 몰트는 그런 효소가 없어서 음식에 단맛만 내준다. 대부분의 베이커들과 마찬가지로 나 역시 느린 활성으로 인해 장기숙성발효를 가능하게 해주는 활성 몰트를 선호한다. 마트나 인터넷(p.312 참조)에서 손쉽게 구입할 수 있다.

토마토

피자에 사용하는 토마토에 대해서는 내 나름의 기본적인 철학이 있다. 피자의 크러스트 비중이 클수록 토마토소스도 푸짐해야 한다는 것이다. 그래서 크기가 큰 시카고 딥디시나 크러스트가 두툼한 시칠리아식 피자의 경우에는 맛이 좀 더 진하고 거친 소스를 사용한다. 정통 뉴욕식 피자의 경우에는 부드러운 소스를 사용한다.

아마도 당신은 가장 바람직하고 기본적인 피자소스란 신선한 토마토를 오랜 시간 동안 뭉근하게 졸인 것이라고 생각할 수도 있다. 최상급 토마토를 사용하여 만든다면 나 역시 그 생각에 이견이 없다. 그러나 문제는 당신이 어디에 사는지와는 상관없이, 정말로 좋은 최상급 토마토를 1년 내내 구하기란 어려울 것이라는 점이다.

우리 레스토랑에서 사용하는 대부분의 소스를 포함하여 거의 모든 피자 소스는 조리하지 않은 상태의 토마토 통조림 또는 약간의 양념이나 올리브오일을 살짝 섞은 토마토 가공품(으깬 토마토나 토마토 페이스트 같은 것)으로 만든다는 사실을 알면 아마도 깜짝 놀랄 것이다. 달리 말하면, 피자에 사용하는 소스는 파스타에 사용하는 전형적인 토마토소스와는 다르다.

나는 피자를 토핑하기 전에 토마토소스를 실온에 꺼내 놓는다. 그러나 대부분의 경우에, 나는 두 가지 이유로 소스를 따로 조리하지 않는다. 첫 번째는 토마토를 통조림으로 가공하는 과정에서 이미 열과 압력으로 조리가 되었기 때문이고, 두 번째는 피자에 토핑한 소스는 오븐에서 굽는 동안 조리되기 때문이다. 만약 토마토소스를 미리 불에 올려 끓이면 오히려 신선한 풍미가 사라지고, 장시간 조리를 통해 소스가 농축되는 바람에 오븐에서 굽는 동안 탈 수도 있다.

도우 안에 속을 채워 넣는 시카고 딥디시와 디트로이트식 피자를 만들 때는 소스를 잠깐 동안 데운다. 단시간 가열함으로써 소스의 풍미를 최대한

내가 좋아하는 토마토 제품 브랜드

토마토 제품	전문가용 브랜드	수퍼마켓 브랜드
껍질을 벗긴 홀플럼토마토 또는 홀페어토마토	• 스타니슬라우스 발로로소(Stanislaus Valoroso) • 스타니슬라우스 알타 쿠치나 (Stanislaus Alta Cucina)	• 디나폴리(DiNapoli) • 유기농 비안코 디나폴리 (Bianco DiNapoli Organic)
산 마르자노 토마토 _ 산 마르자노 종자를 미국이나 그 밖의 지역에서 재배한 것보다 이탈리아에서 직수입한 것을 선택한다. 포장지에 DOP인증이 있는지 확인한다.	• 스트리아니즈(Strianese) • 니나(Nina) • 라 레지나 디 산 마르자노 (La Regina di San Marzano)	• 스트리아니즈(Strianese)
그라운드 토마토	• 스타니슬라우스(Stanislaus) 7/11 • 스타니슬라우스 토마토 매직 (Stanislaus Tomato Magic) • 에스칼론 6 인 1(Escalon 6 in 1) • 에스칼론 크리스티나스 유기농 그라운드 토마토 엑스트라헤비 퓌레(Escalon Christina's Organic Ground Tomatoes in Extra-Heavy Puree)	• 다목적 에스칼론 6 in 1 (Escalon 6 in 1 All Purpose) • 에스칼론 크리스티나스 유기농 인증 헤비 퓌레 (Escalon Christina's Certified Organic in Heavy Puree) • 디나폴리 그라운드 토마토 퓌레 (DiNapoli Ground Tomatoes in Puree)
토마토 페이스트	• 스타니슬라우스 사포리토 슈퍼 헤비 피자소스 (Stanislaus Saporito Super Heavy Pizza Sauce) • 스타니슬라우스 슈퍼돌체 (Stanislaus SuperDolce) • 에스칼론 본타(Escalon Bonta)	• 콘타디나(Contadina)

잃지 않으면서 결과적으로 피자의 형태를 견고하게 유지시킨다. 이 책의 모든 소스들은 조리하지 않고 단지 재료들을 섞거나 양념만 해서 만든다. 피자를 만들기 하루 전에 미리 만들어서 모든 재료들이 섞이고 숙성될 수 있게 시간적 여유를 주는 것이 좋다. 그리고 이 소스를 냉장고에 보관했다가, 피자를 만들기 위해 피자도우를 냉장고에서 꺼낼 때(대체로 피자를 굽기 1~2시간 전) 같이 꺼내면 도우와 소스가 둘 다 실온이 될 수 있다.

어떤 피자를 만들든 피자도우 위에 차가운 소스를 바르지 말아야 한다는 것을 절대로 잊으면 안 된다. 언제나 실온상태나 살짝 따뜻한 소스를 발라야 한다.

토마토의 풍미를 최대한 살리기 위한 방법은 당연히 품질 좋은 토마토를 사용하는 것이다. 토마토 통조림이라고 해서 다 같은 통조림이 아니다. 이 말을 못 믿겠으면 눈을 크게 뜨고 주의 깊게 한번 살펴보기 바란다. 브랜드가 서로 다른 홀토마토 통조림을 몇 개 구입해서 내용물을 체에 걸러낸 다음, 홀토마토를 물에 헹궈본다. 짙은 적색 즙(이것은 대부분 토마토 자체의 즙이 아니라 통조림으로 가공하는 과정 중에 첨가한 것이다)을 씻어낸 홀토마토 색깔이 통조림통 안에 들어 있을 때보다 엷거나 노랗거나 심지어 녹색을 띠기도 하는 것을 보고 깜짝 놀라게 될 것이다.

나는 단맛이 나면서 토마토의 진한 맛이 감도는 토마토나 소스, 그리고 그 밖에 설탕을 첨가하지 않았거나 토마토의 풍미를 인위적으로 강화하지 않은 토마토 베이스의 제품을 구입한다. 왜냐하면 맛있는 토마토는 그 자체만으로도 충분히 맛있기 때문이다. 내가 구입하는 제품들은 식재료용으로 재배되고 가공 포장되어 세계 여러 나라에서 다양한 음식에 사용된다. p.25에 내가 강력하게 추천하는 전문가용 브랜드와 함께 슈퍼마켓에서도 쉽게 구입할 수 있는 브랜드를 소개했으니 참고하기 바란다.

치즈
홀밀크(whole milk, 유지방 함량 3.5% 일반우유) 또는 파트스킴(part skim, 유지방을 일부 제거한 저지방우유)으로 만든 모차렐라치즈는 대부분의 아메리칸 피자 토핑의 주요 재료가 되므로 품질 좋은 제품을 구입하는 것이 중요하다. 가정에서는 덩어리 치즈를 구입하여 직접 갈아서 사용하도록 한다. 그러면 갈아서 판매하는 치즈에서 흔히 발견되는 셀룰로오스 같은 응고방지제 또는 유해 전분이나 고무 성분의 섭취 가능성을 줄일 수 있다. 또한 직접 산 덩어리 치즈를 갈아서 사용하면 비용면에서도 훨씬 절약이 된다. 그랑데(Grande)는 내가 늘 사용하는 모차렐라치즈 브랜드인데, 아직 사용해보지 않았다면 한번 구입해볼 만한 가치가 충분히 있는 치즈이다.

홀밀크로 만든 모차렐라치즈와 파트스킴으로 만든 모차렐라치즈의 풍미 차이가 항상 뚜렷하지는 않다. 그러나 확연한 차이는 결과물에서 나타난다. 지방과 수분 함량이 높은 홀밀크 모차렐라치즈는 재가열을 했을 때 파트스킴 모차렐라치즈보다 더 부드럽다. 그래서 우리 레스토랑에서는 지방과 수분 함량이 높아서 재가열을 해도 좋은 결과물이 나오는 홀밀크 모차렐라치즈를 사용하여 파이를 미리 구워두었다가 다시 가열해서 슬라이스한다.

모차렐라나 그 밖에 다른 종류의 치즈를 슬라이스해서 사용하라고 레시피에서 지시할 때, 고기 슬라이서보다 더 좋은 것은 없다. p.117에 소개되어 있는 이탈리안 비프 샌드위치 레시피를 보면 아마 당신도 구입하고 싶어질 것이다. 만약 이런 종류의 슬라이서를 가지고 있지 않다면 길고 날카로운 칼을 사용하면 된다. 그리고 이 두 가지 경우 모두 치즈를 슬라이스하기 전에 꼭 차가운 상태로 만들어두어야 한다. 그렇지 않으면 치즈 전문점에서 치즈를 구입할 때 슬라이스해달라고 부탁하는 것도 좋은 방법이다(일반적으로 치즈의 풍미가 약한 포장된 슬라이스 치즈를 사는 것보다 훨씬 더 좋은 방법이다).

레시피에 사용하는 프레시 모차렐라치즈인 피오르 디 라테(fior di latte, 우유의 꽃이라는 뜻으로 물소젖이 아닌 젖소의 젖으로 만든다)에 대해서는 p.147, 193, 198을 참조하기 바란다.

물론 밀가루, 토마토, 그리고 여러 가지 토핑들과 마찬가지로, 나는 어떤 타입의 피자를 만들든 언제나 그 피자에 전통적으로 사용되는 치즈를 사용하거나, 내가 구할 수 있는 최대한 전통에 가까운 치즈를 구입해서 사용한다. 그리고 만들고자 하는 피자가 가장 오리지널에 가까우면서도 피자를 굽고 서빙하는 동안 가장 멋진 모양이 나올 수 있도록 그때그때 상황에 따라 슬라이스한 치즈를 사용하기도 하고 슈레드(shred, 잘게 자른다는 뜻)한 치즈를 사용하기도 한다.

THE THEORY OF
PIZZA RELATIVITY
피자의 상대성 이론

피자를 만들기 위해 소매를 걷어 올리기 전에, 끝으로 하고 싶은 이야기가 있다.

모든 피자 레시피에서 가장 중요한 원칙은 항상 상대적이라는 것이다. 재료, 숙성 정도, 물, 기후, 해발 고도, 도구, 오븐, 도우의 발효시간 등 여러 가지 요인들이 피자의 차이를 만든다. 그러므로 이들 사이에서 단 한 가지의 「진리」란 없다.

그 대신에 나는 주로 지켜야 할 비율, 범위, 원리에 대해 많은 이야기를 하고 있으며, 눈으로 확인할 수 있는 신호를 따르라고 이야기한다. 믹서 안에서 도우에 어떤 변화가 일어나는지 「읽으라」고 할 때 이는 단순히 책을 읽으라는 뜻이 아니다. 피자를 구울 때 레시피에 씌어진 시간을 무조건 지키기보다는, 피자가 구워지는 동안에 도우와 치즈가 어떻게 갈색으로 구워지는지를 「읽어라.」 어쩌면 당연하다고 생각할지 모르겠지만, 나는 많은 프로셰프들조차도 그 타이밍을 놓치는 것을 보아왔다. 레시피는 유일한 원칙이 아니며 안내서일 뿐이며, 당신은 피자를 만드는 주인공이다.

이 책은 미국뿐만 아니라 이탈리아 몇몇 지역의 인기 있는 피자들 중에서 지역색이 강한 주요 피자들을 소개하고 있다. 그렇기 때문에 나는 여기에서 피자의 상대성에 관한 핵심적인 이야기를 하고자 한다. 클래식 피자를 그대로 재현하려고 할 때, 나는 전통적인 재료를 구하는 것은 물론이고 오래 전부터 전해 내려오는 베이킹 테크닉, 특정한 피자에 적합한 팬과 오븐을 사용하는 등 내가 할 수 있는 모든 방법을 동원한다. 또한 내 손님들과 직원, 그리고 피자를 좋아하는 나 자신을 위해 전통 피자에서 끌어낼 수 있는 최고의 맛을 내도록 내가 동원할 수 있는 모든 방법을 시도한다. 만약 이것이 전통적인 방법에서 약간 벗어나거나 추가적인 변형이 따른다 해도 나는 만족한다. 이 책을 통해서 당신도 나처럼 피자를 반복해서 만들어보며 수정, 보완, 가감을 거쳐서 당신이 정말 좋아하는 피자를 만들어낼 수 있기를 바란다. 오리지널에 최대한 가깝게 만들되, 무엇보다도 당신만의 피자를 만들기 바란다. 그것이 진리이며, 그것이 피자의 기술이다.

PART 2_ 실습

이제부터 실습을 시작한다. 내 마스터 클래스는 전 과정의 모든 단계를 거친다. 이 과정에서는 두 가지 전통 피자를 만들게 된다. 가장 미국다운 피자와 가장 이탈리아다운 피자로 구성되는데, 여기에 사용할 도우는 바삭하고 쫄깃한 식감의 중간두께 크러스트를 만들기에 적당한 다목적 마스터 도우를 기본으로 한다. 필요하다면 토핑 재료를 2배로 구입해서 같은 피자를 2개 만들어도 된다.

처음부터 내 지시대로 잘 따라하면서 모든 과정을 이해하고 나면, 이 책의 또 다른 레시피들을 시도해보며 실력을 향상시킬 수 있는 좋은 기본기가 갖추어질 것이다. 속성으로 익히고 싶으면 p.52와 p.56에 있는 마스터 도우 레시피들(스타터를 사용하는 것과 사용하지 않는 것 두 가지)을 활용할 수도 있다. 하지만 지금은 여기에서 좀 더 자세하게 설명하는 대로 따라해보도록 한다.

1st DAY
1일째

필요한 도구_ 저울, 볼 5개, 탐침온도계, 스탠드 믹서, 고무주걱, 볼 스크레이퍼, 도우 커터, 큰 믹싱볼, 비닐랩

이 클래스에서는 스타터를 사용하지 않고 도우를 만든다. 이 도우는 2단계의 발효과정을 거치면서 아주 멋진 결과를 만들어낸다. 여기에서는 2개의 피자를 만드는데, 피자를 굽고 먹기 위해서는 적어도 이틀 전에 도우 만들기를 시작해야 한다. 먼저 덩어리상태의 반죽을 볼에 담아 냉장고에서 24시간 동안 발효시킨 다음, 도우볼로 성형하여 24시간 동안 추가로 발효시킨다.

그렇다. 이 과정은 긴 시간을 필요로 한다. 그러나 실제로 손이 가는 작업은 별로 없다. 게다가 2단계의 발효과정을 통해서 도우의 완성도와 맛에 큰 차이를 만들어낼 수도 있다.

시카고 딥디시 도우를 제외한 이 책의 모든 도우는 다음의 기본적인 순서를 따른다.

- 재료의 무게를 잰다.
- 미지근한 물에 이스트를 녹여 활성화시킨다.
- 밀가루와 몰트를 섞는다(사용할 경우).
- 밀가루에 얼음물을 흡수시킨다.
- 이스트를 녹인 물을 넣는다.
- 스타터를 넣는다(사용할 경우).
- 소금을 넣는다.
- 오일이나 다른 지방을 넣는다(사용할 경우).

믹서나 푸드 프로세서에 모든 재료를 한꺼번에 넣고 돌리면 안 된다. 나는 몇 가지 이유 때문에 이 단계를 순서대로 따르고 있는데, 그 이유들에 대해서는 차차 설명하겠다. 이 과정대로 따라하면 완성된 피자의 결과에 많은 차이가 나타나므로 이 순서를 익히고 매번 따르도록 한다.

1. 무게 재기와 측정

아래에 나열된 모든 재료들은 p.14에서 설명한 〈마스터 클래스를 위한 쇼핑 리스트〉에 들어 있는 것들이다. 우리는 각 재료들을 볼이나 용기에 담아 따로따로 무게를 잰 다음에 시작할 것이다. 처음에 이렇게 시작하도록 하는 이유는 필요한 재료를 앞에 모두 펼쳐놓음으로써 빠뜨린 재료가 없도록 하기 위해서이다.

대다수의 요리사나 베이커들은 하나의 볼로 재료의 무게를 계량할 때, 각각의 새로운 재료들을 추가하기 전에 간단하게 저울을 영점으로 맞추어 사용하는 방법에 익숙해져 있다. 그러나 이 방법이 익숙하지 않다면 지금으로서는 그 방법을 사용하지 않도록 한다. 이미 계량한 재료 위에 또 다른 재료를 추가하려다가 쏟을 수도 있기 때문이다. 만일 그렇게 되면 돌이킬 수 없는 상황이 벌어질 수도 있다. 재료들을 각각 다른 용기에 담아 계량하면 이런 문제는 생기지 않는다.

모든 재료들을 따로따로 계량한 상태에서 반죽을 시작할 때의 또 다른 장점은 믹싱을 시작하고 나서 고무주걱을 찾는다거나, 실수로 올리브오일을 바닥에 흘리거나, 주방에서 강아지를 쫓아내야 하거나, 청소를 해야 하거나, 그리고 지금 당신이 하고 있는 단계와 시간을 기억해두어야 하는 일 등에 방해받지 않아도 된다는 것이다. 우선 계량부터 하고 나서 모든 재료들을 믹싱하는 단계에 들어서면 모든 일이 시계처럼 착착 진행될 수 있다.

재료들은 되도록 기본적인 사용 순서대로 계량하도록 한다. 그러나 예외적으로 찬물과 미지근한 물은 마지막에 계량하는 것이 좋다. 물을 넣을 때 반죽에 알맞은 온도여야 하기 때문이다.

4.5g_ 액티브 드라이 이스트

가장자리가 직선인 용기보다 바닥면이 둥글고 작은 볼을 사용하는 것이 좋다. 그래야만 각진 모서리 부분에 이스트가 녹지 않은 채 남아 있는 상황을 피할 수 있다. 저울 위에 볼을 올려놓고 영점을 맞춘 다음, 저울 계기판에 4.5g이라고 표시될 때까지 이스트를 천천히 담는다. 이것은 한 봉지도 안 되는 소량이라는 것을 기억하고, 만일 손바닥 크기의 휴대용 저울이 있으면 그것을 사용하도록 한다.

453g_ 킹 아서의 서 랜슬롯 고단백 무표백 밀가루 (또는 단백질 함량 13~14% 밀가루_ 제너럴 밀스의 올 트럼프 밀가루, 펜들턴 플라워 밀스의 파워 밀가루, 주스토스의 고성능 고단백 무표백 밀가루, 토니스 캘리포니아 아티장 밀가루 추천)

저울 위에 스탠드 믹서의 볼을 올리고 영점을 맞춘다. 스푼으로 밀가루를 퍼서 453g까지 계량한다. 미터법에 익숙하지 않다면 453g은 1파운드에 해당하므로 참고한다.

9g_ 활성 몰트

같은 방법으로 작은 볼 안에 몰트 9g을 담아서 계량한다.

9g_ 고운 바닷소금

또 다른 작은 볼에 고운 바닷소금 9g을 담아서 계량한다.

5g_ 엑스트라버진 올리브오일

또 다른 작은 볼에 올리브오일 5g을 담아서 계량한다.

225g_ 얼음물

이스트의 활성을 느리게 하기 위해 반죽에는 주로 얼음물을 사용하는 것이 좋다. 1ℓ 용량의 계량컵에 얼음 한 줌과 물을 담는다. 저울 위에 중간크기 볼을 올리고 영점을 맞춘 다음, 1ℓ 용량의 계량컵에 담긴 얼음물을 부어 225g까지 계량하고(이때 얼음 덩어리가 들어가지 않게 한다) 남은 물과 얼음은 버린다. 얼음물의 온도는 3~5℃(38~40℉) 정도가 적당하다.

70g_ 미지근한 물

이 물은 이스트를 활성화시키기 위해 필요하다. 2C 용량의 컵에 따뜻한 물을 반 정도 채우고 탐침온도계로 물의 온도를 측정한다. 찬물이나 더운물을 적당히 추가하여 온도를 27~29℃(80~85℉)로 맞춘다. 몇 번 해보면 이 온도의 물을 감각적으로 느끼게 되어 나중에는 굳이 온도계를 사용할 필요가 없어지겠지만, 우선 지금은 이 방법을 따르기 바란다. 저울 위에 작은 볼을 올리고 영점을 맞춘 다음, 적당히 미지근해진 물을 부어 70g을 계량한다.

2. 이스트 활성화

이 단계는 두 가지 이유에서 필요하다. 첫째는 밀가루에 이스트를 넣기 전에 미리 활성화시키기 위해서이다. 둘째는 이스트에 문제가 있어서 혹시라도 활성화되지 못할 경우를 미리 알아보기 위해서이다.

이스트가 담겨 있는 작은 볼에 미지근한 물 70g을 붓고, 작은 거품기로 약 30초 동안 잘 섞는다. 이스트가 완전히 녹으면 표면에 살짝 거품이 생긴다. 이스트가 녹지 않고 일부 알갱이가 표면에 떠 있으면 그 이스트는 사멸된 것이므로 버리고 새로 구입한 이스트로 다시 시작하도록 한다.

3. 도우 만들기

후크를 끼운 스탠드 믹서에 계량한 밀가루가 담긴 믹서볼을 장착한다. 몰트를 넣고 가장 낮은 속도로 몇 초 동안 돌려서 밀가루와 몰트를 섞는다. (스탠드 믹서가 없으면 아래 설명대로 손반죽을 한다.)

믹서를 저속으로 돌리면서 얼음물 225g에서 2Ts 정도만 남기고 모두 붓는다. 이어서 이스트를 녹인 물을 넣고, 남겨두었던 물 2Ts을 이스트가 들어 있던 볼에 붓고 헹궈서 볼에 달라붙은 이스트를 떼어낸다. 이 물을 믹서볼에 붓는다.

믹서가 없어도 걱정할 필요 없다

스탠드 믹서는 도우를 만들 때 아주 좋은 도구이다. 그러나 만약 가지고 있지 않더라도 손반죽을 하면 된다.

- 마스터 도우(또는 다른 도우도 가능) 레시피와 같은 비율을 사용한다. 믹서로 도우를 만들 때와 같은 방법으로 재료들을 계량하고, 큰 볼에 밀가루를 담는다.
- 미지근한 물에 이스트를 녹인다.
- 밀가루에 몰트를 넣고 단단한 주걱으로 저어서 잘 섞는다.
- 밀가루와 몰트를 섞은 가루의 가운데에 홈을 파고 얼음물을 붓는다. 이때 2Ts 정도의 물은 따로 남겨둔다.
- 밀가루와 얼음물이 섞이도록 여러 번 저어준 다음, 이스트 녹인 물을 붓는다.
- 남겨두었던 물 2Ts을 이스트가 들어 있던 볼에 붓고 헹궈서 반죽에 붓는다(만일 스타터를 사용하는 경우에는 이때 스타터를 넣는다).
- 손을 이용해서 도우를 반죽한다. 한 손으로는 움직이지 않게 볼의 테두리를 잡고, 다른 한 손으로는 볼에 든 반죽의 가장자리를 잡아당겨서 가운데 부분으로 겹쳐 올린다. 때때로 볼을 90도씩 돌려가면서 이 동작을 반복한다. 반죽이 건조해 보이거나 마른 가루가 보이며 잘 섞이지 않는 것 같으면 물을 조금씩 추가하면서 반죽한다. (처음부터 물을 너무 많이 사용하지 말고 ½ts부터 조금씩 넣어가며 반죽한다.)
- 1분 정도 계속 반죽한 다음, 소금을 넣고 잘 섞는다.
- 반죽의 가운데에 홈을 파고 오일을 넣는다. 앞서와 같이 다시 반죽을 한다.
- 볼에서 반죽 덩어리를 꺼내 2~3분 동안 반죽한다(p.32 〈도우 반죽하기〉 참조). 반죽이 아직 완벽하게 매끄러운 상태는 아닐 것이다.
- 마스터 도우 레시피 순서대로 진행한다.

믹서를 1분 정도 돌린다. 후크 주변에 반죽이 덩어리지면 믹서를 멈추고 손가락으로 후크에서 반죽을 떼어낸다 ❶. 그리고 볼 스크레이퍼나 고무주걱으로 볼 옆면과 바닥의 반죽을 깨끗이 긁어낸다.

볼 바닥에 섞이지 않은 마른 재료들이 남아 있는지 확인하고, 반죽 덩어리를 바닥에 눌러서 뭉쳐지지 않은 반죽 부스러기를 한데 뭉친다. 여전히 뭉쳐지지 않은 마른 부스러기들이 볼 바닥에 남아 있다면, 물을 조금 추가하면서(½ts부터 넣기 시작한다) 믹서를 잠깐씩 돌려서 섞는다.

소금을 넣고 저속으로 1분 동안 믹싱한다.

믹서를 멈추고 다시 후크에 붙어 있는 반죽을 떼어낸 후, 오일을 넣고 저속으로 1~2분 동안 돌린다. 오일이 반죽에 완전히 스며들 때까지 중간중간 믹서를 멈추고 후크에서 반죽을 떼어내고, 볼 옆면에 붙어 있는 반죽을 스크레이퍼로 긁어내린다. 반죽이 아직 완벽하게 매끄러운 상태는 아니다. (이 시점에서 반죽의 온도는 아마 20~22℃ / 68~72℉ 정도일 것이다. 이 온도를 반드시 지켜야 할 필요는 없지만, 프로들에게는 이 정보가 유용할 것이다.)

당신이 해야 할 믹싱은 이 정도로 충분하다. 내가 자주 발견하게 되는 초보자들 심지어 프로들까지 저지르는 실수는 피자도우를 지나치게 오랫동안 반죽하는 것이다. 반죽을 지나치게 많이 하면 도우가 질겨져서 피자를 먹을 때 씹느라고 턱이 아플 정도일 때도 있다. 그러므로 이 클래스와 모든 내 레시피에서 요구하는 시간을 지키기를 바란다.

4. 도우 반죽하기

볼 스크레이퍼로 믹서볼 안의 도우를 들어서 덧가루를 뿌리지 않은 표면이 매끄러운 작업대(목재는 피한다) 위로 옮긴다. 작업대 상판은 화강암이나 대리석으로 된 것이 가장 이상적이다. 이 두 가지 상판은 도우를 차갑게 유지시켜주고 표면이 매끄러워서 도우가 바닥에 들러붙지 않게 도와준다.

반죽을 공모양으로 뭉친다. 손바닥과 손목 사이의 도드라진 부분으로 반죽을 아래로 누르면서 몸 바깥쪽으로 살짝 민다 ❷. 다른 한 손으로는 반죽을 45도 각도로 돌리면서 반죽을 모아 공처럼 모양을 잡는다 ❸. 이렇게 누르고, 돌리고, 뭉치는 동작을 도우가 매끄러워질 때까지 2~3분 동안 반복한다 ❹. 깨끗한 젖은 행주로 도우를 덮고 실온에서 1시간 정도 휴지시킨다.

5. 1차발효

도우를 휴지시킨 다음에는 도우 커터로 도우를 들어 좀 더 부풀어오를 수 있게 넉넉한 크기의 볼에 옮겨 담는다(원래 크기의 25~50%까지 부풀어오르는데, 대부분의 빵 반죽처럼 2배까지 부풀지는 않는다). 도우 표면에 물을 몇 방울 떨어뜨린 다음 손가락으로 펴 바른다 ❺. 비닐랩으로 감싼 다음 냉장고에서 24시간 동안 냉장숙성발효를 시킨다.

이 단계를 1차발효(bulk fermentation)라고 부른다. 이 단계에서는 도우를 개별무게로 분할한 도우볼 형태가 아니라 반죽 덩어리를 통째로 발효시키기 때문에 통발효라고 부르기도 한다. 내일 이 시간에는 이 반죽 덩어리의 공기를 빼서(가스 빼기라고 부르기도 한다) 공모양으로 성형한 다음, 24시간 동안 2차발효를 할 것이다. 물론, 이 반죽을 곧바로 분할하여 공모양으로 성형한 다음 냉장고에 넣어 24~48시간 동안 냉장숙성발효를 시켜도 된다. 그러나 가스 빼기를 포함한 1차발효 단계를 거친 도우는 더 좋은 결과가 나온다. 중간에 1차발효를 한 도우와 하지 않은 도우로 각각 피자를 만들어 테스트한 결과, 모든 사람들이 1차발효를 한 도우로 만든 피자에 더 많은 점수를 주었다. 1차발효를 한 도우로 만든 피자는 크러스트가 좀 더 가볍고 바삭하며 진한 풍미가 감돌고, 피자의 형태를 단단하게 유지한다(슬라이스한 피자 조각을 들었을 때 크러스트가 휘어지지 않고 형태를 유지한다는 의미).

24시간 동안 1차발효를 한 다음 다시 도우볼로 성형하여 24시간 동안 2차발효를 한 것이 단지 도우볼 형태로 48시간 동안 계속 발효시킨 것보다 더 좋은 결과가 나올까? 그 차이는 결국 「가스 빼기」에 있다고 본다. 중간에 도우에서 가스를 빼면 이스트의 번식이 더욱 촉진되면서 발효되는데(최적의 정점까지), 왕성한 발효로 인해 완성된 피자의 맛도 한층 좋아진다.

즉, 하루만큼의 시간을 절약하고 싶으면 1차발효 단계를 생략하고 곧바로 도우를 공모양으로 성형하면 된다(p.34 〈도우볼 만들기〉 참조). 그러나 처음 시작하는 이 시점에서는 이틀이 걸리는 1차발효와 2차발효 과정을 모두 거치면서 만들어보길 바란다. 그리고 1차발효 과정을 거치는 도우의 경우에는 스타터를 사용할 필요가 없다는 것도 기억해야 한다.

2nd DAY
2일째

필요한 도구_ 스탠드 믹서, 소스와 갈릭오일을 섞을 볼들, 도우 스크레이퍼, ½사이즈 시트팬(46×33cm/18×13인치), 비닐랩

1. 가스 빼기
스탠드 믹서에 후크를 끼운다. 냉장고에서 도우가 든 볼을 꺼내고, 볼 스크레이퍼를 사용하여 스탠드 믹서의 볼로 옮긴다. 믹서를 저속으로 30초 동안 돌린다. 이 과정에서 도우 안의 가스가 빠져나오면서 터지는 소리가 들리며, 부풀었던 도우가 꺼지면서 좀 더 단단한 덩어리가 된다. 이것을 덧가루를 뿌리지 않은 깨끗한 작업대로 옮겨서 공모양으로 만든다.

2. 도우볼 만들기
도우 커터를 사용하여 도우를 비슷한 크기로 2등분한다 ❶. 각 덩어리의 무게를 재고 각각 370g(13온스)이 되도록 양을 조절한다 ❷. 계량 후 소량의 반죽이 남으면 버려도 좋다. (버릴 때 주의해야 할 점은 절대로 싱크대 배수구에 넣지 말라는 것이다. 그러면 배수구가 막힐 위험이 있으므로 음식물 쓰레기통에 버린다.)

이제 도우를 늘리는 기술을 사용하여 표면이 매끈하고 둥근 도우볼을 만들 차례다. 이것은 단지 도우 표면을 매끄럽게 만들기 위해서만이 아니라, 반죽 표면의 글루텐 조직이 팽팽해지도록 만들기 위한 방법이다. 이 글루텐 그물구조가 가스를 품어 피자 크러스트를 폭신하고 바삭하게 만든다.

도우볼 1개를 들어 양손으로 가장자리를 잡고 손가락을 안쪽으로 접듯이 구부려서 도우의 왼쪽과 오른쪽이 서로 맞붙도록 가운데를 중심으로 접는다. 이때 도우 표면이 당겨지거나 찢어지지 않도록 부드럽고 간결하게 접는다 ❸.

도우를 45도 돌려서 같은 동작을 반복한다 ❹. 도우볼 표면이 매끄럽고 팽팽해질 때까지 이와 같은 방법으로 도우를 돌려서 접기를 여러 번 반복한다. 손바닥과 네 손가락으로 이음매를 맞붙여서 도우볼 표면이 팽팽해지도록 단단하게 여민다 ❺. 이 여밈 단계는 매우 중요하다. 이음매가 확실하게 붙도록 충분히 단단하게 여미지 않으면 도우볼에서 가스가 빠져나가기 때문에 충분히 부풀지 않는다. 그리고 도우 안에 커다란 기포가 형성되어 피자를 넓게 펼치는 과정에서 도우에 약하고 얇은 부분이 생길 수도 있다. 그러므로 절대로 도우가 찢어지지 않게 하고, 단단하게 여밀 것을 꼭 기억해야 한다.

3. 도우의 냉장숙성발효
위의 방법대로 만든 도우볼을 여민 부분이 아래로 가게 ½사이즈 시트팬에 놓는다 ❻. 나머지 도우도 같은 방법으로 도우볼을 만들어 8cm(3인치) 간격을 두고 팬에 올린다. (다음날 피자를 2개 구울 계획이 아니라면, 좀 더 작은 시트팬을 2개 준비해서 도우볼을 하나씩 나누어 담아 냉장고에 넣었다가 다음날 사용할 것만 꺼내서 실온에 둔다.) 도우볼이 담긴 시트팬을 공기가 통하지 않게 비닐랩으로 바닥면까지 이중으로 단단하게 감싼다. 냉장고의 편평한 곳에 넣고 24시간 동안 냉장숙성발효를 시킨다.

4. 소스 만들기
우리는 조리하지 않은 피자소스를 사용하므로, 하루 전에 미리 만들어서 모든 풍미가 어우러지게 하는 방법을 추천한다. 그러므로 도우볼을 만들 때 소스도 함께 만들어두는 습관을 들이는 것이 좋다.

입자가 거친 토마토소스의 맛을 진하고 풍부하게 만드는 비법 중 하나는 껍질을 벗긴 토마토를 손으로 으깨는 것이다. 이 의미는 단지 손으로 으깨기만 하면 된다는 뜻은 아니다. 몇 시간 동안 뭉근하게 끓여도 괜찮지만, 좀 더 생생한 소스 맛을 위해서 나는 토마토의 줄기, 씨, 그 밖에 단단하고 거친 부분은 제거하고 과육만 으깬다. 그리고 가장 중요한 것은 토마토의 수분을 최대한 빼서 소스가 묽어지지 않게 하는 것이다.

뉴욕-뉴저지 토마토소스_ 1C(245g)
NEW YORK-NEW JERSEY TOMATO SAUCE

앞서 설명한 방법대로 다음 재료들을 계량한다.

120g(½C)_ 그라운드 토마토_ 7/11 또는 디나폴리 추천

65g(¼C)_ 토마토 페이스트_ 콘타디나 또는 슈퍼돌체 추천

1꼬집_ 드라이 오레가노

1꼬집_ 고운 바닷소금

1ts_ 엑스트라버진 올리브오일

55g(¼C)_ 손으로 으깬 토마토(껍질을 벗긴 홀플럼토마토나 홀페어토마토 4~5개_ 발로로소 또는 디나폴리 추천. 아래 박스 참조)

볼에 그라운드 토마토, 토마토 페이스트, 오레가노, 소금, 올리브오일을 넣고 섞는다. 핸드 블렌더(아직 구입하지 않았다면 일반 쥬서기를 사용해도 된다)로 곱게 갈아서 퓌레로 만든다. 여기에 손으로 으깬 토마토를 넣고 잘 저어서 섞는다. 맛을 보고 필요하면 소금으로 간을 맞춘다(토마토 가공품의 소금 함량은 제품마다 많이 다르다).

위의 소스는 1C(245g) 분량으로 피자 2판을 만들기에 적당한 양이다. (그러나 이 클래스에서처럼 1개의 피자에는 소스를 사용하고 다른 1개의 피자에는 소스를 사용하지 않을 경우에는 위 분량의 반만 사용하기 때문에, 나머지 반은 냉장고에서 며칠 동안 보관하거나 냉동고에서 한달까지 보관할 수 있다).

PRO TIP

핸드 블렌더의 장점 소스를 퓌레로 만들거나 섞을 때, 특히 소량의 소스를 만들 때 핸드 블렌더가 아주 유용하다. 이것은 일반 쥬서기보다 사용하기가 훨씬 편하고, 작동 중에도 소스의 텍스처를 느끼기가 쉽다.

으깬 토마토 만들기

우선, 구할 수 있는 가장 품질 좋은 플럼토마토나 페어토마토 통조림으로 시작한다. 나는 발로로소 또는 디나폴리 제품을 추천한다. 만일 좋은 생토마토를 사용할 수 있다면 이 책 p.149에 소개한 〈얼리 걸 토마토소스(Early Girl Tomato Sauce)〉 레시피의 토마토 굽는 법을 참고한다. 통조림 토마토를 사용하든 아니면 신선한 생토마토를 사용하든, 만드는 동안 손을 자주 헹궈야 하므로 찬물이 담긴 볼을 가까이에 놓거나, 개수대와 가까운 곳에서 작업하는 것이 좋다.

빈 볼 위에 체를 올려놓는다. 또 다른 볼에는 단단하고 질긴 토마토 꼭지(줄기 끝)와 잘 익지 않아 푸른빛이 도는 부분을 잘라내서 담는다. 일부 토마토는 붉은색이 짙지 않을 수도 있다. 나는 그런 토마토들을 사용하지 않지만, 그것은 각자의 취향이다. 토마토에서 분리한 껍질과 씨, 질긴 부분은 찌꺼기를 담는 볼에 버리고, 다듬은 과육은 작게 으깨서 빈 볼 위의 체에 담는다. 이것은 블렌더로 갈지 않기 때문에, 만약 토마토 조각이 너무 굵으면 손가락으로 좀 더 작게 으깬다. 레시피에 사용할 정도의 분량이 될 때까지 토마토를 다듬어 으깬 다음, 토마토를 체에 지그시 눌러 토마토즙을 최대한 걸러낸다. 볼에 모아놓은 토마토 찌꺼기와 체 아래에 걸러진 토마토즙은 버린다. 이렇게 작업을 하면 794g(28온스) 1캔으로 으깬 토마토 1C(250g)이 넉넉하게 만들어진다.

5. 갈릭오일 만들기

갈릭오일은 피자를 마무리할 때 사용하는 내 비법재료 중 하나다. 빠르고 쉽게 만들 수 있지만, 적어도 1시간 전에 만들어두는 것이 가장 좋다. 시간이 지날수록 마늘의 향이 더욱 진하게 오일에 스며들기 때문에, 하루 전날 소스를 만들 때 같이 만들어두도록 한다.

갈릭오일 _ ¼C(60g)
GARLIC OIL

1½ts(5g)_ 다진 마늘

¼C(55g)_ 엑스트라버진 올리브오일

작은 볼에 다진 마늘과 오일을 섞는다. 뚜껑을 덮어서 냉장고에 하루나 이틀 동안 보관한다.

3rd DAY
3일째

필요한 도구_ 피자스톤이나 베이킹스틸 2개, 도우 커터, 자, 나무 피자삽, 큰 스푼, 주방용 타이머, 도마, 반달 피자커터(또는 피자휠), 큰 원형 접시 또는 서빙 도마, 피자스톤이나 베이킹스틸 청소용 내열 브러시와 행주

지금까지 당신은 48시간을 기다렸고, 이제 3일째 클래스를 위한 준비가 되어 있다. 오늘은 도우를 넓게 펼치고 토핑을 해서 굽기까지 진행하는데, 무엇보다 시식을 할 수 있다는 점에서 최고의 클래스가 될 것이다.

오늘 우리는 두 가지 피자, 즉 전통적인 페퍼로니 파이와(취향에 따라 소시지 피자나 플레인 치즈 피자도 가능하다) 프로슈토, 루콜라, 그리고 필러로 얇게 슬라이스한 파르미지아노 레지아노치즈로 마무리한 피자 비안카(pizza bianca,「화이트 파이」라고도 하며 토마토소스를 넣지 않는다)를 만들 것이다. 우리는 두 가지 피자를 좀 더 이해하기 쉽게 처음부터 끝까지 차례대로 하나씩 만들려고 한다. 나중에 경험이 쌓이고 익숙해지면, 첫 번째 피자가 오븐에서 구워지는 동안 두 번째 피자에 토핑을 올릴 수도 있다. 그러나 지금으로서는 두 가지 피자의 토핑과 굽기를 한 번에 하나씩 하는 것이 좋은 방법이다.

1. 시작하기

냉장고에서 2개의 도우볼을 꺼낸다. (만약 시트팬에 1개씩 따로 담은 상태이고 오늘은 피자를 한 판만 구울 생각이라면 도우볼을 1개만 꺼낸다.) 피자를 만들기 전까지 비닐랩을 아직 벗기지 않은 시트팬을 작업대 위에 1~2시간 정도 놓아둔다. (시간은 주방의 실내온도에 따라 달라질 수 있다.) 냉장고에서 꺼낸 도우의 온도는 2~5℃(35~40℉) 정도 되는데, 피자도우를 넓게 펼치려면 16~18℃(60~65℉) 정도가 적당하다.

비닐랩을 씌운 채로 도우볼을 작업대에 놓은 지 1시간 정도 지나면, 도우볼 중심부를 탐침온도계로 찔러서 온도를 잰다. 도우볼 온도가 16~18℃(60~65℉)가 될 때까지 계속 확인한다.

작업대 위의 도우볼 온도가 올라가는 동안, 2개의 걸침망 중에서 하나는 오븐의 위쪽 ⅓ 지점에 놓고(일반적으로 아래에 2단이 더 있다), 다른 하나는 맨 아랫단에 놓는다. 각각의 걸침망 가운데에 피자스톤이나 베이킹스틸을 놓는다. 오븐 온도를 260℃(500℉)로 설정하고 최소 1시간 정도 예열한다. 오븐에 팬이 돌면서 열기를 순환시키는 컨벡션 기능이 있다면 사용하도록 한다. 오븐 온도는 260℃(500℉)를 계속 유지해야 하지만, 굽는 시간이 매우 짧기 때문에 피자가 구워지는 동안 잘 지켜봐야 한다.

"왜 2개의 피자스톤이 필요하죠?" 좋은 질문이다. 이 방법은 집에서도 아주 근사한 피자를 만들기 위해 내가 찾아낸 비법 중 하나이다. 뜨거운 벽돌오븐 바닥(데크형 오븐)에 피자도우를 직접 구울 수 있게 되어 있는 피자전용 오븐을 사용할 때, 나는 언제나 오븐의 한 지점에 피자를 넣고 몇 분 동안 굽다가 골고루 구워지도록 자리를 바꾸거나 돌린다. 피자를 꺼낼 때가 되면 한동안 아무 것도 놓여 있지 않아서 매우 뜨겁고 건조한 열점(hot spot)으로 옮겨서 피자의 바닥면이 좀 더 바삭해지고 갈색이 나게 만든다.

2개의 피자스톤을 활용하면 가정용 오븐에서도 이러한 테크닉을 재현할 수 있다. 첫 번째 피자스톤 위에서 피자를 굽다가 어느 정도 구운 다음 또 다른 피자스톤 위로 옮기는 것은 좀 더 뜨겁고 건조한 열점으로 피자를 옮기는 이치와 비슷하다. 그래서 피자의 바닥면을 바삭하게 갈색이 나도록 굽는 데 도움이 된다. 피자의 바닥면을 좀 더 바삭하게 굽고 싶다면 언제든지 다른 피자스톤 위로 옮기면 된다. 피자스톤을 오븐 윗단에 놓든 아랫단에 놓든 상관없지만, 피자를 옮기려고 하는 피자스톤 위에는 한동안 아무 것도 올려놓지 않은 상태여야 한다.

2. 재료 준비

피자를 만들기 전에 시간을 지체하지 않고 작업을 진행할 수 있도록 모든 토핑 재료와 마무리 재료들을 미리 준비해 놓는다. 사업장에서는 토핑 재료들을 모아놓은 곳을 「메이크 라인(make line)」이라고 부른다. 이에 반하여 오븐에서 구운 피자를 슬라이스하고 피자 위에 조리하지 않은 재료나 가니시를 올리는 곳을 「피니시 라인(finish line)」이라고 부른다. 처음 피자를 만드는 당신을 위해 필요한 것들을 아래에 정리하였다.

페퍼로니(또는 소시지) 피자 재료 「메이크 라인」

½C(120g)_ 뉴욕-뉴저지 토마토소스(p.36)_ 실온

170g(6온스)_ 홀밀크 모차렐라치즈_ 슈레드한 것(1½C). 플레인 치즈 피자의 경우에는 225g(8온스)_ 홀밀크 모차렐라치즈_ 슈레드한 것(2C)

115g(4온스)_ 슬라이스한 페퍼로니, 또는 140g(5온스)_ 조리하지 않은 펜넬 소시지나 칼라브레제 소시지 반죽_ 홈메이드(p.62~63)나 시판제품

「피니시 라인」

길이 33㎝(13인치) 이상의 도마, 반달 피자커터 또는 피자휠을 준비한다. 만일 멋진 나무도마를 가지고 있다면 피자를 그 위에 직접 올려서 서빙해도 좋다. 그렇지 않다면 납작하고 둥근 접시 2개를 서빙용으로 준비한다. 피자보다 크기가 큰 납작한 접시나 피자용 접시가 적당하다. 마무리용 재료들은 도마 옆에 준비해 놓는다.

페퍼로니(또는 소시지) 피자 재료 「피니시 라인」

갈릭오일(p.37)

페코리노 로마노치즈_ 치즈갈이로 간 것

드라이 오레가노

3. 덧가루 만들기

피자도우를 성형할 때, 나는 고운 세몰리나(p.14)와 도우를 만들 때 사용한 밀가루를 섞어서 작업대와 피자샵에 덧가루로 뿌린다.

듀럼밀이라고 하는 노란 빛깔의 밀을 빻아 만든 세몰리나는 밀가루에 비해서 굵고 거칠다. 그래서 피자샵 위에 도우를 올리고 오븐으로 옮길 때, 이 입자들이 작은 볼베어링처럼 움직이면서 도우가 바닥에 들러붙지 않고 잘 미끄러질 수 있게 해준다. 또한 피자에 바삭한 식감을 더해주고, 도우 표면의 수분도 흡수한다. 그러나 100% 세몰리나는 모래처럼 느껴질 정도로 거칠기 때문에 나는 주로 밀가루와 섞어서 사용하며, 섞는 비율은 내가 만들고자 하는 피자의 도우와 토핑에 따라 조금씩 달리한다. 도우가 끈적거리고 부드러우며 얇을수록 세몰리나의 양을 더 늘린다.

오늘 만드는 피자를 위해서는 피자도우에 사용한 밀가루 75g과 세몰리나 75g을 볼에 넣고 잘 섞어서 손이 바로 닿는 위치에 놓는다.

4. 작업대로 도우 옮기기

이제 도우볼은 처음에 만들었던 크기보다 25%가 부푼 원반모양이 되어 있을 것이다. 도우볼에 기포가 보이면 손으로 터뜨려서 가스를 뺀다.

만들어놓은 덧가루를 넉넉하게 한 줌 집어서 작업대 위에 자연스럽게 뿌린다. (덧가루는 도우가 들러붙는 것을 방지하기 위해 사용하므로 아무리 많이 뿌린다고 해도 절대 실수라고 볼 수 없다.)

피자도우를 싸고 있는 비닐랩의 한쪽을 잡고 천천히 벗긴다. 자주 하다 보면 반죽이 비닐에 들러붙지 않게 깔끔하게 벗겨낼 수 있게 된다. 만일 비닐에 달라붙은 반죽이 있으면 손가락 끝으로 살살 떼어낸다.

이제 도우를 작업대 위로 옮겨 놓을 차례다. 이 단계는 아주 중요해서 내가 수업하면서 늘 강조하는 부분이므로 집중해야 한다. 목표는 도우볼을 시트팬 위에 놓여 있던 모양 그대로 유지하면서 최대한 조심스럽게 작업대 위로 옮기는 것이다.

도우볼을 만들 때 도우 표면을 따라 늘어났던 글루텐 조직을 기억하는가? 그때 만든 글루텐 조직을 최대한 보존해야 한다. 그 의미는 도우 가장자리를 아래로 접는다든가 가스 빼기를 한다든가 주물러서 다시 공모양으로 만들지 말아야 한다는 뜻이다. 당신이 해야 할 일은 폭신하고 균일한 두께로 예쁘게 부풀어오른 원반모양을 그대로 유지하면서 작업대로 옮기는 일이다. 이렇게 하면 도우를 펼쳐서 균일한 두께의 얇고 둥근 모양으로 성형할 때 아주 유리하게 시작할 수 있다.

이 부분을 강조하는 이유는 끈적거리는 피자도우를 다루는 일이 매우 까다롭기 때문이다. 그래서 여기에 가장 좋은 방법을 소개하겠다. 바로 도우 커터에 물을 몇 방울 묻히는 것이다. 그러면 끈적거리는 도우가 커터에 들러붙지 않게 도와준다. 만일 시트팬에 도우를 2개 이상 놓았는데 서로 조금씩 붙어 있다면, 도우 커터를 수직으로 세워서 도우를 분리한다 (도우가 시트팬의 테두리와 맞닿아 있는 경우에도 분리한다).

도우 커터를 시트팬과 거의 수평이 되게 잡고 중심부를 향해 도우를 조심스럽게 긁으면서, 다른 한 손으로는 조금 늘어진 도우를 들어올려 시트팬에서 도우를 떼어낸다 ❶. 떼어내는 동안 편평하고 둥근 도우의 모양이 망가지지 않게 신경 쓰고, 도우의 끄트머리가 사진처럼 아래로 늘어지지 않게 주의한다 ❷.

도우가 시트팬에서 완전히 분리되면, 도우 커터와 다른 한 손으로 도우를 조심스럽게 들어서 작업대 위에 최대한 부드럽게 뒤집어 놓는다. 덧가루 한 줌을 도우 위에 뿌린다 ❸. 그리고 조심스럽게 다시 뒤집어서 원래 시트팬에 놓여 있던 대로 윗면이 위로 오게 놓는다. 이제 표면이 매끄럽고 둥근 도우볼이 더 이상 작업대나 손에 들러붙지 않으면서 다음 작업을 순조롭게 진행할 수 있는 상태로 놓여 있을 것이다.

5. 도우를 넓게 펼치기

다음 단계로 넘어가기 전에, 우선 피자삽에 덧가루를 뿌려서 가까이에 준비해 놓는다. 작업대 위에 놓인 도우의 테두리를 따라 가장자리 끝에서 2㎝(¾인치) 안쪽에서부터 시작하여 손가락 끝의 볼록한 부분으로 도우를 누르면서 둥글게 펼친다. 테두리는 두툼하게 남기면서 가운데 부분은 조금 움푹 들어가게 만든다고 생각하면서 도우를 넓힌다. 토핑을 하지 않는 테두리 부분은 좀 더 부풀어오르면서 피자의 틀을 형성하게 된다. 피자이올로들은 이 부분을 코르니쵸네(Cornicione)라는 이탈리아어로 표현한다. 이것은 「돌림띠」 또는 「몰딩」이라는 뜻으로, 피자의 형태를 잡아주는 중요성에 대해 이야기할 때 많이 사용하는 단어이다.

손가락 끝으로 도우의 표면을 납작하게 누를 때는 테두리가 눌리지 않게 조심한다 ❶. 이제는 도우를 펼칠 준비를 한다. 여기서부터 비법이 등장한다. 도우를 펼칠 때 가운데 부분은 그냥 두고 바깥 부분을 늘리도록 한다. 이렇게 하면 도우의 가운데 부분이 자연스럽게 늘어나게 된다. 만일 가운데 부분을 너무 많이 늘리면 도우가 지나치게 얇아지고 구멍이 생길 수도 있다. 그러므로 손가락을 바깥쪽으로 쭉 펴고 도우의 테두리 끝에서 2㎝(¾인치) 안쪽을 조심스럽게 누른다. 이어서 두 손의 간격을 2.5~5㎝(1~2인치) 정도 벌리면서 도우의 바깥쪽 가장자리를 부드럽게 조금씩 늘린다. 도우를 10도 정도 돌린 다음 같은 동작을 되풀이한다. 도우의 지름이 28㎝(11인치) 정도로 둥글게 펼쳐질 때까지 계속해서 도우를 돌려가면서 반복한다. 이때 도우의 테두리에 아주 얇은 층으로 생긴 기포를 터뜨리지 않으면 굽는 동안 그 부분이 까맣게 탄다.

그 다음에는 도우를 손바닥으로 치는 「슬래핑(slapping)」 기술을 사용하여 도우를 늘린다. 시작하기 전에 덧가루를 뿌린 피자삽을 작업대 가까이에 놓는다. 한 손바닥을 펼쳐서 그 위에 도우를 놓고 조심스럽게 다른 손바닥 위로 옮기면서 뒤집는다. 두 손바닥을 왔다 갔다 하며 뒤집는 동작을 몇 번 반복하면서 도우를 조금씩 돌린다 ❷. 도우를 조심스럽게 다룰수록 나중에 완성된 크러스트가 더욱 부드러워진다는 것을 기억하면서 작업을 계속한다.

이제 도우를 좀 더 늘리기 위해서 두 주먹을 살짝 쥐고 그 위에 도우를 걸친다 ❸. 양 손가락이 서로 마주보게 두 주먹을 들고, 도우가 아래쪽으로 자연스럽게 늘어지도록 주먹의 바깥쪽에 도우를 늘어뜨린다. 도우를 아주 조심스럽게 위로 던지면서 주먹 사이를 약간씩 벌려서 도우가 옆으로 조금씩 돌아가게 한다. 도우를 회전시키면서 공중으로 던져 올리는 기술을 배우고 싶겠지만, 이 시간에는 하지 않는다. 지금은 두 주먹으로 도우를 둥글게 돌리면서 조금씩 짧게 움직이는 기술만으로도 충분하다. 이 동작을 할 때는 도우가 무중력상태로 아주 가볍게 내 주먹 위에 올려져 있다고 상상해보자. 그리고 도우의 가운데 부분이 아닌 테두리를 늘려야 한다는 생각으로 도우를 펼쳐야 한다. 작업을 하면서 이따금 팔을 올려 도우가 제대로 잘 늘어나고 있는지 확인한다. 이렇게 하면 도우에 혹시 지나치게 얇아진 부분이 있는지 발견할 수 있다. 얇아진 부분은 구멍이 뚫릴 수 있으므로 더 이상 늘리지 않아야 한다. 하지만 도우가 찢어지더라도 너무 놀랄 필요는 없다. 조심스럽게 그 부분을 꼬집어서 메운 다음 더 이상 늘리지 않으면 된다.

도우는 되도록 얇고 균일하게 펼치는 것이 목표다. 처음에는 모든 것이 자신 없겠지만 너무 걱정하지 않아도 된다. 익숙해질 때까지는 많은 연습이 필요하다. 그리고 적어도 초보자들은 도우 안의 기포가 너무 많이 빠져나갈 만큼 지나치게 늘려서 얇아진 부분이 생기고 구멍이 뚫리는 것보다는, 약간 두껍더라도 부족한 듯하게 늘리는 것이 낫다. 그러므로 처음에는 도우를 조금만 늘려서 덧가루를 뿌린 피자삽 위에 올려놓은 다음 ❹, 자를 이용하여 지름을 잰다. 지름이 30~33㎝(12~13인치) 정도 되고(지름을 정확히 알기 위해서는 여러 지점에서 재보는 것이 좋다), 동그란 형태가 보기 좋게 만들어지면 토핑을 한다. 일단 도우 위에 소스, 치즈, 그리고 여러 가지 재료들을 올리고 난 다음에 피자삽 위에서 도우의 테두리를 잡아당겨서 약간씩 늘릴 수도 있다. 그렇게 하면 이 도우의 레시피에 맞게 지름 33㎝(13인치) 크기가 만들어질 것이다.

타월 던지기

피자 클래스에서 「슬래핑(slapping)」 기술과 「피스트(fists)」 기술을 가르칠 때, 나는 수강생들에게 젖은 행주로 연습하도록 한다. 젖은 행주는 도우의 무게와 비슷하고 느낌도 비슷한데다, 준비하고 정리할 것도 없이 깔끔하다. 내가 처음으로 내 형의 피체리아에서 일을 시작할 때, 형은 내게 아주 좋은 연습용 도구를 줬는데 그것은 바로 비치타월이었다. 이것을 반으로 접어 피자모양과 비슷하게 2개의 원형으로 자르고 겹쳐서 꿰맨다. 이것을 물에 적시면 피자도우와 비슷한 크기와 무게가 되어서 내가 피자 돌리기 기술을 연마하는 도구로 아주 완벽했었다.

6. 토핑하기

이제 당신은 피자 만들기에서 가장 어려운 관문을 통과했다. 안도의 숨을 크게 한 번 쉬고, 자신의 등을 토닥여줘도 좋다(두 손에 밀가루가 묻어 있다면 우선 손부터 닦자). 이제 도우에 토핑을 할 단계다.

대부분의 피자는 토핑을 할 때 가장 먼저 소스를 바른다. 그 다음에 치즈를 뿌린 후, 다른 재료들을 토핑한다. 이것이 당신의 첫 피자를 만들기 위해 지금부터 할 일이다. 피자삽 위의 피자도우가 토핑 재료들의 무게 때문에 너무 물러지거나 들러붙지 않도록 재빨리 진행하는 것이 좋다.

큰 스푼으로 소스를 떠서 피자도우의 가운데에 놓는다 ❶. 도우의 둘레를 따라 약 2㎝(¾인치)를 남기고 스푼의 볼록한 뒷부분을 이용하여 도우의 중심부에서 바깥쪽으로 나선을 그리면서 테두리보다 약간 높게 소스를 고루 펴 바른다 ❷. 이것을 소위 소스라인(sauce line)이라고 한다. 나중에 피자가 오븐에서 구워져 나왔을 때 피자 테두리에 타버린 소스가 튀어서 지저분해지지 않도록 소스라인을 보기 좋고 깔끔하게 발라야 한다. 소스의 양이 부족해 보일 수도 있지만, 완전히 구워진 다음에 보면 그 정도가 가장 적당한 양이다.

혹시라도 도우가 피자삽에 들러붙었을 수도 있으므로 앞뒤 수평으로 한 번 흔든 다음, 도우의 가운데에 슈레드한 모차렐라치즈 1½C(170g)을 올린다 ❸. 손가락 끝을 이용하여 치즈를 가운데 부분에서 바깥쪽으로 펼쳐서 소스를 골고루 덮는다. 소스라인까지만 치즈를 펼치고, 그 이상은 덮지 않는다. 나는 치즈를 이렇게 가운데 부분에서 바깥쪽으로 펼치는 방식을 좋아한다. 오븐에서 피자가 구워지는 동안 치즈가 녹으며 중심부로 흐르는 경향이 있기 때문에 가운데 부분은 바깥쪽보다 치즈를 얇게 펼친다.

이제 슬라이스한 페퍼로니를 치즈 위에 골고루 배열한다.

토핑으로 페퍼로니 대신에 소시지를 올리고 싶으면 소시지 반죽을 50원짜리 동전 크기로 납작하게 떼어서 치즈 위에 골고루 배열한다. 만일 치즈만 올린 플레인 치즈 파이를 만들고 싶으면 슈레드한 모차렐라치즈를 170g 대신에 225g(2C) 토핑한다.

토핑을 마친 후에는 도우의 테두리를 손가락으로 조금씩 잡아당겨서 모양을 보기 좋게 정리한다 ❹.

7. 오븐에 피자도우 옮기기

혹시라도 도우가 피자삽에 들러붙었을 수도 있으므로 다시 한 번 피자삽을 앞뒤 수평으로 흔들어본다. 만일 도우가 피자삽에 들러붙어 있으면 도우의 끝을 살짝 들어서 그 부분에 덧가루를 살짝 뿌린다.

오븐을 열고 윗단의 걸침망과 그 위에 올려놓은 피자스톤을 함께 앞으로 당긴다.

피자스톤 위로 피자도우를 옮기기 위해서는 피자삽을 피자스톤과 수평이 되게 잡고(피자삽을 절대로 기울이지 않는다) 도우를 스톤 위로 옮기고 싶은 위치에 피자삽을 댄다. 피자삽을 재빨리 밀었다 당겨서 도우의 맨 끝이 피자스톤 위로 미끄러지듯이 닿는 순간 곧바로 낮게 수평을 유지하며 피자삽을 몸 쪽으로 당긴다. 이것은 마치 마술사가 테이블 위의 접시들을 그대로 두면서 테이블보를 순식간에 빼버리는 오래된 마술과 비슷하다. 도우가 피자스톤 위에 살짝 닿자마자 순식간에 피자삽을 앞으로 잡아당기면 된다. 그리고 혹시 도우에 주름진 부분이 있거나 토핑이 흐트러졌다면 손으로 살짝 정돈해준다. 하지만 피자삽 위에 올려놓은 도우를 절대로 공중에서 미끄러뜨리거나 던지듯이 피자스톤 위로 옮기면 안 된다. 되도록 피자의 모양을 둥글고 균일하게 유지해야 하므로 그 차이는 매우 중요하다. 그러므로 피자를 어느 위치에 놓고 피자삽을 뺄 것인지 미리 잘 생각해두어야 한다.

피자스톤을 올려놓은 걸침망을 오븐 안으로 밀어넣고 오븐 문을 닫기 전에 피자의 모양을 다시 한 번 살펴본다. 이 몇 초 동안은 피자의 모양을 동그랗게 다듬을 수 있는 마지막 기회다. 나는 손 끝으로 도우의 가장자리를 살짝 잡아당겨서 모양을 잡아주곤 한다. 이때 뜨거운 피자스톤이나 오븐 벽에 손이 데이지 않도록 조심해야 한다.

만일 도우가 피자스톤 밖으로 살짝 늘어져 있더라도 그 순간에는 절대로 건드리지 말고 1분 정도 그대로 오븐에서 구워지도록 둔 다음, 도우의 끝을 살짝 들어서 피자삽을 그 밑으로 밀어넣은 다음 도우를 90도 정도 돌린다. 이보다 더 좋은 방법이 없을 정도로 도우가 감쪽같이 편평하게 자리를 잡는다.

8. 굽기

타이머를 6분으로 맞춘다. 이 단계는 피자의 상대성 원리를 떠올리기에 적절한 순간이다. 오븐의 종류는 매우 다양하기 때문에 모든 피자마다 굽는 시간을 명확하게 알려줄 수가 없다. 그 대신에 내가 피자를 굽는 동안 확인해야 할 사항들을 알려주면 그에 맞추어 당신이 시간을 조절해야 한다. 피자를 몇 판 구워보면서 자신이 가지고 있는 오븐의 성능을 파악하고 나면 굳이 타이머를 사용하지 않아도 될 것이다. 그 동안에 당신의 눈과 코를 통해서 피자를 굽기에 알맞은 시간을 감각적으로 알아차릴 수 있기 때문이다. 피자가 구워지는 과정을 체크할 때에는 오븐의 라이트를 켜 놓고 오븐의 열이 빠져나가지 않도록 오븐 문을 최대한 조금 열어서 체크한다.

오븐에 피자를 넣고 나서 2~3분 정도 지나면 도우에 커다란 기포가 생기지는 않았는지 재빨리 들여다본다. (이런 기포는 피자도우를 넓게 펼칠 때 도우의 온도가 너무 낮으면 흔히 나타난다.) 기포가 올라오면 재빨리 포크로 기포를 터뜨리고, 그 부분에 다시 치즈를 토핑한다. 그러나 이 방법은 피자를 굽는 초기의 몇 분 동안에 이루어져야 한다는 점을 기억해야 한다.

타이머가 멈추면 오븐 문을 연다. 피자도우의 크러스트가 갈색으로 변하기 시작하고 치즈는 녹아서 보글보글 거품이 생기지만, 아직 갈색으로 완전히 변하지는 않았을 것이다. 도우의 가장자리를 살짝 들어서 바닥면을 보면 색이 아직 옅을 것이다. 도우의 바닥면에 피자삽을 밀어넣고 손 끝으로 재빨리 도우를 180도 돌린 다음, 오븐 아랫단에 있는 피자스톤 위로 옮긴다. 이렇게 하면 피자 굽기가 연속적으로 이어지면서 피자 크러스트의 바닥이 바삭해지고 갈색을 띠게 된다. 오븐의 문을 닫고 타이머를 5분으로 맞춘다.

타이머가 멈추면 오븐 문을 열고 피자의 상태를 살펴본다. 치즈는 보글보글 기포가 올라오면서 갈색으로 먹음직스럽게 변해 있고, 피자의 바닥면도 고른 갈색을 띠게 된다. 피자 밑으로 피자삽을 밀어넣어 오븐에서 피자를 꺼낸 다음 도마로 옮긴다. 사용하는 피자삽이 나무로 만든 것이면 절대로 그 위에서 피자를 자르면 안 된다. 나무판이 칼자국으로 거칠어져서 피자도우를 오븐에 넣고 뺄 때 효과적으로 미끄러지지 못한다.

9. 슬라이스와 마무리하기

피자휠이나 반달 피자커터를 사용하여 피자를 웨지모양으로 6등분하여 자른다 ❶. 페이스트리 브러시를 사용하여 갈릭오일을 뿌린 다음 ❷ 페코리노 로마노치즈를 뿌리고 ❸ 그 위에 드라이 오레가노를 흩뿌린다. 피자를 접시에 옮겨서(또는 도마 위에 그대로 놓아둔다) 입맛을 다시며 기다리고 있는 사람들을 부르면 된다.

10. 평가

피자를 먹어치우기 전에 먼저 피자경연대회에서 사용하는 기본적인 평가기준을 가지고 당신이 만든 피자를 잠시 평가해보자.

구조_ 슬라이스한 피자를 들어올렸을 때 너무 많이 휘어지지 않으면서 토핑한 재료들을 지탱할 수 있어야 한다.

유연성_ 슬라이스한 피자의 테두리를 위로 구부릴 때 도우가 쉽게 접혀야 한다. 도우가 살짝 갈라지더라도 부러지지는 않아야 한다.

윗면의 크러스트_ 피자의 테두리(코르니쵸네)가 두툼하고 고른 갈색을 띠면서 군데군데 더 짙게 구워진 부분이 보여야 한다.

바닥면의 크러스트_ 크러스트 바닥면은 너무 짙지도 너무 옅지도 않게 알맞게 구워진 갈색을 띠어야 한다 ❹.

부푼 정도와 텍스처_ 피자를 슬라이스한 단면을 살펴본다. 크러스트 바깥쪽은 잘 만든 치아바타처럼 비슷한 크기의 기공으로 고른 공기층을 형성하고, 덜 익어 보이는 부분이 없어야 한다. 이렇게 덜 익은 부분을 피자이올로들이나 심사위원들은 「검 라인(gum line)」이라고 부르는데, 별로 바람직하지 않은 현상이다 ❺.

치즈_ 완벽하게 녹아서 노릇노릇한 색을 띠어야 한다.

11. 두 번째 피자 만들기

step1에서 냉장고에 넣어두었던 도우볼 2개를 모두 꺼내 실온에 놓아두었다면, 이제 두 번째 피자를 만들 차례이다.

시작하기 전에, 오븐의 걸침망들을 꺼내서 폭이 넓은 내열 브러시와 마른 행주로 피자스톤이나 베이킹스틸에서 떨어져서 타버린 세몰리나 또는 재료 찌꺼기들을 깨끗이 제거한다. 지저분한 오븐에 다음 피자를 굽고 싶지 않다면 최대한 깔끔하게 닦아낸다. 그리고 피자스톤이나 베이킹스틸이 지나치게 식어버리지 않도록 재빨리 청소를 마치고, 물이나 젖은 행주를 사용하지 않도록 한다.

프로슈토 & 루콜라 피자「메이크 라인」

170g(6온스)_ 홀밀크 모차렐라치즈_ 슈레드한 것(1½C)

프로슈토 & 루콜라 피자「피니시 라인」

6장 115g(약 4온스)_ 얇게 슬라이스한 프로슈토

1½C_ 루콜라

12개_ 방울토마토_ 색깔별로 골라서 반으로 자른 것(큰 것은 4등분한다)

갈릭오일(p.37)

파르미지아노 레지아노치즈 작은 조각_ 필러로 얇게 슬라이스한 것

step 5(p.39~41)에서 설명한 대로 도우를 펼치고 늘린다. step 6(p.42)에서 소스를 바르는 과정을 생략하고 모차렐라치즈를 토핑한 후, 곧바로 step 8에서 설명한 대로 피자를 굽는다. 오븐에서 다 구운 피자를 꺼낸 다음 도마로 옮겨서 웨지모양으로 6등분하여 자른다. 각각의 피자 조각 위에 프로슈토를 적당히 주름지게 올린 다음, 그 위에 루콜라를 각각 얹는다. 그리고 그 위에 방울토마토를 골고루 얹고 갈릭오일을 뿌린 다음, 필러로 파르미지아노 레지아노 치즈를 얇게 슬라이스하여 토핑한다.

구운 다음 일부 토핑 재료들을 올려서 마무리하는 피자 종류는 먼저 슬라이스를 한 후에 토핑 재료들을 올리는 것이 좋다. 여기에는 두 가지 이유가 있다. 먼저 토핑을 하고 나서 슬라이스를 하면 신선한 재료들이 잘리면서 으깨지기도 하고, 먹음직스럽게 올린 재료들이 무너져버릴 수 있다. 또한 먼저 슬라이스를 하면 조각마다 토핑 재료들을 골고루 올릴 수 있어서 먹는 사람들 모두에게 똑같은 피자를 공평하게 제공할 수 있다.

12. 피자스톤 청소하기

피자스톤이 식으면 도우 커터를 사용하여 표면에 붙어 있는 탄 재료들이나 치즈를 긁어낸 다음, 젖은 천으로 깨끗이 닦아낸다. 얼룩까지는 신경 쓰지 않아도 되고 단지 묻어 있는 음식찌꺼기만 제거하면 된다. 그리고 피자스톤을 물에 담그거나 비누로 닦지 않도록 주의한다. 베이킹스틸을 사용하는 경우에는 그릴 청소용 벽돌을 사용하여 제조사의 설명서대로 청소한다.

여기까지가 마스터 클래스 과정이다. 끝까지 함께한 당신에게 축하인사를 보낸다. 다음 주에는 복습 삼아 한 번 더 해보고, 토핑 재료들도 바꿔서 만들어보기 바란다. 매번 피자를 구울 때마다 맛이 점점 더 좋아지는 것을 경험하면서 놀라게 될 것이다.

나의 피자 십계명

이 책의 제목은 〈피자 바이블〉이다. 그러니 당연히 나의 10가지 율법을 따라야 한다.

1. 재료를 계량할 때는 저울을 사용하라.

2. 발효를 너무 짧게 하지 말라.

3. 피자스톤(또는 베이킹스틸)은 1개보다는 2개를 활용하라.

4. 피자도우에 차가운 소스를 바르지 말라.

5. 예열한 오븐에 차가운 도우를 넣지 말라.

6. 피자도우 위에 토핑을 너무 많이 올리지 말라.

7. 피자도우를 피자삽이나 피자스톤보다 더 크게 만들지 말라.

8. 굽는 도중 피자를 돌려 넣을 때는 같은 위치에 놓아라.

9. 마무리 재료를 올리기 전에 피자를 슬라이스하라.

10. 피자를 구운 후에는 반드시 브러시로 스톤을 깨끗이 닦아라.

Regional American
미국의 지역피자

피자가 미국에 처음 선을 보인 때는 1800년대 후반, 수백만 명의 남부 이탈리아 이민자들이 피자를 전파하면서부터이다. 그들 중 한 사람인 젠나로 롬바르디(Gennaro Lombardi)는 1905년에 미국 내에서 처음으로 피체리아(pizzeria)의 영업허가를 받아서 뉴욕의 리틀 이탈리아에 있는 자신의 식료품점에서 피자를 판매하기 시작했다.

치즈와 토마토를 토핑해서 만든 신(thin) 크러스트 파이는 뉴욕과 뉴저지에서부터 필라델피아, 시카고, 샌프란시스코에 이르기까지 이탈리아인들이 정착했던 곳이면 어디에서든 볼 수 있었다. 그러나 1940년대 말까지만 해도 피자는 대부분 이탈리아인들이 즐겨 먹는 이탈리아 음식이었다. 제2차세계대전 이후 이탈리아에 파병 되었던 미군 병사들이 전쟁에서 돌아오면서 모든 것이 바뀌었다. 그들은 이탈리아에서 먹어보았던 피자를 다시 먹고 싶어했고, 미국 경제가 되살아나면서 사업가들은 이들의 새로운 요구에 부응하기 위해 미국 전역에 피자 체인점들을 오픈하기 시작했다. 그들 중 대부분은 무조건 뉴욕식 피자부터 시작했다.

1950년대부터 20세기가 끝날 무렵까지는 크고 크러스트가 얇은 토마토 치즈 파이가 미국 피자 메뉴의 주류가 되면서 피자가 어떻게 이탈리아 음식에서 미국의 대표적 음식으로 전환되는지를 보여준 시기다. 매년 전 세계를 통해서 50만 개의 피자가 판매되는데, 30만 개의 피자가 미국에서 만들어진다.

피자 체인점의 유사성보다 내가 더욱 흥미롭게 생각하는 것은, 전국적으로 다양한 스타일의 피자들이 나타난 이후부터 뚜렷한 정체성을 유지해가고 있다는 점이다. 21세기로 접어들면서 이런 피자들이 점점 더 개성이 뚜렷해지고 인증된 오리지널로 자리잡고 있는 점이 무척 흥미롭다. 세계화와 획일화에 점점 무감각해지면서 사람들은 결국 각 지역이 가진 전통적 가치를 추구하게 된다. 특히 피자에 대해서는 더욱 그렇다. 이제 그럴 때가 된 것이다.

그런 요구에 부응하여 미국에서 지역색이 강하기로 유명한 피자들이 책에 모아보았다. 다만 올드 포지(Old Forge)와 뉴 잉글랜드 그릭(New England Greek) 같은 일부 지역피자를 지면의 한계 때문에 싣지 못한 점이 무척이나 아쉽다. 본격적인 시작에 앞서 순수주의자들, 선지자들, 결벽주의자들, 그리고 훼방꾼들에게 짧게 한 마디 하고 싶다. 뉴욕, 뉴헤이븐, 디트로이트, 세인트루이스, 시카고, 또는 그 이외의 다른 지역피자에 대해 무엇이 옳고 그른지 갑론을박을 하기 전에 앞서 내가 이야기한 피자의 상대성 이론을 다시 한 번 기억해주기 바란다. 완벽한 「진리」란 없다.

이 챕터와 이 책 곳곳에서 나의 개인적인 생각과 견해를 읽을 수 있을 것이다. 물론, 내가 먹어보고 연구해보고 만들어보았던 미국 전역의 모든 지역피자들을 존중하고 좋아한다. 그러나 그 피자들을 섬세하게 조정하여 완벽하면서도 가장 멋진 피자로 만들려는 나만의 방식 또한 중요하게 생각한다. 이 책을 통한 나의 궁극적인 목표는 우선 이론적인 이해부터 시작하여 주방에서 실제로 활용할 수 있는 다양한 도구들, 테크닉, 그리고 재료들을 개선해 나가는 것이다.

부디 당신도 나와 같은 생각으로 이 레시피들을 활용하기 바란다. 여러분들 중에는 나의 옳고 그름에 대해 정확히 알려줄 사람이 있다는 사실을 잘 안다. 그것이야말로 내가 피자 사업을 좋아하는 이유이다. 그래서 우리는 이 마인드를 단지 우리 팔뚝뿐만이 아니라 온몸에 아로새겼다.

MASTER DOUGH WITH STARTER

스타터를 사용한 마스터 도우_ 820g(약 29온스)_피자 1판

이것은 뉴욕식 피자의 영향을 받은 전형적인 미국식 피자도우라고 할 수 있다. 뉴욕식 피자는 적당한 두께와 쫄깃한 식감의 크러스트에 모차렐라치즈, 토마토소스, 그리고 페퍼로니와 소시지에서부터 올리브, 버섯, 그 밖에 여러 가지 채소 등 미국인들이 가장 좋아하는 토핑 재료들의 이상적인 조합으로 구성되어 있다. 첫 수강생들에게 처음으로 가르치는 이 도우는 용도가 다양하고 쉽게 다룰 수 있어서 실습용으로 추천하는 도우이다.

2.2g(¾ts)_ 액티브 드라이 이스트

70g(¼C+1Ts)_ 미지근한 물(27~29℃/80~85℉)

453g(3½C)_ 단백질 함량 13~14% 밀가루_ 제너럴 밀스의 올 트럼프 밀가루, 펜들턴 플라워 밀스의 파워 밀가루, 주스토스의 고성능 고단백 무표백 밀가루, 킹 아서의 서 랜슬롯 고단백 무표백 밀가루, 또는 토니스 캘리포니아 아티장 밀가루 추천

10g(1Ts+¼ts)_ 활성 몰트

210g(¾C+2Ts)_ 얼음물_ 필요한 만큼 추가

90g_ 풀리시(p.55) 또는 티가(p.54)

10g(2ts)_ 고운 바닷소금

5g(1ts)_ 엑스트라버진 올리브오일

베이커스 퍼센티지_ p.310 참조

작은 볼에 이스트를 계량하고 미지근한 물을 부어 30초 동안 섞는다. 이스트가 물에 녹으면서 표면에 약간의 거품이 생길 것이다. 만일 이런 현상이 생기지 않고 이스트 과립이 녹지 않은 상태로 떠 있다면 이스트가 사멸된 것이므로 버려야 한다. 유효기간이 많이 남은 새로운 이스트를 계량해서 물에 다시 녹인다.

후크를 끼운 스탠드 믹서의 볼에 밀가루와 몰트를 넣고 섞는다.

믹서를 가장 낮은 속도로 돌리면서 계량한 얼음물에서 2Ts 정도만 남기고 믹서볼에 붓고, 이어서 이스트를 녹인 물을 붓는다. 남겨두었던 얼음물 2Ts을 이스트가 들어 있던 작은 볼에 붓고 남아 있는 이스트를 헹군 다음 믹서볼에 붓는다. 15초 정도 후에 믹서를 멈추고 풀리시나 티가를 넣는다.

대부분의 반죽이 후크 주위로 뭉칠 때까지 약 1분 동안 믹서를 저속으로 돌리다가 멈춘다. 손가락으로 후크 주위에 붙어 있는 반죽을 떼어내고, 볼 스크래퍼나 고무주걱을 사용하여 믹서볼 옆면과 바닥에 붙어 있는 반죽을 긁어낸다. 볼 바닥에 섞이지 않은 마른 가루가 있는지 확인하고, 반죽을 뒤집어 볼 바닥에 눌러서 흩어진 반죽 조각들을 뭉친다. 만일 반죽이 잘 뭉쳐지지 않으면 소량의 물을 추가하면서(약 ½ts부터 시작한다) 더 이상 마른 재료가 보이지 않고 한 덩어리가 될 때까지 믹싱한다.

소금을 넣고 잘 섞일 때까지 저속으로 1분 동안 돌린다.

믹서를 멈추고 후크에 달라붙은 반죽을 떼어낸 후 오일을 넣는다. 중간 중간 믹서를 멈추고 후크에서 반죽을 떼어내고, 볼 스크레이퍼로 볼 옆면에 붙어 있는 반죽을 긁어내리면서 오일이 반죽과 완전히 섞일 때까지 1~2분 동안 믹싱한다. 반죽이 완벽하게 매끄러워 보이지는 않을 것이다.

볼 스크레이퍼를 사용하여 믹서볼에서 도우를 꺼내 덧가루를 뿌리지 않은 깨끗한 작업대로 옮기고, 도우가 매끄러워질 때까지 2~3분 동안 손으로 반죽을 한다(p.32 〈도우 반죽하기〉 참조). 젖은 행주로 도우를 덮고 실온에서 20분 동안 휴지시킨다.

도우 커터로 도우를 적당히 펼쳐서 2~3등분한다(각 레시피가 요구하는 분량에 맞게 나눈다). 분할한 덩어리마다 무게를 재고 필요한 양으로 맞춘다. 이 경우에 작은 도우 덩어리가 남을 수도 있다.

분할한 도우를 공모양으로 만든다(p.34 〈도우볼 만들기〉 참조). 도우볼들을 ½사이즈 시트팬에 약 8cm(3인치) 간격을 두고 배열한다. 만약 도우볼들을 각자 다른 날에 구울 계획이라면 ¼사이즈 시트팬에 하나씩 나누어 올린다. 도우볼이 담긴 시트팬을 공기가 통하지 않게 비닐랩으로 바닥면까지 이중으로 단단하게 감싼다. 냉장고의 편평한 공간에 넣고 24~48시간 동안 냉장숙성발효시킨다.

TIGA AND POOLISH STARTERS
티가 & 풀리시 스타터

우리 레스토랑과 이 책에서 가장 자주 사용하는 두 가지 스타터를 소개한다. 티가(Tiga)는 수분율이 대체로 50~60% 정도인 전통적인 비가(biga) 스타터보다 수분율을 조금 높인 버전이다. 나는 이것을 「토니의 비가(Tony's biga)」라는 의미에서 「티가(Tiga)」라고 부르는데 수분율이 70%에 달한다. 한편, 내가 사용하는 풀리시는 밀가루와 물을 동량으로 사용하는 전통적인 비율을 따르므로 수분율이 티가보다 훨씬 높은 100%에 이른다. 특별한 경우가 아니면 일반적으로 스타터용 밀가루도 도우용 밀가루와 같은 것을 사용한다. 스타터를 만들 때 나는 찬물을 사용하여 장기발효를 함으로써 도우의 복합적인 풍미를 높인다. 그리고 스타터를 만들 때 투명한 유리용기를 사용하면 발효상태를 눈으로 확인할 수 있어서 많은 도움이 된다.

0.14g(⅛ts의 ⅓)_ 액티브 드라이 이스트, 또는
0.42g_ 생이스트_ 작게 부순 것

39g(2Ts+2ts)_ 찬물

55g(¼C+3Ts)_ 도우 레시피에서 사용한 밀가루

TIGA
티가_ 90g

작은 볼에 이스트를 계량하고 물을 부어 30초 동안 섞는다. 이스트가 물에 녹으면서 표면에 약간의 거품이 생길 것이다. 만일 이런 현상이 생기지 않고 이스트 과립이 녹지 않은 상태로 떠 있다면 이스트가 사멸된 것이므로 버려야 한다. 유효기간이 많이 남은 새로운 이스트를 계량해서 물에 다시 녹인다.

밀가루를 넣고 고무주걱으로 잘 섞는다. 농도가 제법 되직할 것이다.

볼 옆면에 붙어 있는 반죽을 아래쪽으로 깨끗하게 긁어내리고 비닐랩으로 덮어 18시간 정도 실온에 놓아둔다. 사용하기 전에 냉장고에 30분 정도 보관하여 온도를 조금 낮춘다.

스타터를 곧바로 사용할 계획이 없으면 냉장고에 보관한다. 단, 8시간 이상은 보관하지 않도록 하고, 사용하기 전에 서늘한 실온에 옮겨 놓는다.

POOLISH
풀리시_ 90g

0.12g(⅛ts의 ⅓)_ 액티브 드라이 이스트, 또는
0.36g_ 생이스트_ 작게 부순 것

47g(3Ts+1ts)_ 찬물

47g(¼C+2Ts)_ 도우 레시피에서 사용한 밀가루

작은 볼에 이스트를 계량하고 물을 부어 30초 동안 섞는다. 이스트가 물에 녹으면서 표면에 약간의 거품이 생길 것이다. 만일 이런 현상이 생기지 않고 이스트 과립이 녹지 않은 상태로 떠 있다면 이스트가 사멸된 것이므로 버려야 한다. 유효기간이 많이 남은 새로운 이스트를 계량해서 물에 다시 녹인다.

밀가루를 넣고 고무주걱으로 잘 섞는다. 되직한 팬케이크 반죽과 비슷한 농도가 될 것이다.

볼 옆면에 붙어 있는 반죽을 아래쪽으로 깨끗하게 긁어내리고 비닐랩으로 덮어 18시간 정도 실온에 놓아둔다. 사용하기 전에 냉장고에 30분 정도 보관하여 온도를 조금 낮춘다.

스타터를 곧바로 사용할 계획이 없으면 냉장고에 보관한다. 단, 8시간 이상은 보관하지 않도록 하고, 사용하기 전에 서늘한 실온에 옮겨 놓는다.

PRO TIP

스타터 다루기 일반적으로 스타터는 상당히 끈적끈적해서 고무주걱이나 볼 스크레이퍼를 사용하여 다루기가 쉽지 않다. 따라서 스타터를 계량하거나 본반죽에 넣기 위해 볼에서 꺼내야 할 때는 먼저 얼음물에 손을 적셔서 작업한다. 차갑게 젖은 손에는 스타터가 덜 달라붙는다.

MASTER DOUGH WITHOUT STARTER

스타터를 사용하지 않은 마스터 도우_ 775g(약 27온스)_ 피자 1판

4.5g(1½ts)_ 액티브 드라이 이스트

70g(¼C+1Ts)_ 미지근한 물(27~29℃/80~85℉)

453g(3½C)_ 단백질 함량 13~14% 밀가루_ 제너럴 밀스의 올 트럼프 밀가루, 펜들턴 플라워 밀스의 파워 밀가루, 주스토스의 고성능 고단백 무표백 밀가루, 킹 아서의 서 랜슬롯 고단백 무표백 밀가루, 또는 토니스 캘리포니아 아티장 밀가루 추천

9g(1Ts)_ 활성 몰트

225g(4C+2Ts)_ 얼음물_ 필요한 만큼 추가

9g(2ts)_ 고운 바닷소금

5g(1ts)_ 엑스트라버진 올리브오일

베이커스 퍼센티지_ p.310 참조

p.52에서 설명한 〈스타터를 사용한 마스터 도우〉 레시피를 따르되, 풀리시나 티가의 사용은 생략하고 실온에서 도우를 20분이 아닌 1시간 정도 휴지시킨다. 도우 커터로 들어올려서 커다란 볼에 담고 손으로 가볍게 누른 다음, 도우 표면에 물을 약간 바른다. 비닐랩을 이중으로 덮고 냉장고에 넣어 24시간 동안 냉장숙성발효시킨다(p.32 〈1차발효〉 참조).

냉장고에서 도우를 꺼내 후크를 끼운 스탠드 믹서의 볼에 옮겨 담는다. 저속으로 30초 동안 돌려 가스 빼기를 하면서 도우 안의 기포를 제거한다(p.34 〈가스 빼기〉 참조).

도우를 작업대로 옮기고 도우 커터로 2~3등분한다(각 레시피가 요구하는 분량에 맞게 나눈다). 분할한 덩어리마다 무게를 재고 필요한 양으로 맞추면 작은 도우 덩어리가 남을 수도 있다.

분할한 도우를 공모양으로 만든 다음(p.34 〈도우볼 만들기〉 참조), 마스터 도우 레시피의 설명대로 24시간 동안 냉장고에 넣어 냉장숙성발효시킨다.

피자도우 냉동하기

우선 나는 냉동 피자도우를 선호하지 않는다는 이야기부터 하고 시작하겠다. 특히 레스토랑의 주방에서는 더욱 그렇다. 하지만 일부 가정에서는 도우볼을 2개 만들어서 하나는 냉동실에 넣어두었다가 나중에 사용하는 방법이 아주 편리할 수도 있다는 사실을 잘 알고 있다. 그럴 경우에는 다음과 같은 방법대로 하면 된다.

냉동

도우를 냉동하는 것은 무척 간단하다. 스타터를 사용한 반죽이든 단지 이스트만 사용한 반죽이든, 일단 1차발효 후에 공 모양으로 성형한 다음 비닐랩으로 싸서 냉장고에서 24시간 동안 냉장숙성발효시킨다.

24시간 동안 냉장숙성발효시킨 후에는 비닐랩으로 싼 그대로 냉동하면 된다. 만일 1개만 사용하고 다른 1개는 냉동하고자 한다면, 크기가 더 작은 시트팬에 냉동할 도우볼을 옮긴 다음 다시 비닐랩으로 싸서 냉동실에 보관하면 된다.

도우볼이 완전히 얼었으면 팬에서 꺼내 지퍼백에 1개 또는 그 이상을 옮겨 담아 냉동실에 2달까지 보관할 수 있다.

해동

이 책을 쓰는 동안에 나는 우연히 도우를 물로 해동하는 법을 발견했다. 이 방법은 두 가지 이점을 가지고 있다. 30분 안에 빨리 해동할 수 있고, 결과적으로 도우의 수분을 유지시켜서 피자가 더 잘 부풀고 바삭하게 구워진다.

깊이가 있는 볼에 27℃(80℉)의 물을 도우볼이 잠길 만큼 채운다. 냉동한 도우볼의 비닐랩을 벗기고 물이 담긴 볼에 담근다 (그렇다. 비닐랩을 벗긴 도우볼을 물에 직접 담근다). 그 상태로 15분 동안 두었다가 도우볼을 꺼낸다. 아마도 도우 중심부는 여전히 단단하게 얼어 있고 주위의 ¼ 정도가 해동된 상태일 것이다. 이 도우볼을 건져서 시트팬에 올리고 비닐랩을 덮은 다음, 완전히 녹을 때까지 실온에 1시간 30분~2시간 정도 놓아둔다. (완전히 녹는 시간은 주방 온도에 따라 달라질 수 있다.)

NEW YORKER

뉴요커_ 지름 33㎝(13인치) 피자 1판_ 6조각

우선 피자가 미국 본토에 맨 처음 상륙한 지역인 뉴욕의 피자부터 시작하겠다. 처음에는 코크스(coke, 석탄을 가공한 연료)나 석탄을 사용하는 화덕에 파이를 구운 후 슬라이스를 하지 않았었다. 뉴욕 피자의 전설은 젠나로 롬바르디(Gennaro Lombardi)가 손님들의 비용 부담을 덜어주기 위해 자신의 가게에서 처음으로 피자를 조각으로 잘라서 판매하면서부터 시작되었다. 파이와 더불어 슬라이스 조각은 크기가 점점 커지기 시작했고, 뉴욕 피자의 이런 현상은 오늘날까지 이어지고 있다. 우리는 쉽게 휘어질 만큼 크러스트가 얇은 대형 피자 슬라이스 한 조각을 손으로 집어 긴 쪽을 반으로 접은 다음, 삼각형의 꼭지 부분부터 한 입씩 먹기 시작한다. 잘 만든 뉴욕 피자 크러스트는 접었을 때 약간 갈라지기는 하지만 절대로 부서지지 않는다.

이것은 정통 뉴욕 토마토 파이를 나만의 버전으로 만든 것이다. 치즈를 아래에 토핑하고 그 위에 소시지를 올리기 때문에 업사이드 다운(upside-down) 파이라고 부르기도 한다. 뉴욕 피자에 전통적으로 사용하는 치즈는 주로 덩어리로 판매하는 드라이(저수분) 모차렐라치즈이다. 이 치즈를 때로는 카프레제 로프(caprese loaf)라고도 부른다. 브루클린과 뉴욕의 가족경영회사에서는 여전히 이 치즈를 만들고 있는데, 석탄오븐처럼 높은 온도에서 피자를 구울 때 이 치즈는 아주 이상적이다. 서부 해안지역에는 상대적으로 잘 알려져 있지 않지만, 나는 석탄오븐에 뉴욕식 피자와 뉴헤이븐식 피자를 구울 때 이 치즈를 사용한다. 녹으면서 거의 플라스틱으로 보일 만큼 윤기 흐르는 흰색을 띠는 이 치즈가 바로 석탄오븐에 구운 뉴욕 피자의 진짜 비법이다.

홈메이드 스위트 펜넬 소시지와 페퍼로니는 우리 레스토랑의 특별 메뉴인 뉴욕식 피자에 조합하는 토핑 재료이다. 최근에 나는 어느 피자 경연대회에서 영감을 얻어 여기에 칼라브레제 허니 소시지(p.63)를 추가하였다.

우리 레스토랑의 수석 피자이올로 중 한 사람인 티아고 바스콘첼로스(Thiago Vasconcelos)는 라스베이거스의 피자 엑스포에서 개최하는 인터내셔널 피자 챌린지(International Pizza Challenge)에 참가하기로 결심했다. 그는 우리 레스토랑에서 사용하는 페퍼로니와 소시지를 조합하고, 여기에 완벽하게 어울리는 치즈와 소스를 곁들인 뉴욕 피자를 정통 피자 부문에 소개하고 싶어했다. 그러나 참가하기 전에 소시지를 한 가지 더 사용할 수 있다는 사실을 확인하고 스위트 펜넬 소시지와 칼라브레제 소시지를 모두 사용했고, 티아고는 정통 피자 부문에서 1등을 차지했다. 당신이 이 피자의 매콤달콤하면서 고기의 진한 풍미와 크리미한 맛을 경험하게 되면 왜 이 피자가 1등을 차지했는지 그 이유를 알 수 있을 것이다.

NEW YORKER

1개 370g(13온스)_ 마스터 도우볼_ 되도록 티가를 스타터로 사용한 것(p.52)

밀가루와 세몰리나를 3:1로 섞은 가루_ 덧가루용

55g(¼C)_ 홀밀크 리코타치즈_ 뉴욕 스타일 폴리오(New York-style Polly-O) 추천 또는 리코타크림(p.99)

140g(5온스)_ 파트스킴 또는 드라이 모차렐라치즈_ 얇게 슬라이스한 것(7장)

1C(245g)_ 뉴욕-뉴저지 토마토소스(p.61)_ 실온

30g(1온스)_ 슬라이스한 페퍼로니_ 되도록 천연케이싱한 것

85g(3온스)_ 스위트 펜넬 소시지(p.62)

1줄 115g(4온스)_ 칼라브레제 허니 소시지(p.63)_ 익혀서 6mm(¼인치) 두께의 타원형으로 슬라이스한 것

5쪽_ 구운 마늘(p.217)

구운 마늘오일(p.217)_ 뿌리기용

파르메산치즈_ 치즈갈이로 간 것_ 뿌리기용

드라이 오레가노_ 뿌리기용

냉장고에서 도우볼을 꺼내 비닐랩을 씌운 채로 도우의 온도가 16~18℃(60~65℉)가 될 때까지 실온에 놓아둔다. 그 동안 오븐에 2개의 피자스톤이나 베이킹스틸을 넣고 260℃ (500℉)로 1시간 동안 예열한다(p.37 〈시작하기〉 참조).

짤주머니 끝을 6mm(¼인치) 정도 잘라 구멍을 내거나 같은 크기의 둥근깍지를 끼운 다음 리코타치즈를 담는다.

작업대에 덧가루를 뿌리고, 도우를 작업대로 옮겨서 그 위에도 덧가루를 뿌린다(p.38 〈작업대로 도우 옮기기〉 참조).

나무 피자삽에 덧가루를 뿌린다. 작업대 위에서 도우를 지름 33㎝(13인치) 크기로 둥글게 펼치고 테두리는 약간 올라오게 만든다(p.39~41 〈도우를 넓게 펼치기〉 참조).

피자삽에 도우를 올려놓는다. 작업하는 동안 피자삽을 앞뒤 수평으로 흔들어서 도우의 바닥이 피자삽에 들러붙지 않았는지 확인한다.

피자도우 윗면에 슬라이스한 모차렐라치즈를 토핑한다. 6장은 도우의 둘레를 따라 가장자리에서 2㎝(¾인치) 안쪽에 올리고, 나머지 1장은 도우의 가운데에 놓는다. 스푼으로 토마토소스를 떠서 도우의 가운데에 올린 다음, 스푼의 볼록한 뒷부분을 이용하여 도우의 중심부에서 바깥쪽으로 나선을 그리면서 테두리를 남기고 고루 펴 바른다.

소스 위에 슬라이스한 페퍼로니를 배열하고, 펜넬 소시지를 50원짜리 동전 크기로 납작하게 떼어서 페퍼로니 위에 골고루 올린다. 이어서 슬라이스한 칼라브레제 소시지를 골고루 올린 다음, 그 위에 구운 마늘을 군데군데 올리고, 갈릭오일을 도우 윗면에 뿌린다.

오븐 윗단의 피자스톤 위로 피자도우를 미끄러뜨리듯이 옮기고(p.42 〈오븐에 피자도우 도우 옮기기〉 참조) 6분 동안 굽는다. 피자삽 위에 도우를 올리고 180도 돌린 다음 오븐 아랫단의 피자스톤 위로 옮긴다. 바닥면이 바삭하게 갈색으로 변하고 표면이 노릇노릇해질 때까지 6분 더 굽는다.

다 구워진 피자를 오븐에서 꺼내 도마로 옮기고 웨지모양으로 6등분하여 자른다. 짤주머니에 담은 리코타치즈를 군데군데 짜고, 파르메산치즈와 오레가노를 전체적으로 뿌린다.

NEW YORK– NEW JERSEY TOMATO SAUCE

뉴욕-뉴저지 토마토소스_ 1C(245g)_ 뉴요커 또는 뉴저지 토마토 파이 1판

120g(½C)_ 그라운드 토마토_ 7/11 또는 디나폴리 추천

65g(¼C)_ 토마토 페이스트_ 슈퍼돌체 추천

1꼬집_ 드라이 오레가노

1꼬집_ 고운 바닷소금

5g(1ts)_ 엑스트라버진 올리브오일

55g(¼C)_ 손으로 으깬 토마토(p.36 참조)

깊이가 있는 볼이나 큰 용기에 그라운드 토마토와 토마토 페이스트, 오레가노, 소금, 오일을 섞고 핸드 블렌더로 갈아 퓌레를 만든다. 여기에 으깬 토마토를 넣고 골고루 섞는다.

뚜껑을 덮어 냉장고에 넣으면 사용하기까지 3일 동안 보관할 수 있다.

REGIONAL AMERICAN

SWEET FENNEL SAUSAGE

스위트 펜넬 소시지 _ 910g(2파운드)

칼라브레제 허니 소시지(p.63)와 마찬가지로 이 소시지는 우리 레스토랑 메뉴와 이 책에서 많이 사용하는 재료다. 두 가지 모두 꿀이 약간 들어가서 조리되는 동안 향긋한 풍미가 은은하게 더해지고 고기의 육즙도 잘 품게 된다. 고기는 중간 굵기로 다진 돼지고기를 사는 것이 좋은데, 이왕이면 정육점에서 돼지 어깨살을 살 때 먼저 지름 1.2㎝(½인치) 분쇄기로 갈고 그 다음에는 지름 1㎝(⅜인치) 분쇄기로 갈아 달라고 하면 더욱 좋다. 이 소시지를 케이싱하고 싶다면 p.64의 설명을 따르면 된다. 전문 셰프들을 비롯한 많은 사람들은 내가 피자에 익힌 소시지를 절대로 사용하지 않는다고 하면 (케이싱해서 익힌 소시지를 슬라이스하지 않는 한) 깜짝 놀란다. 익히지 않은 소시지라고 해도, 내가 요구하는 만큼의 양과 크기를 지켜서 구우면 정해진 시간 안에 완벽하게 익는다.

1½Ts(9g)_ 펜넬씨

1½Ts(9g)_ 아니스씨

1ts(4.5g)_ 고운 바닷소금

2ts(4.5g)_ 금방 간 흑후추

2½Ts(37g)_ 찬물

910g(2파운드)_ 중간 굵기로 간 돼지 어깨살

2Ts(42g)_ 꿀

펜넬씨를 향신료 그라인더나 주방용 막자사발에 입자가 보일 정도로 살짝만 갈아서 작은 볼에 옮겨 담는다. 그 다음에는 아니스씨를 좀 더 곱게 갈아서 볼에 같이 담는다. 두 가지 모두 가루처럼 너무 곱게 갈지는 않는다. 여기에 소금과 후추를 넣고 물에 갠다. 물에 개어서 사용하면 양념이 돼지고기에 골고루 더 잘 스며든다.

큰 볼에 다진 돼지고기를 담고 그 위에 양념믹스를 붓는다. 양념믹스가 돼지고기에 골고루 섞이도록 손으로 버무린다. 이어서 꿀을 넣고 잘 섞는다.

소량의 소시지를 작은 주물팬이나 전자레인지를 사용하여 조리한 후 맛을 보고, 입맛에 맞게 간을 맞춘다. 비닐랩으로 싸서 차가워질 때까지 냉장고에 2시간 정도 넣어둔다. 그 상태에서 2일까지 보관할 수 있다.

좀 더 오래 보관하기 위해 소시지를 완벽하게 밀봉하면 냉동실에서 2달까지 보관할 수 있으며, 사용하기 전에 냉장실에서 해동하면 된다.

CALABRESE HONEY SAUSAGE

칼라브레제 허니 소시지_ 910g(2파운드)

이 소시지는 세 가지 타입의 매운맛을 가지고 있지만, 자극의 정도는 중간이다. 드라이하게 매운맛을 표현하기 위해 나는 레드페퍼 플레이크를 사용한다. 또한 칼라브레제(Calabrese) 페퍼도 사용하는데, 이것은 으깬 상태에서 올리브오일, 허브, 소금, 식초에 절인 병제품을 사용한다. 나는 이 매력적인 고추를 피자에(그 밖에 다른 여러 가지에도) 매운맛을 더하기 위해 자주 애용하며, 다 구워진 파이 위에 흩뿌리는 방법도 좋아한다. 신선한 칠리의 풍미를 위해서는 세라노 칠리(serrano chile, 작고 매운맛이 강한 고추)를 사용한다. 만일 더 강한 매운맛을 원하면 레드페퍼 플레이크나 세라노 칠리의 양을 늘리면 된다. 덜 맵고 순한 맛의 소시지를 원하면 레드페퍼 플레이크를 빼면 된다. 우리는 이 소시지를 케이싱하지 않은 반죽상태로 많은 피자 메뉴에 적절하게 사용한다. 또한 케이싱을 해서 익힌 다음 슬라이스해서 피자 토핑으로 사용하며, 파스타뿐만 아니라 샌드위치, 애피타이저 또는 메인요리에도 사용한다.

1½Ts(9g)_ 펜넬씨

1½Ts(9g)_ 아니스씨

1ts(4.5g)_ 고운 바닷소금

2ts(4.5g)_ 금방 간 흑후추

1¼ts(2.5g)_ 레드페퍼 플레이크(선택)

2½Ts(37g)_ 찬물

910g(2파운드)_ 중간 굵기로 간 돼지 어깨살

2Ts(42g)_ 꿀

1Ts(15g)_ 으깬 칼라브레제 페퍼

2ts(5g)_ 씨까지 곱게 다진 세라노 칠리

펜넬씨를 향신료 그라인더나 주방용 막자사발에 입자가 보일 정도로 살짝만 갈아서 작은 볼에 옮겨 담는다. 그 다음에는 아니스씨를 좀 더 곱게 갈아서 볼에 같이 담는다. 두 가지 모두 가루처럼 너무 곱게 갈지는 않는다. 여기에 소금과 후추, 레드페퍼 플레이크를 넣고 물에 갠다. 물에 개어서 사용하면 양념이 돼지고기에 골고루 더 잘 스며든다.

큰 볼에 다진 돼지고기를 담고 그 위에 양념믹스를 붓는다. 양념믹스가 돼지고기에 골고루 섞이도록 손으로 버무린다. 이어서 꿀, 칼라브레제 페퍼, 세라노 칠리를 넣고 잘 섞는다.

소량의 소시지를 작은 주물팬이나 전자레인지를 사용하여 조리한 후 맛을 보고, 입맛에 맞게 간을 맞춘다. 비닐랩으로 싸서 차가워질 때까지 냉장고에 2시간 정도 넣어둔다. 그 상태에서 2일까지 보관할 수 있다.

좀 더 오래 보관하기 위해 소시지를 완벽하게 밀봉하면 냉동실에서 2달까지 보관할 수 있으며, 사용하기 전에 냉장실에서 해동하면 된다.

CASING SAUSAGE
소시지 케이싱하기

스위트 펜넬 소시지(p.62)나 칼라브레제 허니 소시지(p.63)를 케이싱하려면 여기의 설명대로 하면 된다. 다진 고기에 물을 약간 첨가하면 익힐 때 터지는 것을 방지할 수 있다. 케이싱을 한 후에 소시지를 슬라이스하고 싶다면 여기에서 설명한 대로 오븐에서 조리하여 차갑게 식힌다. 소시지를 기름에 볶아도 되고 그릴에 구워도 된다. 아니면 토마토소스에 뭉근하게 끓여서 세상에서 가장 맛있는 샌드위치나 파스타를 만들 수도 있다.

속을 채우는 작업을 할 때는 가능하면 옆에서 도와주는 사람이 있으면 좋다. 그러면 한 사람이 튜브 안으로 고기를 밀어넣는 동안 다른 한 사람은 고기가 채워지며 케이싱되는 것을 정돈하면서 관리할 수 있다. 고기를 계속 같은 힘으로 밀어넣으면 기포가 생기지 않으면서 작업이 원활하게 진행될 수 있다.

케이싱을 찬물에 담가 뚜껑을 덮고 최소 20분 동안 놓아둔다.

소시지 스터퍼(sausage stuffer, 소시지의 속을 채우는 기계로 충진기라고도 한다)를 제품 설명서대로 세팅한 다음, 스터퍼 튜브에 오일을 바른다. 케이싱을 튜브에 끼우고 튜브 길이보다 더 길게 안쪽으로 밀어넣는다. 케이싱을 필요한 만큼 밀어넣고 자른 후, 끝을 묶어서 단단하게 매듭을 짓는다. 매듭이 풀리지 않도록 단단하게 2번 묶어도 좋다. 남은 케이싱은 물에 담가둔다.

볼에 담긴 소시지 반죽에 물 2½Ts을 넣고 고기에 충분히 스며들도록 손으로 으깨듯이 주물러 섞는다. 스터퍼 입구에 충분한 양의 고기를 밀어넣는다.

스터퍼를 켜고 계속 같은 힘으로 플런저(plunger)를 밀어서 케이싱을 채운다. 이때 케이싱의 몇 ㎝ 정도는 고기를 채우지 않고 남긴다. 케이싱이 채워지면 소시지 스터퍼에서 케이싱을 분리한 다음, 열려 있는 케이싱의 끝을 묶어 매듭을 짓는다. 케이싱을 마친 소시지는 약 13㎝(5인치) 간격마다 꼬아서 마디를 만든다. 각각의 마디를 한 번은 안쪽으로 비틀고, 다음 번은 바깥쪽으로 비튼다. 계속 번갈아 가면서 비틀어 풀리지 않게 하고, 중간에 기포가 보이면 문질러서 없앤다. 이와 같은 방법으로 남아 있는 소시지 반죽을 케이싱한다.

PRO TIP

소시지 떼어내기 케이싱을 하지 않은 소시지 반죽을 피자에 토핑하기 위해 작게 떼어내려고 할 때 손에 자꾸 들러붙곤 한다. 그럴 경우에는 시작하기 전에 레몬즙이나 식초 등의 산성액을 손에 적시고 하면 도움이 된다.

케이싱을 마친 소시지는 익히기 전에 냉장고에 하룻밤 차게 보관하는 것이 가장 좋다. 이렇게 하면 소시지가 터지는 것을 최소화할 수 있다. 시트팬에 소시지를 배열하고 비닐랩으로 싼 다음, 익히기 전에 냉장고에서 하룻동안 숙성시키거나 2달까지 냉동 보관할 수 있다(소시지용 고기를 얼리지 않았던 경우).

시트팬에 오일을 바르고 소시지를 배열한다. 소시지의 연결부위를 자를 필요는 없다. 익히기 전에 실온에 20분 이상 놓아둔다.

소시지를 익힐 때는 오븐의 중간단에 걸침망을 놓고 오븐을 260℃(500℉)로 예열한다. 만일 오븐이 피자를 굽기 위해 세팅되어 있다면 소시지가 든 시트팬을 곧바로 오븐 아랫단의 피자스톤 위에 올린다.

4분 동안 소시지를 익힌다. 소시지를 뒤집고 속까지 완전히 익을 때까지 4~6분 정도 더 굽는다.

피자에 토핑하기 위해 소시지를 슬라이스할 경우에는 소시지를 실온으로 식힌 후 냉장고에서 차갑게 만들어 자른다.

소시지 활용법

그라인더(grinder), 히로(hero), 호기(hoagie)라고도 부르는 소시지 서브(sub, 빅 샌드위치)나 푸짐한 파스타를 만들기 위해서는 팬에 올리브오일을 두르고 양파와 피망을 노릇노릇하게 볶다가 마늘, 토마토소스, 소금 1꼬집, 후추, 약간의 크림을 순서대로 넣고 소스가 걸쭉해질 때까지 끓인다. 그 다음에는 익힌 소시지를 끼우고 소시지가 데워질 정도까지 살짝 끓인다. 이것을 샌드위치용 롤빵에 끼우거나 부카티니(bucatini, 파스타의 한 종류로 빨대처럼 면 중심부에 구멍이 뚫려 있다) 같은 푸짐한 파스타 위에 얹는다.

익힌 칼라브레제 소시지를 어슷하게 슬라이스해서 꿀을 넣고 살짝 볶으면 카포스(Capo's)에서 가장 인기 있는 애피타이저 메뉴 중 하나가 된다.

NEW HAVEN WITH CLAMS

뉴헤이븐 위드 클램_ 지름 36㎝(14인치) 피자 1판_ 6조각

20세기 초에는 540°C(1000°F) 이상의 아주 뜨거운 석탄화덕에 피자를 구웠다. 나중에는 가스화덕이 일반화되었지만, 뉴헤이븐에서는 여전히 전통 방식으로 석탄화덕에 굽는 피자에 대한 자부심을 가지고 있고, 마찬가지로 토니스(Tony's) 레스토랑에서도 조개를 토핑한 뉴헤이븐 스타일의 이 화이트 파이를 석탄화덕에 굽고 있다. 그래서 나는 이 파이를 석탄화덕에 구웠을 때의 적당하게 탄 맛과 가장 비슷한 맛이 나도록 가정용 오븐에서 베이크(bake, 대류 방식으로 열전달이 이루어짐)와 브로일(broil, 복사 방식으로 열전달이 이루어짐) 테크닉으로 구웠다. 참고로 말하면, 이 효과를 극대화하기 위해서는 피자스톤에 굽는 것보다 베이킹스틸에 굽는 것이 더 낫다.

드라이 모차렐라치즈를 사용하는 것은 뉴헤이븐식 피자의 전통이다. 이 치즈는 저수분(low-moisture) 모차렐라라는 이름으로도 판매되는데, 예상대로 구울 때 홀밀크 모차렐라치즈보다 수분이 덜 스며나온다.

이 피자는 1960년대에 인기를 누리던 프랭크 페페스(Frank Pepe's) 피체리아의 유명한 조개 피자를 기념하기 위해 만든 것이다. 나는 여기에 뉴헤이븐의 전통적인 방법과 달리 스타터를 사용한 피자도우를 사용하고, 베이컨을 추가하며, 통조림 조개와 생조개 두 가지를 모두 사용한다. 통조림 조개는 피자에 곧바로 토핑을 하고, 생조개는 올리브오일, 마늘, 와인을 넣고 찐 다음 완전히 구워진 파이 위에 토핑한다. 이 방법은 생조개를 껍질째 곧바로 피자에 올려 구울 경우에 조개가 완전히 익지 않거나 조개에서 수분이 흘러나와 질척해지는 문제가 생기는 것을 확실히 방지할 수 있다. 만일 당신이 싱싱한 생조개를 구할 수 있는 곳에 산다고 해도, 어찌되었든 이 레시피에서는 통조림 조개를 사용하기 바란다. 올리브오일과 마늘을 함께 넣고 살짝 볶은 다음, 실온으로 식혀서 피자에 토핑한다. 나는 이 파이를 얇게 만드는 것을 좋아해서 테두리 부분도 약간 밀어서 편평하게 만든 다음, 굽기 전에 한 번 더 테두리를 살짝 늘린다.

NEW HAVEN WITH CLAMS

1개 370g(13온스)_ 마스터 도우볼_ 되도록 티가를 스타터로 사용하되(p.52) 오일을 넣지 않은 것

밀가루와 세몰리나를 3:1로 섞은 가루_ 덧가루용

2장 75g_ 베이컨_ 1.2㎝(½인치) 크기로 썬 것

1Ts(14g)_ 올리브오일_ 조개 조리에 필요한 분량 추가

약 18개 910g(2파운드)_ 새끼 대합조개_ 비벼서 헹군 후 물기를 제거한 것

½C(113g)_ 드라이 화이트와인

1½ts(5g)_ 다진 마늘

고운 바닷소금

1캔 280g(10온스)_ 바지락 통조림_ 물기를 제거한 것

½ts(1g)_ 신선한 이태리파슬리_ 다진 것

금방 간 흑후추

225g(8온스)_ 드라이 모차렐라치즈_ 얇게 슬라이스한 것(약 12장)

페코리노 로마노치즈_ 치즈갈이로 간 것_ 뿌리기용

레드페퍼 플레이크_ 뿌리기용

갈릭오일(p.37)_ 뿌리기용

냉장고에서 도우볼을 꺼내 비닐랩을 씌운 채로 도우의 온도가 16~18℃(60~65℉)가 될 때까지 실온에 놓아둔다. 그 동안 오븐에 2개의 피자스톤이나 베이킹스틸을 넣고 260℃ (500℉)로 1시간 동안 예열한다(p.37 <시작하기> 참조).

작은 팬을 중간불-센 불로 달군 후 베이컨을 넣는다. 중간불로 낮추고, 대부분의 지방이 녹으면서 적당히 익을 때까지 약 2분 동안 가끔씩 저으면서 조리한다. 기름기를 빼지 않고 한쪽에 놓아둔다.

커다란 볶음팬에 올리브오일을 두르고 달군다. 오일이 뜨거워지면 생조개를 넣고 약 2분 동안 가끔씩 저으면서 익힌다. 와인을 붓고 뚜껑을 덮은 후, 때때로 팬을 흔들어주면서 대부분의 조개가 벌어질 때까지 약 1분 30초 정도 익힌다. 마늘 ½ts과 소금 1꼬집을 넣고 다시 뚜껑을 덮은 후, 조개가 모두 벌어질 때까지 30초~1분 정도 더 익힌다. 불을 끄고 벌어지지 않은 조개는 버린다. 모양이 보기 좋게 벌어진 조개를 가니시용으로 12개 정도 남겨놓고, 껍질에서 떨어진 조갯살을 비롯하여 모든 조개에서 살만 분리한 후 껍질은 버리고 조갯살만 그릇에 따로 담아둔다.

조개껍질에서 분리한 조갯살과 통조림 조갯살을 합치고 마늘 ½ts, 파슬리, 오일 1Ts, 소금 1꼬집, 후추 3개를 갈아서 넣고 버무린다.

작업대 위로 도우볼을 옮긴다(p.38). 작업대 위에서 도우를 지름 36㎝(14인치) 크기로 둥글게 펼치고 테두리를 눌러서 일반적인 높이보다 낮게 만든다(p.39~41 <도우를 넓게 펼치기> 참조). 피자삽에 덧가루를 뿌린 다음 도우를 올려놓는다. 작업하는 동안 피자삽을 앞뒤로 흔들어서 도우가 피자삽에 들러붙지 않았는지 확인한다.

피자도우 위에 슬라이스한 모차렐라치즈를 배열한다. 치즈가 도우 가장자리에 올라가도 상관없기 때문에 슬라이스한 치즈를 일부러 조각내지 않아도 된다. 볼에 담아두었던 조갯살을 골고루 얹고, 베이컨과 나머지 마늘 ½Ts을 치즈 위에 토핑한다.

오븐 윗단의 피자스톤 위로 피자도우를 미끄러뜨리듯이 옮기고(p.42 <오븐에 피자도우 옮기기> 참조) 5분 동안 굽는다. 피자삽 위에 피자도우를 올리고 180도 돌린 다음 아랫단의 피자스톤 위로 옮긴다. 크러스트 바닥면이 갈색으로 바삭하게 구워지고, 윗면은 노릇노릇하게 구워질 때까지 4~5분 더 굽는다. 그 사이에 볶음팬에 담겨 있는 12개의 조개를 데운다.

오븐을 브로일 모드로 바꾸고, 피자도우를 오븐 윗단의 피자스톤 위로 옮겨서 색이 좀 더 진하게 나오도록 마지막으로 약 1분 더 굽는다.

피자를 도마로 옮기고 웨지모양으로 6등분하여 자른다. 껍질이 있는 12개의 조개를 피자 위에 보기 좋게 올리면서 조개껍질 안의 조개 육즙을 피자 위에 뿌린다. 마무리로 페코리노 로마노치즈와 레드페퍼 플레이크를 뿌리고, 갈릭오일을 뿌린다.

NEW JERSEY TOMATO PIE

뉴저지 토마토 파이_ 지름 33㎝(13인치) 피자 1판_ 6조각

20세기로 넘어오면서 피자는 뉴욕에서 뉴저지로 급속하게 전파되었다. 트렌턴(Trenton)을 주도로 하는 뉴저지에서는 파파스(Papa's)와 드 로렌조스(De Lorenzo's)와 같은 지역적으로 독특한 토마토 파이가 탄생했다. 뉴욕 피자처럼 치즈를 가장 먼저 토핑하면(나는 슬라이스한 모차렐라치즈를 편평하게 골고루 올리는 방법을 선호한다) 치즈가 크리미하게 녹은 상태에서 더 이상 갈색으로 구워지지 않게 되고, 소스는 열에 직접 노출되면서 더욱 진해진다. 고기류나 그 밖에 다른 재료들을 토핑할 수 있지만(이들 재료는 치즈와 소스 사이에 토핑한다), 나는 단지 소스와 치즈만 올린 이 심플한 버전을 좋아한다. 그리고 이 피자 위에 토마토 축제에서 사용한 양보다 더 많은 토마토를 손으로 으깨서 추가로 토핑한다.

1개 370g(13온스)_ 마스터 도우볼_ 되도록 티가를 스타터로 사용한 것(p.52)

밀가루와 세몰리나를 3:1로 섞은 가루_ 덧가루용

185g(6.5온스)_ 홀밀크 모차렐라치즈_ 얇게 슬라이스한 것(9장)

1C(245g)_ 뉴욕-뉴저지 토마토소스(p.61)_ 실온

½C(115g)_ 손으로 으깬 토마토(p.36)_ 실온(선택)

페코리노 로마노치즈_ 치즈갈이로 간 것_ 뿌리기용

드라이 오레가노_ 뿌리기용

갈릭오일(p.37)_ 뿌리기용

냉장고에서 도우볼을 꺼내 비닐랩을 씌운 채로 도우의 온도가 16~18℃(60~65℉)가 될 때까지 실온에 놓아둔다. 그 동안 오븐에 2개의 피자스톤이나 베이킹스틸을 넣고 260℃(500℉)로 1시간 동안 예열한다(p.37 〈시작하기〉 참조).

작업대에 덧가루를 뿌리고, 도우를 작업대로 옮겨서 그 위에도 덧가루를 뿌린다(p.38 〈작업대로 도우 옮기기〉 참조). 나무 피자삽에 덧가루를 뿌린다. 작업대 위에서 도우를 지름 33㎝(13인치) 크기로 둥글게 펼치고 테두리는 약간 올라오게 만든다(p.39~41 〈도우를 넓게 펼치기〉 참조). 피자삽 위에 도우를 올려놓는다. 작업하는 동안 피자삽을 앞뒤 수평으로 흔들어서 도우가 피자삽에 들러붙지 않는지 확인한다.

피자도우의 둘레를 따라 2㎝(¾인치)를 남기고 슬라이스한 모차렐라치즈를 배열한다. 스푼으로 토마토소스를 떠서 도우의 가운데에 올린 다음, 스푼의 볼록한 뒷부분을 이용하여 도우의 중심부에서 바깥쪽으로 나선을 그리면서 테두리를 남기고 고루 펴 바른다.

오븐 윗단의 피자스톤 위로 피자도우를 미끄러뜨리듯이 옮기고(p.42 〈오븐에 피자도우 옮기기〉 참조) 6분 동안 굽는다. 피자삽 위에 피자도우를 올리고 180도 돌린 다음 아랫단의 피자스톤 위로 옮긴다. 크러스트의 바닥면이 바삭하게 갈색으로 변하고 표면이 노릇노릇해질 때까지 6분 더 굽는다.

피자를 도마로 옮기고 웨지모양으로 6등분하여 자른다. 피자 윗면에 으깬 토마토를 올리고, 마무리로 페코리노 로마노치즈., 오레가노, 갈릭오일을 뿌린다.

DETROIT RED TOP

디트로이트 레드 탑_ 25×36㎝(10×14인치) 피자 1판_ 직사각형 4조각

디트로이트식 피자는 1940년대에 버디스 랑데부(Buddy's Rendezvous)의 오너인 거스 구에라(Gus Guerra)가 처음 만든 것이다. 이 피자는 시칠리아식 피자처럼 두툼하고 폭신한 직사각형인데, 테두리마다 그릴치즈 샌드위치에서 가장 맛있는 부분처럼 바삭한 황금빛 치즈가 둘러져 있다. 팬과 맞닿아 있는 가장자리로 흘러나온 치즈가 구워지면서 이 테두리가 생긴다.

이 피자를 가장 독특한 스타일의 피자로 만드는 요소는 화이트 체다치즈와 브릭치즈(brick cheese, 벽돌모양의 미국 치즈)이다. 팬의 옆면에 높이 쌓은 두 가지 치즈가 녹아서 팬과 맞닿는 부분으로 흘러나오고, 팬에 바른 버터와 팬의 열로 치즈가 타는 효과가 나타나면서 자체적인 틀이 만들어지는 것이다. 전해오는 이야기에 의하면, 거스는 원래 공장에서 사용하는 고압가스오븐의 부품들에서 오일을 제거하기 위해 고안된 두꺼운 사각 블루스틸팬에서 힌트를 얻어 이 피자를 개발했다고 한다. 자동차의 도시이니 어련하겠는가?

곧이어 실즈(Shield's)와 클로버리프(Cloverleaf) 같은 디트로이트의 피체리아들은 자신들만의 피자 버전을 자체적으로 만들었다. 2012년에 디트로이트식 피자회사의 공동창업자인 숀 란다조(Shawn Randazzo)가 이 디트로이트 피자로 인터내셔널 피자 챌린지(International Pizza Challenge)의 파이널 블라인드 박스 챌린지(사전정보 없이 무작위로 주어지는 피자재료 박스가 참가자들에게 제공된다)에 출전하면서 디트로이트 피자가 알려지기 시작했다. 대부분의 사람들은 그때까지 디트로이트 피자에 대해 들어본 적이 없었다. 나는 15년 전 디트로이트에서 돌리스 피자(Dolly's pizza)를 위한 광고를 찍을 때 이 피자를 먹어보았고, 그 전날 숀이 내 세미나에 참석했을 때 그를 만났었다. 30년간 경험을 쌓은 전문가의 입장에서 숀의 피자를 보고 내가 했던 말은 "도대체 저게 뭐지?"에 이어서 "이 친구가 수상을 하겠군"이었다. 그리고 당연하게도 그는 그해에 1등을 수상했다. 다음 해에는 예전에 내 수강생이었던 제프 스모케비치(Jeff Smokewitch)가 또 다른 디트로이트식 피자로 같은 대회의 미국식 팬피자 부문에서 수상을 했다. 그 이후로 디트로이트식 피자는 피자업계에서 떠오르는 별이 되었다. 다행스럽게도 숀은 점점 찾아보기 어려워지고 있는 디트로이트팬(p.313 참조)을 판매하고 있다.

DETROIT RED TOP

1개 625g(22온스)_ 마스터 도우볼_ 스타터를 사용하지 않은 것(p.56)

2Ts(28g)_ 무염버터_ 실온

2Ts(28g)_ 엑스트라버진 올리브오일

토마토소스

360g(넉넉한 1½C)_ 그라운드 토마토_ 토마토 매직 또는 디나폴리 추천

125g(½C)_ 토마토 페이스트_ 본타 또는 사포리토 슈퍼 헤비 피자소스 추천

1½ts(7g)_ 엑스트라버진 올리브오일

1꼬집_ 고운 바닷소금

1꼬집_ 드라이 오레가노

200g(7온스)_ 브릭치즈_ 슈레드한 것(2C)

200g(7온스)_ 화이트 체다치즈_ 카봇 추천_ 슈레드한 것(2C)

페코리노 로마노치즈_ 치즈갈이로 간 것_ 뿌리기용

드라이 오레가노_ 뿌리기용

갈릭오일(p.37)_ 뿌리기용

냉장고에서 도우볼을 꺼내 비닐랩을 씌운 채로 도우의 온도가 10~13℃(50~55℉)가 될 때까지 실온에 놓아둔다. 이 과정은 1시간 정도 걸린다.

잘 길들여진 25×36㎝(10×14인치) 크기의 블랙스틸 디트로이트팬 안쪽에 버터를 골고루 바르고, 그 위에 오일을 바른다.

팬에 도우를 옮겨 담고 한 번 뒤집어서 도우의 위아래 양쪽에 오일을 묻힌다. 손가락으로 도우를 바깥쪽으로 누르듯이 밀면서 팬 가장자리까지 펼친다. 만약 팬이 다 채워지지 않아도 걱정하지 말고 따뜻한 곳에서 30분 정도 휴지시켰다가 다시 구석까지 펼치면서 가스를 뺀다.

도우가 어느 정도 부풀어오를 때까지 1시간~1시간 30분 정도(실내 온도에 따라 조금씩 다르다) 휴지시킨다. 도우가 2배까지 부풀지는 않는다. 만약 도우가 약간 수축되면서 팬의 테두리에서 멀어지더라도 그냥 놓아두어야 한다. 도우를 다시 누르면 잘 부풀지 않게 된다.

그 동안 오븐에 2개의 피자스톤이나 베이킹스틸을 넣고 260℃(500℉)로 1시간 동안 예열한다(p.37 〈시작하기〉 참조).

소스를 만든다. 소스팬에 모든 소스재료를 넣고 핸드 블렌더로 퓌레를 만들어 한쪽에 놓아둔다.

오븐 윗단의 피자스톤 위에 팬을 올리고 6분 동안 굽는다(도우가 익으면서 모양이 잡히고 밝은 색으로 구워진다). 오븐에서 팬을 꺼내고 피자도우의 가장자리까지 브릭치즈를 골고루 뿌린다. 도우의 가장자리를 따라 1¾C(170g)의 체다치즈를 쌓듯이 뿌린다. 치즈가 팬의 테두리 위로 살짝 올라올 정도로 뿌린다. 나머지 체다치즈를 피자도우 윗면에 골고루 뿌린다.

팬을 다시 오븐 윗단의 피자스톤 위에 올리고 약 7분 동안 굽는다. 피자도우 표면이 밝은 색으로 변하기 시작하고 가장자리의 치즈는 거품이 보글보글 일어나면서 구워질 것이다. 팬을 180도 돌려서 오븐 아랫단에 있는 피자스톤 위로 옮기고, 팬 가장자리의 치즈가 약간 탄 것처럼 보일 때까지 8~9분 더 굽는다. 그 동안 토마토소스를 중간불–약한불로 뜨겁게 데운다.

오븐에서 팬을 꺼낸다. 긴 금속 스패츌러를 사용하여 팬에서 피자를 떨어뜨리고 도마 위로 옮긴다.

피자를 직사각형으로 4등분한다. 국자로 토마토소스를 떠서 피자 윗면에 두 줄로 길게 올리고 국자의 볼록한 바닥면을 사용하여 넓게 펴 바른다. 마무리로 페코리노 로마노치즈와 드라이 오레가노를 골고루 뿌리고, 갈릭오일을 흩뿌린다.

ST. LOUIS

세인트루이스_ 지름 33㎝(13인치) 피자 1판_ 16조각

1990년대 말에, 나는 소아암 자선단체인 캠프 퀄리티(Camp Quaily) 행사에 참여하기 위해 태어나서 처음으로 세인트루이스에 갔었다. 어린이들은 1주일 동안 다양한 체험을 하게 되는데, 그 중에는 피자 파티, 요리하기, 먹기 등 재미있는 체험활동들이 포함되어 있었다. 그곳에 머무르는 동안 꼭 맛보아야겠다고 생각한 것이 두 가지 있었다. 하나는 버드와이저였고(미국에서 가장 큰 버드와이저 공장이 세인트루이스에 있다), 또 하나는 세인트루이스 피자였다. 그래서 발견한 곳이 이모스(Imo's)였는데, 세인트루이스식 피자를 제대로 만드는 곳이었다. 여기서 만드는 피자는 아주 얇고 바삭해서 사각형으로 슬라이스한다. 그 이유는 일반 피자처럼 삼각형으로 자르면 토핑의 무게 때문에 크러스트가 부서질 수 있기 때문이다. 창업자인 에드 이모(Ed Imo)의 가족들로부터 전해 내려오는 이야기에 따르면, 에드는 리놀륨 타일을 자르는 일을 했었고 정사각형은 그가 알고 있는 전부였다고 한다. 크러스트를 최대한 얇게 만들기 위해서 나는 도우볼을 일반적인 크기보다 작게 만든다. 그리고 지름 33㎝(13인치)의 일반적인 크기보다 도우를 더 얇고 크게 밀어서 스파이크 롤러나 포크로 구멍을 내고, 다시 지름 33㎝(13인치)가 되도록 가장자리를 잘라서 다듬고 가장자리를 편평하게 눌러준다.

제대로 만든 세인트루이스식 피자는 아주 달콤한 오레가노 토마토소스와 프로벨(Provel)이라는 특별한 치즈로 만든다. 이 치즈는 프로볼로네치즈(Provolone cheese, 소젖으로 만든 유지방 함량 45% 내외의 비가열 압착 치즈), 스위스치즈(Swiss cheese, 탄력 있는 조직과 감미로운 풍미를 가진 경질 치즈), 체다치즈를 조합하여 만든 크림색 치즈로, 세인트루이스 이외의 지역에는 사실 잘 알려져 있지 않다. 프로벨치즈가 녹으면 벨비타(Velveeta) 치즈와 비슷하게 끈적이는 텍스처를 지니게 되는데, 누구도 거부하기 힘들 만큼 맛있다. 우리 주방직원이 이 치즈로 만든 그릴치즈 샌드위치에 중독되어 있는 것이 전혀 놀랍지 않을 정도이다.

1개 225g(8온스)_ 스타터를 사용하지 않은 마스터 도우볼(p.56)

밀가루와 세몰리나를 9:1로 섞은 가루_ 덧가루

냉장고에서 도우볼을 꺼내 비닐랩을 씌운 채로 도우의 온도가 16~18℃(60~65℉)가 될 때까지 실온에 놓아둔다. 그 동안 오븐에 2개의 피자스톤이나 베이킹스틸을 넣고 260℃(500℉)로 1시간 동안 예열한다(p.37 〈시작하기〉 참조).

소스를 만들기 위해, 깊이가 있는 볼이나 다른 용기에 모든 재료를 넣고 핸드 블렌더로 갈아 퓌레를 만든다.

작업대에 덧가루를 뿌리고, 도우를 작업대로 옮겨서 그 위에도 덧가루를 뿌린다(p.38 〈작업대로 도우 옮기기〉 참조).

나무 피자삽에 덧가루를 뿌린다.

세인트루이스 토마토소스

120g(½C)_ 그라운드 토마토_ 토마토 매직 또는 디나폴리 추천

125g(½C)_ 토마토 페이스트_ 슈퍼돌체 추천

3Ts(55g)_ 심플시럽(아래 참조)

1꼬집_ 드라이 오레가노

1꼬집_ 고운 바닷소금

115g(4온스)_ 스위트 펜넬 소시지(p.62), 또는
30g(1온스)_ 슬라이스한 페퍼로니_ 되도록 천연 케이싱한 것(선택)

200g(7온스)_ 프로벨치즈_ 슈레드한 것(2C)

파르메산치즈_ 치즈갈이로 간 것_ 뿌리기용

드라이 오레가노_ 뿌리기용

갈릭오일(p.37)_ 뿌리기용

¼C(50g)_ 설탕

¼C(58g)_ 물

밀대를 사용하여 도우를 지름 33㎝(13인치) 크기로 둥글게 민다. 이때 테두리도 같은 두께로 편평하게 밀고, 스파이크 롤러나 포크를 사용하여 도우 표면에 구멍을 낸다(p.111 〈피자 도우 밀어 펴기〉 참조).

피자샵 위에 도우를 올려놓는다. 작업하는 동안 피자샵을 앞뒤 수평으로 흔들어서 도우의 바닥이 피자샵에 들러붙지 않았는지 확인한다.

스푼으로 토마토소스를 떠서 피자도우 가운데에 올린 다음, 도우의 둘레를 따라 약 2㎝(¾인치)를 남기고 스푼의 볼록한 뒷부분을 이용하여 도우의 중심부에서 바깥쪽으로 나선을 그리면서 소스를 고루 펴 바른다. 소스의 무게가 도우를 누르는 역할을 해서 굽는 동안 도우가 편평해진다. 피자샵 위로 도우를 옮길 때 조금 줄어들었을 수도 있으므로, 경우에 따라 도우의 가장자리를 조금씩 잡아당겨 지름을 33㎝(13인치)로 만든다. 치즈를 올리지 않고 도우를 구우면 크러스트가 좀 더 바삭해진다.

오븐 윗단의 피자스톤 위로 피자도우를 미끄러트리듯이 옮기고(p.42 〈오븐에 피자도우 옮기기〉 참조) 4분 동안 굽는다. 오븐에서 피자도우를 꺼내 도마로 옮긴다. (또는 작업대에 피자샵을 놓을 공간이 있으면 피자샵 위에서 곧바로 작업해도 된다). 소시지를 토핑하려면 50원짜리 동전 크기로 떼어서 소스 위에 군데군데 올리면 되고, 페퍼로니를 토핑하려면 슬라이스해서 소스 위에 골고루 배열한다. 피자도우 윗면에 슈레드한 프로벨치즈를 골고루 뿌린다.

피자도우를 다시 오븐 윗단의 피자스톤 위로 미끄러트리듯이 옮겨서 3분 동안 굽는다. 피자샵 위에 피자도우를 올리고 180도 돌린 다음 오븐 아랫단의 피자스톤 위로 옮긴다. 크러스트 바닥이 갈색으로 바삭하게 구워지고 윗면이 노릇노릇해질 때까지 3~4분 더 굽는다.

피자를 도마로 옮긴다. 피자를 같은 간격으로 3번 자르고(폭이 같은 띠가 4개 만들어진다), 90도 돌려서 같은 간격으로 3번 자르면 16조각이 나온다. 파르메산치즈와 드라이 오레가노를 흩뿌린 다음, 갈릭오일을 뿌려서 마무리한다.

SIMPLE SYRUP
심플 시럽_ ⅓C(95g)

작은 소스팬에 설탕과 물을 넣고 저어서 섞는다. 중간불-센 불에 올리고 설탕이 녹을 때까지 저으면서 은근히 끓인다. 불에서 내려 실온으로 식힌다.

곧바로 사용하거나, 뚜껑을 덮어 냉장고에서 2주일까지 보관할 수 있다.

Chicago
시 카 고

딥디시 피자든 크래커신(cracker-thin) 피자든, 시카고식 피자가 다른 지역피자에 비해 비교적 최근에 탄생했다는 사실을 알면 아마 놀랄 것이다. 시카고식 피자는 20세기 중반인 1943년에 피체리아 우노(Uno)의 오너인 릭 리카르도(Ric Riccardo)와 이크 스웰(Ike Sewell), 그리고 그들의 셰프인 루디 말나티(Rudy Malnati)가 지금까지 볼 수 없었던 새로운 스타일의 피자를 만들어보자고 뜻을 모으면서 시작되었다.

그 레스토랑이 체인화되고 다른 레스토랑에서도 이 피자에서 파생된 피자들을 개발하면서 딥디시는 미 전역으로 퍼져 나갔고 전 세계로까지 알려지게 되었다. 결과적으로 시카고에 있는 로우 말나티스(Lou Malnati's), 지오다노스(Giordano's), 지노스(Gino's)를 비롯한 전국의 여러 피자 레스토랑들이 크래커신 피자, 스터프트(stuffed) 피자, 팬피자 등을 포함하여 자신들만의 창의적인 버전을 만들어내기에 이르렀다. 그러나 여전히 시카고식 피자를 규정짓는 결정적인 요소는 크러스트에 있고, 전통적으로 이 크러스트는 시카고식 피자를 상징하는 두 가지 재료를 사용한다. 그 두 가지 재료는 콘밀(옥수수가루)과 지방이며, 지방 중에서도 대부분 버터나 라드를 사용하거나 때로는 두 가지를 모두 사용하기도 한다.

나는 샌프란시스코에 토니스 피자 나폴레타나(Tony's Pizza Napoletana)를 오픈하면서, 사람들이 가장 좋아하는 미국식 피자와 이탈리아식 피자를 각각 오리지널에 가깝게 만들어내기 위해 서로 다른 종류의 오븐 7개를 설치했다. 그러나 한 가지 예외가 있었는데 바로 시카고식 피자였다. 우리는 시카고식 피자는 만들지 않기로 했다. 그것은 취향의 문제가 아니라 현실적인 문제로 인한 결정이었다. 딥디시 피자는 굽는 시간이 적어도 30분 이상 필요하고 때로는 그보다 더 오래 구워야 하기 때문에, 우리 레스토랑의 주방 환경과 작업 리듬에 총체적인 걸림돌이 되었다.

그러나 나는 시카고 피자를 정말로 사랑한다. 수년 동안, 소위 「바람 부는 도시(windy city)」로 상징되는 시카고의 피자 명소인 로우 말나티스, 지오다노스, 코니스(Connie's) 등을 비롯한 여러 피체리아에서 온 많은 사람들과 피자대회에서 같이 심사도 하고 일도 해보면서, 나는 황량한 바닷가에서 살고 있는 샌프란시스코 사람들에게 이 매력적인 시카고 피자를 맛보게 해주고 싶은 마음이 간절해졌다. 그래서 어느 날 우리 레스토랑에서 몇 블록 떨어진 곳에서 알맞은 장소를 찾았을 때, 시카고식 피자전문점을 그곳에 따로 오픈했다.

나는 그곳의 이름을 카포스(Capo's)로 정했고 곧바로 시카고로 달려갔다. 나는 카포스의 컨셉을 마치 금주령이 내려졌던 시절의 주류 밀매점 같은 분위기로 연출하고 싶었다. 그래서 가죽을 씌운 소품들로 공간을 꾸몄고, 벽에는 마피아 두목의 사진을 걸었으며, 바에는 긴 거울을 설치했다. 우리는 시카고의 오래된 빌딩에서 나온 백년 된 벽돌을 7톤이나 구입해서 배를 통해 운반해 왔고, 천장에는 요철무늬가 있는 주석으로 인테리어를 했으며, 1930년대 스타일의 나무로 만든 빈티지 전화박스도 설치했다. 카포스가 오래 전부터 줄곧 그곳에 있었던 장소처럼 느껴졌다.

메뉴는 새롭고 현대적인 재료와 기술을 사용하면서도 오래 전의 이탈리안 아메리칸 레스토랑에서 볼 수 있을 법한 종류들로 구성하고, 시카고 피자의 전통을 충실히 따른다. 우리는 12가지 종류의 메뉴를 제공하는데, 손님들은 모든 메뉴를 네 가지 방식으로 제공받을 수 있다. 우리는 버터와 라드를 사용한 콘밀 크러스트로 전통적인 딥디시 피자를 만들고, 스터프트 피자에 사용하는 덮개용 크러스트도 이 도우로 만든다. 그리고 무쇠팬 버전을 만들 때는 이 도우를 무쇠팬에 넓게 펼쳐서 발효시킨 후 구워서 폭신하고 잘 부푼 크러스트를 만든다. 또한 스타터를 사용하고 버터나 라드는 사용하지 않는 또 다른 종류의 도우로 정통 크래커신 시카고 피자도 만든다.

이 챕터의 레시피들과 p.82와 p.84에서 소개하는 두 가지 도우로 네 가지 스타일의 피자를 집에서 모두 만들 수 있다. 그리고 각각의 도우에 익숙해지면 필링과 토핑의 재료들을 새롭게 조합해서 응용해볼 수도 있다.

딥디시(DEEP-DISH) 팁

딥디시 피자를 성공적으로 만들려면 어느 정도 시간과 전략이 필요하다. 왜냐하면 이 스타일의 피자는 다른 종류의 피자들과 다르게 구성되어 있어서 굽는 데 시간이 오래 걸리기 때문이다. 내가 만드는 버전에서는 치즈의 반을 슬라이스한 파트스킴(유지방을 일부 제거한 저지방우유) 모차렐라로 사용한다. 이 치즈를 바닥과 가장자리까지 약간 높게 쌓은 다음 그 위에 재료들을 토핑함으로써 오븐에서 장시간 굽는 동안 치즈가 타지 않게 된다. 그리고 이 치즈는 토핑 재료들(필링)과 크러스트의 경계 역할을 하여 크러스트가 좀 더 바삭하게 구워진다. 그 다음으로 나머지 토핑 재료들을 그 위에 채우고, 마지막으로 치즈를 다시 토핑한다. 이때 나는 진한 치즈 풍미와 짭짤한 맛을 즐길 수 있는 프로볼로네치즈를 사용하여 모차렐라치즈와 맛의 균형을 이루게 한다. 오븐에서 피자가 다 구워질 무렵에 슈레드한 모차렐라치즈를 뿌리고 살짝 녹을 정도까지만 몇 분 더 굽는다. 이때 사용하는 치즈는 보기 좋게 모양을 내는 역할을 하므로 지나치게 굽지 말고, 치즈 안의 지방과 물이 분리되지 않게 하면 된다.

일반적으로 소스는 굽기 전에 도우 위에 바른 다음 오븐에 굽는다. 그럴 경우에 피자는 주저앉아 형태가 흐트러지고 지저분해지게 된다. 이에 반해서 나는 소스를 끓이지 않고 따뜻하게 잠깐 데우기만 해서 오븐에서 구워져 나온 파이 위에 토핑하는 방식을 좋아한다. 사람들은 항상 이 부분에 놀란다. 왜냐하면 그들은 오븐에서 구워져 나온 토마토소스의 되직하게 주저앉은 모습과 진한 풍미에 익숙해져 있기 때문이다.

딥디시 파이를 구울 때 내가 모든 과정을 단계별로 작업하는 것은 일반적인 방법보다 더 빠른 시간 내에 굽는다는 것을 의미하며, 완성된 피자는 구조적으로 좀 더 견고하고 형태가 정돈되어 있다. 모든 것을 마치 기계를 조립하듯 순차적인 단계를 거치며 구우면 크러스트가 바삭하게 유지되면서 필링의 풍미와 텍스처가 완벽한 조화를 이루게 된다. 그리고 마지막에 토핑하는 신선하고 산뜻한 토마토소스는 피자의 리치한 풍미와 맛의 균형을 맞추는 악센트가 된다.

- 내 레시피대로 만들기 위해서는 지름 30~33㎝(12~13인치), 높이 5㎝(2인치) 정도의 원형 딥디시팬이 필요하다. 길이 잘든 블랙스틸(강철) 팬을 추천한다(p.312 〈재료와 도구〉 참조). 알루미늄팬은 너무 가벼워서 강철만큼 열을 유지하지 못하므로 피자 크러스트가 갈색으로 골고루 잘 구워지지 않을 수도 있다. 지름 33㎝(13인치) 팬으로 구우면 6조각의 적당한 크기로 나눌 수 있다. 그리고 나는 미신이기는 하지만 「행운의 13」을 좋아한다. 일부 딥디시팬 중에는 테두리가 바깥쪽으로 튀어나온 종류가 있다. 이런 종류는 피체리아에서 팬을 겹겹이 쌓아서 보관할 때 아주 편리하다. 그러나 가정에서는 큰 쓸모가 없다.

- 팬 안쪽에는 피자 크러스트가 달라붙지 않도록 오일을 넉넉하게 바르는 것이 좋다. 이렇게 하면 파이 크러스트가 노릇노릇하게 잘 구워지게 도와준다.

- 조리한 고기와 날고기(예를 들어 페퍼로니와 조리하지 않은 소시지)를 모두 사용하여 딥디시 피자나 스터프트 피자를 만들 때는 먼저 바닥 쪽에 조리한 고기를 토핑하고, 날고기는 마지막 단계로 맨 위에 토핑한다. 이렇게 하면 날고기가 익는 동안 녹아 나오는 지방이 바로 밑에 있는 재료들과 어우러지며 크러스트에 곧바로 스며들지 않는다.

- 파트스킴 모차렐라는 시카고 피자를 만들 때 내가 즐겨 사용하는 치즈다. 지방 함량이 적어서 구울 때 지방이 덜 녹아 나오기 때문에 피자의 형태를 견고하게 유지해준다.

- 나는 콘밀이 많이 들어가서 옥수수 빵처럼 느껴지는 피자 도우보다는 버터향이 진하게 느껴지는 시카고식 도우를 좋아한다. 파이 크러스트나 페이스트리에 가까운 느낌을 좋아하기 때문에 유지방 함량이 높은 무염버터(주로 「유러피안 스타일」이라고 불린다)를 선호한다. 버터는 어느 나라에서 생산했느냐보다 유지방 함량이 얼마인지가 중요하다. 유지방 함량이 대체로 80% 정도인 미국 버터에 비해서 유럽식 버터는 약 82~84%의 유지방을 함유하고 있다. 지방 함유량이 높고 수분 함유량이 적을수록 페이스트리가 더욱 가볍고 바삭해진다.

- 만일 라드(Lard, 돼지고기의 지방을 녹인 것)를 사용하고 싶지 않다면 같은 양의 식물성 쇼트닝을 사용해도 된다.

- 우리 레스토랑에서는 완전히 구워진 딥디시 피자를 팬에서 꺼내 슬라이스한 다음, 실온의 깨끗한 팬(이 용도를 위해 나는 반짝이면서 깨끗해 보이는 알루미늄팬을 사용한다)에 옮겨서 손님들에게 내놓는다. 이렇게 하면 보기에도 깔끔해 보이고, 손님들이 뜨거운 팬으로 인해 화상을 입지 않게 도와준다. 만약 집에 팬이 2개 있다면 이와 같은 방법을 활용할 수 있다. 또한 슬라이스한 파이를 오븐에 구울 때 사용한 팬에 다시 담으면 모양이 흐트러지지 않게 테이블에 올릴 수 있다. 또는 피자를 다시 팬에 옮겨 담지 않고 서빙용 도마에 놓인 그대로 테이블에 서빙해도 괜찮다. 어떤 방법을 사용하든, 피자를 팬에서 꺼내 슬라이스한 후 그 위에 소스나 시즈닝, 가니시를 올려 마무리한다. 이렇게 하면 훨씬 쉽고 깔끔하게 서빙할 수 있다.

- 만약 덧가루로 세몰리나를 사용하고 있다면, 밀가루와 콘밀을 섞어서 사용하지 말고 중간 굵기의 콘밀을 사용하도록 추천한다. 밀가루는 콘밀이 피자도우에 달라붙지 못하게 방해하는 경향이 있다. 그러므로 콘밀만 사용하는 것이 크러스트의 형태가 잡히고 바삭함을 더해주는 데 도움이 된다.

- 딥디시나 스터프트 피자는 이 책에서 설명하는 일반적인 방법처럼 도우를 넓게 펼치기보다는 밀대로 밀어서 펴는 것이 좋다. 밀대를 사용하면 도우를 완벽하게 균일한 두께로 만들 수 있는 장점이 있다. 이에 관한 정보는 p.111을 참조한다.

- 밀대로 밀어서 편 도우를 팬에 깔고(도우를 팬 가장자리에 걸쳐 놓는다) 충전물을 채우기 전에 30분 동안 그 상태로 휴지시킨다. 이렇게 하면 도우가 유연해지고 약간 발효되면서 완성된 피자의 형태와 풍미가 더욱 좋아진다.

CHICAGO DEEP-DISH DOUGH

시카고 딥디시 도우_ 770g(27온스)_ 딥디시 피자 1판

내가 만드는 모든 시카고 도우는 세레소타(Ceresota) 밀가루를 사용한다. 이 밀가루는 경질의 적맥(붉은 겨울밀)을 빻아 만든 브론산염 무첨가, 무표백 중력분이다. 일리노이 주와 그 밖의 지역에서는 세레소타라는 브랜드로 판매되고, 미국 동북부 지역에서는 헤커스(Heckers)라는 브랜드로 판매되고 있다(p.312 참조). 이 밀가루는 시카고 피체리아에서 전통적으로 사용하고 있으며, 글루텐 함량이 12%대로 비교적 낮다. 내 피자학교에서는 시카고 피자이올로를 위한 훈련과 자격증 과정에 이 밀가루를 지정해서 사용하고 있다. 만일 구입이 어려우면 좋은 품질의 다른 무표백 다목적 밀가루(중력분)을 시카고 도우용으로 대체하면 된다.

일부 시카고 피자는 도우에 익힌 감자나 세몰리나를 넣고 콘밀은 사용하지 않는다. 하지만 나는 밀가루와 콘밀을 내가 좋아하는 방식으로 배합하여 사용하고 있다. 이 도우는 스타터를 사용하지 않으며, 일반적인 피자도우와는 달리 피자도우와 파이 크러스트의 중간 느낌으로 만들기 때문에 이스트보다는 지방에서 느낄 수 있는 풍미와 텍스처를 가지고 있다. 나는 버터와 라드를 동량으로 사용하면 피자의 가장 좋은 풍미와 텍스처를 얻을 수 있다는 사실을 알게 되었다. 특히 주목할 점은 이 도우는 굽기 전에 최소 24시간 동안 발효시켜야 하며, 48시간 이상 발효시키면 훨씬 더 좋은 결과가 나온다는 사실이다.

4.5g(½ts)_ 액티브 드라이 이스트

70g(¼C+1Ts)_ 미지근한 물(27~29℃/80~85℉)

430g(3½C)_ 단백질 함량 12% 중력분_ 세레소타 추천

23g(2½Ts)_ 중간 굵기의 콘밀

9g(1Ts)_ 활성 몰트

18g(1Ts+1ts)_ 라드_ 작게 썬 것_ 실온

작은 볼에 이스트를 계량하고 미지근한 물을 부어 30초 동안 섞는다. 이스트가 물에 녹으면서 표면에 약간의 거품이 생길 것이다. 만일 이런 현상이 생기지 않고 이스트 과립이 녹지 않은 상태로 떠 있다면 이스트가 사멸된 것이므로 버려야 한다. 유효기간이 많이 남은 새로운 이스트를 계량해서 물에 다시 녹인다.

후크를 끼운 스탠드 믹서의 볼에 밀가루, 콘밀, 몰트를 넣는다. 믹서를 가장 낮은 속도로 돌리면서 라드와 버터를 넣고 1분 동안 돌린다.

계량한 얼음물에서 2Ts 정도만 남기고 믹서볼에 부은 다음, 이스트를 녹인 물을 붓는다. 남겨두었던 얼음물 2Ts을 이스트를 녹인 볼에 부어 남아 있는 이스트를 헹군 다음 믹서볼에 붓는다.

18g(1Ts+1ts)_ 유럽식 무염버터_ 되도록 유지방 함량 82%_ 작게 썬 것_ 실온

202g(¾C+2Ts)_ 얼음물_ 필요한 만큼 추가

9g(2ts)_ 고운 바닷소금

베이커스 퍼센티지_ p.310 참조

대부분의 반죽이 후크 주위로 뭉칠 때까지 약 1분 동안 믹서를 저속으로 돌리다가 멈춘다. 손가락으로 후크에 붙어 있는 반죽을 모두 떼어내고, 볼 스크레이퍼나 고무주걱을 사용하여 믹서볼 옆면과 바닥에 붙어 있는 반죽을 긁어낸다.

소금을 넣고 잘 섞일 때까지 저속으로 1분 동안 돌린다.

볼 바닥에 섞이지 않은 마른 가루가 있는지 확인하고, 반죽을 뒤집어 볼 바닥에 눌러서 흩어진 반죽 조각들을 뭉친다.

믹서를 멈추고 후크에 붙은 반죽을 떼어낸 후, 볼 스크레이퍼로 믹서볼 옆면과 바닥에 붙어 있는 반죽들을 긁어낸다. 만일 믹서볼 바닥에 여전히 마른 가루가 있으면 물을 아주 조금 뿌리고 1분 더 믹싱한다.

볼 스크레이퍼로 믹서볼에서 도우를 꺼내 덧가루를 뿌리지 않은 깨끗한 작업대로 옮기고, 도우가 매끄러워질 때까지 2~3분 동안 손으로 반죽을 한다(p.32 〈도우 반죽하기〉 참조). 젖은 행주로 도우를 덮고 실온에서 1시간 동안 휴지시킨다.

도우 커터로 도우를 정돈해서 저울에 올린다. 레시피에 필요한 770g을 계량하면 도우가 조금 남을 것이다. 도우를 공모양으로 만들어 ½사이즈 시트팬에 올린다(p.34 〈도우볼 만들기〉 참조). 도우볼이 담긴 시트팬을 공기가 통하지 않게 비닐랩으로 바닥면까지 이중으로 단단하게 감싼다. 시트팬을 냉장고의 편평한 곳에 넣고 24~48시간 동안 냉장숙성발효시킨다.

NOTE_ 채식주의자를 위한 딥디시 피자도우 : 라드 대신 식물성 쇼트닝 18g으로 대체할 수 있다.

CHICAGO STUFFED DOUGH

시카고 스터프트 도우_ 1174g(41온스)_ 스터프트 피자 1판

이 도우는 내가 만드는 딥디시 피자도우와 같다. 하지만 그것보다 1.5배 더 크게 만들 수 있는 분량이므로 바닥과 덮개용 크러스트를 모두 만들기에 충분하다.

6.8g(2¼ts)_ 액티브 드라이 이스트

92g(¼C+2Ts)_ 미지근한 물(27~29℃/80~85℉)

645g(5⅓C)_ 단백질 함량 12% 중력분_ 세레소타 추천

34g(¼C)_ 중간 굵기의 콘밀

13.5g(1½Ts)_ 활성 몰트

27g(2Ts)_ 라드_ 작게 썬 것_ 실온

27g(2Ts)_ 유럽식 무염버터_ 되도록 유지방 함량 82%_ 작게 썬 것_ 실온

316g(1⅓C)_ 얼음물_ 필요한 만큼 추가

13.5g(2¾ts)_ 고운 바닷소금

베이커스 퍼센티지_ p.310 참조

시카고 딥디시 도우 레시피(p.82)대로 반죽을 하는 과정까지 진행한다. 이어서 도우를 각각 765g과 400g으로 분할한 다음, 젖은 행주를 덮어 실온에서 1시간 동안 휴지시킨다.

2개의 도우 덩어리를 공모양으로 만들어(p.34 〈도우볼 만들기〉 참조) ½사이즈 시트팬 위에 8㎝(3인치) 간격으로 놓는다. 비닐랩으로 시트팬을 싸서 시카고 딥디시 도우 레시피대로 냉장고에 넣어 냉장숙성발효시킨다.

NOTE_ 채식주의자를 위한 딥디시 피자도우 : 라드 대신 식물성 쇼트닝 18g으로 대체할 수 있다.

DEEP-DISH TOMATO SAUCE

딥디시 토마토소스_ 2¼C(510g)

가열하지 않는 이 토마토소스는 피자도우를 만들 때 같이 만드는 것이 가장 좋다. 그러면 하룻밤 동안 냉장고 안에서 소스의 풍미가 잘 어우러지게 된다.

170g(⅔C)_ 토마토 페이스트_ 사포리토 슈퍼 헤비 피자소스 추천

85g(¼C+2Ts)_ 그라운드 토마토_ 7/11 또는 디나폴리 추천

¾ts(0.5g)_ 드라이 오레가노

1꼬집_ 고운 바닷소금

½ts(2.5g)_ 엑스트라버진 올리브오일

255g(1⅓C)_ 손으로 으깬 토마토(p.36)

깊이가 있는 볼이나 용기에 토마토 페이스트, 그라운드 토마토, 오레가노, 소금, 오일을 담고 핸드 블렌더로 갈아 퓌레를 만든다. 여기에 손으로 으깬 토마토를 넣고 잘 섞는다.

재료들을 모두 섞은 소스는 뚜껑을 덮어 냉장고에서 3일까지 보관할 수 있다.

CHICAGO DEEP-DISH WITH CALABRESE AND FENNEL SAUSAGES

시카고 딥디시 위드 칼라브레제 & 펜넬 소시지_ 지름 33cm(13인치) 원형 딥디시 피자 1판_ 큰 사이즈 6조각

소시지와 치즈를 채운 이 파이는 전형적인 시카고 딥디시 피자로, 시카고 피자를 처음 시도해보는 당신에게 가장 탁월한 선택이 될 것이다. 매콤한 칼라브레제와 스위트 펜넬 소시지, 그리고 모차렐라와 프로볼로네치즈는 내가 가장 좋아하는 조합이다. 일부 피체리아에서는 슬라이스한 소시지로 치즈를 완전히 덮어서 층을 만든다. 하지만 나는 100원짜리 동전 크기로 떼어낸 소시지를 치즈 위에 골고루 토핑해서 피자가 덜 무겁게 느껴지도록 만든다.

1개 765g(27온스)_ 시카고 딥디시 도우볼(p.82)

중간 굵기의 콘밀_ 덧가루용

2ts(9g)_ 무염버터_ 실온

255g(9온스)_ 파트스킴 모차렐라치즈_ 얇게 슬라이스한 것(13장)

225g(8온스)_ 칼라브레제 허니 소시지(p.63)

225g(8온스)_ 스위트 펜넬 소시지(p.62)

페코리노 로마노치즈_ 치즈갈이로 간 것

1ts(3g)_ 곱게 다진 마늘

255g(9온스)_ 프로볼로네치즈_ 얇게 슬라이스한 것(13장)

140g(5온스)_ 파트스킴 모차렐라치즈_ 슈레드한 것(1¼C)

2C(455g)_ 딥디시 토마토소스(p.85)_ 따뜻한 것

드라이 오레가노_ 뿌리기용

엑스트라버진 올리브오일_ 뿌리기용

냉장고에서 도우볼을 꺼내 비닐랩을 씌운 채로 도우의 온도가 13~16℃(55~60℉)가 될 때까지 실온에 놓아둔다. 그 동안 오븐에 2개의 피자스톤이나 베이킹스틸을 넣고 260℃(500℉)로 1시간 동안 예열한다(p.37 〈시작하기〉 참조).

지름 30cm(12인치) 높이 5cm(2인치), 또는 지름 33cm(13인치) 높이 5cm(2인치) 원형 딥디시 피자팬의 바닥과 옆면에 버터를 바른다.

작업대에 콘밀을 넉넉하게 뿌리고 도우를 옮겨 놓는다(p.38 〈작업대로 도우 옮기기〉 참조). 도우의 양면에 콘밀을 입힌 다음, 밀대를 사용하여 지름 43cm(17인치) 크기로 둥글게 밀어서 편다(p.111 〈피자도우 밀어 펴기〉 참조).

둥글게 편 도우를 들어서 최대한 빠르면서도 조심스럽게 준비한 팬의 가운데에 내려놓는다. 도우의 테두리를 들어서 팬의 가장자리에 걸쳐 놓는다 ❶. 팬의 테두리를 따라 도우의 끝부분을 눌러서 붙인다 ❷. 이 상태로 실온에서 30분간 휴지시킨다.

슬라이스한 모차렐라치즈를 팬 바닥에 깔고 옆면까지 살짝 올라오게 배열한다. 필요에 따라 겹쳐서 놓아도 된다 ❸. 소시지를 100원짜리 동전 크기로 떼어내서 치즈 위에 골고루 올린다.

페코리노 로마노치즈와 다진 마늘을 골고루 흩뿌린다. 그 위에 슬라이스한 프로볼로네치즈를 토핑한다. 밀대로 팬 윗면을 밀어서 테두리 바깥쪽에 걸쳐진 여분의 도우를 잘라낸다. 만일 도우가 줄어들면 손가락으로 팬의 테두리를 따라 도우를 눌러서 팬 윗면까지 늘린다.

오븐의 아랫단에 있는 피자스톤 위에 팬을 올리고 15분 동안 굽는다. 팬을 180도 돌려서 치즈가 녹고 크러스트가 진한 갈색이 날 때까지 12분 더 굽는다.

팬을 오븐에서 꺼내고 피자 위에 슈레드한 모차렐라치즈를 뿌린다. 오븐의 윗단에 있는 피자스톤 위에 올린 다음 치즈가 녹을 때까지 2분 더 굽는다.

오븐에서 팬을 꺼내고, 긴 금속 스패츌러를 팬의 테두리를 따라 돌려서 팬에서 피자를 분리시킨다. 그리고 스패츌러로 크러스트의 가장자리를 들어서 바닥면이 갈색으로 바삭하게 잘 구워졌는지 확인한다. 더 구워야 하는 경우에는 오븐 아랫단의 피자스톤 위에 다시 올리고 1분 더 굽는다.

스패츌러를 사용하여 크러스트의 바닥이 손상되지 않도록 조심하면서 팬에서 피자를 들어 도마로 옮긴다. 반달 피자커터나 서레이티드 나이프(톱날칼)를 사용하여 피자를 웨지모양으로 크게 6등분하여 자르고 그대로 놓아둔다. 스푼으로 소스를 떠서 피자 위에 올리고 작은 L자 스패츌러를 사용하여 가장자리까지 펴 바른다. 마무리로 페코리노 로마노치즈, 드라이 오레가노, 오일을 흩뿌린다.

CHICAGO

CHICAGO DEEP-DISH WITH SPINACH AND RICOTTA

시카고 딥디시 위드 스피니치 & 리코타_ 지름 33cm(13인치) 원형 딥디시 피자 1판_ 큰 사이즈 6조각

소시지와 시금치, 리코타치즈는 전통적인 시카고 피자의 또 다른 조합이다. 일부 레시피(그리고 일부 피체리아)에서는 익히지 않은 시금치를 사용하기도 한다. 나는 익히지 않은 시금치를 사용하되, 소량의 올리브오일로 숨이 죽을 정도로만 살짝 볶아서 초록빛이 생생하게 살아 있는 상태로 사용한다. 그러고 나서 여과기나 체에 넣고 살짝 눌러서 시금치에서 빠져나온 수분을 제거한다. 이렇게 하면 시금치의 수분 때문에 필링과 크러스트가 질척해지는 것을 방지할 수 있고 시금치 맛을 진하게 느낄 수 있어서 익히지 않은 시금치를 사용하는 것과 큰 차이가 생긴다. 그리고 나는 이렇게 준비한 시금치와 리코타를 조금씩 남겨두었다가 나중에 마무리용으로 토핑한다.

1개 765g(27온스)_ 시카고 딥디시 도우볼(p.82)

중간 굵기의 콘밀_ 덧가루용

2ts(9g)_ 무염버터_ 실온

255g(9온스)_ 파트스킴 모차렐라치즈_ 얇게 슬라이스한 것(13장)

1½C(285g)_ 수분을 제거한 시금치 소테(p.91)_ 실온

페코리노 로마노치즈_ 치즈갈이로 간 것_ 뿌리기용

1ts(3g)_ 곱게 다진 마늘

120g(½C)_ 홀밀크 리코타치즈_ 뉴욕스타일 폴리오 추천 또는 리코타 크림(p.99)_ 실온

냉장고에서 도우볼을 꺼내 비닐랩을 씌운 채로 도우의 온도가 13~16℃(55~60℉)가 될 때까지 실온에 놓아둔다. 그 동안 오븐에 2개의 피자스톤이나 베이킹스틸을 넣고 260℃(500℉)로 1시간 동안 예열한다(p.37 〈시작하기〉 참조).

지름 30cm(12인치) 높이 5cm(2인치), 또는 지름 33cm(13인치) 높이 5cm(2인치) 원형 딥디시 피자팬의 바닥과 옆면에 버터를 넉넉하게 바른다.

작업대에 콘밀을 넉넉하게 뿌리고 도우를 옮겨 놓는다(p.38 〈작업대로 도우 옮기기〉 참조). 도우의 양면에 콘밀을 입힌 다음, 밀대를 사용하여 지름 43cm(17인치) 크기로 둥글게 밀어서 편다(p.111 〈피자도우 밀어 펴기〉 참조).

둥글게 편 도우를 들어서 최대한 빠르면서도 조심스럽게 준비한 팬의 가운데에 내려놓는다. 도우의 테두리를 들어서 팬의 가장자리에 걸쳐 놓는다(p.87 ❶ 참조). 팬의 테두리를 따라 도우의 끝부분을 눌러서 붙인다 ❷. 이 상태로 실온에서 30분간 휴지시킨다.

슬라이스한 모차렐라치즈를 팬 바닥에 깔고 옆면까지 살짝 올라오게 배열한다. 필요에 따라 겹쳐서 놓아도 된다 ❸. ½C(95g)의 시금치를 남기고 나머지 시금치를 모차렐라치즈 위에 골고루 올린다.

CHICAGO DEEP-DISH WITH SPINACH AND RICOTTA

255g(9온스)_ 프로볼로네치즈_ 얇게 슬라이스한 것(13장)

140g(5온스)_ 파트스킴 모차렐라치즈_ 슈레드한 것(1¼C)

2C(455g)_ 딥디시 토마토소스(p.85)_ 따뜻한 것

드라이 오레가노_ 뿌리기용

엑스트라버진 올리브오일_ 뿌리기용

페코리노 로마노치즈와 다진 마늘을 골고루 흩뿌린다. 그 위에 슬라이스한 프로볼로네치즈를 토핑한다. 밀대로 팬 윗면을 밀어서 테두리 바깥쪽에 걸쳐진 여분의 도우를 잘라낸다. 만일 도우가 줄어들면 손가락으로 팬의 테두리를 따라 도우를 눌러서 팬 윗면까지 늘린다.

오븐의 아랫단에 있는 피자스톤 위에 팬을 올리고 15분 동안 굽는다. 팬을 180도 돌려서 치즈가 녹고 크러스트가 진한 갈색이 날 때까지 12분 더 굽는다.

그 동안 짤주머니 끝을 6㎜(¼인치) 정도 잘라 구멍을 내거나 같은 크기의 둥근깍지를 끼운 다음 리코타치즈를 담는다.

따로 남겨둔 시금치가 차가우면 팬이나 전자레인지로 따뜻하게 데운다.

오븐에서 팬을 꺼내고 피자도우 위에 슈레드한 모차렐라치즈를 뿌린다. 오븐의 윗단에 있는 피자스톤 위에 올리고 치즈가 녹을 때까지 2분 더 굽는다.

오븐에서 팬을 꺼내고, 긴 금속 스패츌러를 팬의 테두리를 따라 돌려서 팬에서 피자를 분리시킨다. 그리고 스패츌러로 크러스트의 가장자리를 들어서 바닥면이 갈색으로 바삭하게 잘 구워졌는지 확인한다. 더 구워야 하는 경우에는 오븐 아랫단의 피자스톤 위에 다시 올리고 1분 더 굽는다.

스패츌러를 사용하여 크러스트의 바닥이 손상되지 않도록 조심하면서 팬에서 피자를 들어 도마로 옮긴다. 반달 피자커터나 서레이티드 나이프(톱날칼)를 사용하여 피자를 웨지모양으로 크게 6등분하여 자르고 그대로 놓아둔다. 스푼으로 소스를 떠서 피자 위에 올리고 작은 L자 스패츌러를 사용하여 가장자리까지 펴 바른다. 짤주머니에 담아둔 리코타치즈를 100원짜리 동전 크기로 군데군데 짜고, 가니시로 시금치를 올린다. 마무리로 페코리노 로마노치즈, 오레가노를 흩뿌리고, 갈릭오일을 뿌린다.

SAUTÉED SPINACH
시금치 소테_ 1½C(285g)

올리브오일_ 소테용

455g(1파운드)_ 시금치 어린잎

고운 바닷소금과 금방 간 흑후추

넓은 프라이팬에 오일을 넉넉하게 두르고 중간불-센 불로 달군다. 시금치의 물기를 털어내고 여러 번 나누어 팬에 넣는다. 시금치를 뒤집을 수 있을 정도로 자리를 남기고 넣는다. 소금과 후추를 각각 1꼬집씩 뿌린다. 시금치가 살짝 숨이 죽으면서 자리가 생기면 시금치를 뒤집고 새로운 시금치를 넣는다. 시금치가 반 정도 익으면 나면 체나 여과기로 옮긴다.

팬에 남아 있는 물기를 따라내고 닦은 후, 다시 오일을 넉넉하게 두르고 팬을 중간불-센 불로 달군다. 같은 방법으로 나머지 시금치를 숨이 죽을 정도까지만 살짝 볶아서 체에 옮긴다. 체에서 어느 정도 물기가 빠지면 손으로 가볍게 짠다.

이렇게 만든 시금치는 밀폐용기에 넣어 냉장고에서 하룻동안 보관할 수 있다.

피자용 팬

피자를 팬에 구울 경우에 나는 열이 충분히 전달되지 않아 고른 갈색으로 구워지지 않는 스테인리스 스틸이나 알루미늄 대신 블랙스틸(black steel, 강철)을 사용한다. 이 책에서는 팬피자 레시피가 있는 챕터마다 적절한 팬을 추천하고 있다.

팬을 다룰 때는 어떤 재질의 팬이든 무쇠팬과 같은 방식으로 다루는 것이 좋다. 만일 시즈닝(길들이기)이 되어 있지 않은 팬이라면, 키친타월로 식물성오일을 가볍게 바른 후 오븐에 넣고 260℃(500°F)로 1시간 동안 가열한다.

스틸팬을 사용한 다음에는 플라스틱 도우 커터로 살살 긁어준 후 키친타월로 닦는다.

물이나 세제로 닦는 것은 피한다. 만일 팬에 녹이 슬었다면, 팬에 소금 ¼C을 담고 오븐에서 260℃(500°F)로 30분 정도 가열한 다음 꺼내서 식힌다. 손으로 만질 수 있을 정도까지 식으면 소금이 들어 있는 상태에서 녹이 보이지 않을 때까지 키친타월로 문질러 닦는다.

피자를 구울 때 팬에 피자 얼룩이 보이면 피자를 굽고 난 후 다음과 같은 방법으로 팬을 다시 길들인다. 얼룩을 긁어서 제거한 후 오일을 살짝 바르고 닦는다. 그리고 아직 따뜻한 열기가 남아 있는 오븐에 팬을 다시 넣고 오븐이 식을 때까지 그대로 둔다.

MAKING STUFFED PIZZA
스터프트 피자 만들기

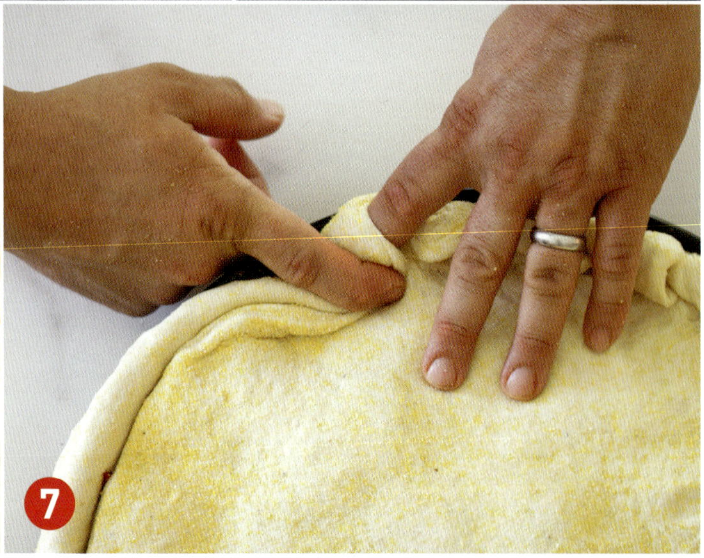

FULLY STUFFED

풀리 스터프트_ 지름 33㎝(13인치) 원형 딥디시 피자 1판_ 큰 사이즈 6조각

내가 생각하는 최고의 스터프트 피자는 너무 많은 소스나 속에 채우는 재료로 인해 바닥과 덮개용 크러스트가 질척이지 않으면서 바삭함을 유지해야 한다. 나는 이 피자를 풀리 스터프트라고 부른다. 이 피자는 필링이 푸짐한 편이지만, 아마도 당신은 크러스트에 대비해 소스와 필링의 비율이 아주 적당하다고 생각하게 될 것이다.

1개 765g(27온스)_ 시카고 스터프트 도우볼 (p.84)

1개 400g(14온스)_ 시카고 스터프트 도우볼 (p.84)

중간 굵기의 콘밀_ 덧가루용

2ts(9g)_ 무염버터_ 실온

255g(9온스)_ 파트스킴 모차렐라치즈_ 얇게 슬라이스한 것(13장)

225g(8온스)_ 조리한 미트볼(p.295)_ 작게 부순 것

55g(2온스)_ 슬라이스한 페퍼로니_ 되도록 천연 케이싱한 것

225g(8온스)_ 조리하지 않은 칼라브레제 허니 소시지(p.63)

225g(8온스)_ 조리하지 않은 스위트 펜넬 소시지 (p.62)

½C(85g)_ 양파 소테p.97)

1C(175g)_ 버섯 소테(p.97)

¾C(110g)_ 붉은피망 소테(p.98)

페코리노 로마노치즈_ 치즈갈이로 간 것_ 뿌리기용

냉장고에서 도우볼을 꺼내 비닐랩을 씌운 채로 도우의 온도가 16~18℃(60~65℉)가 될 때까지 실온에 놓아둔다. 그 동안 오븐의 아랫단에 피자스톤이나 베이킹스틸을 넣고 260℃(500℉)로 1시간 동안 예열한다(p.37 〈시작하기〉 참조).

지름 30㎝(12인치) 높이 5㎝(2인치), 또는 지름 33㎝(13인치) 높이 5㎝(2인치)의 원형 딥디시 피자팬의 바닥과 옆면에 버터를 바른다.

작업대에 콘밀을 넉넉하게 뿌리고 도우를 옮겨 놓는다(p.38 〈작업대로 도우 옮기기〉 참조).

도우의 양면에 콘밀을 입힌 다음, 밀대를 사용하여 지름 43㎝(17인치) 크기로 둥글게 밀어서 편다(p.111 〈피자도우 밀어 펴기〉 참조).

둥글게 편 도우를 들어서 최대한 빠르면서도 조심스럽게 준비한 팬의 가운데에 내려놓는다. 도우의 테두리를 들어서 팬의 가장자리에 걸쳐 놓는다(p.92 ❶). 팬의 테두리를 따라 도우 끝부분을 눌러서 붙인다 ❷. 이 상태로 실온에서 30분간 휴지시킨다.

슬라이스한 모차렐라치즈를 팬 바닥에 깔고 옆면까지 살짝 올라오게 배열한다. 필요에 따라서는 겹쳐서 놓아도 된다 ❸. 치즈 위에 미트볼 조각들을 골고루 뿌리고, 그 위에 페퍼로니를 얹는다 ❹. 칼라브레제 허니 소시지와 스위트 펜넬 소시지를 각각 100원짜리 동전 크기로 떼어내서 페퍼로니 위에 골고루 올린다. (이렇게 소시지를 마지막에 얹으면 굽는 동안 소시지에서 녹아 나오는 지방이 바닥면의 크러스트가 눅눅해지는 것을 막아준다.)

소테한 양파, 버섯, 피망을 고기 위에 골고루 흩뿌린다.

페코리노 로마노치즈와 다진 마늘을 가볍게 흩뿌리고, 그 위에 슈레드한 모차렐라치즈를 뿌린다. 슬라이스한 프로볼로네치즈로 윗면을 완전히 덮고 테두리 옆면까지 살짝 올라오게 배열한다 ❺.

그 동안 짤주머니 끝을 6㎜(¼인치) 정도 잘라 구멍을 내거나 같은 크기의 둥근깍지를 끼운 다음 리코타치즈를 담는다.

FULLY STUFFED

120g(½C)_ 홀밀크 리코타치즈_ 뉴욕 스타일 폴리오 추천 또는 리코타 크림(p.99)_ 실온

1ts(3g)_ 곱게 다진 마늘

140g(5온스)_ 파트스킴 모차렐라치즈_ 슈레드한 것(1¼C)

255g(9온스)_ 프로볼로네치즈_ 얇게 슬라이스한 것(13장)

갈릭오일(p.37)

2¼C(510g)_ 딥디시 토마토소스(p.85)_ 따뜻한 것

드라이 오레가노_ 뿌리기용

PRO TIP

짤주머니 짤주머니에 내용물을 채우고 나면 위쪽을 모아서 비튼 다음 고무줄로 묶는다. 나는 리코타치즈를 짤 때 일회용 짤주머니를 사용한다. 금속 깍지를 끼우지 않고 짤주머니 끝을 조금 잘라서 사용해도 된다.

남아 있는 1개의 도우볼에 콘밀을 입힌 다음, 밀대를 사용하여 팬 크기에 맞게 지름 30~33cm(12~13인치) 크기로 둥글게 밀어서 편다. 도우를 팬의 중심에 맞춘 후 팬의 테두리와 약간 겹치게 놓는다. 도우가 팬의 테두리 밖으로 넘어가면 안 된다 ❻. 도우가 너무 넓어서 바깥쪽으로 늘어지면 칼로 잘라서 정리한다.

테두리의 두 도우를 붙이기 위해 주름을 잡는다. 왼손의 검지를 팬 가장자리에 비스듬히 대고, 오른손의 검지로 테두리 위로 올라온 도우를 왼손 검지 위에 사선으로 접는다 ❼. 시계 반대방향으로 이와 같이 반복하며 도우의 주름을 잡아 모양을 만든다.

피자가 구워지는 동안 안에서 생기는 스팀이 빠져나올 수 있게 덮개용 크러스트의 중심에서부터 바깥쪽으로 5cm(2인치) 길이의 칼집을 3개 낸다.

오븐 안의 피자스톤 위에 팬을 올리고 12분 동안 구운 후, 팬을 180도 돌려서 12분 더 굽는다. 크러스트가 진한 갈색으로 구워져야 한다. 그렇지 않은 경우에는 팬을 다시 한 번 돌려 넣고 2분 더 굽는다.

오븐에서 피자를 꺼내 10분 동안 그대로 식힌다.

긴 금속 스패츌러를 팬의 테두리를 따라 돌려서 팬에서 피자를 분리시킨다. 그리고 스패츌러로 크러스트의 가장자리를 들어서 바닥면이 갈색으로 바삭하게 잘 구워졌는지 확인한다. 더 구워야 하는 경우에는 팬을 피자스톤 위에 다시 올리고 1분 더 굽는다.

스패츌러를 사용하여 크러스트의 바닥이 손상되지 않도록 조심하면서 팬에서 피자를 들어 도마로 옮긴다. 피자의 가장자리와 전체 표면에 브러시로 갈릭오일을 바른다.

반달 피자커터나 서레이티드 나이프(톱날칼)를 사용하여 피자를 웨지모양으로 크게 6등분하여 자르고 그대로 놓아둔다 ❽. 스푼으로 토마토소스를 떠서 피자 위에 올리고 가장자리까지 골고루 펴 바른다 ❾.

피자 윗면에 페코리노 로마노치즈와 오레가노를 흩뿌린다. 짤주머니에 담아둔 리코타치즈를 군데군데 100원짜리 동전 크기로 짠 다음 ❿, 갈릭오일을 뿌려서 마무리한다.

SAUTÉED ONIONS
양파 소테_ 1½C(225g)

455g(1파운드)_ 양파

올리브오일_ 소테용

고운 바닷소금

양파를 세로로 반 자른다. 도마 위에 절단면이 아래로 오게 놓고 줄기 끝부분을 잘라낸다. 양파의 결과 반대방향으로 뿌리 쪽까지 3㎜(⅛인치) 두께로 슬라이스한다. 뿌리 부분은 버린다.

프라이팬에 오일을 넉넉하게 두르고 중간불~센 불로 달군다. 슬라이스한 양파와 소금 1꼬집을 넣고 오일이 양파에 골고루 묻도록 저으면서 볶는다. 양파가 지글거리기 시작하면 중간불로 줄이고, 가끔씩 저어주면서 양파가 부드러워지고 진한 갈색이 될 때까지 약 15분 동안 볶는다.

완성된 양파는 밀폐용기에 담아 냉장고에 넣으면 하룻동안 보관할 수 있다.

SAUTÉED MUSHROOMS
버섯 소테_ 1C(175g)

225g(8온스)_ 중~소 크기의 양송이버섯

올리브오일_ 소테용

고운 바닷소금

조리하기 전에 자루 끝을 다듬고 4등분한다.

프라이팬에 오일을 약간 두르고 중간불~센 불로 달군다. 버섯과 소금 1꼬집을 넣고 오일이 버섯에 골고루 묻도록 저으면서 볶는다. 버섯을 서로 겹치지 않게 펴고, 바닥 쪽이 노릇노릇해질 때까지 약 1분 30초 동안 그대로 놓고 가열한다.

팬을 한 번 흔들어서 버섯을 골고루 섞고 버섯이 서로 겹치지 않게 한다. 30초 후에 다시 한 번 흔들고, 필요에 따라 불을 조절하면서 버섯이 전체적으로 노릇해질 때까지 약 3분 동안 저으면서 볶는다.

완성된 버섯은 밀폐용기에 담아 냉장고에 넣으면 하룻동안 보관할 수 있다.

FULLY STUFFED

SAUTÉED RED PEPPERS
붉은피망 소테_ ¾C(110g)

1개 255g(8온스)_ 붉은피망 큰 것

올리브오일_ 소테용

고운 바닷소금

피망의 위쪽과 아래쪽을 잘라낸다. 줄기와 씨, 속의 하얀 부분은 버린다. 과육을 6㎜(¼인치) 두께로 길게 슬라이스한다.

프라이팬에 오일을 넉넉하게 두르고 중간불-센 불로 달군다. 피망과 소금 1꼬집을 넣고 오일이 골고루 묻도록 저으면서 볶는다. 피망이 지글거리기 시작하면 가끔씩 저으면서 과육이 부드러워지고 갈색으로 변할 때까지 6분 정도 볶는다.

완성된 피망은 밀폐용기에 담아 냉장고에 넣으면 하룻동안 보관할 수 있다.

리코타치즈의 재발견

대부분의 딥디시 피자는 다른 필링 재료들과 함께 리코타치즈를 토핑해서 굽는다. 그러나 언젠가 내가 카놀리(cannoli, 원통형으로 얇게 튀긴 페이스트리 안에 달콤하게 크림화한 리코타치즈와 초콜릿, 레몬, 때로는 너트류를 섞어서 채운 이탈리아의 대표적인 디저트)를 만들고 있을 때, 신선한 리코타치즈에 마스카르포네치즈(이탈리아 크림치즈)를 섞어서 텍스처를 가볍게 만들면 입에서 사르르 녹을 정도로 부드러울 것 같다는 생각이 들었고, 이것을 피자에 응용해도 좋을 것 같았다. 그리고 리코타(Ricotta)란 단어 역시 「다시 익혔다(recook)」는 뜻이므로 불필요하게 굳이 세 번이나 익힐 필요가 있는지 생각해보게 되었다. 그래서 나는 짤주머니에 마스카르포네치즈와 리코타치즈를 섞어서 담고 다 구운 피자 위에 파이핑해본 뒤로는 그 방법을 계속 사용하고 있다.

그렇다. 사람들이 거의 매일 나에게 지적하듯이, 그것은 「진짜 오리지널 시카고 피자」는 아니다. 그러나 구운 리코타치즈는 아쉽게도 가열되는 동안 수분이 빠져나오면서 텍스처가 더 단단해지고 섬세한 맛도 줄어든다.(이렇게 리코타치즈가 울면 이번에는 내가 울고 싶어진다). 내가 하는 방법대로 하면 크림처럼 부드러운 리코타치즈를 맛볼 수 있고 훨씬 근사해 보인다. 그저 실온상태의 치즈를 파이핑해서 올리면(또는 스푼으로 떠서 올려도 된다) 뜨거운 피자 위에서 곧바로 따뜻하게 데워진다. 만일 뉴욕 스타일 폴리오(New York-style Polly-O)나 그랑데(Grande) 같은 적당히 부드럽고 향긋한 좋은 브랜드의 리코타치즈를 구할 수 있다면 그것을 그냥 사용해도 된다. 그렇지 못하다면, 일반적으로 슈퍼마켓에서 판매하는 브랜드를 사용하기보다는 이 레시피로 크리미하고 진한 리코타 크림을 직접 만들어 사용해보자.

리코타 크림

¼C(65g)

45g(3Ts)_ 홀밀크 리코타치즈_ 실온

15g(1Ts)_ 마스카르포네치즈

1ts(5g)_ 헤비크림(유지방 36% 이상, 생크림으로 대체 가능)

½C(130g)

90g(¼C+2Ts)_ 홀밀크 리코타치즈_ 실온

30g(2Ts)_ 마스카르포네치즈

2ts(10g)_ 헤비크림(유지방 36% 이상, 생크림으로 대체 가능)

1C(260g)

180g(¾C)_ 홀밀크 리코타치즈_ 실온

60g(¼C)_ 마스카르포네치즈

1Ts+1ts(20g)_ 헤비크림(유지방 36% 이상, 생크림으로 대체 가능)

작은 볼에 모든 재료를 넣는다. 핸드 믹서로 매끄럽고 크리미해질 때까지 잘 섞는다. 사용하기 전에 1시간 동안 그대로 놓아둔다. 이 리코타 크림은 사용 전 몇 시간 동안 냉장고에 보관해도 되지만, 사용할 때는 미리 실온에 꺼내 놓는다.

CHICAGO

CAST-IRON SKILLET

캐스트아이언 스킬렛 _ 지름 30㎝(12인치) 원형 무쇠팬 피자 1판 _ 큰 사이즈 6조각

몇 년 전, 우리 월드피자챔피언 팀은 피자의 도시 시카고에 있는 역사적인 메이저리그 야구장 리글리 필드(Wrigley Field)에서 열리는 피자도우 던지기 쇼에 초청을 받았다. 비 내리는 오후였지만, 그곳은 사람들로 붐볐고 우리는 매우 즐거웠다. 그날 밤, 코니스(Connie's) 피자의 창립자 제프 스톨프(Jeff Stolfe)가 자신의 레스토랑 본점에 저녁식사 초대를 했고, 그날 나는 코니스의 대표메뉴인 무쇠팬 파이를 처음 먹어보았다. 그 후에 페쿠도스(Pequod's)에서도 시카고의 또 다른 유명한 팬피자를 먹어보았다. 이 버전은 그 두 가지 피자를 내 스타일로 결합한 피자이며, 카포스(Capo's)에서 제공하고 있다.

이것은 시카고 딥디시와 시칠리아식을 결합하고 디트로이트식도 살짝 가미한 피자라고 보면 된다. 시카고 피자의 딥디시 도우를 사용하고, 시칠리아식 피자처럼 도우를 팬 안에서 넓게 펼쳐(작업대에서 밀대로 밀어 펴지 않고) 발효시킨다. 그리고 치즈나 토핑 재료들을 올리기 전에 미리 굽기 때문에 전혀 다른 텍스처가 나온다. 이렇게 만든 피자는 같은 도우로 만든 딥디시보다 텍스처가 더욱 가볍고 폭신하다. 그리고 디트로이트식 피자(p.71)처럼 테두리의 치즈를 바삭하게 태운다.

이 피자의 좋은 점 중에 하나는 크러스트를 미리 구워놓은 다음, 토핑해서 굽기 전까지 3시간 정도 실온에 그냥 놓아두어도 된다는 것이다. 우리 레스토랑에서도 활용하는 방법인데 파티용으로도 아주 좋다. 그 이유는 미리 구워놓았다가 손님들이 도착하면 곧바로 토핑해서 구우면 되기 때문이다.

채식주의자를 위한 버전을 만들고 싶다면, 팬에 바르거나 도우에 넣는 라드를 식물성 쇼트닝으로 대체하면 된다(p.83 〈NOTE_ 채식주의자를 위한 딥디시 피자도우〉 참조). 그리고 소시지를 생략하고 피망이나 시금치, 근대, 케일, 가지, 버섯 등의 다른 재료를 볶아서 토핑하면 된다.

2014년에 우리 레스토랑 카포스의 셰프인 매트 몰리나(Matt Molina)가 라스베이거스 피자엑스포에서 주최한 인터내셔널 피자 챌린지(International Pizza Challenge)에 이것과 비슷한 무쇠팬 피자를 가지고 참가했다. 「딜린저(The Dillinger)」라는 이름의 이 피자는 체다치즈를 살짝 태운 크러스트와 「포-치즈 행거 원 보드카 스모크드 알프레도 소스(four-cheese Hangar One Vodka Smoked Alfredo sauce, 네 가지 치즈와 보드카를 넣고 크리미하게 만든 소스)」에 치킨, 아티초크 봉오리, 적양파, 구운 피망, 베이컨, 브로콜리를 토핑하여 만들었다. 매트는 아메리칸 팬피자 부문에서 수상했을 뿐만 아니라 〈그 해의 피자메이커 월드 챔피언(World Champion Pizza Maker of the Year)〉으로 선정되기도 했다.

CHICAGO

CAST-IRON SKILLET

1개 625g(22온스)_ 시카고 딥디시 도우볼(p.82)

중간 굵기의 콘밀_ 덧가루용

2ts(9g)_ 라드 또는 식물성 쇼트닝_ 실온

2Ts(28g)_ 엑스트라버진 올리브오일

30g(1온스)_ 프로볼로네치즈_ 슬라이스한 것(1장)

115g(4온스)_ 스위트 펜넬 소시지(p.62, 선택)

1ts_ 곱게 다진 마늘

170g(6온스)_ 파트스킴 모차렐라치즈_ 슈레드한 것(1½C)

85g(3온스)_ 화이트 체다치즈_ 카봇(Cabot) 추천_ 슈레드한 것(조금 적은 1C)

55g(¼C)_ 홀밀크 리코타치즈_ 뉴욕 스타일 폴리오 추천 또는 리코타 크림(p.99)_ 실온

⅓C(55g)_ 붉은피망 소테(p.98)

½C(115g)_ 딥디시 토마토소스(p.85)_ 따뜻하게 데운 것

페코리노 로마노치즈_ 치즈갈이로 간 것_ 뿌리기용

드라이 오레가노_ 뿌리기용

레드페퍼 플레이크_ 뿌리기용(선택)

갈릭오일(p.37)_ 뿌리기용

냉장고에서 도우볼을 꺼내 비닐랩을 씌운 채로 도우의 온도가 10~13℃(50~55℉)가 될 때까지 1시간 정도 실온에 놓아둔다.

지름 30cm(12인치, 팬의 바닥이 아닌 윗면의 지름을 잰다) 무쇠팬의 바닥과 옆면에 라드를 골고루 바른 다음, 그 위에 올리브오일을 뿌린다.

작업대에 콘밀을 넉넉하게 뿌리고 도우를 옮겨 놓는다(p.38 〈작업대로 도우 옮기기〉 참조). 도우의 양면에 콘밀을 입힌 다음 준비한 팬에 담는다. 양쪽 손가락을 사용하여 도우를 가운데에서부터 바깥쪽으로 넓히듯이 누르면서 편평하게 편다. 이어서 팬의 뚜껑을 덮지 않은 상태에서 도우가 살짝 부풀 때까지 따뜻한 곳에 1시간~1시간 30분 정도 놓아둔다.

그 동안 오븐에 2개의 피자스톤이나 베이킹스틸을 넣고 260℃(500℉)로 1시간 동안 예열한다(p.37 〈시작하기〉 참조).

오븐의 아랫단에 있는 피자스톤 위에 무쇠팬을 올리고 도우를 노릇노릇하게 10분 동안 굽는다.

무쇠팬을 오븐에서 꺼낸다(구워진 도우는 팬에 담긴 그대로 3시간 동안 놓아두어도 된다. 그러나 피자를 굽기 1시간 전에 오븐을 예열해야 한다는 것을 잊지 않도록 한다).

프로볼로네치즈를 8조각으로 찢어서 피자도우의 둘레를 따라 1.2cm(½인치) 정도 안쪽에 배열한다. 소시지를 50원짜리 동전 크기로 떼어 치즈 위에 골고루 올린다. 그 위에 다진 마늘을 뿌리고, 이어서 모차렐라치즈를 골고루 뿌린다. 도우의 둘레를 따라 체다치즈를 뿌린다. 팬과 도우가 맞닿는 부분에 치즈를 넉넉하게 쌓아서 팬 옆면보다 위로 살짝 올라오게 만든다.

오븐 윗단의 피자스톤 위에 팬을 올리고 표면이 노릇노릇해질 때까지 7~10분간 굽는다.

그 동안 짤주머니 끝을 6mm(¼인치) 정도 잘라 구멍을 내거나 같은 크기의 둥근깍지를 끼운 다음 리코타치즈를 담는다

오븐에서 팬을 꺼내 피자 위에 붉은피망 소테를 재빨리 골고루 얹는다. 팬을 오븐 아랫단의 피자스톤 위에 올리고 3~6분 동안 팬의 테두리에 있는 체다치즈가 약간 탈 정도까지 굽는다.

오븐에서 팬을 꺼내고, 긴 금속 스패츌러를 팬의 테두리를 따라 돌려서 팬에서 피자를 분리시킨다. 이어서 스패츌러를 사용하여 크러스트의 바닥이 손상되지 않도록 조심하면서 팬에서 피자를 들어 도마로 옮긴다.

반달 피자커터나 서레이티드 나이프(톱날칼)를 사용하여 피자를 웨지모양으로 크게 6등분하여 자르고 그대로 놓아둔다. 토마토소스를 한 스푼씩 떠서 피자 위에 군데군데 올리고, 짤주머니에 담아둔 리코타치즈도 슬라이스한 피자마다 100원짜리 동전 크기로 군데군데 짠다. 마지막으로 페코리노 로마노치즈, 드라이 오레가노, 레드페퍼 플레이크를 흩뿌리고, 갈릭오일을 골고루 뿌린다.

크래커신(CRACKER-THIN) 팁

시카고 크래커신과 시카고 딥디시가 같은 도시에서 태어난 사촌 같은 관계라고 해도 이 둘은 서로가 너무 다르다. 잘 만들어진 크래커신 피자는 테두리가 높지 않고 전체적으로 편평하다. 매우 얇기 때문에 무척 가볍고 약해 보여도, 도우가 충분한 숙성발효과정을 거쳤기 때문에 한 입 베어물었을 때 바삭하게 부서지기보다는 오히려 기분 좋은 쫄깃함을 느낄 수 있다. 이렇게 만들기 위해서 나는 이 피자의 도우를 만들 때 딥디시 도우보다 수분율은 높이고 이스트의 양은 줄인다. 그리고 스타터를 사용하고 라드나 버터는 사용하지 않는다.

전통적으로 크래커신 파이는 웨지모양의 삼각형으로 자르지 않고 정사각형으로 자른다. 이런 형태를 태번 컷(tavern cut, 태번은 여관이나 선술집을 뜻하는데 예전에 이 피자를 주로 태번에서 먹었던 데서 유래한 이름이다_ 역자주) 또는 파티 컷(party cut)이라고 부른다. 이렇게 자르면 크러스트와 그 위에 올린 치즈, 소스, 토핑 재료들의 비율과 텍스처를 곧바로 느낄 수 있다.

- 도우를 밀어서 펴는 방법은 p.111 〈피자도우 밀어 펴기〉를 참조한다.

- 도우는 원하는 크기보다 조금 더 크게 밀어서 편 다음, 피자휠을 사용하여 원하는 크기에 맞게 가장자리를 정돈한다. 이 테크닉은 도우 가장자리의 늘어진 부분을 다듬거나 나중에 사각형으로 슬라이스할 때 유용하다. 그리고 손 끝으로 도우를 자른 단면을 편평하게 눌러주는데, 이렇게 하면 피자가 완성되었을 때 완전히 편평해져서(테두리가 부풀어오른 코르니쵸네와는 반대로) 전형적인 시카고 크래커신 피자가 만들어진다.

- 나는 항상 도우를 밀어 편 다음 도우 표면에 스파이크 롤러나 포크로 구멍을 낸다. 이렇게 하면 도우가 부풀어오르는 것을 방지해서 얇고 편평하게 구워진다. 이때 피자도우의 가장자리에는 소스나 토핑 재료를 올리지 않아서 무게감이 없으므로 도우의 중심부보다 구멍을 좀 더 내서 더 많이 부풀지 않게 해야 한다.

- 크래커신 피자를 구울 때는 피자도우를 편평하게 만들기 위해 먼저 소스를 발라서 몇 분 동안 굽는다. 그리고 오븐에서 도우를 꺼내 치즈와 토핑 재료들을 올려서 다시 굽는다. 이 테크닉으로 크러스트를 더욱 바삭하게 만들 수 있다.

CRACKER-THIN DOUGH

크래커신 도우_ 840g(30온스)_ 크래커신 피자 3판

2.3g(¾ts)_ 액티브 드라이 이스트

70g(¼C+1Ts)_ 미지근한 물(27~29℃/80~85℉)

430g(3½C)_ 단백질 함량 12% 중력분_ 세레소타 추천

23g(2½Ts)_ 중간 굵기의 콘밀

10g(1Ts+¼ts)_ 활성 몰트

210g(¾C+2Ts)_ 얼음물_ 또는 필요한 만큼 추가

90g_ 풀리시(p.55)

10g(2ts)_ 고운 바닷소금

베이커스 퍼센티지_ p.310 참조

작은 볼에 이스트를 계량하고 미지근한 물을 부어 30초 동안 섞는다. 이스트가 물에 녹으면서 표면에 약간의 거품이 생길 것이다. 만일 이런 현상이 생기지 않고 이스트 과립이 녹지 않은 상태로 떠 있다면 이스트가 사멸된 것이므로 버려야 한다. 유효기간이 많이 남은 새로운 이스트를 계량해서 물에 다시 녹인다.

후크를 끼운 스탠드 믹서의 볼에 밀가루, 콘밀, 몰트를 넣고 섞는다. 믹서를 가장 낮은 속도로 돌리면서 얼음물 210g에서 2Ts 정도만 남기고 모두 붓는다. 이어서 이스트를 녹인 물을 붓고, 남겨두었던 얼음물 2Ts을 이스트를 녹인 볼에 부어 남아 있는 이스트를 헹군 다음 믹서볼에 붓는다. 15초 정도 믹서를 돌리다가 멈추고 풀리시를 넣는다.

대부분의 반죽이 후크 주위로 뭉칠 때까지 약 1분 동안 믹서를 저속으로 돌린다. 믹서를 멈추고, 손가락으로 후크에 붙어 있는 반죽을 떼어내고 볼 스크레이퍼나 고무주걱을 사용하여 믹서볼 옆면과 바닥에 붙어 있는 반죽을 긁어낸다.

소금을 넣고 믹서를 3분 동안 돌린다. 이 단계에서는 반죽에 물이 모두 흡수되지만, 완벽하게 매끈한 상태는 아니다.

볼 바닥에 섞이지 않은 마른 가루가 있는지 확인하고, 반죽을 뒤집어 볼 바닥에 눌러서 흩어진 반죽 조각들을 뭉친다.

볼 스크레이퍼를 사용하여 믹서볼에서 도우를 꺼내 덧가루를 뿌리지 않은 작업대로 옮기고, 도우가 매끄러워질 때까지 2~3분 동안 손으로 반죽을 한다(p.32 〈도우 반죽하기〉 참조). 젖은 행주로 도우를 덮고 실온에서 20분 동안 휴지시킨다.

도우 커터로 도우를 적당히 펼쳐서 3등분한다. 분할한 덩어리마다 무게를 280g(10온스)으로 맞추고, 남은 도우는 버린다.

분할한 도우를 공모양으로 만든다(p.34. 〈도우볼 만들기〉 참조). 도우볼을 ½사이즈 시트팬에 8㎝(3인치) 간격으로 배열한다. 만약 도우볼들을 각기 다른 날에 구울 계획이라면 ¼사이즈 시트팬에 하나씩 나누어 올린다. 도우볼이 담긴 시트팬을 공기가 통하지 않게 비닐랩으로 바닥까지 이중으로 단단하게 감싼다. 냉장고의 편평한 공간에 넣고 24~48시간 동안 냉장 숙성발효시킨다.

CRACKER-THIN WITH FENNEL SAUSAGE

크래커신 위드 펜넬 소시지_ 지름 33㎝(13인치) 피자 1판_ 작은 사이즈 16조각

이것은 크래커신 피자 중에서 당신이 처음 시도해볼 만한 아주 기본적이면서도 근사한 피자다. 직접 만든 펜넬 소시지를 사용하면 훨씬 더 맛있겠지만, 시간이 부족하다면 상점에서 산 펜넬 소시지를 사용해도 괜찮다.

1개 280g(10온스)_ 크래커신 도우볼(p.105)

중간 굵기의 콘밀_ 덧가루용

⅓C(85g)_ 크래커신 토마토소스(p.107)_ 실온

1ts(3g)_ 곱게 다진 마늘

30g(1온스)_ 프로볼로네치즈_ 슬라이스한 것(1장)

170g(6온스)_ 파트스킴 모차렐라치즈_ 슈레드한 것(1½C)

115g(4온스)_ 스위트 펜넬 소시지(p.62)

페코리노 로마노치즈_ 치즈갈이로 간 것_ 뿌리기용

드라이 오레가노_ 뿌리기용

레드페퍼 플레이크_ 뿌리기용(선택)

갈릭오일(p.37)_ 뿌리기용

냉장고에서 도우볼을 꺼내 비닐랩을 씌운 채로 도우의 온도가 16~18℃(60~65℉)가 될 때까지 실온에 놓아둔다. 그 동안 오븐에 2개의 피자스톤이나 베이킹스틸을 넣고 260℃(500℉)로 1시간 동안 예열한다(p.37 〈시작하기〉 참조).

작업대에 콘밀을 넉넉하게 뿌린 다음 도우를 옮겨 놓고, 그 위에 다시 콘밀을 뿌린다(p.38 〈작업대로 도우 옮기기〉 참조).

나무 피자삽에 콘밀을 뿌린다.

〈피자도우 밀어 펴기〉(p.111)의 설명대로 밀대를 사용하여 도우를 지름 33~38㎝(13~15인치) 크기로 얇고 둥글게 민다. (크래커신 피자를 처음 만들어보고 나면 크러스트의 두께가 어느 정도 얇아야 할지 감이 생길 것이다.) 피자휠로 도우의 테두리를 잘라서 지름 33㎝(13인치) 크기의 원형으로 만든다. 도우의 가장자리를 부드럽게 눌러서 편평하게 만든 다음, 스파이크 롤러나 포크로 도우 표면에 구멍을 낸다.

피자삽 위에 도우를 올려놓는다. 작업하는 동안 피자삽을 앞뒤 수평으로 흔들어서 도우가 피자삽에 들러붙지 않았는지 확인한다.

스푼으로 토마토소스를 떠서 피자도우의 가운데에 올린 다음, 도우의 둘레를 따라 6㎜(¼인치)를 남기고 스푼의 볼록한 뒷부분을 이용하여 도우의 중심부에서 바깥쪽으로 나선을 그리면서 소스를 골고루 펴 바른다. 소스의 무게가 도우를 누르는 역할을 해서 굽는 동안 도우가 편평해진다. 그리고 움직이면서 도우가 수축되었을 수도 있으므로 필요에 따라서는 가장자리를 잡아당겨서 원래 크기로 만든다. 치즈를 올리지 않은 상태에서 미리 오븐에 구우면 좀 더 바삭한 크러스트가 만들어진다.

오븐 윗단의 피자스톤 위로 피자도우를 미끄러뜨리듯이 옮기고(p.42 〈오븐에 피자도우 옮기기〉 참조) 3분 동안 굽는다. 오븐에서 피자를 꺼내 도마에 올려놓는다(작업대에 피자삽을 내려놓을 공간이 있으면 피자삽 위에서 곧바로 작업해도 된다).

피자도우 위에 곱게 다진 마늘을 골고루 뿌린다. 프로볼로네치즈를 몇 조각으로 작게 부수어 도우 윗면에 골고루 뿌린다. 도우의 가운데에 슈레드한 모차렐라치즈를 소복하게 올린 다음, 손가락으로 소스를 바른 바깥쪽까지 골고루 펼친다. 소시지를 50원짜리 동전 크기로 떼어서 그 위에 골고루 올린다.

피자삽 위에 피자도우를 올리고(도마 위에서 토핑한 경우) 180도 돌린 다음 오븐 아랫단에 있는 피자스톤 위로 옮긴다. 3분 동안 구운 후, 피자삽 위에 피자도우를 올리고 180도 돌린 다음 다시 오븐의 아랫단에 있는 피자스톤 위로 옮긴다. 계속해서 4분 더 굽는다. 피자를 오븐 윗단의 피자스톤 위로 옮겨서 바닥면이 좀 더 바삭해지도록 마지막으로 1분 더 굽는다.

도마 위에 피자를 옮겨놓는다. 피자를 같은 간격으로 3번 자르고(이렇게 하면 폭이 같은 띠가 4개 만들어진다), 90도 돌려서 다시 같은 간격으로 3번 자르면 총 16개의 조각이 만들어진다.

마지막으로 페코리노 로마노치즈, 오레가노, 칠리페퍼 플레이크를 흩뿌리고, 갈릭오일을 뿌린다.

CHICAGO

CRACKER-THIN TOMATO SAUCE
크래커신 토마토소스_ 넉넉한 1¾C(455g)

340g(1½C)_ 그라운드 토마토_ 7/11 또는 디나 폴리 추천

115g(¼C+3Ts)_ 토마토 페이스트_ 사포리토 슈퍼 헤비 피자소스 추천

1ts(0.6g)_ 드라이 오레가노

½ts(2.5g)_ 고운 바닷소금

1ts(5g)_ 엑스트라버진 올리브오일

2장_ 신선한 바질잎_ 찢은 것

깊이가 있는 볼이나 용기에 그라운드 토마토, 토마토 페이스트, 오레가노, 소금, 올리브오일을 담고 핸드 블렌더로 갈아 퓌레를 만든다. 바질잎을 손으로 잘게 찢어서 넣고 저어준다.

소스는 뚜껑을 덮어서 냉장고에 넣으면 사용 전까지 3일 동안 보관할 수 있다.

FRANK NITTI

프랭크 니티_ 지름 33㎝(13인치) 피자 1판_ 작은 사이즈 16조각

일명 「집행자 프랭크(Frank The Enforcer)」라고 불리는 프란체스코 니티(Francesco Nitti, 미국 금주법 시대에 살았던 시칠리아 출신의 시카고 갱스터)는 악명 높은 주류 밀매업자로 알 카포네의 일원이었다. 오늘날 그의 이름은 카포스(Capo's)의 메뉴 중 하나인 스피니치 리코타 피자로 살아남아 있다. 이 피자는 p.88에 소개되어 있는 전통적인 「시카고 딥디시 위드 스피니치 & 리코타(Chicago Deep-Dish with Spinach and Ricotta)」의 신크러스트(thin-crust) 버전이다. 비록 같은 재료를 사용했지만 각기 다른 버전으로 만든 이 두 가지 피자가 과연 어떻게 다른 맛으로 탄생하는지 경험해보기 바란다.

1개 280g(10온스)_ 크래커신 도우볼(p.105)

중간 굵기의 콘밀_ 덧가루용

55g(¼C)_ 홀밀크 리코타치즈_ 뉴욕 스타일 폴리오 추천 또는 리코타 크림(p.99)_ 실온

⅓C(85g)_ 크래커신 토마토소스(p.107)_ 실온

1ts(3g)_ 곱게 다진 마늘

55g(2온스)_ 프로볼로네치즈_ 슬라이스한 것(2장)

140g(5온스)_ 파트스킴 모차렐라치즈_ 슈레드한 것(1¼C)

1C(190g)_ 시금치 소테(p.91)_ 따뜻하게 데운 것

페코리노 로마노치즈_ 치즈갈이로 간 것_ 뿌리기용

드라이 오레가노_ 뿌리기용

레드페퍼 플레이크_ 뿌리기용(선택)

갈릭오일(p.37)_ 뿌리기용

냉장고에서 도우볼을 꺼내 비닐랩을 씌운 채로 도우의 온도가 16~18℃(60~65℉)가 될 때까지 실온에 놓아둔다. 그 동안 오븐에 2개의 피자스톤이나 베이킹스틸을 넣고 260℃(500℉)로 1시간 동안 예열한다(p.37 〈시작하기〉 참조).

짤주머니 끝을 6㎜(¼인치) 정도 잘라 구멍을 내거나 같은 크기의 둥근깍지를 끼운 다음 리코타치즈를 담는다.

작업대에 콘밀을 넉넉히 뿌린 다음 도우를 옮겨 놓고, 그 위에 다시 콘밀을 뿌린다(p.38 〈작업대로 도우 옮기기〉 참조).

나무 피자샵 위에 콘밀을 뿌린다.

〈피자도우 밀어 펴기〉(p.111)의 설명대로 밀대를 사용하여 도우를 지름 33~38㎝(13~15인치) 크기로 얇고 둥글게 민다. (크래커신 피자를 처음 만들어보고 나면 크러스트의 두께가 어느 정도 얇아야 할지 감이 생길 것이다.) 피자휠로 도우의 테두리를 잘라서 지름 33㎝(13인치) 크기의 원형으로 만든다. 도우의 가장자리를 부드럽게 눌러서 편평하게 만든 다음 스파이크 롤러나 포크로 도우 표면에 구멍을 낸다.

피자샵 위에 도우를 올려놓는다. 작업하는 동안 피자샵을 앞뒤 수평으로 흔들어서 도우가 피자샵에 들러붙지 않았는지 확인한다.

스푼으로 토마토소스를 떠서 피자도우의 가운데에 올린 다음, 도우의 둘레를 따라 6㎜(¼인치)를 남기고 스푼의 볼록한 뒷부분을 이용하여 도우의 중심부에서 바깥쪽으로 나선을 그리면서 소스를 골고루 펴 바른다. 소스의 무게가 도우를 누르는 역할을 해서 굽는 동안 도우가 편평해진다. 그리고 움직이면서 도우가 수축되었을 수도 있으므로 필요에 따라서는 가장자리를 잡아당겨서 원래 크기로 만든다. 치즈를 올리지 않은 상태에서 미리 오븐에 구우면 좀 더 바삭한 크러스트가 만들어진다.

오븐 윗단의 피자스톤 위로 피자도우를 미끄러뜨리듯이 옮기고(p.42 〈오븐에 피자도우 옮기기〉 참조) 3분 동안 굽는다. 오븐에서 피자를 꺼내 도마에 올려놓는다(작업대에 피자삽을 내려놓을 공간이 있으면 피자삽 위에서 곧바로 작업해도 된다).

피자도우 위에 곱게 다진 마늘을 골고루 뿌린다. 프로볼로네치즈를 몇 조각으로 작게 부수어 도우 윗면에 골고루 뿌린다. 도우의 가운데에 모차렐라치즈를 소복하게 올린 다음, 손가락으로 소스를 바른 바깥쪽까지 골고루 펼친다.

피자삽 위에 피자도우를 올리고(도마 위에서 토핑한 경우) 180도 돌린 다음 오븐 아랫단의 피자톤 위로 옮긴다. 3분 동안 구운 후, 피자삽 위에 피자도우를 올리고 180도 돌린 다음 다시 오븐의 아랫단에 있는 피자스톤 위로 옮긴다. 계속해서 4분 더 굽는다. 피자를 오븐 윗단의 피자스톤 위로 옮겨서 바닥면이 좀 더 바삭해지도록 마지막으로 1분 더 굽는다.

도마 위에 피자를 옮겨놓는다. 피자를 같은 간격으로 3번 자르고(이렇게 하면 폭이 같은 띠가 4개 만들어진다), 90도 돌려서 다시 같은 간격으로 3번 자르면 총 16개의 조각이 만들어진다.

각 조각마다 시금치를 1Ts씩 얹고, 그 위에 짤주머니에 담아둔 리코타치즈를 작게 한 덩이씩 짠다. 페코리노 로마노치즈, 오레가노, 레드페퍼 페이스트(사용하는 경우)를 흩뿌린 다음, 갈릭오일을 뿌려서 마무리한다.

PRO TIP

레시피에서 요구하는 크러스트의 두께보다 좀 더 얇게 만들고 싶다면, 도우를 더 넓게 민 다음 피자휠을 사용하여 p.111 사진 ❷처럼 필요한 크기에 맞춰 잘라내면 된다. 크러스트가 얇으면 굽는 시간도 짧아진다는 점을 기억해야 한다.

피자도우 밀어 펴기

피자도우를 넓게 펴기 위한 도구로 나는 밀대 중심부의 묵직한 금속축이 손잡이와 연결되어 있는 크고 무거운 밀대를 추천한다. 이런 밀대를 사용하면 어떤 도우든 아주 쉽게 넓고 편평하게 밀어서 펼 수 있다.

레시피에서 요구하는 대로 나무 피자샵에 콘밀이나 덧가루를 뿌린다.

도우볼을 눌러 약 2cm(¾인치) 두께의 원반모양으로 만든다. 밀대를 사용하여 도우의 한쪽 끝에서 반대쪽 끝으로(중심에서 바깥쪽이 아니라) 민다 ❶. 도우를 밀다 보면 때때로 도우가 작업대에 들러붙는다. 그럴 때는 도우를 뒤집으면서 방향을 돌리고 콘밀이나 덧가루를 필요한 만큼 더 뿌린다.

이 책의 일부 레시피에서 나는 도우를 넓게 편 다음 도우의 테두리를 잘라서 정리하고 가장자리를 눌러서 편평하게 만든 후, 경우에 따라서 스파이크 롤러나 포크를 사용하여 도우 표면에 구멍을 내라고 한다. 그 방법은 다음과 같다.

도우의 테두리를 잘라서 정리한다_ 피자휠을 사용하여 원하는 크기대로 깨끗하게 잘라낸다 ❷.

테두리를 편평하게 만든다_ 피자휠로 가장자리를 잘라낸 경우에는 도우의 단면이 각이 져 있으므로 손가락으로 부드럽게 눌러서 편평하게 만든다 ❸. 이렇게 해야 피자를 굽는 동안 끝이 말리지 않는다.

도우에 구멍을 낸다_ 일부 레시피에서는 도우에 구멍을 내라고 지시한다. 이것은 굽는 도중에 도우가 부풀어오르지 않게 작은 구멍을 만들라는 뜻이다. 손잡이가 달린 작은 스파이크 롤러를 사용하여 도우의 윗면 전체를 밀면 된다 ❹. 만일 스파이크 롤러가 없으면 포크를 사용해서 구멍을 내면 된다.

ITALIAN STALLION

이탈리안 스탤리온_ 지름 33㎝(13인치) 피자 1판_ 작은 사이즈 16조각

이 화이트 파이는 육즙이 가득한 이탈리안 비프(Italian beef)를 주재료로 사용한다. 여기에 호스래디시(horseradish, 서양고추냉이)와 크림치즈를 섞어 만든 호스래디시 크림의 리치하면서도 톡 쏘는 맛이 어우러지게 했다. 그럼 이름은? 이탈리안 스탤리온(Stallion, 이탈리아의 종마)을 상징할 수 있게 강한 맛의 호스래디시를 사용했고 이탈리안 비프도 넣었으므로 당연히 「이탈리안 스탤리온」이라 해야지!

1개 280g(10온스)_ 크래커신 도우볼(p.105)

중간 굵기의 콘밀_ 덧가루용

55g(2온스)_ 크림치즈_ 실온

1½ts(7.5g)_ 물기를 뺀 호스래디시

55g(2온스)_ 프로볼로네치즈_ 슬라이스한 것(2장)

140g(5온스)_ 파트스킴 모차렐라치즈_ 슈레드한 것(1¼C)

115g(4온스)_ 스위트 펜넬 소시지(p.62)

70g(2.5온스)_ 아주 얇게 슬라이스한 이탈리안 비프(p.114)

갈릭오일(p.37)_ 브러시용과 뿌리기용

1개 15g_ 페퍼듀페퍼(p.113)_ 길게 자른 것

1½ts(2g)_ 신선한 차이브_ 다진 것

폰티나치즈(Fontina cheese, 이탈리아에서 생산되는 반경질치즈) 작은 조각_ 찬 것을 필러로 얇고 길게 슬라이스한 것

페코리노 로마노치즈_ 치즈갈이로 간 것_ 뿌리기용

드라이 오레가노_ 뿌리기용

냉장고에서 도우볼을 꺼내 비닐랩을 씌운 채로 도우의 온도가 16~18℃(60~65℉)가 될 때까지 실온에 놓아둔다. 그 동안 오븐에 2개의 피자스톤이나 베이킹스틸을 넣고 260℃(500℉)로 1시간 동안 예열한다(p.37 〈시작하기〉 참조).

작은 볼에 크림치즈를 넣고 거품기로 휘저어서 폭신하고 매끄럽게 만든다. 호스래디시를 넣고 골고루 섞은 다음 한쪽에 놓아둔다.

작업대에 콘밀을 넉넉히 뿌린 다음 도우를 놓고, 그 위에도 콘밀을 뿌린다(p.38 〈작업대로 도우 옮기기〉 참조).

나무 피자삽에 콘밀을 뿌린다.

〈피자도우 밀어 펴기〉(p.111)의 설명대로 밀대를 사용하여 도우를 지름 33~38㎝(13~15인치) 크기로 얇고 둥글게 민다. (크래커신 피자를 처음 만들어보고 나면 크러스트의 두께가 어느 정도 얇아야 할지 감이 생길 것이다.) 피자휠로 도우의 테두리를 잘라서 지름 33㎝(13인치) 크기의 원형으로 만든다. 도우의 가장자리를 부드럽게 눌러서 편평하게 만든 다음, 스파이크 롤러나 포크로 도우 표면에 구멍을 낸다.

피자삽 위에 도우를 올려놓는다. 작업하는 동안 피자삽을 앞뒤 수평으로 흔들어서 도우가 피자삽에 들러붙지 않았는지 확인한다.

프로볼로네치즈를 몇 조각으로 작게 부수어 피자도우 위에 골고루 뿌린다. 도우 가운데에 슈레드한 모차렐라치즈를 소복하게 올린 다음, 도우의 둘레를 따라 2㎝(¾인치)를 남기고 손가락을 이용하여 바깥쪽으로 골고루 펼친다.

오븐 윗단의 피자스톤 위로 피자도우를 미끄러뜨리듯이 옮기고(p.42 〈오븐에 피자도우 옮기기〉 참조) 3분 동안 굽는다. 오븐에서 피자를 꺼내 도마에 올려놓는다(작업대에 피자삽을 내려놓을 공간이 있으면 피자삽 위에서 곧바로 작업해도 된다). 소시지를 50원짜리 동전 크기로 떼어 치즈 위에 골고루 올린다.

피자삽 위에 피자도우를 올리고(도마 위에서 토핑한 경우) 180도 돌린 다음 오븐 아랫단의 스톤 위로 옮긴다. 3분 동안 구운 후, 피자삽 위에 피자도우를 올리고 180도 돌린 다음 다시 오븐의 아랫단에 있는 피자스톤 위로 옮긴다. 계속해서 3분 더 굽는다.

오븐에서 피자도우를 꺼내 위에 이탈리안 비프를 골고루 얹는다. 다시 오븐 윗단의 피자스톤 위로 미끄러뜨리듯이 올리고 크러스트 바닥이 바삭해지고 토핑이 뜨겁게 데워지도록 1~2분 동안 굽는다.

도마 위에 피자를 올려놓는다. 피자를 같은 간격으로 3번 자르고(이렇게 하면 폭이 같은 띠가 4개 만들어진다), 90도 돌려서 다시 같은 간격으로 3번 자르면 총 16개의 조각이 만들어진다. 크러스트 가장자리에 브러시로 갈릭오일을 가볍게 바른다.

호스래디시 크림을 군데군데 조그맣게 한 덩이씩 올리고, 페퍼듀페퍼와 차이브도 골고루 올린다. 필러를 사용하여 폰타나치즈를 얇고 길게 슬라이스하여 토핑한다. 페코리노 로마노치즈와 오레가노, 갈릭오일을 적당히 뿌려서 마무리한다.

페퍼듀페퍼

피자업계에서 페퍼듀(Peppaduews)를 찾아보기 어려웠던 몇 년 전부터 나는 페퍼듀를 사용하기 시작했었다. 요즘 페퍼듀의 인기가 점점 높아지는 것을 보면 매우 흐뭇하다. 페퍼듀는 밝은 주홍색, 오렌지색, 또는 노란색을 띠는 것도 있으며, 통통한 방울토마토같이 동그랗게 생긴 것도 있다. 맛은 약간 매콤하면서도 적당한 단맛이 있다. 주로 새콤달콤한 소금물로 피클을 만들어 병에 담아 판매하거나, 필요한 만큼 계량하여 판매한다(주로 슈퍼마켓에서 올리브를 판매하는 곳에서 같이 판매한다). 사람들이 페퍼듀를 좋아하는 이유는 달콤함, 매콤함, 톡 쏘는 자극, 그리고 칠리의 맛이 적절하게 섞인 균형적인 맛 때문이다. 그 맛은 리코타나 크림치즈, 그리고 모차렐라 같은 부드러운 치즈와 완벽하게 어울리는데다 소시지처럼 고기의 풍미가 강하고 짠맛이 나는 가공육과도 잘 어울린다. 사실 이 맛을 대체할 만한 재료가 없을 정도이다. 일단 한 번 사용해보면 단언컨대 당신도 페퍼듀의 매력에 푹 빠질 것이다.

ITALIAN BEEF

이탈리안 비프_ 1.6~1.8㎏(3½~4파운드)

이탈리안 비프 샌드위치에 대해서 들어본 적 있는가? 이탈리안 비프 샌드위치는 피자와 시카고식 핫도그와 함께 바람 부는 도시인 시카고의 음식업계를 선도하는 명물 중 하나이며, 포틸로스(Portillo's), 알스 비프(Al's Beef), 미스터 비프(Mr. Beef) 등의 레스토랑에서 메뉴로 제공하고 있다.

프렌치 딥(프랑스 빵에 로스트비프 등을 얹은 요리) 스타일과 마찬가지로, 오랫동안 삶은 소고기를 얇게 슬라이스해서 고기를 삶을 때 나온 육수(때로는 소시지 육즙을 보충한다)로 만든 오쥬(au jus, 고기의 육즙을 뜻하는 프랑스어)에 촉촉하게 담가 두었다가 부드러운 롤빵에 넉넉하게 넣는다. 그리고 스파이시한 지아디니에라(giardiniera, 식초나 오일에 절인 이탈리아 피클)처럼「매콤한 맛」또는 붉은피망 소테처럼「단맛」이 있는 재료를 함께 넣는다.

나는 클래식 샌드위치와 피자에 토핑하는 소고기를 모두 이탈리안 비프로 사용하고 싶었다. 그래서 우리 레시피의 완성도를 높이기 위해 육가공 전문가인 마리오 아브루초(Mario Abruzzo)와 몇 달간 같이 일했다. 이탈리안 비프는 가난한 이민자들이 고기의 값싼 부위를 활용하기 위한 방법으로 시작되었지만, 지금은 전통적인 요리로 자리를 잡았다. 여기에서 우리는 미국산 와규의 허벅다리 바깥쪽 살로 시작할 것이다. 우리 레스토랑에서는 이 고기를 더치오븐(Dutch oven, 주로 철을 이용하여 뚜껑과 냄비 사이에 틈이 거의 없이 두껍게 만드는 냄비 종류)에 넣어 수백도나 되는 석탄화덕 입구 쪽에 놓고 익힌다. 이 기술을 가정용 레시피로 활용하기 위해서는 먼저 고기에 이탈리아식 양념을 해서 겉이 살짝 타도록 오븐의 브로일(broil, 복사 방식으로 열전달이 이루어짐) 모드로 구운 후, 양념액에 담가서 150℃(300°F)의 베이크(bake, 대류 방식으로 열전달이 이루어짐) 모드로 익힌다. 이 방법은 일반적으로 고기를 삶는 방법보다 좀 더 뜨거운 온도에서 좀 더 빨리 조리할 수 있다. 나를 믿고 따라도 좋다. 이렇게 하면 고기를 얇게 슬라이스했을 때 고깃결이 그대로 살아 있고, 고기와 오쥬에도 진한 캐러멜 풍미가 배어 있다. 이 비프는 나중에 피자에 토핑하여 가열하거나 뜨거운 오쥬에 담가 데워야 하므로 미디엄 레어로 익힌다. 또한 이 고기는 가능한 얇게 슬라이스하는 것이 좋으므로 만일 고기 슬라이서를 가지고 있다면 이때 사용하도록 한다. 고기를 냉장고에 넣어 차갑게 식혔다가 자르면 가장 얇게 슬라이스할 수 있다. 일단 고기를 이렇게 준비해놓으면 이제부터 세상에서 가장 맛있는 샌드위치나(p.117) 이탈리안 스탤리온(p.112), 또는 그 이상의 요리를 만들 수 있다. 기억해둘 것은 지방질이 많은 허벅다리 바깥쪽 고기를 사용해야 한다는 점이다.

양념 페이스트

2Ts(28g)_ 고운 바닷소금

1Ts(8g)_ 금방 간 흑후추

1Ts(3g)_ 이탈리안 시즈닝

1Ts(10g)_ 마늘가루

1Ts(8g)_ 양파가루

2Ts(30g)_ 올리브오일

2.3~2.6㎏(5~6파운드)_ 미국산 와규(고베 스타일) 구이용 허벅다리 바깥쪽 살_ 스네이크 리버 팜 (Snake River Farms) 추천

10쪽 30g_ 마늘

올리브오일_ 코팅용과 뿌리기용

⅓C(75g)_ 뜨거운 물

2Ts(32g)_ 토마토 페이스트_ 사포리토 슈퍼 헤비 피자소스 추천

1Ts(14g)_ 고운 바닷소금

2개 340g_ 양파_ 4등분한 것

오븐의 바닥쪽 ⅓지점에 걸침망을 놓고 그 위에 피자스톤이나 베이킹스틸을 올려놓은 다음, 브로일 모드로 예열한다.

양념 페이스트를 만든다. 작은 볼에 소금, 후추, 이탈리안 시즈닝, 마늘가루, 양파가루를 넣고 잘 섞는다. 오일을 넣고 잘 섞어서 페이스트 상태로 만든다.

고기에 투명하고 얇은 막이 있으면 떼어내고, 고기 윗면을 덮고 있는 지방을 약 1.2㎝(½인치) 두께가 되도록 잘라낸다.

페어링 나이프(작은 식칼)를 사용하여 고기를 덮고 있는 지방에 고른 간격으로 2.5㎝(1인치) 길이의 칼집을 10개 만들고, 그 안에 마늘을 1쪽씩 넣는다. 고기 윗면에 2Ts의 오일을 바른 다음, 그 위에 양념 페이스트를 골고루 덧바르고 양 옆까지 살짝 바른다.

큰 더치오븐에 물, 토마토 페이스트, 소금을 넣고 잘 저어서 섞는다. 더치오븐은 되도록 무쇠로 만들고 법랑 코팅을 한 것이 좋다. 고기의 양념 페이스트를 바른 쪽이 위로 가도록 양념액에 넣는다. 고기가 얇은 부분은 고기와 더치오븐 바닥 사이에 양파를 고여서 높이를 편평하게 맞춘다. 나머지 양파를 고기 주위에 흩어 놓고, 양념 페이스트를 바른 고기의 표면에서 2.5㎝(1인치) 이내까지 뜨거운 물을 채운다.

더치오븐의 뚜껑을 덮지 않고 오븐에 넣어 고기 윗면이 살짝 탄 것처럼 보일 때까지 브로일 모드로 약 5~8분 동안 굽는다. 까맣게 탈까봐 너무 걱정하지 않아도 된다.

오븐에서 더치오븐을 꺼낸다. 이 시점에서 오븐의 온도는 260℃(500℉) 이상일 것이다. 오븐 온도를 150℃(300℉)로 설정하고 오븐의 문을 열어 약 3분 동안 식힌다.

고기 표면에 오일을 약간 뿌리고, 물이 줄어들었으면 원래의 양만큼 보충한다. 더치오븐의 뚜껑을 덮고 오븐에 다시 넣어 1시간 동안 가열한다.

고기의 중심부 온도를 재고 얼마나 더 익혀야 할지 계산한다. 오븐 조리를 마치는 시점은 고기의 가장 두꺼운 부분의 온도가 55℃(130℉)가 되는 미디엄레어가 가장 좋다. 총 조리시간은 대략 1시간 30분 정도이고, 고기의 두께나 모양에 따라 조금씩 달라질 수 있다. 물의 양은 원래의 높이가 유지될 수 있게 필요한 경우에는 보충을 해준다.

고기가 적당하게 익은 것 같으면 오븐에서 더치오븐을 꺼내 뚜껑을 열고 고기가 육수에 잠겨 있는 상태로 30분간 식힌다.

ITALIAN BEEF

고기를 육수에서 건져 실온에 가깝게 식도록 1시간 정도 놓아둔다. 고기를 비닐랩으로 여러 겹 싸서 냉장고에 넣어두면 최소 6시간에서 2일까지 보관할 수 있다.

그 동안 소스팬에 고운체를 얹고 남은 육수를 걸러서 풍미가 진한 농축 오쥬소스를 만든다. 7~8컵 분량으로 졸아들 때까지 소스를 은근히 끓인다. 완성되면 체에 걸러서 밀폐용기에 담아 실온으로 식힌 다음, 뚜껑을 덮고 냉장고에서 2일까지 보관할 수 있다(소스는 고기와 따로 보관한다). 육수는 사용하기 전에 냉장고에서 꺼내 표면에 굳어 있는 기름을 걷어낸다.

고기를 피자나 샌드위치에 사용할 때는 먼저 지방을 잘라서 버린다. 고기는 최대한 얇게 썰어야 한다. 앞에서 설명했듯이 고기 슬라이서를 사용하는 것이 고기를 얇게 썰기 위한 가장 좋은 방법이고, 이렇게 할 수 없다면 날카로운 칼로 최대한 얇게 썬다.

ITALIAN BEEF SANDWICH

이탈리안 비프 샌드위치_ 2개

이탈리안 비프 육수(p.114)

2개_ 15cm(6인치) 이탈리안 샌드위치용 빵_ 자르지 않은 것

455g(1파운드)_ 얇게 슬라이스한 이탈리안 비프 (p.114)

4~6Ts(55~80g)_ 굵게 다진 매운 지아디니에라, 또는 ⅖C(100g)_ 붉은피망 소테(p.98)_ 따뜻한 것

오븐을 200℃(400℉)로 예열한다.

냄비에 육수를 1컵 넣고 한쪽에 놓아둔다.

남은 육수는 3ℓ 용량의 소스팬에 담아 한쪽에 놓아둔다. 이때 소스팬은 샌드위치용 빵보다 폭이 약간 넓은 것을 준비한다.

각 빵의 양쪽 끝을 잘라 육수가 잘 흡수되게 한다. 이어서 빵을 수평으로 반 자르는데, 완전히 자르지 말고 한쪽 끝을 남겨서 빵을 펼쳤을 때 가장자리가 붙어 있게 한다. 시트팬에 자른 면이 위로 가게 놓고 오븐에서 빵이 살짝 마를 때까지 4~5분 정도 굽는다. 이때 빵이 갈색으로 변해서는 안 된다.

그 동안 냄비의 육수를 뭉근하게 끓이면서 고기를 넣고, 가끔씩 집게로 저으면서 육수와 고기를 같이 데운다.

집게로 구워진 빵을 재빨리 꺼내 뭉근히 끓고 있는 육수에 담근다. 흥건하게 적시지 말고 촉촉할 정도로만 담근 후 도마로 옮긴다.

빵에 지아디니에라를 넣을 경우에는 스푼으로 지아디니에라를 떠서 빵의 아래쪽에 펼친 다음 그 위에 집게로 고기를 골고루 올린다.

빵에 붉은피망 소테를 넣을 경우에는 집게로 고기를 올리고 그 위에 붉은피망을 골고루 올린다.

빵의 위쪽을 덮고 반으로 자른다. 만일 빵 단면이 촉촉해 보이지 않으면 육수에 살짝 담갔다가 꺼낸다.

CHICAGO

CHICAGO-INSPIRED COCKTAILS
시카고에서 영감을 얻은 칵테일들

시카고 피자가 구워지는 동안 카포스(Capo's)의 네 가지 시그니처 칵테일 중 하나를 만들어보자. 옛 시카고에 대한 헌정의 의미로 만들어진 이 네 가지 칵테일은 우리의 마스터 믹솔로지스트(mixologist, 일명 바텐더)인 엘머 메지카노스(Elmer Mejicanos)의 도움으로 개발된 것들이다.

CHICAGO

숙성된 스피릿 *1

3배_ 사이러스 노블 버번

2배_ 카르파노 안티카 포뮬라 베르무트

1.5배_ 레미 마르탱 비숙성 코냑

1배_ 베네딕틴

칵테일 제조

2½온스_ 숙성된 스피릿 또는 숙성된 코냑이나 브랜디

3대시*2_ 앙고스투라 비터스*3

3대시_ 페이쇼드스 비터스

1개_ 킹사이즈 아이스큐브

1줄_ 오렌지껍질_ 채소 필러로 두께 2.5㎝(1인치) 길이 5㎝(2인치)로 깎아서 페어링 나이프(작은 식칼)로 하얀 속살을 긁어낸 것

---

*1 스피리트(spirit)_ 위스키, 브랜디, 럼, 진, 보드카 등 증류주의 총칭.

*2 대시(dash)_ 칵테일을 만들 때 첨가물의 양을 나타내는 말로 5~6방울이 1대시이다.

*3 비터스(bitters)_ 칵테일 향미제로 사용하는 강한 쓴맛을 가진 리큐어.

THE MADE MAN
더 메이드 맨_ 1잔

카포스에서 가장 잘 팔리는 칵테일이다. 시카고에 금주령이 내려졌던 시절을 기리며, 우리는 사이러스 노블 샌프란시스코 버번(Cyrus Noble San Francisco bourbon)과 카르파노 안티카 포뮬라 베르무트(Carpano Antica Formula vermouth, 이것으로 아주 멋진 네그로니(Negroni)를 만든다), 베네딕틴(Benedictine), 숙성시키지 않은 레미 마르탱(Remy Martin)을 오크통에 담아 입구 쪽 선반에 쌓아두고 숙성시킨다. 몇 주가 지나 이 혼합주가 부드러워지고 불에 그을린 오크향이 나면 정제해서 병에 담아 이 칵테일의 베이스로 사용한다. 이것은 버번(bourbon), 앙고스투라(Angostura, 앙고스투라나무의 향이 나는 비터스), 페이쇼드스 비터스(Peychaud's bitters)를 혼합해서 만드는 뉴 올리언즈 뷰 카레(New Orleans Vieux Carre)를 시카고 금주령시대의 주류 밀매점 스타일로 변형한 것이라고 생각하면 된다. 우리는 커다란 아이스큐브를 넣어서 서빙하는데, 그 이유는 보기에도 좋을 뿐만 아니라 작은 얼음보다 천천히 녹아서 술이 천천히 희석되기 때문이다. 만일 오크통에서 숙성시키는 과정을 생략하고 싶다면 그냥 숙성된 꼬냑이나 브랜디를 사용하면 된다.

우선 숙성시킬 스피릿의 양을 결정하고 모든 재료를 주어진 비율대로 섞는다. 혼합물을 작은 오크통에 넣고 실온에서 4주 동안 숙성시킨다. 맛을 보고, 좀 더 숙성시키고 싶다면 1주일 더 숙성시키고 병에 옮겨 담는다.

칵테일을 만든다. 숙성된 스피릿을 믹싱글라스에 붓고 두 가지 비터스를 함께 넣는다. 6~8초 동안 저어서 섞는다. 록 글라스(rock glass, 높이가 낮고 밑바닥이 두꺼운 글라스)에 커다란 아이스큐브를 1개 넣은 다음 칵테일 글라스 위에 체를 얹고 칵테일을 거른다.

칵테일 글라스의 중심부로부터 약 10㎝(4인치) 위에서 오렌지껍질을 잡고 가볍게 비틀어서 오일을 칵테일로 떨어뜨린다. 이어서 글라스의 테두리 바깥쪽에서 약 4㎝(1½인치) 아래까지 껍질을 문지른다. (이렇게 하면 칵테일을 한 모금씩 마실 때 오렌지향을 맡을 수 있으면서 입술에는 오렌지오일의 씁쓸한 맛이 감돌게 된다.) 그리고 칵테일 안에 오렌지껍질을 떨어뜨린다.

THE WISE GUY
더 와이즈 가이_ 1잔

카포스에서 두 번째로 인기 있는 칵테일이다. 우리는 오픈하고 나서 바로 이 칵테일에 〈칵테일 오브 더 위크 바이 SF 위클리(Cocktail of the Week by SF Weekly)〉라는 이름을 붙였다. 진한 레몬향과 달콤한 맛이 더운 날 저녁에 원기를 북돋아주는 메뉴이며, 만들기도 쉽다. 그리고 드라이 오레가노와 후춧가루 1꼬집을 넣으면 우리가 서빙하는 음식과도 잘 어울린다. 오레가노 줄기는 장식용으로도 아주 근사하다. 줄기까지 말린 오레가노 묶음을 직접 살 수도 있고, 신선한 오레가노를 구입해서 키친타월 위에 놓고 전자레인지에서 30초 정도 짧게 돌려서 말릴 수도 있다.

칵테일 쉐이커에 라이 위스키, 아가베 넥타, 레몬즙, 마멀레이드, 후추를 넣는다. 여기에 아이스큐브를 여러 개 넣은 다음 뚜껑을 덮고 몇 번 흔들어 차갑게 만든다.

록 글라스에 커다란 아이스큐브를 1개 넣는다. 한 손으로는 칵테일 스트레이너를 얹은 쉐이커를 잡고, 다른 한 손으로는 고운체를 얹은 록 글라스를 잡는다. 이어서 쉐이커 안의 음료를 글라스에 따르면 이중으로 거를 수 있게 된다.

드라이 오레가노 줄기가 있으면 아이스큐브 위에 오레가노잎을 약간 뿌리고, 작게 뜯어서 얼음 위에 올린다. 그렇지 않으면 드라이 오레가노 1꼬집을 뿌려도 역시 근사하다.

---

2 fl oz*¹_ 라이 위스키_ 와일드 터키(Wild Turkey) 추천

¾ fl oz_ 아가베 넥타*²

¾ fl oz_ 금방 짠 레몬즙

1ts(7g)_ 오렌지 마멀레이드

1꼬집_ 금방 간 흑후추

킹사이즈 아이스큐브(여러 개)_ 쉐이크용_ 서빙용 추가(1개)

1줄기(또는 1꼬집)_ 드라이 오레가노

*¹ fl oz(fluid ounce)_ 플루이드 온스. 부피를 재는 단위로 1fl oz는 약 29㎖이다.
*² 아가베 넥타_ 아가베 추출물 100% 천연감미료.

THE CAPONE
더 카포네_ 1잔

이것은 시카고 갱스터들의 두목 알 카포네(Al Capone)가 좋아했던 템플턴 라이 위스키를 사용하여 오래 전의 버전을 새로운 감각으로 만든 것이다. 그리고 마라스키노(maraschinos, 일명 칵테일 체리라고 부르며 오래 전부터 칵테일에 사용해온 체리) 대신에 병조림된 이탈리안 아마레나 체리를 사용했다.

록 글라스에 체리, 오렌지 슬라이스, 메이플 시럽, 두 가지 비터스를 넣고 머들러(휘젓는 막대)로 저어서 섞는다. 위스키를 넣고 저어준 다음 아이스큐브를 넣고 탄산수를 붓는다.

1개_ 아마레나 체리*

½개_ 오렌지 슬라이스

½ts(2.5g)_ 메이플 시럽

3대시_ 향이 좋은 비터스_ 피 브라더스 올드 패션(Fee Brothers Old Fashion) 추천

2대시_ 오렌지향 비터스_ 피 브라더스 웨스트 인디언(Fee Brothers West Indian) 추천

2 fl oz_ 라이 위스키_ 템플턴(Templeton) 추천

아이스큐브 여러 개_ 서빙용

1 fl oz_ 탄산수

* 아마레나 체리(Amarena cherry)_ 쌉쌀한 맛이 나는 검붉은 색의 이탈리아산 작은 체리.

CHICAGO COCKTAIL
시카고 칵테일_ 1잔

셰이커에 크루보아제, 쿠앵트로, 비터스, 레몬을 넣고 강하게 흔들어 섞은 다음(셰이킹이라고 한다) 두 번 거르고(작은 얼음 조각들로 인해 음료가 묽어지지 않게 칵테일 스트레이너와 고운체로 각각 거른다), 마무리로 프로세코(Prosecco, 이탈리아 스파클링 와인)를 붓는다. 프로세코의 경우 나는 너무 드라이하지 않으면서 꽃향기가 좀 더 강한 것을 좋아한다.

마티니 글라스 테두리보다 크기가 좀 더 크고 편평한 접시에 황설탕을 담고 수평으로 살살 흔들어 6mm(¼인치) 두께로 균일하게 편다. 마티니 글라스의 테두리를 따라 슬라이스한 오렌지를 문질러 오렌지즙을 묻힌 다음, 설탕 접시에 글라스를 뒤집어서 글라스 테두리에 설탕을 골고루 묻힌다.

칵테일 셰이커에 크루보아제, 쿠앵트로, 레몬즙, 비터스를 넣는다. 아이스큐브를 넣고 뚜껑을 닫은 후 여러 번 흔들어 차갑게 만든다. 한 손으로는 칵테일 스트레이너를 얹은 쉐이커를 잡고, 다른 한 손으로는 테두리에 설탕을 바른 글라스 위에 고운체를 올린 다음, 쉐이커 안의 음료를 글라스에 따라서 이중으로 거른다.

그 위에 프로세코를 붓는다.

황설탕_ 글라스 테두리에 묻힐 것

½ 개_ 오렌지 슬라이스

1½ fl oz_ 크루보아제(Courvoisier)

¾ fl oz_ 쿠앵트로(Cointreau)

¼ fl oz_ 금방 짠 레몬즙

2대시_ 앙고스투라 비터스(Angostura bitters)

아이스큐브 여러 개_ 쉐이커용

1 fl oz_ 프로세코_ 콜 데 살리치 프로세코 슈페리어(Col de Salici Prosecco Superiore) 추천_ 차가운 것

Sicilian
시 칠 리 안

20세기에 걸쳐 크러스트가 비교적 얇고 둥근 뉴욕식 피자가 미국 전역으로 전파되고 있을 때, 오일을 바른 팬에 굽는 또 다른 타입의 피자가 롱아일랜드에서부터 뉴욕, 보스톤, 뉴저지, 코네티컷 등 이탈리아 이민자들이 거주하고 있는 여러 지역에 등장하기 시작했다.

사람들은 그것을 시칠리아식 피자라 불렀는데, 실제로 이탈리아의 시칠리아에서 먹는 피자와 굳이 똑같을 필요는 없었다. 그것은 팬피자에 토핑을 한 전통적인 시칠리아식 포카치아인 스핀쵸네(sfincione)와 유사하다. 하지만 또한 그것은 이탈리아 남부와 풀리아(Puglia) 지역에서 인기 있는 팬피자인 텔리아 피자(pizza in taglia)에도 뿌리를 두고 있다.

나는 미국적인 감각에 맞춰 그 피자에 시칠리안(Sicilian)이라는 용어를 사용한다. 그것은 포카치아와 비슷한 (사실 포카치아와 유사성이 크다보니 나는 포카치아와 같은 도우를 사용한다. p.128 참조) 폭신하고 두툼한 직사각형 팬피자이다. 그리고 크러스트 바닥은 갈색으로 바삭하고, 도우는 두툼하지만 가볍고 폭신하게 구워져야 한다. 내가 만드는 시칠리안은 크기가 커서 테이블에 올려 놓으면 무척이나 푸짐해 보인다. 하지만 발효를 충분히 거친 덕분에 소화가 잘되어 보이는 것보다 그다지 양이 넉넉하다고 말하기는 어렵다. 즉, 몇 조각을 먹더라도 포만감을 강하게 느끼지 않는다.

시칠리아식 피자를 잘 만드는 비법이라면 팬을 사용하는 것과(알루미늄보다는 무쇠나 강철 팬을 사용하는 것이 좋다), 팬에 올리브오일을 넉넉하게 바르고(이로 인해 크러스트의 바닥이 바삭하게 살짝 튀겨지는 효과를 낼 수 있다) 도우에도 전체적으로 오일을 코팅하는 것이다. 내가 만드는 도우는 70%의 높은 수분율을 가지고 있으므로 (만일 당신이 경험을 많이 쌓아 익숙해지면 수분율을 더 높일 수도 있다) 결과적으로 크러스트 내부는 많은 공기층을 함유해서 매우 가볍고 폭신하면서도 겉은 바삭하게 완벽한 조화를 이루게 된다.

나는 여기에서 스타터를 사용한 도우 레시피와, 스타터를 사용하지 않는 도우 레시피 두 가지를 모두 소개한다. 아마도 짐작했겠지만 나는 스타터를 사용하는 도우를 좋아한다. 그 이유는 스타터를 사용할 때 도우의 풍미가 다양하고 풍부해지며 텍스처가 좀 더 부드러워지기 때문이다. 하지만 스타터를 미리 만들어놓을 시간이 없어서 스타터를 사용하지 않은 도우 역시 아주 훌륭하다.

이 도우에는 물을 많이 사용하기 때문에 도우가 무르고 끈적거려서 일반적인 도우에 비해서 손으로 다루기가 약간 까다롭다. 그래서 나는 손으로 간단하게 다루기 힘든 이 질척한 도우를 반죽하기 위해 p.129에서 설명하는 「늘여 접기 방법(stretch-and-fold method)」을 활용한다.

그리고 시칠리안을 성공적으로 만들기 위한 열쇠는 팬 안에서 이루어지는 2차발효이다. 팬 안에서 도우를 손으로 넓게 펼친 후 30분 정도 휴지시키면 글루텐 조직이 충분히 이완되어 도우가 팬 모서리까지 닿을 정도로 넓고 고르게 펼칠 수 있다. 그 다음에는 1시간 30분~2시간 동안 2차발효를 한다. 이 과정은 도우가 팬 안에서 충분히 부풀어오를 수 있는 단계로, 절대 생략하거나 시간을 단축하지 말아야 한다.

나는 언제나 시칠리안을 구울 때 두 단계에 걸쳐서 만든다. 먼저 도우에 토핑을 하지 않고 미리 굽는다. 그 다음에는 토핑하지 않은 상태로 적어도 30분 이상 휴지시켰다가 토핑을 해서 두 번째 굽기를 한다. 이렇게 하면 휴지시키는 30분 동안 크러스트가 가라앉으며 표면을 막아주는 역할을 해서 나중에 소스, 치즈, 토핑 재료들을 올려서 구울 때 크러스트에 수분이 스며드는 것을 방지하므로 크러스트가 바삭함을 유지할 수 있게 된다.

미리 구운 크러스트는 두 번째 굽기까지 10시간이 지나도 괜찮다. 그래서 시칠리안을 미리 구워두면 마지막 작업에 시간이 많이 필요하지 않으므로 파티나 모임, 포트락 파티용으로 활용하면 아주 좋다. 만일 첫 번째 굽기 후 30분이 지나 곧바로 두 번째 굽기를 하려면 크러스트를 휴지시키는 동안 오븐을 켜놓는다. 그러나 한참 전에 크러스트를 미리 구워놓았다면, 두 번째 굽기를 하기 앞서 적어도 1시간 전에는 오븐을 예열해야 한다는 것을 잊지 말아야 한다.

시칠리안 팁

- 30×46cm(12×18인치) 크기의 스틸(강철) 시칠리안팬을 사용한다(p.313).

- 팬에서 도우를 2차발효하기 위해서는 따뜻한 환경이 필요하다. 예열 중인 오븐 위의 레인지 위에 올려놓는 방법도 괜찮다.

- 팬이 충분히 길들여졌는지 확인한다(p.91). 도우를 처음 구울 때 도우가 팬에 들러붙는 것 같으면, 굽고 나서 오븐에서 팬을 꺼낸 후 팬과 맞닿은 도우의 테두리를 따라 올리브오일을 흘려넣는다.

- 도우를 미리 굽기 위해 팬 내부에 오일을 바를 때는 엑스트라버진 올리브오일보다 퓨어 올리브오일을 사용한다. 엑스트라버진 올리브오일은 발연점이 낮아서 도우가 구워지는 동안 견디지 못하고 고열에서 타버린다.

- 팬에 바르는 오일은 아끼지 말고 사용한다. 내 레시피에서는 오일을 넉넉하게 사용하라는 경우가 많을 것이다. 이것은 도우가 팬에 들러붙지 않으면서 노릇노릇하고 바삭한 크러스트로 굽는 데 아주 중요한 역할을 한다.

- 시칠리아식 피자를 슬라이스할 때에는 언제나 팬에서 꺼내서 자른다. 이렇게 하면 팬에 담긴 상태에서 슬라이스하는 것보다 훨씬 깔끔하게 자를 수 있다. 나는 주로 12등분하여 자른 다음 팬에 다시 담아서 테이블에 서빙한다. 이 방법은 여러 사람들이 함께 먹기에도 좋다. 피자 스탠드(p.13 참조)를 활용하면 더욱 좋다.

SICILIAN DOUGH WITH STARTER

스타터를 사용한 시칠리안 도우_ 1.1㎏(39온스)_ 브루클린, 페퍼로니 & 소시지, 부라티나 디 마르게리타, 퍼플포테이토 & 판체타, 라 레지나 중에서 1판 또는 치아바타 2개

3g(1ts)_ 액티브 드라이 이스트

90g(¼C+2Ts)_ 미지근한 물(27~29℃ / 80~85℉)

578g(4½C)_ 단백질 함량 13~14% 밀가루_ 제너럴 밀스의 올 트럼프 밀가루, 펜들턴 플라워 밀스의 파워 밀가루 추천

13g(1½Ts)_ 활성 몰트

296g(1¼C)_ 얼음물

116g_ 풀리시(p.55)

13g(2¾ts)_ 고운 바닷소금

7g(½Ts)_ 엑스트라버진 올리브오일

올리브오일_ 팬 코팅용

베이커스 퍼센티지_ p.310 참조

작은 볼에 이스트를 계량하고 미지근한 물을 부어 30초 동안 섞는다. 이스트가 물에 녹으면서 표면에 약간의 거품이 생길 것이다. 만일 이런 현상이 생기지 않고 이스트 과립이 녹지 않은 상태로 떠 있다면 이스트가 사멸된 것이므로 버려야 한다. 유효기간이 많이 남은 새로운 이스트를 계량해서 물에 다시 녹인다.

후크를 끼운 스탠드 믹서의 볼에 밀가루와 몰트를 넣고 섞는다.

믹서를 가장 낮은 속도로 돌리면서 계량한 얼음물에서 2Ts 정도만 남기고 믹서볼에 붓는다. 이어서 이스트를 녹인 물을 붓고, 남겨두었던 얼음물 2Ts을 이스트를 녹인 볼에 부어 남아 있는 이스트를 헹군 다음 믹서볼에 붓는다. 15초 정도 후에 믹서를 멈추고 풀리시를 넣는다.

대부분의 반죽이 후크 주위로 뭉칠 때까지 약 1분 동안 믹서를 저속으로 돌리다가 멈춘다. 손가락으로 후크에 붙어 있는 반죽을 떼어내고, 볼 스크레이퍼나 고무주걱을 사용하여 믹서볼 옆면과 바닥에 붙어 있는 반죽을 긁어낸다.

소금을 넣고 잘 섞일 때까지 저속으로 1분 동안 돌린다.

믹서를 멈추고 후크에 달라붙은 반죽을 떼어낸 후 엑스트라버진 올리브오일을 넣는다. 중간 중간 믹서를 멈추고 후크에서 반죽을 떼어내며, 볼 스크레이퍼로 볼 옆면에 붙어 있는 반죽을 긁어내리면서 오일이 반죽과 완전히 섞일 때까지 1~2분 동안 믹싱한다. 반죽이 완벽하게 매끄러워 보이지는 않을 것이다.

½사이즈 시트팬에 엑스트라버진 올리브오일을 바른다. 볼 스크레이퍼를 사용하여 도우를 볼에서 꺼내 시트팬으로 옮긴다. 도우는 매우 질척해서 반죽하기가 무척 어려울 것이다.

손에 물을 적셔서 도우를 늘리고 접는다(p.129 〈늘여 접기 방법〉 참조).

젖은 행주나 비닐랩으로 팬을 덮고 실온에서 20분 동안 휴지시킨다.

도우 커터로 도우를 적당히 펼쳐서 저울에 올린다. 레시피가 요구하는 분량대로 도우의 양을 맞춘다. 피자 1판을 만들기 위해서는 대부분 990g(35온스)의 도우가 필요하다. 만약 치아바타를 2개 만들려면 1개당 550g(19~20온스)의 도우를 사용하므로 도우가 조금 남을 수 있다.

도우를 1개 또는 2개의 도우볼로 만든 다음, 오일을 바른 시트팬에 다시 올린다. 만일 2개의 도우볼을 만든다면 8㎝(3인치) 간격을 두고 배열한다. 도우볼이 담긴 시트팬을 공기가 통하지 않게 비닐랩으로 바닥면까지 이중으로 단단하게 감싼다. 냉장고의 편평한 곳에 넣고 24~48시간 동안 냉장숙성발효시킨다.

SICILIAN DOUGH WITHOUT STARTER
스타터를 사용하지 않은 시칠리안 도우

_ 큰 반죽 990g(35온스)_ 브루클린, 페퍼로니 & 소시지, 부라티나 디 마르게리타, 퍼플포테이토 & 판체타, 라 레지나 중에서 1판 또는 포카치아 1판

_ 작은 반죽 795g(28온스)_ 그랜드마 1판 또는 콰트로 포르니 2판

큰 반죽

6g(2ts)_ 액티브 드라이 이스트

100g(¼C+3Ts)_ 미지근한 물(27~29℃ / 80~85℉)

578g(4½C)_ 단백질 함량 13~14% 밀가루_ 제너럴 밀스의 올 트럼프 밀가루, 펜들턴 플라워 밀스의 파워 밀가루 추천

12g(1Ts+1ts)_ 활성 몰트

305g(1⅓C)_ 얼음물

12g(2¼ts)_ 고운 바닷소금

6g(½Ts)_ 엑스트라버진 올리브오일

올리브오일_ 팬 코팅용

작은 반죽

5g(1¾ts)_ 액티브 드라이 이스트

83g(⅓C)_ 미지근한 물(27~29℃ / 80~85℉)

462g(3½C)_ 단백질 함량 13~14% 밀가루_ 제너럴 밀스의 올 트럼프 밀가루, 펜들턴 플라워 밀스의 파워 밀가루 추천

9g(1Ts)_ 활성 몰트

240g(1C)_ 얼음물

9g(2ts)_ 고운 바닷소금

5g(1ts)_ 엑스트라버진 올리브오일

올리브오일_ 팬 코팅용

베이커스 퍼센티지_ p.310 참조

〈스타터를 사용한 시칠리안 피자도우〉(p.126)의 설명대로 만들되, 풀리시를 넣는 것은 생략하고 반죽한 도우를 20분이 아닌 1시간 동안 휴지시킨다. 도우 커터를 사용하여 믹서볼에서 도우를 꺼내 큰 볼에 넣고, 도우를 가볍게 눌러서 다진 후 윗면에 물을 바른다. 비닐랩을 이중으로 씌운 다음 냉장고에 넣어 24시간 동안 냉장숙성발효시킨다.

냉장고에서 도우를 꺼내 후크를 끼운 스탠드 믹서의 볼에 넣는다. 저속으로 30초 동안 돌려서 도우 안의 가스를 모두 뺀다.

½사이즈 시트팬에 오일을 가볍게 바른다. 저울에 도우를 올리고 레시피가 요구하는 분량만큼 계량하면 약간의 도우가 남을 것이다.

도우를 1개나 2개의 도우볼로 만들어 〈스타터를 사용한 시칠리안 도우〉를 만드는 방법대로 냉장고에 넣고 24시간 동안 냉장숙성발효시킨다. 콰트로 포르니(p.151)는 만들 때 도우가 담긴 시트팬을 오븐팬 위에서 뒤집어 옮겨야 하므로 ¼사이즈 시트팬에 도우볼을 하나씩 담아서 보관하는 것이 좋다.

늘여 접기 방법

  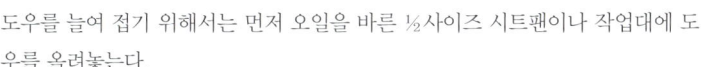

도우를 늘여 접기 위해서는 먼저 오일을 바른 ½사이즈 시트팬이나 작업대에 도우를 올려놓는다.

반죽을 살짝 늘여 대략 25×30㎝(10×12인치) 크기의 직사각형으로 만든다. 1~12까지 숫자가 그려진 시계를 상상하면서, 3시방향의 반죽과 9시방향의 반죽의 끝이 가운데에서 만나도록 접고 이음매를 가볍게 눌러서 여민다 ❶.

같은 방법으로 12시방향의 반죽과 6시방향의 반죽을 잡아 가운데에서 만나도록 접는다 ❷.

네 모서리가 가운데에서 만나도록 접고 눌러서 여민다 ❸.

반죽을 뒤집어서 2시방향의 반죽과 8시방향의 반죽을 잡아 같은 방법으로 접고, 계속해서 10시방향의 반죽과 4시방향의 반죽을 잡아 접는다 ❹.

네 모서리가 가운데에서 만나도록 접고 다시 뒤집는다. 양 손바닥을 이용하여 각이 진 네 모서리를 바닥 쪽으로 집어넣고 도우의 모양을 둥글게 만든다 ❺.

PARBAKING SICILIAN DOUGH
시칠리안 도우 미리 굽기

1개 990g(35g)_ 시칠리안 도우볼(p.126~128)

¼C(60g)_ 올리브오일_ 뿌리기용 추가

냉장고에서 도우볼을 꺼내 비닐랩을 씌운 채로 도우의 온도가 10~13℃(50~55℉)가 될 때까지 실온에 놓아둔다. 1~2시간 정도 놓아두면 된다.

30×46㎝(12×18인치) 크기의 길이 잘든 스틸(강철) 시칠리안팬의 가운데에 오일을 붓는다.

이 도우는 매우 끈적거리므로, 시트팬에 있는 도우를 옮길 때 가장 좋은 방법은 시칠리안팬 위에서 시트팬을 뒤집고 스크레이퍼를 사용하여 도우가 자연스럽게 팬 위로 떨어지게 하는 것이다. 그리고 스크레이퍼로 도우를 다시 뒤집어 도우 양쪽에 오일을 골고루 코팅한다.

양 손가락을 쫙 펴고 팬의 네 모서리를 향해 도우를 바깥쪽으로 밀면서 골고루 편다 ❶. 도우가 팬의 가장자리까지 닿게 편평하게 펼쳐야 한다. 도우를 조심스럽게 다루면 찢어지는 일 없이 잘 펼칠 수 있다 ❷. 만약 도우가 모서리까지 닿지 않아도 너무 걱정하지 않아도 된다. 위에 아무것도 덮지 않은 상태에서 따뜻한 곳에 두고 30분 정도 휴지시킨다.

도우를 휴지시키면 다시 늘릴 수 있는 상태가 된다. 가스가 빠져나가지 않도록 도우를 잡아당기지 말고 손 끝으로 가볍게 누르면서 ❸ 도우가 팬 가장자리까지 일정한 두께로 편평하게 펼쳐지도록 모양을 잡는다.

도우가 팬의 테두리 위까지 올라올 만큼 부풀어오를 때까지 1시간 30분~2시간 정도 2차발효를 시킨다(도우 위에 아무 것도 덮지 않은 상태로). 발효 시간은 실내 온도에 따라 조금씩 다르다. 이때, 도우가 약간 수축되면서 팬 가장자리에서 멀어지거나 적당히 부풀어오르지 않는 것 같아도 절대로 도우를 건드리면 안 된다.

그 동안 오븐에 2개의 피자스톤이나 베이킹스틸을 놓고 230℃(450℉)로 1시간 동안 예열한다(p.37 〈시작하기〉 참조).

발효가 진행되는 동안 각각의 레시피에 사용할 토핑 재료들을 준비한다.

팬이 기울어지지 않게 조심하면서 오븐 윗단의 피자스톤 위에 팬을 올리고 7분 동안 굽는다. 팬을 180도 돌린 다음 오븐 아랫단의 피자스톤 위로 옮긴다. 크러스트 윗면이 노릇노릇해질 때까지 7분 더 굽는다 ❹.

PARBAKING SICILIAN DOUGH

오븐에서 팬을 꺼내고, 폭이 넓은 금속 스패츌러로 크러스트 가장자리를 살짝 들어서 바닥에 붙어 있지 않은지 확인한다. 붙어 있는 경우에는 팬 가장자리에 오일을 살짝 흘려서 크러스트가 떨어지게 한다. 스패츌러를 크러스트와 팬 사이에 집어넣고 한 바퀴 돌려서 크러스트를 완전히 분리한다.

팬에서 크러스트를 꺼내 식힘망에 올리고 최소 30분~2시간 정도 식힌다(오래 보관할 경우는 아래 NOTE를 참조한다).

팬은 굳이 세척하거나 오일을 더 바를 필요가 없다. 그러나 크러스트 조각이 붙어 있는 경우에는 제거한다.

피자를 구우려고 하는데 오븐이 꺼져 있다면 230℃(450℉)로 1시간 동안 예열한다. 미리 구운 크러스트를 팬에 담고 토핑해서 굽는다.

NOTE_ 미리 구운 시칠리안 도우를 오래 보관하는 방법 : 미리 구운 크러스트는 10시간까지 보관할 수 있다. 크러스트의 수분을 유지시키기 위해서는 큰 비닐백에 넣어 확실히 밀봉한다. 그리고 굽기 전에 팬을 깨끗하게 닦고 다시 오일을 바른다.

THE BROOKLYN

더 브루클린_ 30×46㎝(12×18인치) 피자 1판_ 사각형 12조각

심플하지만 만족스러운 맛의 이 시칠리아식 피자는 브루클린(Brooklyn)의 벤슨허스트(Bensonhurst) 지역에 있는 피자 레스토랑인 엘앤비 스푸모니 가든즈(L&B Spumoni Gardens)에서 70년 이상 메뉴로 제공되고 있는 피자를 모델로 만든 것이다. 전통적인 토마토 파이처럼 슬라이스한 홀밀크 모차렐라치즈를 먼저 깔고 그 위에 토마토소스를 바르는 소위 「위아래가 바뀐 스타일(inverted-style)」이라서 농축된 토마토의 풍미를 더욱 진하게 느낄 수 있다. 그 밖에 다른 토핑을 원한다면 버섯 소테(p.97)나 페퍼로니를 약간 토핑할 수도 있다. 벤슨허스트 스타일로 하려면 이 재료들을 소스 위에 살짝 흩뿌려서 구우면 된다.

SICILIAN

1개_ 미리 구운 시칠리안 도우(p.130~132)

340g(12온스)_ 홀밀크 모차렐라치즈_ 슬라이스 한 것(12장)

1½C(370g)_ 시칠리안 토마토소스(p.134)_ 실온

올리브오일_ 뿌리기용(취향에 따라)

페코리노 로마노치즈_ 치즈갈이로 간 것_ 뿌리기용

드라이 오레가노_ 뿌리기용

갈릭오일(p.37)_ 뿌리기용

도우를 미리 구운 후에 오븐을 꺼놓았다면 다시 230℃(450℉)로 1시간 동안 예열한다.

피자도우의 둘레를 따라 2㎝(¾인치)를 남기고 도우 윗면에 슬라이스한 모차렐라치즈를 골고루 토핑한다. 스푼으로 토마토소스를 떠서 도우의 가운데에 올린 다음, 스푼의 볼록한 뒷부분을 이용하여 도우의 중심부에서 바깥쪽으로 나선을 그리면서 치즈 위에 골고루 펴 바른다.

오븐 윗단의 피자스톤 위에 팬을 올리고 7분 동안 굽는다. 팬을 180도 돌려서 오븐 아랫단의 피자스톤 위로 옮긴 후, 피자도우의 윗면이 짙은 갈색으로 변할 때까지 6분 더 굽는다. 폭이 넓은 금속 스패츌러로 도우의 가장자리를 들어서 바닥면을 확인한다. 바닥면을 좀 더 짙은색으로 바삭하게 굽고 싶다면 팬을 오븐 윗단의 피자스톤 위로 옮겨서 1~2분 더 굽는다. 그 동안 치즈가 너무 많이 구워지지 않도록 주의 깊게 지켜본다.

스패츌러를 피자와 팬 사이에 집어넣고 한 바퀴 돌려서 피자가 팬에 들러붙지 않았는지 확인한다. 만일 들러붙은 부분이 보이면 팬 옆면으로 올리브오일을 약간 흘려 넣고 조심스럽게 그 부분을 떨어뜨린다.

스패츌러로 피자를 들어서 도마로 옮긴다. 먼저 피자를 길이가 긴 쪽으로 2번 같은 간격으로 자르고(폭이 같은 띠가 3개 만들어진다), 다시 길이가 짧은 방향으로 3번 같은 간격으로 잘라서(폭이 같은 띠가 4개 만들어진다) 모두 12개의 사각형을 만든다.

마무리를 위해 페코리노 로마노치즈와 드라이 오레가노를 골고루 흩뿌리고, 갈릭오일을 전체적으로 뿌린다.

SICILIAN TOMATO SAUCE

시칠리안 토마토소스_ 3¾C(930g)

이 소스는 사용하기 하루 전이나 적어도 몇 시간 전에 미리 만들어두면 재료의 맛이 더 잘 어우러진다. 나는 개인적으로 미국 동부해안의 전통적인 풍미가 느껴지는 그릭 오레가노(Greek oregano)를 좋아한다.

480g(2C)_ 그라운드 토마토_ 7/11 또는 디나폴리 추천

225g(¾C+3Ts)_ 토마토 페이스트_ 슈퍼돌체 추천

1½ts(1g)_ 드라이 오레가노

1ts(3g)_ 곱게 다진 마늘

1ts(5g)_ 고운 바닷소금

225g(1C)_ 손으로 으깬 토마토(p.36)

1장_ 크고 신선한 바질잎_ 찢은 것

깊이가 있는 볼이나 용기에 그라운드 토마토, 토마토 페이스트, 오레가노, 다진 마늘, 소금을 모두 넣고 핸드 블렌더로 갈아 퓌레를 만든다. 손으로 으깬 토마토와 오레가노를 넣고 잘 저어서 섞는다.

소스는 뚜껑을 덮어 냉장고에 넣으면 3일까지 보관할 수 있다.

PEPPERONI AND SAUSAGE

페퍼로니 & 소시지_ 30×46cm(12×18인치) 피자 1판_ 사각형 12조각

몇 가지 재료만 사용하여 피자를 만들려고 할 때는 재료 자체가 좋아야 한다. 그러므로 이 정통 시칠리아식 피자를 만들 때에는 고기를 직접 양념해서 천연 케이싱을 한 페퍼로니(p.312 〈재료와 도구〉 참조)를 사용하도록 한다. 좀 더 풍성하게 토핑하기를 원하면 내 메뉴에서 프라텔란차(Fratellanza, 이탈리아어로 형제애라는 뜻으로 내가 자란 에머리빌(Emeryville)의 이탈리안 소셜 클럽의 이름이다)로 알려진 버전으로 만들어보기 바란다. 그것은 몰리나리(Molinari) 드라이 살라미(프라텔란차 클럽에서 저녁식사를 하는 모든 사람들에게 이 드라이 살라미를 추첨 경품으로 준다), 버섯 소테, 페퍼로니, 펜넬 소시지의 순서대로 토핑을 하고, 다 구운 후에 오레가노를 살짝 뿌리면 된다.

1개_ 미리 구운 시칠리안 도우(p.130~132)

1¼C(310g)_ 시칠리안 토마토소스(p.134)_ 실온

285g(10온스)_ 홀밀크 모차렐라치즈_ 슈레드한 것(2½C)

85g(3온스)_ 슬라이스한 페퍼로니_ 되도록 내추럴 케이싱한 것

200g(7온스)_ 스위트 펜넬 소시지(p.62)

페코리노 로마노치즈_ 치즈갈이로 간 것_ 뿌리기용

드라이 오레가노_ 뿌리기용

레드페퍼 플레이크_ 뿌리기용

갈릭오일(p.37)_ 뿌리기용

도우를 미리 구운 후에 오븐을 꺼놓았다면 다시 230℃(450℉)로 1시간 동안 예열한다.

스푼으로 토마토소스를 떠서 피자도우의 가운데에 올린 다음, 도우의 둘레를 따라 약 2cm(¾인치)를 남기고 스푼의 볼록한 뒷부분을 이용하여 도우의 중심부에서 바깥쪽으로 나선을 그리면서 소스를 골고루 펴 바른다. 도우 가운데에 모차렐라치즈를 수북이 올리고 손가락을 이용하여 바깥쪽을 향해 골고루 펼쳐서 소스를 덮는다. 치즈 위에 페퍼로니를 배열하고, 소시지를 10원짜리 동전 크기로 떼어 페퍼로니 위에 골고루 올린다.

오븐 윗단의 피자스톤 위에 팬을 올리고 7분 동안 굽는다. 팬을 180도 돌려서 오븐 아랫단의 피자스톤 위로 옮긴 후, 피자도우의 윗면이 짙은 갈색으로 변할 때까지 6분 더 굽는다. 폭이 넓은 금속 스패츌러로 도우의 가장자리를 들어서 바닥면을 확인한다. 바닥면을 좀 더 짙은색으로 바삭하게 굽고 싶다면 팬을 오븐 윗단의 피자스톤 위로 옮겨서 1~2분 더 굽는다. 그 동안 치즈가 너무 많이 구워지지 않도록 주의 깊게 지켜본다.

스패츌러를 피자와 팬 사이에 집어넣고 한 바퀴 돌려서 피자가 팬에 들러붙지 않았는지 확인한다. 만일 들러붙은 부분이 보이면 팬 옆면으로 올리브오일을 약간 흘려 넣어 조심스럽게 떨어뜨린다. 스패츌러로 피자를 들어서 도마로 옮긴다. 먼저 피자를 길이가 긴 쪽으로 2번 같은 간격으로 자르고(폭이 같은 띠가 3개 만들어진다), 다시 길이가 짧은 쪽으로 3번 같은 간격으로 잘라서(폭이 같은 띠가 4개 만들어진다) 모두 12개의 사각형을 만든다.

마무리를 위해 페코리노 로마노치즈와 드라이 오레가노, 레드페퍼 플레이크를 골고루 흩뿌리고, 갈릭오일을 전체적으로 뿌린다.

SICILIAN

BURRATINA DI MARGHERITA

부라티나 디 마르게리타_ 30×46cm(12×18인치) 피자 1판_ 사각형 12조각

이탈리아 레체(Lecce)에서 열린 피자 챔피언 인터내셔널 토너먼트(International Tournament of Champions)에 우리 월드피자챔피언 팀의 동료인 조 칼루치(Joe Carlucci)와 함께 출전했을 때, 우리는 시작부터 순탄치 않았다. 장화모양의 이탈리아 지도에서 구두 뒷굽에 해당하는 풀리아(Puglia) 지역의 끝에 위치한 레체에 도착하기까지 비행시간이 36시간이나 걸렸다. 그리고 새벽 3시에 도착하자마자 우리는 호텔 룸에서 피자도우를 만드느라 밤을 꼬박 새워야 했다. 이어서 동이 틀 무렵에는 기진맥진한 상태로 토핑 재료를 사러 나갔다.

레체는 부라타(burrata) 치즈의 원산지여서 나는 출전하는 시칠리아식 피자에 그 치즈를 사용하려고 마음먹었다. 부라타는 모차렐라와 크림을 주머니모양으로 만든 다음 나뭇잎으로 감싼 모차렐라치즈다. 이렇게 만든 모차렐라치즈는 신선함과 촉촉함이 「슈퍼 모차렐라」라고 부를 정도로 뛰어나다. 레체에서는 신성한 예술작품을 만들 듯이 커다란 공모양의 부라타볼을 만들기도 한다.

나는 2개씩 엮어서 멋지게 포장한 부라타치즈를 상점에서 발견하고선 경연대회에 사용하기 위해 사 가지고 왔다. 피자를 굽고 나서 서빙하기 직전에 이 치즈를 토핑할 계획이었지만, 하나를 여는 순간 예상했던 것보다 치즈가 너무 부드럽고 흐물흐물해서 어찌해야 할지 확신이 서지 않았다. 내가 그 치즈를 볼에 붓고 핸드 블렌더로 갈아버리는 순간, 심사위원들의 표정이 어땠을지 상상해보라. 손에 면도칼을 들고 다빈치의 작품에 돌진하는 사람을 바라보는 순간에도 그와 비슷한 표정을 지었을 것이다.

하지만 그것을 피자 위에 골고루 뿌린 후 오븐에 구워보니 결과가 아주 좋았다. 그리고 나중에 생각해보니 그곳에 있던 심사위원들은 아마도 자신들에게 전혀 상상치 못한 자부심과 즐거움을 가져다준 한 미국인을 보며 살짝 흥분했었던 것 같다. 내가 미국에서는 부라타치즈를 그렇게 크림화하지 않았었다는 사실을 알면 더 좋아했을 것이다. 사실, 나는 평소에 이 책의 레시피대로 한 스푼씩 떠서 토핑을 한다. 부라타치즈를 구입할 때는 팩 안에서 너무 물러지지 않은 것을 골라야 한다. 흐르는 느낌보다는 스푼으로 뜰 수 있는 정도의 텍스처가 좋다. 부라타치즈는 따뜻해지면 곧바로 녹아서 흘러내리기 때문에, 이 피자는 굽자마자 바로 서빙해야 한다.

어쨌든 레체에서의 운명적인 그날은 비록 시작은 순탄치 않았지만 결과적으로는 믿을 수 없을 만큼의 성과를 얻은 날이었다. 이 피자는 팬피자 부문에서 수상을 했고, 클래식피자 부문에서도 주키니, 풀리아 지역에서 생산된 풀리에제(Pugliese) 올리브, 선드라이(sun-dried) 토마토를 토핑한 파이로 수상을 했다. 그리고 그날을 생각하면 떠오르는 낯선 노인이 한 분 계신다. 그날 이후로 다시는 만난 적이 없지만, 그때 그 분은 내게 피자 아크로바틱 경연대회에 나가보라

BURRATINA DI MARGHERITA

고 말했었다. 여러 해 동안 피자도우 던지기 대회를 거치면서 자연스럽게 피자 아크로바틱 퍼포먼스에서 피자 만들기로 옮겨갔기 때문에 나는 그 시절로 되돌아가고픈 마음이 없었다. 하지만 그 분은 자꾸 나에게 피자 아크로바틱 경연대회에 참가하라고 권유했다. 내 생각엔 아마도 우리가 만든 피자가 수상하지 못할 거라고 생각하고 안쓰러워서 했던 말 같다. 하지만 상황은 반전되었고, 그는 우리가 세 부문에서 상을 모두 휩쓸었다는 사실을 알게 되었다. 하루 종일 기진맥진한 상태였음에도 불구하고 나는 그가 하는 말을 묵묵히 듣고만 있었고, 결국 나는 1등을 차지하면서 대회 역사상 처음으로 유일한 3관왕의 영예를 안게 되었다.

1개_ 미리 구운 시칠리안 도우(p.130~132)

1¼C(310g)_ 시칠리안 토마토소스(p.134)_ 실온

255g(9온스)_ 홀밀크 모차렐라치즈_ 슈레드한 것 (2¼C)

올리브오일_ 소테용과 뿌리기용

12개 115g_ 방울토마토_ 반으로 자른 것

고운 바닷소금과 금방 간 흑후추

1꼬집_ 설탕(선택)

1개 225g(8온스)_ 부라타 치즈볼_ 물기를 뺀 실온의 치즈

5개_ 체리뇰라(Cerignola) 올리브 또는 풀리에제(Pugliese) 올리브_ 씨를 빼고 조각으로 자른 것

5장_ 신선한 바질잎_ 돌돌 말아 가늘고 길게 썬 것

발사믹 글레이즈(p.139)_ 작은 플라스틱 소스통에 담은 것

도우를 미리 구운 후에 오븐을 꺼놓았다면 다시 230℃(450℉)로 1시간 동안 예열한다.

스푼으로 토마토소스를 떠서 피자도우의 가운데에 올린 다음, 도우의 둘레를 따라 약 2㎝(¾인치)를 남기고 스푼의 볼록한 뒷부분을 이용하여 도우의 중심부에서 바깥쪽으로 나선을 그리면서 소스를 골고루 펴 바른다. 소스 위에 모차렐라치즈를 골고루 덮는다.

오븐 윗단의 피자스톤 위에 팬을 올리고 7분 동안 굽는다. 팬을 180도 돌려서 오븐 아랫단의 피자스톤 위로 옮긴 후, 피자도우의 윗면이 짙은 갈색으로 변할 때까지 6분 더 굽는다. 폭이 넓은 금속 스패츌러로 도우의 가장자리를 들어서 바닥면을 확인한다. 바닥면을 좀 더 짙은색으로 바삭하게 굽고 싶다면 팬을 오븐 윗단의 피자스톤 위로 옮겨서 1~2분 더 굽는다. 그 동안 치즈가 너무 많이 구워지지 않도록 주의 깊게 지켜본다.

피자가 구워지는 동안, 작은 팬에 올리브오일을 두르고 중간불~센 불로 달군다. 방울토마토를 넣고 소금, 후추를 1꼬집씩 넣는다. 이때 방울토마토의 단맛이 충분하지 않으면 설탕 1꼬집을 추가한다. 방울토마토가 살짝 부드러워질 때까지 계속 뒤적이면서 30초 동안 볶는다.

스패츌러를 피자와 팬 사이에 집어넣고 한 바퀴 돌려서 피자가 팬에 들러붙지 않았는지 확인한다. 만일 들러붙은 부분이 보이면 팬 옆면으로 올리브오일을 약간 흘려 넣어 조심스럽게 그 부분을 떨어뜨린다.

스패츌러로 피자를 들어서 도마로 옮긴다. 먼저 피자를 길이가 긴 쪽으로 2번 같은 간격으로 자르고(폭이 같은 띠가 3개 만들어진다), 다시 길이가 짧은 쪽으로 3번 같은 간격으로 잘라서(폭이 같은 띠가 4개 만들어진다) 모두 12개의 사각형을 만든다.

부라타치즈를 스푼으로 떠서 피자 위에 군데군데 올리고, 맨 위에 방울토마토와 올리브를 얹는다. 바질잎과 후춧가루를 전체적으로 뿌리고, 마무리를 위해 피자 위에 발사믹 글레이즈를 지그재그로 뿌린다.

BALSAMIC GLAZE
발사믹 글레이즈_ ¼C(95g)

1C(255g)_ 발사믹 식초

바닥이 두꺼운 작은 소스팬에 발사믹 식초를 붓고 중간불로 가열한다. 표면에 수증기가 올라오면 불을 약한 불로 줄이고 뭉근하게 졸인다. 표면에 기포가 끓어오르지 않게 조심하고, 가장 약한 불인데도 여전히 센 것 같으면 히트 디퓨저(heat diffuser)를 사용하여 열을 줄인다.

식초의 양이 ¾ 정도 줄어들면 불을 끈다.

글레이즈는 밀폐용기에 담으면 실온에서 몇 개월 동안 보관할 수 있다.

PURPLE POTATO AND PANCETTA

퍼플포테이토 & 판체타_ 30×46㎝(12×18인치) 피자 1판_ 사각형 12조각

이 피자는 전통적인 시칠리아식 피자를 나만의 버전으로 새롭게 변형한 것으로, 조각 피자를 테이크아웃으로 판매하는 우리 가게 슬라이스 하우스(Slice House)에서 아주 인기가 높다. 퍼플포테이토(자주색 감자)는 전분질을 일부 제거하기 위해 1시간 정도 물에 충분히 담가두어야 하므로, 오븐을 예열하기 시작할 때 물에 담가두는 것이 좋다. 오븐에서 구워지는 동안 감자의 색은 약간 흐려지지만 여전히 자주색 얼룩무늬가 멋지게 표현된다. 이 피자를 만들 때, 나는 「판체타 아푸미카타(pancetta affumicata)」라고 부르는 이탈리아 북부 특산품인 훈제 판체타를 즐겨 사용한다. 이것은 훈제하지 않고 소금에 절여서 숙성한 일반 판체타보다 구하기 어려운 편이다. 훈제 판체타는 완전히 익힌 것으로 부드럽고 향긋한 훈제향이 난다. 이것은 피자 위에 토핑해서 구워도 바삭해지지 않는다. 베이컨처럼 슬라이스한 것을 사서 자르기 쉽게 20분 정도 냉동한 다음 자르는 것이 좋다. 만일 이 훈제 판체타를 구하기 어렵다면 그냥 두껍게 슬라이스한 훈제 베이컨으로 대체해도 된다.

SICILIAN

1개_ 미리 구운 시칠리안 도우(p.130~132)

3개 115g(4온스)_ 작은 자주색 감자_ 지름 약 4㎝(1½인치)

85g(3온스)_ 슬라이스한 훈제 판체타

285g(10온스)_ 홀밀크 모차렐라치즈_ 슈레드한 것(2½C)

1Ts(9g)_ 다진 마늘

올리브오일_ 뿌리기용(필요할 경우)

55g(2온스)_ 페타치즈 조각_ 되도록 그리스 제품으로 식염수에 담긴 것

1ts(2g)_ 곱게 다진 로즈마리

¾C(120g)_ 바질 페스토(p.142)_ 실온

도우를 미리 구운 후에 오븐을 꺼놓았다면 다시 230℃(450℉)로 1시간 동안 예열한다.

오븐을 예열하는 동안, 만돌린 슬라이서(채칼)를 사용하여 감자를 종잇장처럼 얇게 슬라이스하여 아주 차가운 소금물에 담근다. 30분 동안 담가두었다가 물기를 빼고 다시 새로운 소금물로 갈아서 30분 더 담가둔다. 다시 물기를 빼고 키친타월로 물기를 제거한다.

그 동안 판체타를 길이 2.5㎝(1인치), 두께 3㎜(⅛인치)로 잘라 라돈(lardon, 돼지고기나 베이컨을 성냥개비 두께로 자른 것)을 만든다. 베이컨은 오히려 불규칙하게 자른 모양이 더 보기 좋으므로 크기를 맞춰 자르려고 신경 쓰지 않아도 된다. 중간불-센 불에 작은 팬을 달군다. 판체타를 넣고 중간불로 줄인 다음, 가끔 저으면서 고기의 지방이 어느 정도 녹아 나오고 부드러워질 때까지 2분 정도 가열한다. 불을 끈 다음 지방을 거르지 않고 한쪽에 놓아둔다.

피자도우의 가운데에 슈레드한 모차렐라치즈를 수북이 올린 다음, 도우의 둘레를 따라 2㎝(¾인치)를 남기고 손가락을 이용하여 도우 윗면에 골고루 펼친다. 치즈 위에 마늘을 흩뿌리고 슬라이스한 감자를 도우 윗면에 한 층으로 배열한다. 감자 위에 판체타를 골고루 얹는다.

오븐 윗단의 피자스톤 위에 팬을 올리고 8분 동안 굽는다. 팬을 180도 돌려서 아랫단의 피자스톤 위로 옮기고 5분 더 굽는다. 슬라이스한 감자를 먹어보고 만약 부드럽게 익지 않았다면 오븐 윗단의 피자스톤으로 옮겨서 감자가 부드럽게 익을 때까지 약 1분 더 굽는다. 폭이 넓은 금속 스패츌러로 피자도우의 가장자리를 들고 바닥면을 살펴본다. 바닥면을 좀 더 진하고 바삭하게 굽고 싶다면 팬을 오븐 윗단의 피자스톤 위로 옮겨서 1~2분 더 굽는다.

PURPLE POTATO AND PANCETTA

스패츌러를 피자와 팬 사이에 집어넣고 한 바퀴 돌려서 피자가 팬에 들러붙지 않았는지 확인한다. 만일 들러붙은 부분이 보이면 팬 옆면으로 올리브오일을 약간 흘려 넣고 조심스럽게 그 부분을 떨어뜨린다.

스패츌러로 피자를 들어서 도마로 옮긴다. 먼저 피자를 길이가 긴 쪽으로 2번 같은 간격으로 자르고(폭이 같은 띠가 3개 만들어진다), 다시 길이가 짧은 쪽으로 3번 같은 간격으로 잘라서(폭이 같은 띠가 4개 만들어진다) 모두 12개의 사각형을 만든다.

페타치즈 조각을 손으로 부수어 피자 윗면에 골고루 올린다. 마무리로 곱게 다진 로즈마리를 뿌리고, 작은 볼에 바질페스토를 담아 같이 서빙한다.

BASIL PESTO
바질 페스토_ 2¼C(355g)

블렌더에 바질의 반을 넣는다. 마늘, 잣, 올리브오일을 넣고 간다. 블렌더 입구 주위에 붙어 있는 갈리지 않은 조각들을 긁어내린다. 나머지 바질잎과 치즈가루, 아가베 시럽, 레몬즙, 소금, 후추를 넣고 곱게 간다. 필요에 따라 블렌더를 멈추고 블렌더 옆면을 긁어내린다.

볼에 페스토를 붓는다. 만일 좀 더 묽은 페스토를 원한다면 오일을 더 넣고 돌린다.

완성된 페스토는 곧바로 사용하거나, 뚜껑을 덮어서 냉장고에 2일까지 보관할 수 있다.

8C(140g)_ 신선한 바질잎_ 가볍게 담은 것

6쪽(18g)_ 마늘

¼C(30g)_ 잣_ 살짝 구워서 식힌 것

1¼C(280g)_ 올리브오일_ 필요할 경우 추가

1C(80g)_ 파르메산치즈_ 치즈갈이로 간 것

2ts(14g)_ 아가베 시럽

2ts(10g)_ 금방 짠 레몬즙

¼ts(1.5g)_ 고운 바닷소금

¼ts(0.5g)_ 금방 간 흑후추

LA REGINA

라 레지나_ 30×46㎝(12×18인치) 피자 1판_ 사각형 12조각

우리 레스토랑의 수석셰프 중 한 사람인 로라 메이어(Laura Meyer)는 이탈리아에서 살았고 공부도 그곳에서 했기 때문에 이탈리아어가 매우 능숙하다. 그래서 그녀는 이탈리아 파르마(Parma)에서 열리는 월드챔피언십(World Championships)에 참가하게 되었을 때 매우 기뻐했다. 우리는 함께 그곳으로 가서 텔리아 피자(pizza in teglia, 팬피자라는 뜻의 이탈리아어인데 우리는 이것을 시칠리안이라고 부르기도 한다) 부문에 참가할 계획을 세웠다. 나는 그녀에게 전통적인 방법에서 너무 벗어나지 말도록 조언했다. 그 이유는 이탈리아인들이 그런 방식을 좋아하지 않는데다가 특히 미국에서 온 참가자들에게는 더욱 그러하므로 창의력을 아주 조금만 발휘해도 충분할 것이라고 말해주었다.

로라는 홀밀크 모차렐라치즈, 토마토소스, 소프레사타 피칸테(soppressata piccante)라고 부르는 긴 타원형의 매운 살라미를 슬라이스해서 토핑하는 클래식 피자인 알라 디아볼라(alla diavola, 악마처럼 매운 맛이라는 뜻)를 만들기로 결정했다. 마무리로 신선한 루콜라를 올리는 것은 센스 있는 그녀의 아이디어였다. 그리고 그녀는 부드러운 모차렐라에 프로볼라치즈(provola cheese, 지방을 제거하지 않은 우유로 만든 프레시 치즈로 크기가 큰 것은 프로볼로네라고 한다)를 섞어서 풍미를 더욱 살리기로 결정했다. 게다가 우리가 머무르던 곳이 파르마였으므로 마무리용으로 파르미지아노 레지아노 치즈를 얇게 슬라이스해서 올리는 것으로 그녀의 창의력을 발휘했고, 추가로 약간의 피아베치즈(Piave cheese, 이탈리아 북부 피아베강 지역에서 만드는 우유치즈)도 사용했다.

이탈리아어를 완벽하게 구사하는 그녀의 모습을 대형 스크린으로 바라보면서 나는 무척이나 뿌듯하고 자랑스러웠다. 주최 측에서 결선 발표를 하는 순간, 결선까지 남은 마지막 여성이었던 그녀는 영어의 우승자(winner)를 뜻하는 이탈리아어의 여성명사 「빈치트리체(vincitrice)」라는 단어를 듣자마자 자신의 이름이 불리기도 전에 우승했다는 사실을 알 수 있었다. 1등이라는 타이틀 이외에도 그녀는 평생 쓰고 먹을 수 있는 것들을 경품으로 받았다. 그녀는 피자오븐, 프로세코(Prosecco, 이탈리아 스파클링 와인) 1.5ℓ 1병, 그리고 파르메산치즈 5㎏ 한 덩어리를 집으로 직접 가져왔다. 우리는 이 피자를 우리 레스토랑의 메뉴로 포함시켰고 로라에게 메뉴의 이름을 지어달라고 부탁했다. 그러자 그녀는 주저하지 않고 대답했다. "이제 난 왕관을 받았으니까, 영어로 퀸(Queen)이라는 뜻의 이탈리아어인「라 레지나(La Regina)」가 어떨까요?"

2014년에 로라는 로즈마리향이 나는「라 벨라 로사(La Bella Rosa) 피자」를 가지고 라스베이거스에서 열린 피자 엑스포에서 두 번째 월드챔피언이 되었다.

LA REGINA

1개_ 미리 구운 시칠리안 도우(p.130~132)

1¼C(310g)_ 시칠리안 토마토소스(p.134)_ 실온

170g(6온스)_ 홀밀크 모차렐라치즈_ 슈레드한 것(1½C)

115g(4온스)_ 프로볼로네치즈_ 슈레드한 것(1C)

12장 55g(2온스)_ 슬라이스한 소프레사타 피칸테

올리브오일_ 뿌리기용(필요할 경우)

한 줌(크게)_ 루콜라잎

12장 170g(6온스)_ 얇게 슬라이스한 프로슈토

피아베치즈 작은 조각_ 찬 것을 필러로 얇게 슬라이스한 것

파르미지아노 레지아노치즈 작은 조각_ 찬 것을 얇게 슬라이스한 것

엑스트라버진 올리브오일_ 뿌리기용

도우를 미리 구운 후에 오븐을 꺼놓았다면 다시 230℃(450℉)로 1시간 동안 예열한다.

스푼으로 토마토소스를 떠서 피자도우의 가운데에 올린 다음, 도우의 둘레를 따라 약 2㎝(¾인치)를 남기고 스푼의 볼록한 뒷부분을 이용하여 도우의 중심부에서 바깥쪽으로 나선을 그리면서 소스를 골고루 펴 바른다. 소스 위에 모차렐라치즈를 골고루 덮는다. 도우의 가운데에 모차렐라와 프로볼로네치즈를 수북이 올린 다음, 손가락을 이용하여 소스 위에 골고루 펼친다. 치즈 위에 소프레사타 피칸테를 올리는데, 나중에 완성된 피자를 3줄×4줄로 잘랐을 때 12개의 슬라이스마다 소프레사타가 모두 올라가 있도록 계산하면서 배열한다.

오븐 윗단의 피자스톤 위에 팬을 올리고 7분 동안 굽는다. 팬을 180도 돌려서 오븐 아랫단의 피자스톤 위로 옮긴 후, 피자도우 윗면이 짙은 갈색으로 변할 때까지 6분 더 굽는다. 폭이 넓은 금속 스패츌러로 도우의 가장자리를 들어 바닥면을 살펴본다. 바닥면을 좀 더 짙은 색으로 바삭하게 굽고 싶다면 팬을 오븐 윗단의 피자스톤 위로 옮겨서 1~2분 더 굽는다. 그 동안 치즈가 너무 많이 구워지지 않도록 주의 깊게 지켜본다.

스패츌러를 피자와 팬 사이에 집어넣고 한 바퀴 돌려서 피자가 팬에 들러붙지 않았는지 확인한다. 만일 들러붙은 부분이 보이면 팬 옆면으로 올리브오일을 약간 흘려 넣고 조심스럽게 그 부분을 떨어뜨린다.

스패츌러로 피자를 들어서 도마로 옮긴다. 먼저 피자를 길이가 긴 쪽으로 2번 같은 간격으로 자르고(폭이 같은 띠가 3개 만들어진다), 다시 길이가 짧은 쪽으로 3번 같은 간격으로 잘라서(폭이 같은 띠가 4개 만들어진다) 모두 12개의 사각형을 만든다.

각각의 슬라이스 위에 루콜라를 조금씩 올리고, 그 위에 프로슈토 슬라이스마다 1개씩 적당히 주름지게 올린다. 필러를 사용하여 피아베치즈와 파르미지아노 레지아노치즈를 얇게 슬라이스하여 그 위에 장식하고, 마지막으로 엑스트라버진 올리브오일을 뿌린다.

SICILIAN

GRANDMA

그랜드마_ 30×46㎝(12×18인치) 피자 1판_ 사각형 12조각

이 챕터에 있는 다른 모든 피자와는 달리, 홈메이드 스타일의 이 심플한 피자는 미리 굽는 단계를 거치지 않는다. 다른 피자처럼 팬에서 도우가 발효되도록 두었다가 곧바로 토핑을 하고 오븐에 굽는다. 또한 이 파자는 990g(35온스)의 도우를 사용하지 않고 그보다 적은 795g(28온스)의 도우를 사용하며, 스타터를 사용하지 않는다. 결과적으로 크러스트는 얇고 바삭하게 완성되며, 만일 당신의 할머니가 이탈리아인으로 롱아일랜드에 살았었다면 집에서 간단하게 토핑해서 만들어주었을 법한 피자이다. 그것을 프린스 움베르토스(Prince Unberto's)나 지간테스(Gigante's) 같은 피체리아에서 「그랜드마(Grandma)」라는 이름으로 메뉴에 넣기 시작했다.

전통적으로 이 피자는 모차렐라치즈, 으깬 토마토, 그리고 약간의 마늘과 오레가노만을 간단하게 토핑해서 만든다. 여기에는 프레시 모차렐라치즈인 피오르 디 라테(fior di latte, 이탈리어어로 우유의 꽃이라는 뜻으로 물소의 젖이 아닌 젖소의 젖으로 만든다)를 사용하거나, 좀 더 좋은 방법으로는 핸드메이드 모차렐라(P.198)를 사용한다. 이 핸드메이드 모차렐라는 굽는 동안 수분이 흘러내리지 않는다. 아니면 그냥 홀밀크 모차렐라치즈를 작게 잘라서 사용해도 된다.

나는 이미 795g(28온스)의 시칠리안 도우볼을 만드는 법을 소개했다. 그러나 만일 여분의 도우로 작게 무엇인가를 만들고 싶다면, 스타터를 사용하지 않은 990g(35온스)의 시칠리안 도우볼을 만든 다음 795g(28온스)를 빼고 195g(7온스)의 도우를 남겨서 갈릭 노트(Garlic Knots, p.291)를 만들거나 베이컨 트위스트(Bacon Twist, p.292)를 만들어도 좋다. 이런 식으로 여분의 도우를 활용하고 싶을 때 그랜드마는 아주 탁월한 선택이다.

1개_ 795g(28온스)_ 스타터를 사용하지 않은 시칠리안 도우볼(p.128)

¼C(60g)_ 올리브오일

1¼C(285g)_ 손으로 으깬 토마토(p.36) 또는 얼리 걸 토마토소스(Early Girl Tomato sauce, p.149)

1ts(3g)_ 곱게 다진 마늘

드라이 오레가노_ 양념과 뿌리기용

냉장고에서 도우볼을 꺼내 비닐랩을 씌운 채로 도우의 온도가 16~18℃(60~65℉)가 될 때까지 실온에 놓아둔다. 그 동안 오븐에 2개의 피자스톤이나 베이킹스틸을 넣고 260℃(500℉)로 1시간 동안 예열한다(p.37 〈시작하기〉 참조).

30×46㎝(12×18인치) 크기의 길이 잘든 스틸(강철) 시칠리안팬의 가운데에 오일을 붓는다.

이 도우는 매우 끈적거리므로, 시트팬에 있는 도우를 옮길 때 가장 좋은 방법은 시칠리안팬 위에서 시트팬을 뒤집고 스크레이퍼를 사용하여 도우가 자연스럽게 팬 위로 떨어지게 하는 것이다. 그리고 스크레이퍼로 도우를 다시 뒤집어 도우 양쪽에 오일을 골고루 코팅한다.

p.131 사진을 참조하여 팬 안의 도우를 바깥쪽으로 밀되, 사진 속 도우의 양보다 적은 양의 도우를 펼치는 것을 기억하면서 작업한다.

GRANDMA

고운 바닷소금과 금방 간 흑후추

225g(8온스)_ 프레시 홀밀크 모차렐라치즈_ 홈메이드(p.198) 또는 피오르 디 라테 시판제품, 또는 285g(10온스)_ 홀밀크 모차렐라치즈_ 슈레드한 것(2½C)

엑스트라버진 올리브오일_ 뿌리기용

페코리노 로마노치즈_ 치즈갈이로 간 것_ 뿌리기용

갈릭오일(p.37)_ 뿌리기용

양 손가락을 쫙 펴고 팬의 네 모서리를 향해 도우를 바깥쪽으로 밀면서 골고루 편다 ❶. 도우가 팬의 가장자리까지 닿게 편평하게 펼쳐야 한다. 도우를 조심스럽게 다루면 찢어지는 일 없이 잘 펼칠 수 있다 ❷. 만약 도우가 모서리까지 닿지 않아도 너무 걱정하지 않아도 된다. 위에 아무것도 덮지 않은 상태에서 따뜻한 곳에 두고 30분 정도 휴지시킨다.

도우를 휴지시키면 다시 늘릴 수 있는 상태가 된다. 가스가 빠져나가지 않도록 도우를 잡아당기지 말고 손 끝으로 가볍게 누르면서 ❸ 도우가 팬 가장자리까지 일정한 두께로 편평하게 펼쳐지도록 모양을 잡는다.

도우가 어느 정도 부풀었지만 2배로 커지지는 않을 때까지 1시간 정도 2차발효를 시킨다(도우 위에 아무 것도 덮지 않은 상태로). 발효 시간은 실내온도에 따라 조금씩 다르다. 이때, 도우가 약간 수축되면서 팬 가장자리에서 멀어지거나 적당히 부풀어오르지 않는 것 같아도 절대로 도우를 건드리면 안 된다.

볼에 마늘, 오레가노 1꼬집, 소금, 후추와 함께 으깬 토마토를 넣고 골고루 섞는다.

프레시 모차렐라치즈를 사용할 경우에는 크기가 불규칙하게 16조각으로 찢어서 피자도우 위에 골고루 올린 다음, 소금을 살짝 뿌린다. 슈레드한 모차렐라치즈를 사용할 경우에는 도우 가운데에 모차렐라를 수북이 올린 다음, 도우의 둘레를 따라 2㎝(¾인치)만 남기고 손가락을 이용하여 골고루 펼친다.

으깬 토마토나 토마토소스를 스푼으로 떠서 치즈 위에 골고루 펼치고(이때 소스가 치즈를 완벽하게 덮지는 못할 것이다), 엑스트라버진 올리브오일을 뿌린다.

오븐 윗단의 피자스톤 위에 팬을 올리고 8분 동안 굽는다. 팬을 180도 돌려서 오븐 아랫단의 피자스톤 위로 옮긴 후, 치즈가 녹고 크러스트 바닥이 짙은 갈색으로 바삭해질 때까지(폭이 넓은 금속 스패츌러로 도우의 가장자리를 들어서 확인한다) 7분 더 굽는다. 프레시 치즈에서 수분이 흘러나오면 도우를 윗단의 피자스톤 위로 옮긴 다음 1분 더 구워서 수분을 일부 날린다.

스패츌러를 피자와 팬 사이에 집어넣고 한 바퀴 돌려서 피자가 팬에 들러붙지 않았는지 확인한다. 만일 들러붙은 부분이 보이면 팬 옆면으로 올리브오일을 약간 흘려 넣고 조심스럽게 그 부분을 떨어뜨린다.

스패츌러로 피자를 들어서 도마로 옮긴다. 먼저 피자를 길이가 긴 쪽으로 2번 같은 간격으로 자르고(폭이 같은 띠가 3줄 만들어진다), 다시 길이가 짧은 쪽으로 3번 같은 간격으로 잘라서(폭이 같은 띠가 4줄 만들어진다) 모두 12개의 정사각형을 만든다.

마무리를 위해 페코리노 로마노치즈와 오레가노를 흩뿌리고, 그 위에 갈릭오일을 뿌린다.

EARLY GIRL TOMATO SAUCE

얼리 걸 토마토소스_ 1½~2½C(340~570g)

얼리 걸(Early Girl, 중간 크기 토마토로 빨리 익는 특징 때문에 가정에서 많이 재배하는 품종)이 제철인 시기는 늦여름에서 가을 사이이므로, 이때 수확하여 달콤하고 풍부한 맛의 소스를 만든다. 이 토마토의 수분을 거의 제거하면 그랜드마 피자(p.147)처럼 으깬 토마토를 토핑하는 모든 피자에 사용할 수 있다. 만일 파스타나 다른 요리용으로 묽은 소스를 만들 때는 수분을 체로 거르지 않으면 된다.

1.8kg(4파운드)_ 잘 익은 얼리 걸 토마토_ 꼭지를 제거한 것

¼C(60g)_ 엑스트라버진 올리브오일

1꼬집_ 고운 바닷소금

1꼬집_ 설탕_ 필요에 따라 추가

2줄기_ 로즈마리

5쪽_ 마늘

오븐의 위쪽 ⅓ 지점에 걸침망을 놓고 260℃(500℉)로 예열한다. ½사이즈 시트팬에 유산지를 깐다.

커다란 금속 볼에 토마토를 담는다. 오일을 뿌리고 버무려서 토마토 전체에 오일을 코팅한다. 유산지를 깔아놓은 시트팬에 토마토를 한 층으로 깔고 오븐에 넣는다. 토마토를 담았던 금속 볼은 씻지 않고 한쪽에 놓아둔다.

토마토의 껍질이 갈라지고 살짝 타서 과육에서 껍질을 완전히 벗겨낼 수 있을 때까지 30분 정도 굽는다.

토마토를 다시 볼에 옮겨 담고 소금, 설탕을 뿌려서 간을 한다. 로즈마리 줄기와 마늘을 토마토 안쪽에 집어넣고 비닐랩으로 밀봉한다. 그대로 30분 동안 실온에 두고 토마토가 식으면서 양념이 배이게 한다.

토마토를 싼 비닐랩을 벗기고 마늘과 로즈마리를 제거한다. 비어 있는 다른 볼 위에 체를 얹는다. 또 다른 세 번째 볼 위에서 구운 토마토를 하나 집어서 껍질을 벗기고 볼에 버린다. 토마토를 손으로 열어서 안에 들어 있는 씨와 질긴 부분을 분리해서 볼에 버리고, 정리한 과육은 손으로 으깨서 체에 담는다. 나머지 토마토도 이와 같은 방법으로 손질한다.

손이나 스푼으로 체에 담긴 토마토를 원을 그리듯이 가볍게 저어서 토마토 과즙을 최대한 많이 빼낸다. 이 토마토로 그랜드마 피자(p.147)를 만들 경우에는 과즙을 거의 제거한 으깬 토마토의 무게가 약 1¼C(285g) 정도면 적당하다. 피자소스를 만들려면 토마토 과즙을 조금 남겨두는 것이 좋지만, 스푼으로 피자에 토핑을 할 때 토마토 육질이 적당히 있으면서도 과즙이 흐르지는 않아야 한다. 파스타용 소스를 만들 때는 이보다 훨씬 묽어야 한다.

이 소스는 밀폐용기에 담아 냉장고에서 3일까지 보관할 수 있다.

QUATTRO FORNI

콰트로 포르니_ 20×20㎝(8×8인치) 피자 1판_ 정사각형 4조각

시칠리아식 피자를 마스터하고 나면 이 피자를 한번 만들어보기 바란다. 이것은 몇 가지 과정이 추가된 시칠리아식 피자다. 만일 바삭하면서도 버터향이 가득한 시칠리안 크러스트를 좋아한다면, 크러스트를 기름에 튀기는 것도 상상해볼 수 있을 것이다.

콰트로 포르니(Quattro forni)는 이탈리아어로 「4개의 화덕」이라는 뜻이며, 한동안 이탈리아에서 유행했던 3가지 화덕에 구웠다는 뜻의 「트레 포르니(tre forni)」 피자에서 아이디어를 얻은 것이다. 그러나 아직 아무도 4가지 이상의 화덕을 이용해 피자를 구운 사람은 없다고 알고 있다.

2012년에 라스베이거스에서 열린 인터내셔널 피자 챌린지(International Pizza Challenge)에 참가했을 때, 나는 2가지 이상의 화덕으로 피자를 굽는 방법에 대해 진지하게 생각해보았다. 최고 중에 최고를 뽑는 마지막 결선 라운드는 전혀 예상할 수 없는 재료가 들어 있는 상자의 내용물을 사용하여 피자를 만들어야 하는 블라인드박스 챌린지였다. 나는 상자 안의 재료가 무엇이든 상관없이 내 피자를 돋보이게 만들 수 있는 비장의 전술을 갖고 싶었다. 그래서 나는 우리에게 허용된 세 종류의 화덕을 전부 사용해서 피자를 만들기로 했다. 처음엔 가스화덕을 사용하고, 두 번째는 전기화덕으로 크러스트를 바삭하게 만든 다음, 마지막으로 장작화덕에 구워서 숯불향이 확연하게 느껴질 수 있게 했다. 심사위원들은 그 과정을 완벽하게 이해했고, 나는 이탈리아, 캐나다, 오스트레일리아 대표를 제치고 근소한 차이로 1등을 수상했다.

카포스(Capo's)를 오픈했을 때 나는 이 아이디어를 활용하고 싶었다. 우리가 가지고 있는 화덕들을 완벽하게 활용하면서 튀기는 과정을 네 번째 단계로 추가해서 테스트를 해보았다. 그렇다. 사실 튀길 때 기술적으로 화덕을 사용하는 것은 아니지만, 나는 이 피자를 콰트로 포르니라고 불렀다. 그리고 오버나이트(overnight)를 거쳐야만 이 피자의 특징이 살아나는 복잡한 과정 때문에 우리는 하루에 20개만 만들고 있다. 사실 이 문제는 우리 레스토랑의 내부적인 사정 때문일 뿐이다.

이 레시피는 카포스의 콰트로 포르니를 가정에서 만들기 위한 버전으로 새롭게 만든 것이다. 가장 이상적인 방법은 가스나 전기를 사용하는 오븐 중 하나와 장작화덕, 이렇게 2가지를 사용하는 것이다. 그리고 오일이 담긴 냄비를 레인지 위에 올리고 튀김용 온도계도 준비해야 한다. 장작화덕이 없다고 해서 이 피자 만들기를 포기할 필요는 없다. 숯불에 구운 풍미를 내는 마지막 단계를 생략하고 트레 포르니라고 부르면 된다. 이 방법은 콰트로 포르니와 똑같은 효과를 얻을 수는 없지만, 신기할 정도로 마치 도우를 직접 기름에 튀긴 것처럼 매우 바삭하면서 부드러운 피자를 맛볼 수 있다.

QUATTRO FORNI

나는 이 레시피의 마무리로 간단하게 프로슈토를 사용하는 것을 좋아하지만, 각자 다른 토핑 재료를 사용해도 괜찮다. 카포스에서 다 구워진 피자를 슬라이스한 다음 애용하는 토핑 재료로는 루콜라, 소프레사타 피칸테, 칼라브레제 페퍼, 얇게 슬라이한 파르미지아노 레지아노치즈, 핫페퍼오일(Hot Pepper Oil, p.231)이 있다.

1개_ 400g(14온스)_ 스타터를 사용하지 않은 시칠리안 도우볼(p.128)

2Ts(30g)_ 올리브오일

카놀라오일_ 튀김용

115g(4온스)_ 홀밀크 모차렐라치즈_ 슬라이스한 것(4장)

넉넉한 ½C(140g)_ 시칠리안 토마토소스(p.134)

½ts(1.5g)_ 곱게 다진 마늘

페코리노 로마노치즈_ 치즈갈이로 간 것_ 뿌리기용

드라이 오레가노_ 뿌리기용

갈릭오일(p.37)_ 뿌리기용

4장 55g(2온스)_ 얇게 슬라이스한 프로슈토(선택)

장작화덕에 불을 붙인다(p.203 〈불 붙이기〉 참조).

냉장고에서 도우볼을 꺼내 비닐랩을 씌운 채로 도우의 온도가 16~18℃(60~65℉)가 될 때까지 실온에 놓아둔다. 그 동안 오븐에 2개의 피자스톤이나 베이킹스틸을 넣고 260℃(500℉)로 1시간 동안 예열한다(p.37 〈시작하기〉 참조).

20×20cm(8×8인치) 크기의 정사각형 스틸팬의 가운데에 오일을 붓는다.

이 도우는 매우 끈적거리므로, 시트팬에 있는 도우를 옮길 때 가장 좋은 방법은 시칠리안팬 위에서 시트팬을 뒤집고 스크레이퍼를 사용하여 도우가 자연스럽게 팬 위로 떨어지게 하는 것이다. 그리고 스크레이퍼로 도우를 다시 뒤집어 도우 양쪽에 오일을 골고루 코팅한다.

p.131 사진을 참조하여 팬 안의 도우를 바깥쪽으로 밀되, 사진 속 도우의 양보다 적은 양의 도우를 펼치는 것을 기억하면서 작업한다.

양 손가락을 쫙 펴고 팬의 네 모서리를 향해 도우를 바깥쪽으로 밀면서 골고루 편다 ❶. 도우가 팬의 가장자리까지 닿게 편평하게 펼쳐야 한다. 도우를 조심스럽게 다루면 찢어지는 일 없이 잘 펼칠 수 있다 ❷. 만약 도우가 모서리까지 닿지 않아도 너무 걱정하지 않아도 된다. 위에 아무것도 덮지 않은 상태에서 따뜻한 곳에 두고 30분 정도 휴지시킨다.

도우를 휴지시키면 다시 늘릴 수 있는 상태가 된다. 가스가 빠져나가지 않도록 도우를 잡아당기지 말고 손 끝으로 가볍게 누르면서 ❸ 도우가 팬 가장자리까지 일정한 두께로 편평하게 펼쳐지도록 모양을 잡는다.

도우가 팬의 테두리 위까지 올라올 만큼 부풀어오를 때까지 1시간 정도 2차발효를 시킨다(도우 위에 아무 것도 덮지 않은 상태로). 발효시간은 실내 온도에 따라 조금씩 다르다. 이때, 도우가 약간 수축되면서 팬 가장자리에서 멀어지거나 적당히 부풀어오르지 않는 것 같아도 절대로 도우를 건드리면 안 된다.

피자를 구울 준비가 되면, 적어도 지름 25cm(10인치)에 깊이 15cm(6인치) 정도의 냄비에 카놀라오일을 5cm 높이까지 붓고 177℃(350℉)까지 가열한 다음 온도를 유지시킨다. ½사이즈 시트팬에 식힘망을 올리고 불 옆에 놓아둔다.

오븐 아랫단의 피자스톤 위에 도우가 담긴 팬을 놓고 7분 동안 굽는다. 윗면이 노릇노릇해지고 크러스트 바닥이 짙은 갈색을 띨 때까지 굽는다(바닥면을 확인하려면 금속 스패츌러를 사용하여 가장자리를 들어서 본다). 오븐에서 팬을 꺼낸 다음, 도우를 뒤집어(팬에 담긴 상태로) 윗면이 편평해지도록 2분 동안 놓아둔다.

크러스트를 뒤집은 채로 조심스럽게 카놀라오일이 담긴 냄비에 넣고 바닥면이 갈색을 띨 때까지 2분 30초~3분 동안 튀긴다. 집게로 도우를 뒤집고 다른 쪽도 갈색이 될 때까지 2분 30초 더 튀긴다. 집게로 크러스트를 꺼내 식힘망으로 옮긴다.

피자도우의 둘레를 따라 1.2cm(½인치)를 남기고 슬라이스한 모차렐라치즈를 골고루 놓는다. 스푼으로 토마토소스를 떠서 도우의 가운데에 올린 다음, 스푼의 볼록한 뒷부분을 사용하여 도우의 중심부에서 바깥쪽으로 나선을 그리면서 치즈를 덮는다. 곱게 다진 마늘을 뿌린다.

피자삽을 사용하여 피자도우를 오븐 윗단의 피자스톤으로 옮기고 치즈가 녹을 때까지 2분 동안 굽는다.

손잡이가 긴 금속 피자삽으로 피자도우를 들어 장작화덕으로 가져간다. 불을 향해 피자삽을 들고, 불꽃으로부터 25cm(10인치) 정도 떨어진 지점에서 피자의 한쪽 가장자리를 바삭하게 굽는다. 피자삽을 불에서 얼마나 떨어뜨릴지는 불의 세기에 따라 다르며, 피자의 네 가장자리가 전부 바삭해질 때까지 피자삽 위의 도우를 돌려가며 총 30초 동안 굽는다(p.207 〈화덕에 굽기〉 사진 ❸ 참조).

다 구워진 피자를 도마로 옮기고 4등분하여 자른다.

마무리로 페코리노 로마노치즈, 오레가노, 갈릭오일을 뿌린다. 4개의 조각 위에 각각 슬라이스한 프로슈토를 적당히 주름지게 올린다.

SICILIAN

California Style
캘리포니아 스타일

1970년대에 캘리포니아 북부의 농가에서 태어나 평생 음식 만드는 일을 해온 사람으로서, 나는 아주 적절한 시기에 적절한 장소에서 태어났다고 생각한다. 길거리 진열대에서 파는 과일에서부터 파머스 마켓까지, 그리고 로컬푸드에서부터 지중해, 라틴, 아시아 등 세계 각 지역의 풍미를 「발견」할 수 있는 다양한 식재료에 이르기까지, 내 삶과 직업을 통해 미국의 모든 먹거리와 관련된 변화를 지켜보며 살아왔다. 그래서 나는 그 모든 것의 출발점이었던 이곳 캘리포니아 출신이라는 사실에 자부심을 느낀다.

이러한 마음가짐으로 나는 늘 좋은 재료, 형식에 얽매이지 않는 기술, 유기농으로 재배한 고대 곡물을 활용하여 놀라울 만큼 조화로운 맛을 가진 완벽한 오리지널 피자를 개발하는 일을 좋아한다. 지금까지 개발한 것들을 내 메뉴에 하나로 모으려고 했을 때, 이런 피자들에 어울리는 카테고리가 없다는 사실을 깨닫게 되었다. 그래서 미국 서부의 창의적인 정신에서 영감을 얻어 나는 그 카테고리의 이름을 아주 심플하게 「캘리포니아 스타일」이라는 두 단어로 결정했다.

CAL-ITALIA

칼-이탈리아_ 지름 33㎝(13인치) 피자 1판_ 6조각

2006년, 나는 조리도구들을 챙겨서 푸드네트워크 피자 챔피언스 챌린지(Food Network Pizza Champions Challenge)에 참가하기 위해 몰 오브 아메리카(Mall of America, 미국 미네소타주 블루밍턴에 위치한 쇼핑몰)로 출장을 갔었다. 기진맥진할 정도로 힘든 대회기간 동안 우리는 수많은 군중과 유명한 심사위원들 앞에서 3개의 기네스 세계기록에 도전했다. 결국 우리는 〈2분 동안 대형 피자를 쉬지 않고 돌리기(Biggest Pizza Continuously Spinning for Two Minutes)〉, 〈30초 동안 가장 넓은 피자도우를 어깨 위에서 쉬지 않고 돌리기(Most Consecutive Rolls Across the Shoulders in 30 Seconds)〉 부문에서 우승을 거두었다.

이에 비해서 3라운드의 요리대회는 식은 죽 먹기처럼 쉬웠다. 우리 팀 네 명은 자리에 모여서 작전을 짰다. 페퍼로니나 소시지와 같이 토핑 재료로 가장 먼저 떠올리는 10가지 재료를 제외한 다른 재료들을 사용하여 10분 안에 아주 맛있는 피자를 창의적으로 만들어내는 것이 우리에게 주어진 임무였다. 나는 본능적으로 내가 좋아하는 캘리포니아 스타일과 이탈리아 스타일을 조합하기로 했다. 그래서 5가지 이탈리아 전통 식재료인 프로슈토, 무화과잼, 고르곤졸라치즈, 아지아고치즈(Asiago cheese, 이탈리아의 베네토 등지에서 우유를 가열 압착해 숙성시킨 반경성치즈), 발사믹 식초를 선택했다. 이것들은 매우 전통적인 식재료이지만, 사실 이탈리아 피자에서는 찾아보기 힘들고 적어도 이 재료들이 모두 토핑되어 있는 모습은 절대로 볼 수 없다. 그러나 우리는 캘리포니아 사람이었고 「왜? 안 될 이유가 있나?」라고 생각했다. 이 조합은 피자 토핑으로 아주 완벽했고, 심사위원들도 깊이 공감했다.

1개 370g(13온스)_ 마스터 도우볼_ 되도록 풀리시를 스타터로 사용한 것(p.52)

밀가루와 세몰리나를 3:1로 섞은 가루_ 덧가루용

55g(2온스)_ 아지아고치즈 조각_ 찬 것을 필러로 얇게 슬라이스한 것

170g(6온스)_ 홀밀크 모차렐라치즈_ 슈레드한 것(1½C)

45g(1½온스)_ 고르곤졸라치즈_ 작게 부순 것

냉장고에서 도우볼을 꺼내 비닐랩을 씌운 채로 도우의 온도가 16~18℃(60~65℉)가 될 때까지 실온에 놓아둔다. 그 동안 오븐에 2개의 피자스톤이나 베이킹스틸을 넣고 260℃(500℉)로 1시간 동안 예열한다(p.37 〈시작하기〉 참조).

작업대에 덧가루를 뿌리고, 도우를 작업대로 옮겨서 그 위에도 덧가루를 뿌린다(p.38 〈작업대로 도우 옮기기〉 참조).

나무 피자삽에 덧가루를 뿌린다.

작업대 위에서 도우를 지름 33㎝(13인치) 크기로 둥글게 펼치고 테두리는 약간 올라오게 만든다(p.39~41 〈도우를 넓게 펼치기〉 참조).

피자삽 위에 도우를 올려놓는다. 작업하는 동안 피자삽을 앞뒤 수평으로 흔들어서 도우가 피자삽에 들러붙지 않는지 확인한다.

CAL-ITALIA

2~3Ts(40~60g)_ 무화과잼_ 달마티아(Dalmatia) 추천

85g(3온스)_ 얇게 슬라이스한 프로슈토(약 6장)

발사믹 글레이즈(p.139)_ 작은 플라스틱 소스병에 담은 것

피자도우의 둘레를 따라 2cm(¾인치)를 남기고 필러로 아지아고치즈를 얇게 슬라이스하여 도우 윗면을 덮는다. 도우 가운데에 슈레드한 모차렐라치즈를 수북이 올리고 손가락으로 골고루 펴서 아지아고치즈를 전부 덮는다.

오븐 윗단의 피자스톤 위로 피자도우를 미끄러뜨리듯이 놓는다(p.42 〈오븐에 피자도우 옮기기〉 참조).

피자도우를 7분 동안 굽는다. 피자삽 위에 도우를 올리고 도우 윗면에 고르곤졸라치즈를 골고루 얹는다. 도우를 180도 돌려서 오븐 아랫단의 피자스톤 위로 옮기고, 크러스트 바닥이 갈색으로 바삭하게 구워지고 윗면이 노릇노릇해질 때까지 3~4분 동안 굽는다.

피자를 도마로 옮기고 웨지모양으로 6등분하여 자른다. 스푼으로 무화과잼을 떠서(약 ¼ts씩) 피자 전체에 조금씩 떨어뜨린다. 슬라이스한 프로슈토를 2~3줄로 길게 찢어서 각각의 슬라이스 위에 적당히 주름지게 올린다. 마무리를 위해 피자 위에 발사믹 글레이즈를 가늘게 나선을 그리듯이 뿌린다.

스톤 그라운드(STONE GROUND) : 옛것의 재탄생

냉압착 올리브오일과 마찬가지로, 스톤 그라운드 곡물가루는 고대의 전통방식을 되살린 것으로 고품질 「슬로푸드」의 대안이 될 수 있다. 강철 롤러를 사용하는 대부분의 대량생산과는 달리 맷돌을 사용하여 곡물을 갈면 열 발생을 최소화할 수 있고, 곡물의 영양성분과 풍미, 곡물 고유의 향긋함을 보존할 수 있다. 그리고 일반적인 기계제분보다 덜 곱게 갈리기 때문에 단당류 함량도 낮고, 혈당지수도 낮다. 스톤 그라운드의 부흥은 이미 이탈리아에서 많이 전파되고 있어서 시모네 파도안(Simone Padoan) 같은 셰프는 직접 맷돌에 간 밀가루를 섞어 만든 브레드와 피자를 선보이고 있다. 이것은 세계적인 추세이므로 앞으로 미국 내에서도 스톤 그라운드 밀가루를 쉽게 볼 수 있게 될 것이고, 현재 전문가용 식재료상점에서 구입할 수 있으므로 한 번 사용해보기 바란다. 나는 물리노 마리노(Mulino Marino)사의 제품을 좋아한다(p.23 참조). 여기서 생산되는 제로 밀가루(0 flour)는 스톤 그라운드 밀가루를 처음 시도하는 사람에게 좋은 재료로, 이 회사에서 만드는 더블제로 밀가루(00 flour)와 섞어서 도우를 만들기도 한다. 전문가들은 이 밀가루나 또 다른 스톤 그라운드 밀가루를 사용하여 수분율을 높인 오토리즈법(p.17)을 활용해보도록 한다.

MULTIGRAIN DOUGH

멀티그레인 도우_ 795g(28온스)

이 도우는 흰 밀가루, 통밀가루, 그리고 풀리시 스타터에 약간 들어가는 호밀가루로 만든다. 이들 곡물가루의 조합은 견과류의 고소한 풍미가 느껴져서 달콤짭짤한 토핑 재료와 잘 어우러진다.

2.5g(1ts)_ 액티브 드라이 이스트

75g(¼C+1Ts)_ 미지근한 물(27~29℃/80~85℉)

408g(3C)_ 단백질 함량 12~13% 밀가루_ 제너럴 밀스의 하베스트 킹 밀가루 또는 센트럴 밀링의 유기농 고산지대 고단백 밀가루 추천

45g(¼C+1Ts)_ 통밀가루_ 센트럴 밀링의 유기농 통밀 중력 밀가루

9g(1Ts)_ 활성 몰트

23g_ 라이 풀리시(p.160)

225g(¾C+3Ts)_ 얼음물

14g(1Ts)_ 고운 바닷소금

5g(1ts)_ 엑스트라버진 올리브오일

베이커스 퍼센티지_ p.310 참조

작은 볼에 이스트를 계량하고 미지근한 물을 부어 30초 동안 섞는다. 이스트가 물에 녹으면서 표면에 약간의 거품이 생길 것이다. 만일 이런 현상이 생기지 않고 이스트 과립이 녹지 않은 상태로 떠 있다면 이스트가 사멸된 것이므로 버려야 한다. 유효기간이 많이 남은 새로운 이스트를 계량해서 물에 다시 녹인다.

후크를 끼운 스탠드 믹서의 볼에 밀가루, 통밀가루, 몰트를 넣고 섞는다. 믹서를 가장 낮은 속도로 돌리면서 계량한 얼음물에서 2Ts 정도만 남기고 믹서볼에 붓는다. 이어서 이스트를 녹인 물을 붓고, 남겨두었던 얼음물 2Ts을 이스트를 녹인 볼에 부어 남아 있는 이스트를 헹군 다음 믹서볼에 붓는다. 15초 정도 후에 믹서를 멈추고 풀리시를 넣는다.

대부분의 반죽이 후크 주위로 뭉칠 때까지 약 1분 동안 믹서를 저속으로 돌리다가 멈춘다. 손가락으로 후크에 붙어 있는 반죽을 떼어내고, 볼 스크레이퍼나 고무주걱을 사용하여 믹서볼 옆면과 바닥에 붙어 있는 반죽을 긁어낸다.

소금을 넣고 잘 섞일 때까지 저속으로 1분 동안 돌린다. 볼 바닥에 섞이지 않은 마른 가루가 있는지 확인하고, 반죽을 뒤집어 볼 바닥에 눌러서 흩어져 있는 반죽 조각들을 뭉친다. 반죽이 잘 뭉쳐지지 않으면 소량의 물을 추가하면서(약 ½ts부터 시작한다) 더 이상 마른 재료가 보이지 않고 한 덩어리가 될 때까지 믹싱한다.

믹서를 멈추고 후크에 달라붙은 반죽을 떼어낸 후 오일을 넣는다. 중간 중간 믹서를 멈추고 후크에서 반죽을 떼어내며, 볼 스크레이퍼로 볼 옆면에 붙어 있는 반죽을 긁어내리면서 오일이 반죽과 완전히 섞일 때까지 1~2분 동안 믹싱한다. 반죽이 완벽하게 매끄러워 보이지는 않을 것이다.

CALIFORNIA STYLE

MULTIGRAIN DOUGH

볼 스크레이퍼를 사용하여 믹서볼에서 도우를 꺼내 덧가루를 뿌리지 않은 깨끗한 작업대로 옮긴다. 도우가 끈적거리므로 반죽을 할 수 있을 정도만 덧가루를 뿌리고 도우가 매끄러워질 때까지 2~3분 동안 손으로 반죽을 한다(p.32 〈도우 반죽하기〉 참조). 젖은 행주로 덮어서 실온에서 20분 동안 휴지시킨다.

도우 커터로 도우를 적당히 펼쳐서 2~3등분한다(각 레시피가 요구하는 분량에 맞게 나눈다). 분할한 덩어리마다 무게를 재고 필요한 무게로 맞춘다. 이 경우에 작은 도우 덩어리가 남을 수도 있다.

분할한 도우를 공모양으로 만든다(p.34 〈도우볼 만들기〉 참조). 도우볼들을 ½사이즈 시트팬에 약 8㎝(3인치) 간격으로 배열한다. 만약 도우볼들을 각기 다른 날에 구울 계획이라면 ¼사이즈 시트팬에 하나씩 나누어 올린다. 도우볼이 담긴 시트팬을 공기가 통하지 않게 비닐랩으로 바닥면까지 이중으로 단단하게 감싼다. 냉장고의 편평한 곳에 넣고 24~48시간 동안 냉장숙성발효시킨다.

RYE POOLISH
라이 풀리시_ 90g

0.12g(⅛ts의 ⅓)_ 액티브 드라이 이스트

47g(3Ts+1ts)_ 찬물

47g(⅓C)_ 흑호밀가루_ 센트럴 밀링의 유기농 흑호밀가루 추천

작은 볼에 이스트를 계량하고 미지근한 물을 부어 30초 동안 섞는다. 이스트가 물에 녹으면서 표면에 약간의 거품이 생길 것이다. 만일 이런 현상이 생기지 않고 이스트 과립이 녹지 않은 상태로 떠 있다면 이스트가 사멸된 것이므로 버려야 한다. 유효기간이 많이 남은 새로운 이스트를 계량해서 물에 다시 녹인다.

이스트를 녹인 물에 흑호밀가루를 넣고 고무주걱으로 잘 섞는다. 마치 되직한 팬케이크 반죽 같은 농도가 된다.

볼 옆면에 붙어 있는 반죽을 깨끗하게 긁어내린 다음, 비닐랩으로 덮어서 18시간 정도 실온에 놓아둔다. 반죽을 약간 차갑게 만들려면 냉장고에 30분 정도 넣어둔다.

스타터를 곧바로 사용할 계획이 없으면 냉장고에 보관하되, 8시간 이상을 넘기지 않도록 한다. 사용하기 전에는 서늘한 실온에 옮겨 놓는다.

HONEY PIE

허니 파이_ 지름 33cm(13인치) 피자 1판_ 6조각

토니스 피자 나폴레타나(Tony's Pizza Napoletana) 건물의 지붕에는 2개의 벌집이 있어서 우리는 1년에 3번 꿀을 채집한다. 요리 위에 마무리로 뿌리기에 아주 적당한 농도와 옅은 황금빛을 띠는 그 꿀을 이 피자를 통해서 보여주려고 한다. 이 피자는 멀티그레인「화이트 파이」를 구운 후, 그 위에 몇 가지 재료를 올리면 간단하게 완성된다. 마무리를 할 때는 캐러멜라이즈한 양파에 맥주를 넣은 묽은 반죽을 입혀서 튀긴 것, 칼라브레제 페퍼, 얇게 슬라이스한 프로볼로네치즈, 신선한 칠리, 차이브를 얹고, 그 위에 꿀을 넉넉하게 뿌린다. 피자에 꿀을 사용하는 것이 어쩌면 낯설게 느껴질 수도 있지만, 수년간의 경험을 통해서 나는 달콤한 맛, 짠맛, 매운맛, 신맛, 쌉쌀한 맛이 어우러졌을 때의 균형감 있는 맛의 매력을 알게 되었기 때문에 다른 맛들과 조화를 이루기 위해 항상 꿀을 사용하고, 특히 매콤하고 자극적인 맛에는 더욱 자주 사용한다.

CALIFORNIA STYLE

1개 370g(13온스)_ 멀티그레인 도우볼 (p.159)

밀가루와 세몰리나를 3:1로 섞은 가루_ 덧가루

1개_ 양파 큰 것

올리브오일_ 양파 캐러멜라이즈용

고운 바닷소금

카놀라오일_ 튀김용

¼C_ 맥주_ 필요에 따라 추가

4⅛Ts(35g)_ 중력분_ 필요에 따라 추가

금방 간 흑후추

200g(7온스)_ 홀밀크 모차렐라치즈_ 슈레드한 것 (1¾C)

1ts(5g)_ 으깬 칼라브레제 페퍼

2Ts(42g)_ 꿀_ 취향에 따라 가감

냉장고에서 도우볼을 꺼내 비닐랩을 씌운 채로 도우의 온도가 16~18℃(60~65℉)가 될 때까지 실온에 놓아둔다. 그 동안 오븐에 2개의 피자스톤이나 베이킹스틸을 넣고 260℃(500℉)로 1시간 동안 예열한다(p.37 〈시작하기〉 참조).

양파를 뿌리 부분까지 세로로 반 자른다. 도마 위에 양파의 단면이 아래로 가게 놓고 뿌리 끝과 줄기 끝을 잘라서 버린다. 반으로 자른 양파 표면에 있는 세로줄을 살펴본다. 날카로운 칼을 잡고(비스듬히) 첫 번째 세로줄에 맞추어 끝까지 자른다. 칼의 각도를 바꾸어 세로줄의 간격이 1.2cm(½인치) 정도 되는 지점에 대고 선을 따라 자르면 양파를 초승달모양으로 썰 수 있다. 이런 방법으로 양파를 자르면 가로로 자를 때보다 좀 더 균일하게 부드러워진다. 나머지 양파 반쪽도 같은 방법으로 자른다.

프라이팬에 올리브오일을 두르고 중간불–센 불로 달군다. 양파를 넣은 후 소금으로 간을 하고, 가끔씩 저으면서 양파가 부드러워질 때까지 약 4분 동안 볶는다. 중간불로 줄이고, 양파가 옅은 갈색으로 캐러멜화될 때까지 3~4분 동안 볶는다. 완성된 양파는 체에 거른 후 키친타월로 수분을 살짝 제거한다.

피자를 굽기 30분 전에, 적어도 지름 25cm(10인치)에 깊이 15cm(6인치) 정도의 냄비에 카놀라오일을 5cm 높이까지 붓고 177℃(350℉)까지 가열한다. ¼사이즈 시트팬에 식힘망을 올리고 레인지 옆 따뜻한 곳에 놓아둔다.

볼에 맥주와 밀가루를 넣고 잘 섞는다. 이 튀김용 반죽은 묽은 팬케익 반죽 정도의 농도가 적당하다.

HONEY PIE

2Ts(14g)_ 얇게 슬라이스한 세라노 칠리(씨 포함)

프로볼로네치즈 작은 조각_ 찬 것을 필러로 얇게 슬라이스한 것

1Ts(4g)_ 신선한 차이브_ 다진 것

튀김옷이 잘 입혀지는지 확인하기 위해 양파 몇 조각에 튀김옷을 입혀 튀겨본다. 튀김옷이 너무 두꺼우면 맥주를 조금 더 넣고, 튀김옷이 너무 얇으면 밀가루를 조금 더 넣어서 농도를 조절한다. 양파 조각에 튀김옷을 입혀 뜨거운 기름에 넣고 튀긴다(한꺼번에 너무 많은 양을 넣지 않는다). 가끔씩 저으면서 온도를 일정하게 유지시키고, 노릇노릇하고 바삭해질 때까지 약 3분 정도 튀긴다. 다 튀긴 양파는 건지개로 건져 식힘망으로 옮겨 기름을 뺀 후, 곧바로 소금과 후추로 간을 한다. 같은 방법으로 나머지 양파 조각을 튀긴다.

작업대에 덧가루를 뿌리고, 도우를 작업대로 옮겨서 그 위에도 덧가루를 뿌린다(p.38 〈작업대로 도우 옮기기〉 참조).

나무 피자삽에 덧가루를 뿌린다. 작업대 위에서 도우를 지름 33㎝(13인치) 크기로 둥글게 펼치고 테두리는 약간 올라오게 만든다(p.39~41 〈도우를 넓게 펼치기〉 참조).

피자삽 위에 도우를 올려놓는다. 작업하는 동안 피자삽을 앞뒤 수평으로 흔들어서 도우가 피자삽에 들러붙지 않는지 확인한다.

피자도우의 가운데에 슈레드한 모차렐라치즈를 수북이 올리고, 도우의 둘레를 따라 2㎝(¾인치)를 남기고 손가락 끝으로 도우 윗면에 골고루 펼친다.

오븐 윗단의 피자스톤 위로 피자도우를 미끄러트리듯이 옮기고(p.42 〈오븐에 피자도우 옮기기〉 참조) 6분 동안 굽는다. 피자삽 위에 도우를 올리고 180도 돌려서 오븐 아랫단의 피자스톤 위로 옮긴다. 크러스트 바닥이 갈색으로 바삭하게 구워지고 윗면이 노릇노릇해질 때까지 4~5분 동안 굽는다.

피자를 도마로 옮겨서 웨지모양으로 6등분하여 자른다. 슬라이스한 피자마다 칼라브레제 페퍼를 골고루 올리고 스푼의 볼록한 뒷부분으로 펴 바른다. 피자 위에 꿀 1Ts을 골고루 뿌리고, 세라노 칠리의 반을 흩뿌린다. 튀긴 양파를 골고루 올리고, 필러를 사용하여 프로볼로네치즈를 얇게 슬라이스하여 올린다. 나머지 꿀 1Ts을 뿌린 다음(원하면 더 많이 뿌려도 좋다), 나머지 세라노 칠리와 차이브도 골고루 뿌린다.

EDDIE MUENSTER

에디 먼스터_ 지름 33㎝(13인치) 피자 1판_ 6조각

나는 언제나 크리미하게 녹은 먼스터(Muenster, 우유로 만들며 숙성기간이 짧은 미국의 반연성치즈) 치즈의 부드러운 풍미를 좋아한다. 가끔 피체리아 메뉴로 등장하기도 하는 이 치즈를 사용한 피자를 소개하려고 한다. 소프트 치즈란 점을 보완하기 위해 나는 일반적이지 않은 베이킹 테크닉을 활용해보았다. 얇고 편평한 플랫브레드(flatbread)를 굽듯이, 도우를 미리 구워서 공갈빵처럼 부풀어오르면 납작하게 눌러서 바닥면이 위로 오게 뒤집은 다음 그 위에 토핑을 하고 다시 굽는 방식이다. 이렇게 만들면 다른 피자보다 더 잘 휘어지는 신크러스트(thin-crust) 피자가 된다. 결과적으로 나는 이 피자에 바삭함을 더하기 위해 색다른 아이디어를 생각하게 되었다. 바로 완성된 피자 위에 집에서 바삭하게 구운 케일 칩을 올리는 것이었다. 여기에 베이컨, 우리 건물 지붕 위에서 채취한 벌꿀, 매콤한 칼라브레제 페퍼를 올리고, 금방 짠 레몬즙을 뿌렸다. 마지막으로 이 피자의 이름을 정해야 했을 때 먼스터(Muenster)란 단어가 떠올랐다.

CALIFORNIA STYLE

1개 370g(13온스)_ 마스터 도우볼_ 되도록 풀리시를 스타터로 사용한 것(p.52)

밀가루와 세몰리나를 3:1로 섞은 가루_ 덧가루용

1⅓장 55g_ 베이컨_ 1.2㎝(½인치) 크기로 썬 것

3장 50g_ 카볼로 네로(cavolo nero), 공룡케일이라고도 부르는 투스칸 케일(Tuscan Kale)

카놀라오일_ 튀김용

고운 바닷소금

170g(6온스)_ 먼스터치즈_ 얇게 슬라이스한 것(9장)

1½ts(7g)_ 으깬 칼라브레제 페퍼_ 취향에 따라 가감

1ts(7g)_ 꿀_ 취향에 따라 가감

1조각_ 웨지모양으로 자른 레몬

냉장고에서 도우볼을 꺼내 비닐랩을 씌운 채로 도우의 온도가 16~18℃(60~65℉)가 될 때까지 실온에 놓아둔다. 그 동안 오븐에 2개의 피자스톤이나 베이킹스틸을 넣고 260℃(500℉)로 1시간 동안 예열한다(p.37 〈시작하기〉 참조).

작은 프라이팬을 중간불-센 불에 올려서 달군 후 베이컨을 넣는다. 중간불로 줄이고, 베이컨에서 지방이 대부분 녹아 나오고 부드러워질 때까지 가끔 저으면서 1분 30초 동안 가열한다. 불에서 내려 녹은 지방을 거르지 않고 그대로 놓아둔다.

케일의 굵은 줄기 부분을 잘라내고, 물에 깨끗이 헹궈서 물기를 제거한다. 케일을 2.5㎝(1인치) 크기로 자른다. 이 피자에 사용할 분량은 1C(35g)이다.

피자를 굽기 30분 전에, 직어도 지름 25㎝(10인치)에 깊이 15㎝(6인지) 정도의 냄비에 카놀라오일을 5㎝ 높이까지 붓고 177℃(350℉)까지 가열한다. ¼사이즈 시트팬에 식힘망을 올리고 레인지 옆 따뜻한 곳에 놓아둔다.

케일의 물기를 아무리 잘 제거한다 해도 케일을 튀길 때는 기름이 많이 튄다. 그러므로 케일을 뜨거운 기름에 떨어뜨릴 때는 한손에 튀김망이나 프라이팬 뚜껑을 들고 있다가 케일을 기름에 넣자마자 곧바로 덮는다. 기름이 일정한 온도를 유지하도록 불 조절에 신경 쓴다. 튀겨지는 소리가 작아지면 뚜껑을 열고 기름의 기포가 잦아들 때까지 2~3분 동안 튀긴다. (기포가 더 이상 생기지 않는 것은 수분이 날아가서 케일이 바삭해졌다는 것을 알려주는 신호이다.) 다 튀겨지면 건지개로 건져 식힘망으로 옮긴 후 최대한 기름을 빼고 재빨리 소금을 살짝 뿌린다.

EDDIE MUENSTER

작업대에 덧가루를 뿌리고, 도우를 작업대로 옮겨서 그 위에도 덧가루를 뿌린다(p.38 〈작업대로 도우 옮기기〉 참조).

나무 피자삽에 덧가루를 뿌린다.

〈피자도우 밀어 펴기〉(p.111)의 설명대로, 밀대를 사용하여 도우를 지름 38㎝(15인치) 크기로 둥글게 민 다음 피자휠로 도우의 테두리를 잘라서 지름 33㎝(13인치)의 원형으로 만든다. 도우의 단면을 눌러서 편평하게 만들고, 스파이크 롤러나 포크로 도우 표면에 구멍을 낸다.

피자삽 위에 도우를 올려놓는다. 작업하는 동안 피자삽을 앞뒤 수평으로 흔들어서 도우의 바닥이 피자삽에 들러붙지 않았는지 확인한다.

오븐 윗단의 피자스톤 위로 피자도우를 미끄러트리듯이 옮기고(p.42 〈오븐에 피자도우 옮기기〉 참조) 2분 동안 굽는다. 피자삽 위에 도우를 올린 다음(어느 정도 익어서 단단해졌지만 색이 나지는 않은 상태) 뒤집고, 크고 넓은 금속 스패츌러로 부풀어오른 도우를 눌러서 납작하게 만든다. 둥근 도우를 180도 돌려서 아랫단의 피자스톤 위로 옮기고 1분 동안 굽는다.

오븐에서 둥글게 구워진 피자도우를 꺼내 도마로 옮긴다. (또는 작업대에 피자삽을 놓을 공간이 있으면 피자삽 위에서 곧바로 작업해도 된다). 도우의 둘레를 따라 2㎝(¾인치)를 남기고 슬라이스한 먼스터치즈를 도우 윗면에 골고루 배열한다. 그리고 치즈 위에 베이컨을 골고루 흩뿌린다.

토핑한 피자도우를 피자삽 위에 올리고(도마 위에서 토핑한 경우) 오븐 윗단의 피자스톤 위로 미끄러뜨리듯이 놓고 2분 동안 굽는다. 피자삽 위로 도우를 다시 올려서 180도 돌린 다음 오븐 아랫단의 피자스톤 위로 옮긴다. 크러스트의 바닥이 갈색으로 바삭하게 구워지고 크러스트의 윗면이 노릇노릇해질 때까지 2분 더 굽는다.

피자를 도마로 옮기고 웨지모양으로 6등분하여 자른다. 각 슬라이스 위에 칼라브레제 페퍼를 골고루 올리고 스푼의 볼록한 뒷부분으로 펴 바른다. 그 위에 케일칩을 올리고, 마무리로 꿀을 뿌린다.

피자를 서빙한 후, 먹기 직전에 피자 슬라이스 위에 레몬즙을 짠다.

GUANCIALE AND QUAIL EGG

구안치알레 & 퀘일에그_ 지름 33㎝(13인치) 피자 1판_ 6조각

캘리포니아 같은 피자의 신생지역에서는 이 피자에 베이컨과 달걀을 사용한다. 베이컨의 맛을 강렬하게 느낄 수 있는 구안치알레(guanciale, 이탈리아 중부지역 특산물로 돼지고기의 볼과 턱살로 만든 베이컨)를 사용하고, 달걀 대용으로 캘리포니아주를 상징하는 새인 메추리알을 사용한다. 여기에 감자를 추가하면 피자로 만든 브런치가 완성된다.

1개 370g(13온스)_ 멀티그레인 도우볼(p.159)

밀가루와 세몰리나를 1:1로 섞은 가루_ 덧가루용

½ts(0.5g)_ 드라이 라벤더 간 것

2Ts(28g)_ 고운 바닷소금

1개 85g(3온스)_ 감자_ 지름 5㎝(2인치)

200g(7온스)_ 홀밀크 모차렐라치즈_ 슈레드한 것 (1¾C)

18g(0.6온스)_ 얇게 슬라이스한 구안치알레

30g(1온스)_ 얇게 슬라이스한 숙성 초리조 (chorizo, 돼지고기로 매콤하게 만든 스페인 소시지)_ 프라 마니(Fra Mani) 추천

3개_ 메추리알

¼C(55g)_ 프로마주 블랑(formage blanc, 신맛이 나는 크림치즈)

1ts(5g)_ 으깬 칼라브레제 페퍼

신선한 로즈마리 다진 것_ 뿌리기용

냉장고에서 도우볼을 꺼내 비닐랩을 씌운 채로 도우의 온도가 16~18℃(60~65℉)가 될 때까지 실온에 놓아둔다. 그 동안 오븐에 2개의 피자스톤이나 베이킹스틸을 넣고 260℃(500℉)로 1시간 동안 예열한다(p.37 〈시작하기〉 참조).

라벤더와 소금을 섞어 라벤더소금을 만든다. 작은 돌절구가 있으면 라벤더와 소금을 함께 넣고 곱게 갈아 준비해놓는다.

만돌린 슬라이서(채칼)를 사용하여 감자를 종잇장처럼 얇게 슬라이스한 다음, 아주 차가운 소금물에 담근다. 30분 동안 담갔다가 건져내고, 다시 새로운 소금물로 바꾸어 담근다. 물에서 건져 키친타월로 물기를 제거한다.

작업대에 덧가루를 뿌리고, 도우를 작업대로 옮겨서 그 위에도 덧가루를 뿌린다(p.38 〈작업대로 도우 옮기기〉 참조).

나무 피자샵에 덧가루를 뿌린다. 작업대 위에서 도우를 지름 33㎝(13인치) 크기로 둥글게 펼치고 테두리는 약간 올라오게 만든다(p.39~41 〈도우를 넓게 펼치기〉 참조).

피자샵 위에 도우를 올려놓는다. 작업하는 동안 피자샵을 앞뒤 수평으로 흔들어서 도우의 바닥이 피자샵에 들러붙지 않았는지 확인한다.

피자도우 가운데에 슈레드한 모차렐라치즈를 수북이 올린 다음, 도우의 둘레를 따라 2㎝(¾인치)를 남기고 손가락 끝으로 도우 윗면에 골고루 펼친다. 치즈 위에 슬라이스한 감자를 배열한다.

오븐 윗단의 피자스톤 위로 피자도우를 미끄러뜨리듯이 옮기고(p.42 〈오븐에 피자도우 옮기기〉 참조) 7분 동안 굽는다.

CALIFORNIA STYLE

GUANCIALE AND QUAIL EGG

오븐에서 도우피자를 꺼내 도마로 옮긴다(또는 작업대에 피자삽을 내려놓을 공간이 있으면 피자삽 위에서 곧바로 작업해도 된다). 슬라이스한 구안치알레와 초리조를 도우 윗면에 골고루 배열한다. 군데군데에 메추리알을 깨서 놓는다. 피자삽 위에 토핑한 도우를 올려서(도마 위에서 토핑한 경우) 180도 돌린 다음 오븐 아랫단의 피자스톤 위로 옮긴다. 크러스트의 바닥이 갈색으로 바삭하게 구워지고 크러스트의 윗면이 노릇노릇해질 때까지 3분 더 굽는다. 만일 메추리알을 좀 더 익히고 싶다면 마무리될 때까지 오븐 안에 그대로 놓아둔다.

피자를 도마로 옮기고, 메추리알이 잘리지 않게 주의하면서 웨지모양으로 6등분하여 자른다. 가니시로 프로마주 블랑을 작은 스푼으로 떠서 군데군데 올리고, 칼라브레제 페퍼도 조금씩 올린다. 마무리로 로즈마리를 흩뿌리고, 라벤더소금도 가볍게 뿌린다.

CAMPARI

캄파리_ 지름 33㎝(13인치) 피자 1판_ 6조각

나는 씁쓸하면서도 단맛이 나고 허브향이 감도는 캄파리(Campari, 이탈리아의 가스파레 캄파리가 만든 붉은색 리큐어)를 아주 좋아해서 피자에 활용할 수 있는 방법을 늘 궁리했다. 그리고 떠오른 생각은 캄파리를 희석해서 만든 루비레드색 캄파리 시럽을 피니싱 터치로 뜨거운 피자 위에 흩뿌려서 피자를 한 입 베어물었을 때 가장 먼저 캄파리의 맛을 느끼게 하는 방법이었다. 이렇게 하면 마치 식전주를 마시는 기분이 들지 않을까? 그리하여 이 첫맛은 당신의 식욕을 자극할 것이고, 곧바로 피자에 토핑한 판체타, 에스카롤(엔다이브의 일종으로 약간 쓴맛이 있다), 크리미한 고트치즈(염소젖으로 만든 치즈)가 당신의 식욕을 만족시켜줄 것이다. 결국 식전주와 전채요리를 한꺼번에 맛볼 수 있는 것이다.

나는 이 피자로 이탈리아 살소마죠레(Salsomaggiore)에서 열린 월드 피자 챔피언십(World Pizza Champion Ships)에 출전했고, 캄파리사는 나의 스폰서가 되어주었다. 다른 무엇보다도 그 의미는 내가 만든 피자를 대회장의 홀에 가지고 나갈 때, 하이힐을 신은 키 180㎝의 미스 캄파리 두 명이 캄파리사의 모자를 착용하지 않고 나를 에스코트해준다는 사실이었다. 우리가 대회장에 들어서는 순간, 거기에 있던 모든 심사위원들은 우리를 보자마자 먹던 일을 멈추고 얼어붙었다. 그 피자는 세계 각지에서 출전한 400팀 중에서 8위를 했고, 피자대회에서는 독특하게 피자에 식전주의 개념을 접목시킨 첫 피자였다는 점과 더불어 슈퍼모델로 인해 모두에게 깊은 인상을 남겼다.

CALIFORNIA STYLE

1개 370g(13온스)_ 마스터 도우볼 1개_ 되도록 풀리시를 스타터로 사용한 것(p.52)

밀가루와 세몰리나를 4:1로 섞은 가루_ 덧가루용

캄파리 시럽

⅓C(75g)_ 캄파리

¼C(65g)_ 붉은 오렌지 시럽_ 예를 들어 토라니(Torani)

앙고스투라 비터스 몇 방울

캄파리 시럽을 만든다. 바닥이 두꺼운 작은 소스팬에 캄파리를 붓고 센 불로 끓인다. 1분 30초 동안 끓이다가 붉은 오렌지 시럽을 넣고 2분 더 끓인다. 앙고스투라 비터스를 넣고 1분 더 끓인다. 소스팬을 불에서 내려 농도를 확인한다. 스푼으로 떠서 접시에 뿌렸을 때 메이플 시럽의 농도면 적당하다. 농도가 그보다 묽으면 다시 불에 올려 좀 더 끓이면서 농도를 사수 확인한다. 완성된 시럽의 양은 3Ts 정도가 적당하다. 이 시럽을 작은 플라스틱 소스통에 담아 실온에서 3일까지 보관할 수 있다.

냉장고에서 도우볼을 꺼내 비닐랩을 씌운 채로 도우의 온도가 16~18℃(60~65℉)가 될 때까지 실온에 놓아둔다. 그 동안 오븐에 2개의 피자스톤이나 베이킹스틸을 넣고 260℃(500℉)로 1시간 동안 예열한다(p.37〈시작하기〉참조).

그 동안 판체타를 길이 4㎝(1½인치), 두께 6㎜(¼인치) 크기의 성냥개비모양으로 자른다. 불규칙하게 자른 것이 더 보기 좋으므로 크기를 맞춰 자르려고 신경 쓰지 않아도 된다. 작은 프라이팬을 중간불~센 불로 달군다. 판체타를 넣고 중간불로 줄인 다음, 대부분의 지방이 녹아 나오고 판체타가 부드러워질 때까지 자주 저으면서 2분 정도 가열한다. 불에서 내려 녹은 지방을 거르지 않고 한쪽에 놓아둔다.

CAMPARI

30g(1온스)_ 슬라이스한 판체타

200g(7온스)_ 홀밀크 모차렐라치즈_ 슈레드한 것 (1¾C)

레드페퍼 플레이크_ 뿌리기용

45g(1.5온스)_ 프레시 고트치즈_ 로라 셰넬 (Laura Chenel) 추천

55g(2온스)_ 에스카롤_ 굵은 줄기는 제거하고 2cm(¾인치) 크기로 썬 것

30g_ 페퍼듀페퍼 세로로 자른 것

엑스트라버진 올리브오일_ 뿌리기용

작업대에 덧가루를 뿌리고, 도우를 작업대로 옮겨서 그 위에도 덧가루를 뿌린다(p.38 〈작업대로 도우 옮기기〉 참조).

나무 피자샵에 덧가루를 뿌린다. 작업대 위에서 도우를 지름 33cm(13인치) 크기로 둥글게 펼치고 테두리는 약간 올라오게 만든다(p.39~41 〈도우를 넓게 펼치기〉 참조).

피자샵 위에 도우를 올려놓는다. 작업하는 동안 피자샵을 앞뒤 수평으로 흔들어서 도우의 바닥이 피자샵에 들러붙지 않았는지 확인한다.

피자도우 가운데에 슈레드한 모차렐라치즈를 수북이 올린 다음, 도우의 둘레를 따라 2cm(¾인치)를 남기고 손가락 끝으로 도우 윗면에 골고루 펼친다. 치즈 위에 판체타를 흩뿌린다.

오븐 윗단의 피자스톤 위로 피자도우를 미끄러뜨리듯이 옮기고(p.42 〈오븐에 피자도우 옮기기〉 참조) 7분 동안 굽는다. 피자샵 위에 도우를 올리고 180도 돌린 다음 오븐 아랫단의 피자스톤 위로 옮긴다. 크러스트의 바닥이 갈색으로 바삭하게 구워지고 크러스트의 윗면이 노릇노릇해질 때까지 4~5분 더 굽는다.

피자를 도마로 옮기고 웨지모양으로 6등분하여 자른다. 피자 윗면에 레드페퍼 플레이크를 흩뿌리고, 손가락으로 고트치즈를 부수어 골고루 뿌린다. 피자 위에 에스카롤과 페퍼듀페퍼를 골고루 올리고, 마무리로 캄파리 시럽과 올리브오일을 뿌린다.

ORGANIC THREE CHEESE

오가닉 3치즈_ 지름 30㎝(12인치) 피자 1판_ 6조각

이 피자에는 언제나 크러스트에서 토핑에 이르기까지 전부 유기농 재료만 사용한다. 내가 아주 좋아하는 두 가지 캘리포니아 유기농 치즈에 바치는 찬사의 의미로 이 피자를 만들었는데, 그 중에 한 가지는 카우걸 크리머리(Cowgirl Creamery)에서 생산하는 지방 함량 75% 이상의 버터 같은 트리플 크림치즈인 마운틴 탐(Mt. Tam)이고, 다른 하나는 니카시오 밸리 치즈 컴퍼니(Nicasio Valley Cheese Company)에서 만드는 스위스 이탈리안 스타일의 라이트한 니카시오 리저브(Nicasio Reserve)이다. 치즈맛이 진하고 풍부한 이 피자를 민들레잎의 쌉쌀한 풍미가 깔끔하게 마무리해준다. 이보다 덜 쌉쌀한 맛을 원하면 브로콜리, 근대, 케일, 로마네스코(브로콜리의 일종), 또는 각자 좋아하는 제철 녹색채소 등을 사용하면 된다.

1개 255g(9온스)_ 유기농 도우볼(p.181)

밀가루_ 덧가루용

55g(2온스)_ 민들레잎

올리브오일_ 민들레잎 조리용

고운 바닷소금

140g(5온스)_ 유기농 샤프 화이트 체다치즈_ 시에라 네바다(Sierra Nevada) 추천_ 슈레드한 것(1¼C)

½ts(1.5g)_ 다진 마늘

55g(2온스)_ 카우걸 크리머리의 유기농 마운틴 탐 치즈

30g(1온스)_ 니카시오 밸리 치즈 컴퍼니의 유기농 니카시오 리저브 치즈 조각_ 찬 것을 필러로 얇게 슬라이스한 것

레드페퍼 플레이크_ 뿌리기용

냉장고에서 도우볼을 꺼내 비닐랩을 씌운 채로 도우의 온도가 16~18℃(60~65℉)가 될 때까지 실온에 놓아둔다. 그 동안 오븐에 2개의 피자스톤이나 베이킹스틸이나 피자스톤을 넣고 260℃(500℉)로 1시간 동안 예열한다(p.37 〈시작하기〉 참조).

민들레잎의 굵은 줄기 부분은 잘라서 버린다. 잎을 세로로 반 잘라서 찬물에 깨끗이 헹구고 물기를 제거한다.

프라이팬에 오일을 두르고 중간불로 달군다. 손질한 민들레잎을 넣고 소금을 뿌린 다음, 숨이 죽을 때까지 계속 저으면서 1분 30초 정도 가열한다. 접시에 옮겨 담고 식힌다.

도우를 넓게 펼칠 준비가 되면, 오븐을 브로일 모드로 켠다. (가지고 있는 오븐의 브로일 기능에 온도 조절이 가능하다면 처음 이 피자를 만들 때는 가장 높은 온도로 설정한다. 그리고 크러스트가 충분히 구워지기 전에 피자 윗면이 너무 어두운 색이 나온다면 다음부터는 중간 온도로 설정한다.)

작업대에 덧가루를 뿌리고, 도우를 작업대로 옮겨서 그 위에도 덧가루를 뿌린다(p.38 〈작업대로 도우 옮기기〉 참조).

나무 피자삽에 덧가루를 뿌린다. 작업대 위에서 도우를 지름 30㎝(12인치) 크기로 둥글게 펼치고 테두리는 약간 올라오게 만든다(p.39~41 〈도우를 넓게 펼치기〉 참조).

피자삽 위에 도우를 올려놓는다. 작업하는 동안 피자삽을 앞뒤 수평으로 흔들어서 도우의 바닥이 피자삽에 들러붙지 않았는지 확인한다.

ORGANIC THREE CHEESE

피자도우의 가운데에 슈레드한 체다치즈를 수북이 올린 다음, 도우의 둘레를 따라 2㎝(¾인치)를 남기고 손가락 끝으로 도우 윗면에 골고루 펼친다.

브로일 기능마다 화력이 서로 다르기 때문에 피자가 순식간에 탈 수 있으므로, 피자가 구워지는 동안 옆에서 지켜봐야 한다. 오븐 윗단의 베이킹스틸 위로 피자도우를 미끄러뜨리듯이 옮기고(p.42 〈오븐에 피자도우 옮기기〉 참조) 브로일 모드로 1분 동안 굽는다. 피자삽 위에 도우를 올리고 180도 돌린 다음, 다시 오븐 윗단의 베이킹스틸 위에 놓고 도우의 가장자리에 검은 반점들이 군데군데 생기고 전체적으로 노릇노릇해질 때까지 브로일 모드로 1분 더 굽는다.

오븐에서 피자도우를 꺼내 다진 마늘을 흩뿌린다.

피자도우를 오븐 아랫단의 베이킹스틸로 옮긴다. 브로일 모드 그대로 1분 더 굽다가, 도우를 180도 돌려서 다시 오븐 아랫단의 베이킹스틸 위에 놓고 크러스트 바닥이 짙은 갈색을 띨 때까지 1분 더 굽는다.

피자를 도마로 옮기고 웨지모양으로 6등분하여 자른다. 피자 위에 민들레잎을 골고루 배열한다. 손으로 마운틴 탐을 떼어서 군데군데 올리고, 필러로 니카시오 리저브 치즈를 얇게 슬라이스하여 올린다. 마무리로 레드페퍼 플레이크를 1꼬집 흩뿌린다.

CALIFORNIA STYLE

EGGPLANT AND OLIVE

에그플랜트 & 올리브_ 지름 33cm(13인치) 피자 1판_ 6조각

가지는 피자 토핑으로 아주 훌륭한 재료이다. 가장 좋은 조리법은 가지를 완전히 익혀서 다 구워진 피자 위에 토핑하는 것이다. 튀긴 케이퍼를 곁들이면 약간 짭짤하면서 바삭한 식감이 더해진다. 이렇게 만들기 위해서는 아주 천천히 튀기는 동안 겉의 수분은 서서히 날아가면서 바삭해지고, 속은 여전히 부드러운 상태가 되게 조리해야 한다.

1개 370g(13온스)_ 호라산 도우볼(p.184)

밀가루_ 덧가루용

1개 340g(12온스)_ 작고 둥근 가지_ 6mm(¼인치) 두께로 썬 것

올리브오일_ 브러시용

카놀라오일_ 튀김용

1½Ts(18g)_ 케이퍼_ 물에 헹궈 키친타월로 물기를 제거한 것

½ts(1.5g)_ 곱게 다진 마늘

고운 바닷소금

225g(8온스)_ 홀밀크 모차렐라치즈_ 슈레드한 것 (2C)

냉장고에서 도우볼을 꺼내 비닐랩을 씌운 채로 도우의 온도가 16~18℃(60~65℉)가 될 때까지 실온에 놓아둔다. 그 동안 오븐에 2개의 피자스톤이나 베이킹스틸을 넣고 260℃(500℉)로 1시간 동안 예열한다(p.37 〈시작하기〉 참조).

그 동안 시트팬에 슬라이스한 가지를 가지런히 깔아놓는다. 가지의 양면에 브러시로 올리브오일을 넉넉히 바른다. 오븐의 예열이 끝나면 오븐 윗단의 피자스톤 위에 시트팬을 놓고 10분 동안 굽는다. 가지를 뒤집어 짙은 갈색을 띠고 부드러워질 때까지 10분 더 굽는다. 다 구워진 가지를 볼에 담고 껍질이 부드러워지도록 비닐랩을 씌워 15분 동안 놓아둔다.

그 동안 두꺼운 소스팬에 카놀라오일을 1.2cm(½인치) 높이로 붓고 135℃(275℉)까지 가열한다. 뜨거운 기름에 케이퍼를 넣는다. 케이퍼가 튀겨지는 동안 기름의 온도가 127~135℃(260~275℉)를 유지하는지 확인한다. 기름의 온도가 높아지면 불에서 팬을 내려 적당한 온도로 식힌다. 가끔씩 기름 속의 케이퍼를 저어주면서 거품이 줄어들고 케이퍼가 바삭해질 때까지 5분 정도 튀긴다. 케이퍼가 다 튀겨지면 촘촘한 건지개로 건져서 키친타월로 기름기를 흡수시킨다.

슬라이스한 가지의 껍질을 벗겨내고 따뜻한 가지를 깍둑썰기한다. 마늘을 넣고 잘 버무린 후, 올리브와 케이퍼에 소금간이 되어 있으므로 소금은 살짝만 뿌린다. 레시피에 필요한 가지의 분량은 ½컵(85g)이므로 이에 맞춰 준비해놓고, 나머지 가지는 다음에 사용한다.

5개_ 오일 절임 블랙 올리브_ 씨를 빼고 세로로 반 자른 것

5개_ 지중해산 올리브믹스_ 씨를 빼고 세로로 반 자른 것

5개_ 카스텔베트라노 올리브(Castelvetrano, 시칠리아 지역에서 생산되며 아주 짙은 녹색이다)_ 씨를 빼고 세로로 반 자른 것

1조각_ 웨지모양으로 자른 레몬

유기농 샤프 화이트 체다치즈 조각_ 캐봇 추천_ 찬 것을 필러로 얇게 슬라이스한 것

레드페퍼 플레이크_ 뿌리기용

작업대에 덧가루를 뿌리고, 도우를 작업대로 옮겨서 그 위에도 덧가루를 뿌린다(p.38 〈작업대로 도우 옮기기〉 참조).

나무 피자삽에 덧가루를 뿌린다. 작업대 위에서 도우를 지름 33cm(13인치) 크기로 둥글게 펼치고 테두리는 약간 올라오게 만든다(p.39~41 〈도우를 넓게 펼치기〉 참조).

피자삽 위에 도우를 올려놓는다. 작업하는 동안 피자삽을 앞뒤 수평으로 흔들어서 도우의 바닥이 피자삽에 들러붙지 않았는지 확인한다.

피자도우 가운데에 슈레드한 모차렐라치즈를 수북이 올린 다음, 도우의 둘레를 따라 2cm(¾인치)를 남기고 손가락을 이용하여 골고루 펼친다.

오븐 윗단의 피자스톤 위로 피자도우를 미끄러뜨리듯이 옮기고(p.42 〈오븐에 피자도우 옮기기〉 참조) 6분 동안 굽는다. 피자삽 위에 도우를 올리고 180도 돌린 다음 오븐 아랫단의 피자스톤 위로 옮긴다. 크러스트의 바닥이 갈색으로 바삭하게 구워지고 윗면이 노릇노릇해질 때까지 4~5분 더 굽는다.

피자를 도마로 옮기고 웨지모양으로 6등분하여 자른다. 슬라이스한 피자마다 가지, 올리브, 케이퍼를 골고루 토핑하고, 그 위에 레몬즙을 짠다. 필러를 사용하여 체다치즈를 얇게 슬라이스하여 올리고, 마무리로 레드페퍼 플레이크를 흩뿌린다.

FIG, ALMOND, AND MONTEREY JACK

피그, 아몬드, 몬터레이 잭_ 지름 33㎝(13인치) 피자 1판_ 6조각

미션 피그(mission figs, 무화과의 한 품종), 아몬드, 몬터레이 잭(Monterey Jack) 치즈 모두 캘리포니아에서 생산되는 가장 자랑할 만한 식재료이다. 이 세 가지가 함께 어우러졌을 때 그 맛은 더할 나위 없이 훌륭하다. 이 피자는 오븐에서 마지막으로 굽기 바로 전에 잘 익은 무화과를 토핑한다. 무화과는 굳이 익힐 필요 없이 무화과의 달콤한 캐러멜 풍미가 느껴질 정도까지만 가열한다. 그리고 고소한 견과류 맛이 나는 아인콘(einkorn, 외알밀이라는 뜻으로 오래 전부터 재배되어온 고대 밀 중의 하나) 밀로 도우를 만들어 과일, 견과류, 치즈 풍미를 한꺼번에 느낄 수 있게 한다.

1개 370g(13온스)_ 아인콘 도우볼(p.186)

밀가루_ 덧가루용

2~3다발 225g(8온스)_ 워터크레스(물냉이)

올리브오일_ 소테용

고운 바닷소금

170g(온스)_ 몬터레이 잭 치즈_ 슈레드한 것 (1½C)

2개_ 큰 무화과_ 되도록 미션 피그 선택_ 5㎜(¼인치) 두께로 슬라이스한 것

45g(1½온스)_ 프레시 고트치즈_ 로라 셰넬 추천

12알_ 구운 가염아몬드(껍질을 벗긴 것)

1개_ 오렌지

CALIFORNIA STYLE

냉장고에서 도우볼을 꺼내 비닐랩을 씌운 채로 도우의 온도가 13~14℃(55~57℉)가 될 때까지 실온에 놓아둔다. 그 동안 오븐에 2개의 베이킹스틸이나 피자스톤을 넣고 260℃(500℉)로 1시간 동안 예열한다(p.37 〈시작하기〉 참조).

그 동안 워터크레스의 잎을 떼어내고 줄기는 버린다. 잎을 가볍게 담아서 3C(90g온스) 정도 준비한다.

프라이팬에 올리브오일을 두르고 중간불로 달군다. 워터크레스 잎을 넣고 소금을 뿌린 다음, 숨이 죽을 때까지 계속 저으면서 45초 정도 볶는다. 접시에 담아 한쪽에 놓아둔다.

도우를 넓게 펼칠 준비가 되면, 오븐을 브로일 모드로 켠다. (가지고 있는 오븐의 브로일 기능에 온도 조절이 가능하다면 처음 이 피자를 만들 때는 가장 높은 온도로 설정한다. 그리고 크러스트가 충분히 구워지기 전에 피자 윗면의 색이 너무 어둡게 나온다면 다음부터는 중간 온도로 설정한다.)

나무 피자삽에 덧가루를 뿌리고, 도우를 피자삽 위로 옮겨서 그 위에도 덧가루를 뿌린다. 피자삽 위에서 도우를 지름 33㎝(13인치) 크기로 둥글게 펼치고 테두리는 약간 올라오게 만든다(p.39~41 〈도우를 넓게 펼치기〉 참조). 작업하는 동안 피자삽을 앞뒤 수평으로 흔들어서 도우의 바닥이 피자삽에 들러붙지 않았는지 확인한다. 이 도우는 이 책에 나오는 다른 도우들보다 탄성이 적어서 쉽게 펼쳐지므로, 도우를 늘리기보다는 누르면서 펴야 도우가 찢어지지 않는다.

피자도우의 가운데에 슈레드한 몬터레이 잭 치즈를 수북이 올린 다음, 도우의 둘레를 따라 2㎝(¾인치)를 남기고 손가락 끝으로 도우 윗면에 골고루 펼친다.

FIG, ALMOND, AND MONTEREY JACK

브로일 기능마다 화력이 서로 다르기 때문에 피자가 순식간에 탈 수 있으므로, 피자가 구워지는 동안 옆에서 지켜봐야 한다. 오븐 윗단의 베이킹스틸 위로 피자도우를 미끄러뜨리듯이 옮기고(p.42 〈오븐에 피자도우 옮기기〉 참조) 브로일 모드로 1분~1분 30초 동안 굽는다. 피자삽 위에 도우를 올리고 180도 돌린 다음, 다시 오븐 윗단의 베이킹스틸 위에 놓고 도우의 가장자리에 검은 반점들이 군데군데 생기고 전체적으로 노릇노릇해질 때까지 브로일 모드로 30초~1분 더 굽는다.

오븐에서 피자도우를 꺼내 슬라이스한 무화과를 골고루 배열한다.

피자도우를 오븐 아랫단의 베이킹스틸로 옮긴다. 브로일 모드 그대로 1분 동안 굽다가, 도우를 180도 돌려서 다시 아랫단의 베이킹스틸 위에 놓고 크러스트의 바닥이 짙은 갈색을 띨 때까지 1분 더 굽는다.

피자를 도마로 옮기고 웨지모양으로 6등분하여 자른다. 고트치즈를 작게 떼어서 올리고, 아몬드를 골고루 뿌린다. 오렌지껍질 반쪽을 강판에 갈아서 피자 윗면에 골고루 토핑하고, 워터크레스도 골고루 얹는다. 마무리로 소금을 전체에 흩뿌린다.

Alternative Doughs
대체할 수 있는 도우들

피자 크러스트를 다양하게 선택할 수 있도록, 최근에 새롭게 주목을 받으면서 인기를 끌고 있는 유기농 밀, 고대 밀, 발아 밀을 사용하여 만든 네 가지 도우를 소개한다.

ORGANIC DOUGH
유기농 도우_ 765g(27온스)

이 도우는 견과류의 고소함과 토속적인 향이 살짝 풍기는 크러스트로, 마스터 도우를 사용하는 모든 레시피에 활용할 수 있다. 특히 오븐에서 브로일 모드로 굽거나(p.173〈오가닉 3치즈〉참조), 그릴 또는 장작화덕에 구우면 더욱 좋다.

도우에 브랜(밀기울) 스타터를 사용하는 것은 크러스트의 복합적인 풍미를 살리는 비법이다. 그러나 이 스타터를 만들기 위해서는 며칠이 걸린다. 먼저 물과 밀기울을 섞어 이틀 동안 발효시킨 후 밀기울 물을 만든다. 여기에 밀가루를 섞어서 발효를 하면 먹이주기가 성공적으로 이루어진다. 비록 밀기울 물이나 스타터의 향이 거의 상해버린 것처럼 고약하더라도 걱정하지 않아도 된다. 일단 스타터를 도우에 사용하면, 그 고약한 냄새는 이스트 냄새와 밀 냄새, 향긋하고 아로마틱한 기분 좋은 냄새로 느껴진다. 이 레시피는 마스터 도우보다 두께가 약간 얇은 크러스트를 기준으로 지름 30㎝(12인치) 크기의 피자를 3판 만들 수 있는 분량이다.

1g(¼ts+⅛ts)_ 액티브 드라이 이스트

70g(¼C+1Ts)_ 미지근한 물(27~29℃/80~85℉)

430g(3½C)_ 단백질 함량 12~13% 유기농 밀가루_ 센트럴 밀링의 유기농 아티장 타입 70 몰트 밀가루 추천

23g(3Ts)_ 유기농 통밀가루_ 센트럴 밀링의 유기농 통밀 중력 밀가루 추천

작은 볼에 이스트를 계량하고 미지근한 물을 부어 30초 동안 섞는다. 이스트가 물에 녹으면서 표면에 약간의 거품이 생길 것이다. 만일 이런 현상이 생기지 않고 이스트 과립이 녹지 않은 상태로 떠 있다면 이스트가 사멸된 것이므로 이스트 녹인 물은 버려야 한다. 유효기간이 많이 남은 새로운 이스트를 계량해서 물에 다시 녹인다.

후크를 끼운 스탠드 믹서의 볼에 밀가루와 통밀가루를 넣고 섞는다. 믹서를 가장 낮은 속도로 돌리면서 계량한 얼음물에서 2Ts 정도만 남기고 믹서볼에 붓는다. 이어서 이스트를 녹인 물을 붓고, 남겨두었던 얼음물 2Ts을 이스트를 녹인 볼에 부어 남아 있는 이스트를 헹군 다음 믹서볼에 붓는다. 15초 정도 믹싱한 후 믹서를 멈추고 스타터를 넣는다.

ORGANIC DOUGH

202g(¾C+1Ts)_ 얼음물

140g_ 브랜 스타터(p.183)

10g(2ts)_ 고운 바닷소금

대부분의 반죽이 후크 주위로 뭉칠 때까지 약 1분 동안 믹서를 저속으로 돌리다가 멈춘다. 손가락으로 후크에 붙어 있는 반죽을 떼어내고, 볼 스크레이퍼나 고무주걱을 사용하여 믹서 볼 옆면과 바닥에 붙어 있는 반죽을 긁어낸다.

소금을 넣고 잘 섞일 때까지 저속으로 1분 동안 돌린다. 볼 바닥에 섞이지 않은 마른 가루가 있는지 확인하고, 반죽을 뒤집어 볼 바닥에 눌러서 흩어져 있는 반죽 조각들을 뭉친다. 여전히 마른 가루가 보이면 ½ts의 물을 추가하고 믹서를 다시 돌린다.

믹서를 멈추고 후크에 달라붙은 반죽을 떼어낸 후, 볼 옆면과 바닥에 붙어 있는 반죽을 긁어내고 1분 더 믹싱한다. 반죽이 아직 완벽히 매끄러워 보이지는 않을 것이다.

볼 스크레이퍼를 사용하여 믹서볼에서 도우를 꺼내 덧가루를 뿌리지 않은 깨끗한 작업대로 옮긴 다음, 도우가 매끄러워질 때까지 2~3분 동안 손으로 반죽을 한다(p.32 〈도우 반죽하기〉 참조). 젖은 행주로 덮어서 실온에서 20분 동안 휴지시킨다.

도우 커터로 도우를 적당히 펼쳐서 3등분한다. 분할할 덩어리마다 무게를 재고, 레시피의 요구대로 분량을 맞추어 255g(9온스) 덩어리 3개를 만든다. 이 경우에 작은 도우 덩어리가 남을 수도 있다.

분할한 도우를 공모양으로 만든다(p.34 〈도우볼 만들기〉 참조). 도우볼들을 ½사이즈 시트팬에 약 8cm(3인치) 간격으로 배열한다. 만약 도우볼들을 각기 다른 날에 구울 계획이라면 ¼ 사이즈 시트팬에 하나씩 나누어 올린다. 도우볼이 담긴 시트팬을 공기가 통하지 않게 비닐랩으로 바닥면까지 이중으로 단단하게 감싼다. 냉장고의 편평한 곳에 넣고 24~48시간 동안 냉장숙성발효시킨다.

베이커스 퍼센티지_ p.310 참조

밀기울 물

20g(⅛C)_ 유기농 밀기울

200g(¾C+2Ts)_ 찬물

250g(1⅔C)_ 유기농 통밀가루_ 센트럴 밀링의 유기농 통밀 중력 밀가루 추천

BRAN STARTER
브랜 스타터_ 140g

볼에 밀기울과 물을 넣고 섞어 밀기울 물을 만든다. 비닐랩으로 싸서 발효향이 강하게 날 때까지 실온에 2~3일 동안 놓아둔다. 밀기울을 우려낸 물을 고운체로 거르고 찌꺼기는 버린다.

유리 볼에 50g(⅛C)의 통밀가루와 50g(3½Ts)의 밀기울 물(나머지 밀기울 물은 버린다)을 넣고 섞어 스타터를 만든다. 비닐랩으로 싸서 실온에 24시간 놓아둔다.

깨끗한 볼에 40g의 스타터를 담고, 나머지 스타터는 버린다. 여기에 50g(⅛C)의 통밀가루와 50g(3½Ts)의 찬물을 넣고 저어서 섞는다. 볼 옆면에 붙은 반죽을 고무주걱으로 긁어내린 다음, 비닐랩으로 싸서 12시간 동안 실온에 놓아둔다.

같은 방법으로 12시간마다 스타터에 먹이주기를 한다. 3번의 먹이주기를 한 다음부터는 스타터를 사용할 수 있지만, 먹이주기를 2번 정도 더 하면 발효향이 더욱 강해진다.

CALIFORNIA STYLE

KHORASAN DOUGH

호라산 도우_ 820g(29온스)

글루텐 불내증(gluten intolerance)에 대한 우려가 커지면서 소위 고대곡물(ancient grains)이 새롭게 부각되기 시작하고 있다. 이 고대곡물들은 현대의 밀 품종들에 비해서 잡종이나 변종의 비율이 훨씬 낮다. 이들 중 하나가 호라산(Khorasan)으로, 카무트(Kamut)라는 브랜드 이름으로 더 잘 알려진 밀의 한 종류이다. 이 밀은 고대 이집트 시기부터 존재했다고 여겨지며, 비록 글루텐을 함유하고 있지만 글루텐에 예민하게 반응하는 사람들의 말에 의하면 다른 밀 품종에 비해 소화가 잘된다고 한다. 이 부분에 대해서는 각자가 판단하기 바라지만, 어쨌든 나는 이 밀로 크러스트를 만들었을 때 경험할 수 있는 견과류의 고소함, 향긋함, 부드러운 텍스처가 아주 마음에 든다. 호라산을 사용하여 도우를 만들어보면 이 곡물의 수분 흡수율이 높다는 사실을 알게 될 것이다. 대부분의 밀 품종보다 더 많은 수분을 흡수하지만, 반죽할 때 힘들지 않고 쉽게 다룰 수 있다. 호라산은 단백질 함량이 대체로 낮기 때문에 다른 반죽을 할 때보다 소금의 분량을 늘려서 도우를 보다 탄력 있게 만든다.

2.5g(1ts)_ 액티브 드라이 이스트

70g(¼C+1Ts)_ 미지근한 물(27~29℃/80~85℉)

453g(3½C)_ 호라산가루 _ 센트럴 밀링의 유기농 흰 호라산가루 추천

210g(¾C+2Ts)_ 얼음물

90g_ 풀리시(p.55)

15g(1Ts)_ 고운 바닷소금

올리브오일

베이커스 퍼센티지_ p.310 참조

작은 볼에 이스트를 계량하고 미지근한 물을 부어 30초 동안 섞는다. 이스트가 물에 녹으면서 표면에 약간의 거품이 생길 것이다. 만일 이런 현상이 생기지 않고 이스트 과립이 녹지 않은 상태로 떠 있다면 이스트가 사멸된 것이므로 버려야 한다. 유효기간이 많이 남은 새로운 이스트를 계량해서 물에 다시 녹인다.

후크를 끼운 스탠드 믹서에 계량된 호라산가루가 담긴 믹서볼을 장착한다. 믹서를 가장 낮은 속도로 돌리면서 계량한 얼음물에서 2Ts 정도만 남기고 믹서볼에 붓는다. 이어서 이스트를 녹인 물을 붓고, 남겨두었던 얼음물 2Ts을 이스트를 녹인 볼에 부어 남아 있는 이스트를 헹군 다음 믹서볼에 붓는다. 15초 정도 후에 믹서를 멈추고 풀리시를 넣는다.

대부분의 반죽이 후크 주위로 뭉칠 때까지 약 1분 동안 믹서를 저속으로 돌리다가 멈춘다. 손가락으로 후크에 붙어 있는 반죽을 떼어내고, 볼 스크레이퍼나 고무주걱을 사용하여 믹서볼 옆면과 바닥에 붙어 있는 반죽을 긁어낸다. 볼 바닥에 섞이지 않은 마른 가루가 있는지 확인하고, 반죽을 뒤집어 볼 바닥에 눌러서 흩어진 반죽 조각들을 뭉친다.

소금을 넣고 잘 섞일 때까지 저속으로 1분 동안 돌린다.

믹서를 멈춘 다음 후크에 달라붙은 반죽을 떼어내고, 볼 스크레이퍼로 볼 옆면에 붙어 있는 반죽을 긁어내린다. 1분 더 믹싱한다. 반죽이 완벽하게 매끄러워 보이지는 않을 것이다.

볼 스크레이퍼를 사용하여 믹서볼에서 도우를 꺼내 덧가루를 뿌리지 않은 깨끗한 작업대로 옮긴 다음, 도우가 매끄러워질 때까지 2~3분 동안 손으로 반죽을 한다(p.32 〈도우 반죽하기〉 참조). 젖은 행주로 덮어서 실온에서 20분 동안 휴지시킨다.

도우 커터로 도우를 적당히 펼쳐서 2등분한다. 분할한 덩어리마다 무게를 잰 다음 양을 조절하여 370g(13온스) 두 덩어리를 만든다. 나머지 도우는 버린다.

분할한 도우를 공모양으로 만든다(p.34 〈도우볼 만들기〉 참조). 도우볼들을 ½사이즈 시트팬에 약 8cm(3인치) 간격으로 배열한다. 만약 도우볼들을 각기 다른 날에 구울 계획이라면 ¼사이즈 시트팬에 하나씩 나누어 올린다. 도우볼이 담긴 시트팬을 공기가 통하지 않게 비닐랩으로 바닥면까지 이중으로 단단하게 감싼다. 냉장고의 편평한 곳에 넣고 24~48시간 동안 냉장숙성발효시킨다.

CALIFORNIA STYLE

매력적인 퀴노아(QUINOA)

새롭게 등장한 고대곡물 중에서 내가 좋아하는 곡물 중 하나가 퀴노아로, 그 중에서도 특히 레드 퀴노아를 좋아한다. 그래서 나는 이것을 피자에 어떻게 활용할 수 있을지 궁금했다. 결국 퀴노아를 사용하려면 피자의 마무리용으로 악센트를 주는 방법이 가장 좋다는 것을 알게 되었다. 퀴노아를 소금물에 끓여(분량에 따라 끓이는 시간은 제품 포장지의 설명을 참조한다) 실온상태나 약간 따뜻힐 때 오븐에서 꺼낸 다 구위진 피자 위에 뿌렸다. 이렇게 하면 놀라울 정도로 고소한 견과류 풍미가 느껴지고, 톡톡 씹히는 식감과 함께 시각적인 재미도 즐길 수 있다(퀴노아의 영양학적 우수성에 대해서는 더 말할 필요도 없을 것이다).

EINKORN DOUGH

아인콘 도우_ 740g(26온스)

아인콘(Einkorn)은 석기시대부터 존재했고 인류가 처음으로 경작한 밀로 여겨진다. 이 이름은 독일어로「외알밀」이라는 뜻으로 낱알이 자라난 모양을 묘사한다. 즉, 1개의 줄기에 큰 낱알이 나선형으로 달리는 현대의 밀과 달리, 줄기의 양쪽에 작은 낱알이 외줄로 달린다. 아인콘은 단위면적당 수확량이 낮아서 밀을 재배하는 농부들에게 점점 소외되었지만, 지금은 글루텐에 과민반응을 보이는 사람들에게 호라산처럼 소화가 잘되는 곡물로 인식되면서 다시 관심을 받고 있다. 이 도우는 이 책에 있는 다른 도우들에 비해 탄력이 적기 때문에 다룰 때 찢어지지 않게 조심해야 한다. 도우를 눌러서 쉽게 펼칠 수 있으므로 손으로 늘려서 펴는 과정은 생략해도 된다.

2.3g(¾ts)_ 액티브 드라이 이스트

70g(¼C+1Ts)_ 미지근한 물(27~29℃/80~85℉)

453g(3¾C)_ 아인콘가루_ 조비알 추천

202g(¾C+1Ts)_ 얼음물

14g(1Ts)_ 고운 바닷소금

베이커스 퍼센티지_ p.310 참조

작은 볼에 이스트를 계량하고 미지근한 물을 부어 30초 동안 섞는다. 이스트가 물에 녹으면서 표면에 약간의 거품이 생길 것이다. 만일 이런 현상이 생기지 않고 이스트 과립이 녹지 않은 상태로 떠 있다면 이스트가 사멸된 것이므로 버려야 한다. 유효기간이 많이 남은 새로운 이스트를 계량해서 물에 다시 녹인다.

후크를 끼운 스탠드 믹서에 계량된 아인콘가루가 담긴 믹서볼을 장착한다. 믹서를 가장 낮은 속도로 돌리면서 계량한 얼음물에서 2Ts 정도만 남기고 믹서볼에 붓는다. 이어서 이스트를 녹인 물을 붓고, 남겨두었던 얼음물 2Ts을 이스트를 녹인 볼에 부어 남아 있는 이스트를 헹군 다음 믹서볼에 붓는다.

대부분의 반죽이 후크 주위로 뭉칠 때까지 약 1분 30초 동안 믹서를 저속으로 돌리다가 멈춘다. 손가락으로 후크에 붙어 있는 반죽을 떼어내고, 볼 스크레이퍼나 고무주걱을 사용하여 믹서볼 옆면과 바닥에 붙어 있는 반죽을 긁어낸다.

소금을 넣고 잘 섞일 때까지 저속으로 1분 동안 돌린다. 볼 바닥에 섞이지 않은 마른 가루가 있는지 확인하고, 반죽을 뒤집어 볼 바닥에 눌러서 흩어진 반죽 조각들을 뭉친다.

믹서를 멈춘 다음 후크에 달라붙은 반죽을 떼어내고, 볼 스크레이퍼로 볼 옆면에 붙어 있는 반죽을 긁어내린다. 1분 더 믹싱한다.

볼 스크레이퍼를 사용하여 믹서볼에서 도우를 꺼내 덧가루를 뿌리지 않은 깨끗한 작업대로 옮긴다. 도우가 끈적거리므로 반죽을 할 수 있을 정도만 덧가루를 뿌리고 도우가 매끄러워질 때까지 2~3분 동안 손으로 반죽을 한다(p.32 〈도우 반죽하기〉 참조). 젖은 행주로 덮어서 실온에서 1시간 동안 휴지시킨다.

손에 덧가루를 묻히고, 도우 커터를 사용하여 도우를 적당히 펼치고 2등분한다. 분할한 덩어리마다 무게를 잰 다음 양을 조절하여 370g(13온스) 두 덩어리를 만든다. 도우가 조금 남을 것이다.

분할한 도우를 공모양으로 만든다(p.34 〈도우볼 만들기〉 참조). 도우볼들을 ½사이즈 시트팬에 약 8cm(3인치) 간격으로 배열한다. 만약 도우볼들을 각기 다른 날에 구울 계획이라면 ¼ 사이즈 시트팬에 하나씩 나누어 올린다. 도우볼이 담긴 시트팬을 공기가 통하지 않게 비닐랩으로 바닥면까지 이중으로 단단하게 감싼다. 냉장고의 편평한 곳에 넣고 24시간 동안 냉장숙성발효시킨다.

글루텐프리 도우에 관하여

이 책에 글루텐프리(gluten-free) 도우 레시피를 넣을지 말지 오랫동안 심사숙고했지만, 결국 싣지 않기로 마음먹었다. 왜냐하면 피자 한 판을 제대로 만들기 위해 검(gum, 점도를 높이기 위해 사용하는 식품 첨가물)과 녹말뿐만 아니라 다량의 밀가루를 여러 종류로 사야 하는 모든 일들이 홈베이커들에게 실용적이지 않다고 생각되었기 때문이다. 대신에 몇 가지 상업용 글루텐프리 믹스를 테스트해본 결과, 그 중에서 「컵포컵 피자 크러스트 믹스(Cup4Cup Pizza Crust Mix)」를 추천한다. 이 믹스에 달걀과 올리브오일을 추가하면 아주 맛있으면서 식감이 좋은 텍스처를 만들 수 있을 것이다.

SPROUTED WHEAT DOUGH

발아밀 도우 _ 822g(29온스)

만약 최근에 영양학적 우수성이 입증되면서 점점 인기를 끌고 있는 발아곡물에 대해 들어보았고 그것을 한번 사용해보고 싶었다면, 이 도우로 시도해볼 만하다. 곡식이 물을 흡수하면 뿌리가 나오기 전에 싹이 튼다. 이 발아과정이 진행되는 동안에는 곡식에 있는 전분의 영양성분이 증가하면서 소화하기 쉬운 상태가 된다. 일부 제분회사에서는 싹이 튼 곡물을 말려서 가루로 만든다. 그런가 하면, 센트럴 밀링(Central Milling) 같은 곳에서는 젖은 상태의 발아곡물을 된반죽 상태로 으깨(p.189 사진) 냉동상태로 판매한다. 이 과정은 말려서 가루로 만든 것보다 곡식의 영양성분을 더 많이 보존할 수 있다. 이것을 도우에 첨가하면 토속적인 풍미가 느껴지고 씹히는 식감도 좋은데, 나 역시 이런 느낌을 좋아하기에 여기에 소개한다. 분쇄한 이 발아곡물은 꽤 끈적끈적해서 이 책에 있는 다른 도우들보다 빠르고 쉽게 뭉쳐지지는 않지만, 다른 반죽을 할 때보다 믹싱 시간을 좀 늘리면 부드러워지고 다루기 쉬워진다. 다른 도우에 비해 피자 크러스트의 바닥면이 빨리 짙은 갈색을 띠므로, 자신이 사용하는 오븐에서 가장 적당하게 구워지는 시간을 파악하기까지 처음 몇 번은 신경 쓰고 지켜봐야 한다.

1.2g(½ts)_ 액티브 드라이 이스트

60g(¼C)_ 미지근한 물(27~29℃/80~85℉)

340g(2¼C)_ 단백질 함량 12~13% 유기농 밀가루_ 센트럴 밀링의 유기농 고산지대 고단백 밀가루 추천

100g(¼C+3Ts)_ 얼음물

227g_ 풀리시(p.55)

113g_ 발아밀_ 센트럴 밀링 제품 추천_ 2.5㎝(1인치) 크기로 조각낸 것

14g(2ts)_ 꿀

9g(2ts)_ 고운 바닷소금

23g(1½Ts)_ 올리브오일

베이커스 퍼센티지_ p.310 참조

작은 볼에 이스트를 계량하고 미지근한 물을 부어 30초 동안 섞는다. 이스트가 물에 녹으면서 표면에 약간의 거품이 생길 것이다. 만일 이런 현상이 생기지 않고 이스트 과립이 녹지 않은 상태로 떠 있다면 이스트가 사멸된 것이므로 버려야 한다. 유효기간이 많이 남은 새로운 이스트를 계량해서 물에 다시 녹인다.

후크를 끼운 스탠드 믹서에 계량된 밀가루가 담긴 믹서볼을 장착한다. 믹서를 가장 낮은 속도로 돌리면서 계량한 얼음물에서 2Ts 정도만 남기고 믹서볼에 붓는다. 이어서 이스트를 녹인 물을 붓고, 남겨두었던 얼음물 2Ts을 이스트를 녹인 볼에 부어 남아 있는 이스트를 헹군 다음 믹서볼에 붓는다. 15초 정도 믹서를 돌리다가 멈추고 풀리시를 넣는다. 30초 더 믹싱하다가 믹서를 멈추고 발아밀을 넣는다.

발아밀의 텍스처와 무게 때문에 재료를 믹싱하기가 쉽지 않을 것이다. 인내심을 가지고 스크레이퍼로 볼 옆면에 붙어 있는 반죽을 자주 긁어내리면서 믹싱한다.

믹서를 저속으로 1분 동안 돌리고, 필요에 따라 볼 주변에 붙어 있는 반죽을 긁어내린다. 꿀을 넣고 1분 더 돌린다. 대부분의 반죽이 후크 주위에 뭉쳐 있고 재료들이 충분히 섞여 있는 상태가 좋다. 믹서를 멈추고 손가락으로 후크 주위에 뭉쳐 있는 반죽을 떼어내고 볼 스크레이퍼나 고무주걱을 사용하여 믹서볼 옆면이나 바닥에 있는 반죽을 긁어낸다.

소금을 넣고 잘 섞일 때까지 저속으로 1분 동안 돌린다.

믹서를 멈춘 다음 후크에 달라붙은 반죽을 떼어내고, 볼 스크레이퍼로 볼 옆면에 붙어 있는 반죽을 긁어내린다. 오일을 넣고 1분 더 믹싱한다. 반죽이 아직 완벽히 매끄럽지는 않을 것이다.

볼 스크레이퍼를 사용하여 믹서볼에서 도우를 꺼내 덧가루를 뿌리지 않은 깨끗한 작업대로 옮기고, 도우가 매끄러워질 때까지 3~4분 동안 손으로 반죽을 한다(p.32 〈도우 반죽하기〉 참조). 젖은 행주로 덮어서 실온에서 20분간 동안 휴지시킨다.

도우 커터를 사용하여 도우를 적당히 펼치고 2등분한다. 분할한 덩어리마다 무게를 잰 다음 양을 조절하여 370g(13온스) 두 덩어리를 만든다. 도우가 조금 남을 것이다.

분할한 도우를 공모양으로 만든다(p.34 〈도우볼 만들기〉 참조). 도우볼들을 ½사이즈 시트팬에 약 8㎝(3인치) 간격으로 배열한다. 만약 도우볼들을 각기 다른 날에 구울 계획이라면 ¼사이즈 시트팬에 하나씩 나누어 올린다. 도우볼이 담긴 시트팬을 공기가 통하지 않게 비닐랩으로 바닥면까지 이중으로 단단하게 감싼다. 냉장고의 편평한 곳에 넣고 24~48시간 동안 냉장숙성발효시킨다.

Napoletana
나 폴 레 타 나

오리지널 나폴리식 피자는 480℃(900℉) 정도의 장작화덕에 굽는다. 나는 이 장작화덕을 사용할 수 있는 행운을 가진 사람들을 위한 도우 레시피와 방법을 여기에 제시하고 있다. 그리고 그렇지 못한 사람들을 위해서도 약간 변형된 도우와 장작화덕에 구운 피자와 놀랍도록 비슷하게 구울 수 있는 오븐-브로일 베이킹 테크닉을 소개한다.

이 모든 피자는 삼각형의 웨지모양으로 슬라이스하여 나눠 먹을 수 있는 아메리칸 스타일이나, 슬라이스하지 않고 포크와 나이프와 함께 1인당 하나씩 서빙하는 이탈리안 스타일 둘 다 가능하다.

UNDER THE VOLCANO
화산지대 아래에서

나폴리(Naples)는 열정이 가득 찬 곳이다. 자유분방함, 소음, 지저분함, 무더운 날씨, 그리고 억제할 수 없는 낭만이 모두 공존한다. 어느 날 갑자기 화산 폭발로 고대도시 폼페이(Pompeii)가 사라진 이후에도 오랜 세월 동안 여전히 곳곳에서 연기를 내뿜고 있는 활화산인 베수비우스(Vesuvius) 산기슭에 자리잡고 있는 나폴리는 아마도 피자에 관한 한 가장 열광적인 곳일 것이다.

이 점에 대해서는 전통과 종교의 중간 정도에 해당한다고 보면 맞을 것 같다.

이제부터는 당신이 크러스트가 얇고 살짝 탄 나폴리식 피자를 좋아하는 팬이든 아니든, 이탈리아에서 나폴리 피자는 피자의 범주를 결정하는 최고의 기준이 된다는 사실을 알게 될 것이다. 마치 스파클링 와인의 최고 기준은 프랑스 샹파뉴(Champagne) 지방에서 생산된 샴페인(불어식으로 샹파뉴)인 것과 같은 이치다. 1984년에는 나폴리피자협회(AVPN, Associazione Verace Pizza Napoletana)가 설립되었고, 나폴리식 피자의 DOC(Denomination of Controlled Origin, 원산지 명칭 관리)를 통해서 피자의 모든 재료와 크기에서부터 만드는 방법까지 엄격하게 규제되고 있다. 나폴리식 피자 중에서 가장 유명한 두 가지 타입은 토마토소스, 마늘, 오레가노, 올리브오일을 사용하는 마리나라 피자와 토마토소스, 프레시 모차렐라치즈, 바질, 올리브오일을 사용하는 마르게리타 피자이다. 나폴리에서 가장 오래되고 유명한 피체리아인 「다 미켈레(Da Michele)」에서는 피자 토핑으로 그 밖의 다른 재료들을 사용하면 마치 파포케(papocchie, 나폴리 은어로 진짜가 아닌 허위라는 뜻)와 같은 것이라고 자신들의 홍보자료에 언급하면서, 1870년 이래로 줄곧 이 두 가지 피자만 판매하고 있다.

피자이올로(Pizzaiolo, 피자 전문 요리사)로서 AVPN으로부터 자격증을 받는다는 것은 거의 모든 것을 성취했다는 의미이다. 그리고 나폴리에서 열리는 월드 피자 컵(World Pizza Cup)에서 우승하는 것이 마지막 완성이라고 할 수 있다.

1년에 한 번씩 전 세계의 피자 기술자들이 피자의 성지에서 벌어지는 전투에 참여하기 위해 모여든다. 2007년에 나는 몇몇 부문에 참가했는데, 가장 위협적으로 느껴졌던 부문은 나폴리의 STG(Specialità Tradizionale Garantita 또는 Guaranteed Traditional Specially, 정통성을 보장할 수 있는 특징)였다. 그것은 신성함 그 자체이다. 참가자들은 마르게리타, 마르게리타 엑스트라, 마리나라 중에서 선택할 수 있다. 나는 정통 마르게리타 피자에 출전했다. 도우는 이스트 또는 스타터를 사용하여 소금, 물, 밀가루로 만든다. 토핑으로는 산 마르자노 토마토, 바닷소금, 프레시 모차렐라치즈, 바질을 사용한다. 그것이 전부다. 그러나 이렇게 신성할 정도로 단순한 규정만 지키면서 나폴리 피자이올로들 앞에서 피자를 만들려고 한다면, 당신이 아무리 좋은 컨디션이라고 해도 아마 베수비우스 화산의 폭발력만큼이나 엄청난 도전의식을 가져야 할 것이다. 지금까지 미국인들이 우승해본 적이 없다는 사실이 놀랍지도 않다.

대회가 열렸던 6월 13일은 38℃(100°F)가 넘는 후덥지근한 날이었다. 천막을 친 대회장 내부는 밀폐된 공간이었고, 설상가상으로 6개의 장작화덕이 480℃(900°F)로 활활 타오르고 있었다. 나폴리식 피자 부문에 출전한 내 번호가 불려졌을 때, 나는 피자도우와 도구들이 들어 있는 나무박스를 들고 심사위원들 앞으로 나아갔다.

나폴리에서 온 한 젊은 참가자가 내 도구박스를 보고 눈을 굴리면서 비웃는 듯한 말투로 중얼거렸다. 내가 영문을 몰라 통역요원을 바라보자 그가 말해주었다. "저 사람이 당신을 조롱하고 있어요. 당신도 알겠지만, 금속으로 된 도구박스를 준비할 수 있었잖아요." 이 말에 내가 답을 할까 말까 망설이고 있을 때, 나보다 나이가 많은 나폴리의 3세대 피자이올로가 다가와서 나를 대신해 그에게 말했다. "금속박스를 사용하기 전에는 나무박스를 사용했었지." "이 사람은 아마 오래 전의 방식과 전통을 사랑하는 사람일 거야." 그 순간 나는 그저 깊은 숨을 내쉬고 미소를 지었다. 나는 전통을 사랑한다. 특히 이런 순간에는 더욱 그렇다.

하루 전날 도우를 만들 때 나는 수돗물을 맛보았다. 화산지역인 캄파니아의 유황냄새가 나는 도시의 수돗물치고는 나쁘지 않았다. 각 나라에서 온 모든 출전자들은 상업용 생수를 사용하였다. 그러나 나는 유황냄새가 나는 수돗물을 사용하기로 마음먹었다. 심사위원들 모두 이곳 출신이고, 그들은 매일 이 수돗물을 사용할 거라고 생각했다.

다행스럽게도 나는 스타터로 사용하려고 캘리포니아에서 가져온 「묵은 반죽(old-dough)」 일부를 사용했다. 이것을 전통적인 방법에서 허용하는 나무박스에 넣고 발효시켰다. 도우는 아주 완벽해 보였고, 전통적인 방법으로 제대로 만들었을 때 느낄 수 있는 풍미를 갖고 있다고 확신했다.

그러나 문제는 대회 당일이었다. 미리 준비해둔 도우를 조심스럽게 다뤄야 했음에도 불구하고, 텐트 안의 찌는 듯한 더위 때문에 도우가 지친 상태가 되어버렸다. 도우가 물러지고 살짝 퍼지기 시작하면서 과발효상태로 넘어가려 하고 있었다. 몇 분만 있으면 도우가 아주 심각하게 주저앉을 상황이었다.

높은 습도와 스트레스 때문에 땀에 흠뻑 젖어 거의 숨쉬기 힘든 상태에서 나는 첫 번째 도우볼을 넓게 펼쳤다.

팀마다 심사위원 한 사람이 배정되어 준비단계에서 오븐에 굽는 마지막 단계까지 따라다니면서 모든 과정과 동작을 심사하고 클립보드에 평가 내용을 기록한다. 나는 나폴리에서 온 내 담당 심사위원이 내가 스푼으로 소스를 도우의 가운데에서 바깥쪽으로 정확하게 나선을 그리며 펴 바르는 모습이 공식 규정에 맞는지 의심의 눈초리로 지켜보는 것을 느낄 수 있었다. 대부분의 출전자들과 달리 나는 토마토의 씨를 제거하지 않았고, 이것이 비록 전통에서 약간 벗어나지만 토마토의 풍미를 좀 더 진하게 살릴 수 있는 방법이라고 생각했다. 이어서 나는 바질, 소금, 그리고 물에서 건져 치즈클로스로 물기를 제거한 모차렐라치즈를 토핑했다.

피자도우에 토핑을 끝낸 다음에는 피자삽 위로 미끄러뜨리듯이 옮기고 가장자리가 바깥으로 늘어지지 않게 정확히 한가운데에 올려야 한다. 실수 없이 한 번에 해야 한다. 땀이 비 오듯이 쏟아질 정도로 뜨거운 텐트 안의 열기로 인해 도우는 지나치게 물러지고 축축하게 느껴졌다. 숙련된 피자이올로마저도 축구공모양이나 그보다 못한 형태의 도우를 만들어내며 하루 종일 실패했다.

나는 규정된 크기보다 훨씬 작게 지름 24cm(9½인치)로 만들어 토핑을 했고, 담당 심사위원에게는 피자삽을 적절하게 활용하기 위해서라고 설명했다. 더욱 의심스러워하는 눈길이 돌아왔다. 그러나 나는 피자삽 위에 도우를 올려놓고 그 위에서 정확하게 33cm(13인치)로 늘렸다. 그 순간에는 아주 위험할 수 있는 기술이었다. 나는 그것을 오븐에 밀어넣었고, 안도의 숨을 내쉬는 순간 그 한숨으로 인해 나무장작에서 불티가 튀어 내 피자 위를 간신히 비껴갔다.

나는 속으로 숫자를 셌다. '악어 한 마리, 악어 두 마리', 내가 악어를 열다섯 마리까지 세고 피자를 꺼내기까지 정확히 89.5초가 걸렸다. 90초 이상이 걸렸다면 나는 그 자리에서 실격당했을 것이다.

내가 만든 피자를 심사위원 앞에 내놓았을 때, 그는 과감하게 피자를 한 쪽 들고 불룩한 부분이 있는지, 찢어지는지를 알아보기 위해 1~2초 동안 붙잡고 있어야 했다. 그는 5초간 들고 있었고, 그 다음엔 10초, 20초 동안 들고 있었다. 그러나 찢어지지 않았다. "몰토 베네(Molto bene, 이탈리아어로 아주 좋다는 뜻)"라고 그가 말했지만, 그 말투는 찬사의 의미보다는 약간 화가 난 것처럼 느껴졌다. 그는 접시 위에 피자를 내려놓고 포크로 텍스처를 심사했고, 마지못해 심사위원 테이블에 내가 통과했다는 신호를 보냈다.

햇볕에 알맞게 그을리고 멋지게 차려 입었지만 매력은 없어 보이는 한 나폴리 여인이 「미국식」 스타일에 트집을 잡고 싶은 마음으로 내가 만든 피자에 대해 아주 주도면밀하게 인터뷰했다.

"어떤 치즈를 사용하나요?"

"피오르 디 라테(Fior di latte, 우유로 만든 모차렐라치즈)를 사용합니다"

"모차렐라 디 부팔라(mozzarella di bufala, 물소젖으로 만든 모차렐라치즈)가 아니구요?"

나는 이것이 아주 교묘한 질문이라는 것을 알고 있었다. 마르게리타 「엑스트라」만이 물소젖으로 만든 모차렐라를 사용하기 때문이다. "네 아닙니다."

그녀는 굳은 얼굴로 나를 바라보았다. "그럼 설탕은요?"

또 다른 교묘한 질문이었다. "사용하지 않습니다."

"도우에는 오일을 얼마나 사용하나요?"

"도우에는 사용하지 않고 피자를 굽기 전에 뿌리기만 합니다."

"토마토는 어떻게 사용하나요?"

"산 마르자노를 씨까지 사용합니다."

그녀는 눈썹을 올리며 히죽히죽 웃었다.

그리고 심사위원들은 내 피자를 먹어보고 아무런 반응을 보이지 않았다. 그러나 내 계획대로 만들었다고 생각했고, 비록 수상을 못한다 해도 나는 최선을 다했기에 마음을 비웠다.

우리 팀인 토니 팔롬비노(Tony Palombino), 글렌 시불스키(Glenn Cybulski), 빌리 만조(Billy Manzo), 네이시 푸글리시(Nacy Puglisi), 그리고 내 아내 줄리(Julie)는 다 같이 모여서 만들고 남은 피자를 먹고 있었다. 그때 보조요원이 와서 심사위원들이 우리가 만든 피자를 한 번 더 먹어보고 싶어한다고 전하는 바람에 우리는 너무 놀라서 열심히 먹던 피자를 떨어뜨리고 말았다. 그것은 아주 좋은 징조였다. 심사위원들은 매일 60조각의 피자를 맛본다. 조각마다 한 입 베어물어보고 나머지는 버리며, 절대 두 번 다시 먹는 경우는 없기 때문이다.

그날 오후에 나는 수많은 나폴리 사람들과 점심을 먹었고, 잔에 담긴 와인을 모두 마셔버렸다. 내가 와인을 모두 마시려고 할 때 그들은 나를 말리며 말했다. "아니야. 다 마시지 말고 차라리 이마에 문질러. 그러면 행운이 올거야." 나는 내 이마에 어느 것도 그렇게 빨리 문지른 적이 없었다. 그리고 더 큰 행운을 바라며 온몸에도 와인을 발랐다. "내가 받을 수 있는 행운은 모두 갖고 싶어!" 그리고 모두 함께 웃었다.

"토니, 당연히 오늘이 네게 행운의 날이지만 너도 알다시피 또 다른 이유가 있어."라며 한 친구가 말했다. "오늘은 성스러운 너의 날이야." 그때까지 난 6월 13일이 파도바(Padua)의 성 안토니우스(Saint Anthony) 축제의 날이라는 것을 알아차리지 못했다.

그날 밤, 수천 명의 사람들이 대회장을 가득 채웠고, 나와 우리 팀은 대회 결과를 기다리며 테이블에 함께 앉아 있었다. 그들은 우선 3등을 호명했고, 그 다음에 2등을 호명했으며, 그 다음부터는 많은 시간이 흘렀다. 그 다음에 우리가 들었던 단어는 절대 잊을 수 없을 것이다.

"나폴리식 피자 부문 1등상은 …… 미국 캘리포니아의 카스트로 밸리(Castro Valley)에서 온 …… 토니 제미냐니(Tony Gemignani)."

몇 초 동안 무거운 침묵이 흘렀고 드디어 베수비우스 화산이 폭발했다.

엄청난 혼란과 외침들 속에서 한 무리의 경찰들이 우리 테이블을 둘러싸고 진정하라고 했고, 우리는 모두 일어나 그들을 따라 트로피를 받기 위해 앞으로 나갔다. "절대 흥분한 모습을 보이지 마시오." 그들이 말했다. 내가 하고 싶었던 것은 오로지 테이블 위에서 크게 함성을 지르며 춤을 추는 것이었지만, 그들의 지시를 따라야 할 것 같았다. 그들은 우리가 혹시나 칼에 찔리거나 총을 맞지는 않았는지 진심으로 확인하고 싶어했다.

그것은 정말 내 인생에서 가장 최고의 순간이면서도 기묘했던 순간 중에 하나였다. 그리고 내 레스토랑에서 일을 하면서도 매일 그때 일이 생각났다. 그래서 나는 6월 13일을 기념하기 위해 내 나름의 방식으로 나폴리 숫자점을 만들어냈다. 6과 1을 더해서 7을 만들고, 3을 뒤에 붙여서 73이라는 숫자를 만들어서 「73STG, AVPN」이라는 단어를 만들어냈다 그리고 매일 밤 마르게리타 피자를 인증할 수 있는 피자를 만들었다. 1개 이상도 이하도 아닌 단 1개만. 내가 말했듯이, 나는 전통을 사랑하니까.

NAPOLETANA DOUGH

나폴리식 도우_ 795g(28온스)_ 1개 255g(9온스) 도우볼 3개

전통적인 나폴리식 피자는 이탈리아의 도피오 제로(doppio zero, 영어로는 더블제로라는 의미) 밀가루로 만든다. 밀가루 입자의 크기에 따라 숫자 2에서 00까지 분류하는데, 2는 가장 굵게 간 밀가루이고, 00(더블제로)은 가장 곱게 간 밀가루이다. 더블제로(00) 밀가루는 경질밀보다 글루텐 함량이 적은 연질밀로 제분한다. 따라서 이 밀가루로 만든 반죽은 무척 부드러워서 손으로 다룰 때 좀 더 세심한 주의가 필요하다. 나폴리식 피자용으로 가장 인정받는 더블제로(00) 밀가루 브랜드는 카푸토(Caputo)와 산 펠리체(San Felice)이다. 이 두 회사는 나폴리에서 마치 코카콜라와 펩시콜라의 관계와 비슷하다고 수강생들에게 말하곤 하는데, 나는 이 두 가지를 모두 추천한다. 그러나 미국의 슈퍼마켓에서는 카푸토를 구하기가 더 쉽다. 이 도우를 만들 때 나는 생이스트를 선호한다. 그 이유는 그것이 정통 나폴리 피자를 만드는 방법이기 때문이다.

장작화덕을 사용하는 도우와 가정용 오븐을 사용하는 나폴리식 도우의 단 한 가지 차이점은 가정용 오븐에 굽는 도우에는 크러스트가 갈색을 띠도록 몰트를 사용한다는 것이다. 강한 화력으로 굽는 장작화덕에는 몰트가 필요 없다.

7g_ 작게 부순 생이스트, 또는 2.3g(¾ts)_ 액티브 드라이 이스트

70g(¼C+1Ts)_ 미지근한 물(27~29℃/80~85℉)

453g(3¾C)_ 더블제로 밀가루_ 카푸토 또는 산 펠리체 추천_ 필요에 따라 반죽용 추가

10g(1Ts+¼ts)_ 활성 몰트(가정용 오븐에 구울 경우)

210g(¾C+2Ts)_ 얼음물

90g_ 풀리시(p.55)

10g(2ts)_ 고운 바닷소금

베이커스 퍼센티지_ p.310 참조

작은 볼에 이스트를 계량하고 미지근한 물을 부어 30초 동안 섞는다. 이스트가 물에 녹으면서 표면에 약간의 거품이 생길 것이다. 만일 이런 현상이 생기지 않고 이스트 과립이 녹지 않은 상태로 떠 있다면 이스트가 사멸된 것이므로 버려야 한다. 유효기간이 많이 남은 새로운 이스트를 계량해서 물에 다시 녹인다.

후크를 끼운 스탠드 믹서의 볼에 밀가루와 몰트를 넣고 섞는다. 믹서를 가장 낮은 속도로 돌리면서 계량한 얼음물에서 2Ts 정도만 남기고 믹서볼에 붓는다. 이어서 이스트를 녹인 물을 붓고, 남겨두었던 얼음물 2Ts을 이스트를 녹인 볼에 부어 남아 있는 이스트를 헹군 다음 믹서볼에 붓는다. 15초 정도 믹서를 돌리다가 멈추고 풀리시를 넣는다.

대부분의 반죽이 후크 주위로 뭉칠 때까지 약 1분 동안 믹서를 저속으로 돌리다가 멈춘다. 손가락으로 후크에 붙어 있는 반죽을 떼어내고, 볼 스크레이퍼나 고무주걱을 사용하여 믹서볼 옆면과 바닥에 붙어 있는 반죽을 긁어낸다.

소금을 넣고 잘 섞일 때까지 저속으로 1분 동안 돌린다. 믹서를 멈추고 후크에서 반죽을 떼어내고 1분 더 믹싱한다. 반죽이 완벽하게 매끄러워 보이지는 않을 것이다. 하지만 반죽의 일부를 손가락으로 문질러보았을 때 소금 입자가 느껴지지 않아야 한다. 만일 소금 입자가 느껴진다면 1분 더 믹싱한다.

NAPOLETANA DOUGH

볼 스크레이퍼를 사용하여 믹서볼에서 도우를 꺼내 덧가루를 뿌리지 않은 깨끗한 작업대로 옮기고, 도우가 매끄러워질 때까지 2~3분 동안 손으로 반죽을 한다(p.32 〈도우 반죽하기〉 참조). 만일 도우가 너무 끈적거려서 반죽하기 어려우면 덧가루를 약간만 뿌려서 반죽하기 좋게 한다. 젖은 행주로 덮어서 실온에서 20분 동안 휴지시킨다.

도우 커터를 사용하여 도우를 적당히 펼치고 3등분한다. 분할한 덩어리마다 무게를 잰 다음 양을 조절하여 255g(9온스) 세 덩어리를 만든다. 도우가 조금 남을 것이다.

분할한 도우를 공모양으로 만든다(p.34 〈도우볼 만들기〉 참조). 도우볼들을 ½사이즈 시트팬에 약 8㎝(3인치) 간격으로 배열한다. 만약 도우볼들을 각기 다른 날에 구울 계획이라면 ¼ 사이즈 시트팬에 하나씩 나누어 올린다. 도우볼이 담긴 시트팬을 공기가 통하지 않게 비닐랩으로 바닥면까지 이중으로 단단하게 감싼다. 냉장고의 편평한 곳에 넣고 36~48시간 동안 냉장숙성발효시킨다. 도우를 가정용 오븐에 구울 계획이라면 48시간 동안 충분히 냉장숙성발효시키는 것이 가장 좋다.

PRO TIP

전문가를 위한 노트 나폴리피자협회(The Associazione Verace Pizza Napoletana)의 가이드라인은 도우볼의 무게를 180~250g으로 사용하도록 정하고 있다. 이것을 온스(oz)로 환산하면 6.35~8.8온스가 된다. 그래서 홈베이킹을 위해 편의상 8.8온스를 반올림해서 1개당 9온스(255g) 도우볼 3개가 나오도록 레시피를 만들었다.

NAPOLETANA TOMATO SAUCE

나폴리식 토마토소스 _ 1⅓C(340g) _ 나폴리식 피자 3판

그렇다. 이것이야말로 진짜 토마토와 소금으로만 이루어져 있다. 따라서 품질 좋은 산 마르자노 토마토를 사용하는 것이 매우 중요하다. 내 수강생들은 이 소스의 묽은 농도에 놀라곤 하지만 이 소스는 원래 그렇다. 만일 살짝 단맛이 나고 농도가 좀 더 진한 소스를 좋아한다면 소스를 믹서에 갈기 전에 품질 좋은 그라운드 토마토(p.25)를 조금만 첨가하면 된다. 비록 산 마르자노 토마토만을 사용하도록 하는 나폴리피자협회(AVPN)의 공식규정에는 어긋나지만, 당신이 말하지 않는 이상 나 역시 아무에게도 말하지 않을 것이다.

2캔 795g(28온스)_ 산 마르자노 토마토_ 스트리아니즈 추천

고운 바닷소금

p.36의 〈으깬 토마토 만들기〉의 설명을 따른다. 그러나 토마토를 으깨지 않고 볼에 얹은 체에 덩어리째 담아서 과즙만 걸러낸 다음, 한쪽에 놓아둔다.

새로운 볼에 고운체의 푸드 밀을 얹는다. 푸드 밀에 토마토 덩어리를 넣고 모두 간 다음, 고무주걱으로 체의 바닥 부분을 긁어낸다. 이렇게 해서 토마토소스 1⅓C(340온스)을 만들고, 소스의 농도를 확인한다. 소스가 적당히 묽어서 피자도우 위에 펴 바를 때 도우 윗면이 일부 보여야 한다. 소스가 너무 되직해 보이면 따로 놓아둔 토마토 과즙을 약간 추가하면서 농도를 조절하고, 소금으로 살짝 간을 한다.

이 소스는 밀폐용기에 담아 냉장고에서 2일까지 보관할 수 있다.

PRO TIP

굽기 전에 소금을 뿌린다 나는 모든 나폴리식 피자를 굽기 직전 토핑을 모두 마친 상태에서 소금 1꼬집을 뿌린다. 이 방법은 소스의 풍미와 함께 다른 재료들의 맛을 한층 살아나게 한다.

HANDMADE MOZZARELLA

핸드메이드 모차렐라_ 455g(1파운드)_ 프레시 모차렐라치즈

물론, 프레시 모차렐라치즈(생모차렐라치즈)는 슈퍼마켓이나 마트에서 언제든 필요할 때 구입할 수 있다. 하지만 품질이 항상 좋은 상태는 아니므로, 좀 더 나은 대안 중 하나로 집에서 만드는 방법도 있다. 이것은 우리 레스토랑에서 프레시 모차렐라치즈를 만드는 방법이다. 좀 더 나은 대안이라고 말하는 이유는 신선한 우유로 모차렐라치즈를 완벽하게 만들기 위해서는 약간의 요령이 필요하지만, 프레시 모차렐라 커드(curd, 우유가 산이나 응유효소에 의하여 응고된 것으로 치즈를 제조할 때 사용한다)를 가지고 시작하면 절반의 성공을 보장하고 훨씬 맛있는 모차렐라치즈를 만들 수 있기 때문이다.

요즘은 온라인을 통해서 모차렐라 커드를 덩어리로 쉽게 구입할 수 있다. 그것으로 수제 모차렐라치즈를 만드는 일은 오래 걸리지 않고 재미도 있다. 이렇게 만든 치즈를 한 입 먹어보았을 때 느낄 수 있는 부드럽고 섬세한 텍스처와 풍미에 당신은 분명히 매료될 것이다. 만드는 과정도 매우 재미있어서 일단 만들어보고 요령을 터득하면 동호회나 모임에서 멋지게 활용할 수 있다.

손으로 잡아당겨 만드는 모차렐라치즈는 상점에서 구입한 프레시 모차렐라치즈보다 수분이 적고 좀 더 응축되어 있는 경향이 있지만 막상 피자에 토핑했을 때 훨씬 더 잘 어울리며, 프레시 모차렐라치즈를 사용하는 모든 레시피에 사용할 수 있다. (프레시 모차렐라치즈를 우유로 만든 경우에는 피오르 디 라테(fior di latte)라고 부른다. 물소젖으로 만든 경우에는 모차렐라 디 부팔라(mozzarella di bufala)라고 부른다.)

만드는 과정을 간단하게 설명한다. 커드를 얇게 깎아 늘어질 정도로 부드러워질 때까지 뜨거운 물에 담갔다가 반죽을 하고 모양을 만들어 차가운 소금물에 담근다. 이 작업을 시작하기 전에 커드의 맛을 보면 소금이 들어 있지 않다는 사실을 알 수 있을 것이다. 이렇게 커드를 소금물에 담가두면 소금간이 부드럽게 스며든다.

커드는 차가울 때 얇게 슬라이스하기 쉬우므로, 시작하기 전에 미리 커드를 얇게 슬라이스하여 실온이 되게 한다. 얇게 깎은 커드를 부드럽게 만들 때는 물 온도를 오래 유지할 수 있는 스테인리스 볼을 사용하는 것이 좋다. 뜨거워진 커드의 모양을 잡을 때는 손을 깨끗이 씻어야 하고, 그보다 좋은 방법은 위생적이면서도 손을 보호할 수 있는 외과용 수술장갑을 착용하는 것이다.

3C(680g)_ 물_ 8ℓ 추가

1C(140g)_ 코셔 소금

710g(25온스)_ 얼음

455g(1파운드)_ 모차렐라 커드_ 찬 것

소금물을 만들기 위해 소스팬에 물 3C을 붓고 소금을 넣어 젓는다. 센 불에 팬을 올리고 소금이 완전히 녹을 때까지 가끔 저으면서 가열한다. 이 소금물을 깊이가 있는 밀폐용기에 부은 다음, 얼음을 넣고 저어서 녹인다. 물은 차가워야 한다. 만일 그렇지 않으면 냉장고에 넣어 물을 차갑게 식힌다. 소금물에 모차렐라치즈를 담글 때는 반드시 물이 차가워야 한다.

큰 냄비에 물 8ℓ를 붓고 중간불-센 불로 가열하여 물 온도를 79~82℃(175~180℉)까지 올린다. 그 후부터는 그 온도를 계속 유지시킨다.

날카로운 칼로 커드를 얇게 자른다(p.200 ❶ 참조). 자른 커드를 넓은 스테인리스 볼에 담고 실온이 될 때까지 놓아둔다. 국자로 뜨거운 물을 떠서 커드가 잠길 만큼 부은 다음, 휘젓지 말고 1분 동안 그대로 놓아둔다 ❷.

나무숟가락의 둥근 손잡이로 커드를 조심스럽게 저으면서 부드러워졌는지 확인한다. 살살 휘저으며 커드가 한 덩어리로 뭉치게 한다. 만일 커드가 하나로 뭉쳐질 만큼 부드러워지지 않았다면 재빨리 물을 반 정도 따라내고 뜨거운 새 물을 따라낸 양만큼 다시 채운다.

이 작업은 재빨리 움직이는 것이 중요하다(치즈를 너무 오래 다루다가는 고무 느낌이 나는 치즈가 되어버린다). 모든 커드가 부드러워지면 나무숟가락의 손잡이를 치즈 덩어리 밑으로 조심스럽게 밀어넣고 위로 살짝 들어올린다. 그러면 치즈가 숟가락 옆으로 흘러내릴 것이다 ❸. 그대로 숟가락을 뒤집어서 들어올린 치즈가 뒤집히면서 물 속에 잠기게 한다. 같은 방법으로 치즈를 들어올렸다가 뒤집기를 반복한다. 이 과정 중에 한두 번 뜨거운 물로 교체한다. 치즈가 탄력 있게 단단해지기 시작하면 공모양으로 만든다.

재빨리 치즈를 길게 잡아당겼다가 접기를 한두 번 한 다음, 한 손으로 치즈를 한 움큼 잡는다. 치즈를 잡은 손을 수직으로 세우고, 다른 한 손으로 치즈가 빠져나가지 않게 받친다. 엄지와 검지 사이로 치즈를 짜서 공모양으로 빠져나오게 한다. 공의 크기는 각자 손으로 얼마만큼 치즈를 짜내는가에 따라 달라질 수 있다(❹와 ❺).

공이 원하는 크기가 되면 치즈를 짜내고 끝을 비틀어서 공모양으로 만든다(❻❼). 치즈를 차가운 소금물에 담근다(❽).

위와 같은 방법으로 나머지 치즈도 볼로 만든다. 만드는 동안 모차렐라치즈가 들어 있는 뜨거운 물이 차가워져서 치즈가 점점 단단해지면, 물의 일부를 따라내고 뜨거운 물을 새로 채워서 커드가 부드러워지게 한다.

소금물에 담은 모차렐라볼은 적어도 30분 동안 그대로 놓아둔다. 그러나 소금간이 좀 더 배이기를 원하면 1시간까지 담가두어도 된다. 소금물에서 모차렐라볼을 꺼내 밀폐용기에 담고 찬물을 붓는다. 뚜껑을 꼭 닫아서 냉장고에 넣으면 5일까지 보관할 수 있다.

NAPOLETANA

MAKING MOZZARELLA
모차렐라치즈 만들기

프레시 모차렐라치즈 팁

- 수제 모차렐라치즈나 상점에서 구입한 모차렐라치즈를 담겨 있던 식염수에서 꺼내 전부 다 사용하지 않을 경우에는 손으로 만지지 말고 언제나 숟가락을 사용한다. 이렇게 하면 용기 안에서 상하지 않게 보관할 수 있다.

- 상점에서 구입한 모차렐라치즈를 하루나 이틀 더 보관해야 할 때는 식염수를 따라내고 소금을 1꼬집 녹인 새로운 물에 담가둔다.

- 모차렐라치즈를 피자 위에 토핑할 때는 조각을 내거나 슬라이스하기 전에 손으로 부드럽게 짜서 물기를 제거한다. 그리고 물을 많이 머금은 것 같으면 키친타월 위에 올려 수분을 흡수시킨다.

- 113g(4온스) 오볼리네(Ovoline, 달걀 크기라는 뜻) 프레시 모차렐라치즈는 나폴리식 피자 1판을 만들기에 적당한 양이다.

- 프레시 모차렐라치즈를 토핑할 때 나는 칼로 슬라이스하는 방법보다 손으로 떼어서 토핑하는 방법을 선호한다. 이렇게 하면 치즈 속의 물을 더 쉽게 짜낼 수 있다.

- 일단 모차렐라 커드를 성형하는 데 익숙해지면 모든 타입의 치즈를 만들 수 있다. 모차렐라치즈롤을 만들려면 작업대 위에 비닐랩을 깔고 부드러워진 커드 454g(1파운드)을 6mm(¼인치) 두께의 직사각형으로 펼친 다음, 그 위에 프로슈토와 루콜라를 골고루 올리거나 다진 토마토와 바질, 작게 썬 세라노 칠리, 그 밖에 각자 좋아하는 재료를 골고루 토핑한다. 이어서 김밥을 말듯이 비닐랩으로 싼 다음, 차갑게 식혀서 슬라이스한 후 서빙한다. 또는 부드러워진 커드로 방울토마토를 감싸면 토마토를 넣은 보콘치니(bocconcini, 작은 볼모양으로 만든 모차렐라치즈)를 만들 수도 있다. 나는 이때 노란색 방울토마토를 즐겨 사용한다. 이렇게 만들면 반으로 잘랐을 때 마치 삶은 달걀을 반으로 자른 것처럼 보인다.

NAPOLETANA

장작화덕피자의 기본

장작화덕에 피자를 굽기 위해 특별히 연습이 필요하지는 않다. 최고 482℃(900℉)의 화덕 안에서 피자는 고작 90초 정도면 구워진다. 그러므로 피자를 구울 때에는 100% 집중해야 하고, 먼저 피자삽을 다루는 기술을 마스터해야 동그랗고 완벽한 파이를 완성할 수 있다.

우선, 화덕 안에서 피자를 다루는 일이 가장 중요하다. 손잡이가 긴 피자삽에 피자도우를 올려 화덕의 바닥으로 곧바로 옮겨야 한다. 그리고 굽는 동안 손잡이가 길고 둥근 접시모양의 금속판이 달린 두 번째 피자삽을 사용하여 피자도우를 돌려준다. 이 피자삽을 팔리노(palino)라고 부른다. 화덕 안에서 피자도우를 돌리는 일은 매우 까다로워서 연습이 필요하지만, 피자도우를 한 지점에서 너무 오랫동안 굽지만 않는다면 꼭 돌리지 않아도 된다.

사전준비는 장작화덕피자의 모든 것이라고 할 수 있다. 시작하기 전에 사용할 도구들을 포함하여 도마와 서빙용 접시까지 화덕 가까이에 있는 테이블에 준비해 놓는다. 무엇보다 모든 사람들이 먹는 순간만 기다리고 있다. 화덕피자는 아무도 기다려주지 않는다.

도구와 재료들

- 나는 장작으로 참나무를 쪼개서 사용하는 것을 좋아한다. 참나무는 재가 날리지 않으면서 화력이 좋다. 아몬드나무나 또 다른 단단한 목재를 사용해도 좋다.

- 처음 불을 붙일 때 사용하는 갈색 종이봉투나 신문지

- 무독성 고체연료(선택)

- 불쏘시개

- 손잡이가 긴 애시 스크레이퍼(ash scraper)

- 482℃(900℉)까지 측정할 수 있는 휴대용 적외선 온도계

- 손잡이가 긴 내열 브러시와 젖은 행주

- 대팻밥이나 나무 조각들

- 피자도우를 올려놓고 토핑하여 화덕으로 옮길 수 있을 만큼 손잡이가 긴 나무 피자삽(숙련된 피자이올로들은 금속 피자삽을 추천한다. p.313 참조)

- 팔리노. 화덕 안에서 피자도우를 돌리거나 위치를 옮길 때 사용한다.

- 피자를 슬라이스하기 위한 도마

- 서빙용 도마나 접시

불 붙이기

본격적으로 피자를 굽기 위해서는 대략 2시간 30분 전에(시간은 날씨, 화덕과 나무의 상태에 따라 달라질 수 있다) 화덕에 불을 붙여야 한다.

1. 먼저 장작 2개를 화덕의 안쪽을 향해 나란히 놓되, 화덕 입구와 중심부 사이에 위치하게 한다. 이렇게 놓지 않으면 불길이 치솟으면서 입구 쪽이 검게 그을린다. 장작을 어느 정도 떼어 놓고 그 사이에 갈색 종이봉투나 신문지를 구겨서 넣는다. 이때 3개의 고체연료 덩어리를(사용할 경우) 봉투 안에 넣는다. 먼저 넣은 2개의 장작 위에 2개의 장작을 직각으로 교차하여 쌓는다 ❶. 그 위에 8~10개의 장작을 천막모양으로 비스듬히 쌓는다 ❷. 고체연료를 담은 봉투에 불을 붙이고 화덕 입구에서 멀리 떨어진다 ❸.

2. 장작과 불쏘시개가 알맞게 말랐다면 몇 분 안에 불이 활활 타오를 것이다. 장작이 타오르는 중간에 집에서 벽난로에 불을 때는 방법대로 장작을 추가로 넣어준다. 10~15분에 한 번 정도씩 오븐 크기에 따라 2~4개 정도의 장작을 한꺼번에 넣어주면 된다.

3. 45분~1시간 정도가 지나면 화덕의 천장 가까이에 있는 장작이 새까만색에서 회백색으로 변하면서 장작더미가 이글이글 불타오를 것이다. 애시 스크레이퍼를 사용하여 장작불을 오븐의 중앙에서 뒤쪽으로 민다 ❹. 15분에 한 번씩 확인하면서 불이 계속 타오를 수 있게 장작을 필요한 만큼 추가로 넣으며 45분~1시간 정도 태운다.

4. 화덕이 가열되면서 화덕 내부의 돔 전체가 검은색에서 회백색으로 천천히 변한다. 이러한 상태가 시작되면 애시 스크레이퍼를 사용하여 장작불을 오븐의 왼쪽으로 밀어 놓는다 ❺. 나는 늘 습관적으로 장작불을 왼쪽으로 밀어 놓는다. 그 이유는 피자를 굽거나 위치를 바꾸거나 돌리는 등 자유자재로 피자를 다룰 때 오른쪽이 훨씬 편하게 느껴지기 때문이다. 불이 계속 타오를 수 있게 가끔씩 장작을 추가로 넣어주며 45분 정도 더 가열한다. 적외선 온도계로 화덕 바닥의 중심부를 측정했을 때 온도가 427℃(800℉) 정도 되면 가장 적당하고, 그때 돔모양의 천장은 538℃(1000℉) 정도가 될 것이다. 이 상태에서 화덕 안의 전체 온도는 482℃(900℉) 정도가 된다. 이 상태가 되며 맨 먼저 굽는 피자로 열의 세기를 파악할 수 있게 되고, 이어서 피자를 구우며 적당하게 불 조절을 할 수 있다.

5. 손잡이가 긴 내열 브러시로 화덕의 바닥을 쓸어낸다. 모든 재를 불 쪽으로 쓸어내고 브러시에 젖은 행주를 감싸서 화덕 바닥을 닦아 깨끗하게 청소한다. 불에서 날아온 재가 피자에 묻는 걸 좋아하는 사람은 아무도 없을 것이기 때문이다.

NAPOLETANA

불 붙이기

6. 피자 크러스트의 바닥면이 화덕 바닥의 열로 구워지는 동안, 피자의 표면은 화덕의 옆면과 천장을 둘러싼 불길로 구워진다. 그러므로 피자도우를 넣기 전에 그 불길이 살아나도록 대팻밥, 나무 조각, 또는 불쏘시개 등을 장작불 위에 추가로 넣어준다. 만일 피자를 굽는 시간이 길어질 정도로 화덕이 충분히 뜨겁지 않다면 장작을 넣고 좀 더 가열하여 원하는 온도로 올린다.

여러 개의 피자를 시간차를 두면서 동시에 굽는 방법은 매우 까다로우므로 한 번에 1판씩 굽도록 한다. 피자 1판을 굽는 데 걸리는 시간은 채 2분도 안 되기 때문이다.

장작화덕 팁

- 장작화덕에 처음으로 피자를 구울 경우에는 연습용으로 여분의 도우를 준비해두는 것이 좋다.

- 화덕의 바닥에 토핑 재료가 붙었다면, 애시 스크레이퍼를 사용하여 그 위에 약간의 숯덩이를 덮고 붙어버린 재료를 3분 정도 완전히 태운다. 그 다음에 타버린 재료와 숯덩이들을 한꺼번에 불 쪽으로 밀어 넣고, 새로운 피자를 굽기 전에 그 부분을 브러시로 털어낸다.

- 화덕을 24시간 이전에 사용했다면, 화덕의 온도가 올라가는 데 걸리는 시간도 줄어든다.

WOOD-FIRED OVEN BAKING

장작화덕에 굽기_ 지름 30㎝(12인치) 피자 1판_ 6조각

1개 255g(9온스)_ 나폴리식 도우볼(p.195)

밀가루_ 덧가루용

장작화덕에 불을 붙인다(p.203 불 붙이기 참조). 화덕의 앞쪽에 있는 불을 뒤쪽으로 옮기고(step 3), 냉장고에서 도우볼을 꺼내 비닐랩을 씌운 채로 도우가 16~18℃(60~65℉)가 될 때까지 실온에 놓아둔다. 이때가 화덕에 피자도우를 구울 수 있게 준비될 때까지 1시간 30분 정도 남은 시점이다.

작업대에 덧가루를 뿌리고, 도우를 작업대로 옮겨서 그 위에도 덧가루를 뿌린다(p.38 〈작업대로 도우 옮기기〉 참조).

나무 피자삽에도 덧가루를 뿌린다. 작업대 위에서 도우를 지름 30㎝(12인치) 크기로 둥글게 펼치고 테두리는 약간 올라오게 만든다(p.39~41 〈도우를 넓게 펼치기〉 참조).

피자삽 위에 도우를 올려놓는다. 작업하는 동안 피자삽을 앞뒤 수평으로 흔들어서 도우의 바닥이 피자삽에 들러붙지 않는지 확인한다.

만들고자 하는 레시피대로 도우에 토핑을 올린다. 토핑이 끝나면 마지막으로 피자삽을 한 번 더 흔들어서 도우가 피자삽에 들러붙지 않았는지 확인한다. 만일 도우가 붙어 있다면 가장자리를 들어서 그 부분에 덧가루를 추가로 뿌린다. 도우가 피자삽에 붙어 있는 상태에서는 절대 화덕으로 옮기지 말아야 한다. 만약 옮기다가는 도우의 모양이 뒤틀리거나 토핑 재료들이 화덕의 바닥으로 떨어질 수 있다.

마지막으로 화덕의 불을 확인한다. 불꽃이 화덕의 벽과 천장으로 타오르고 있는지 살펴본다. 필요할 경우에는 불꽃이 계속 타오르도록 대팻밥이나 나무 조각, 또는 불쏘시개를 추가로 넣는다.

피자도우를 화덕 안으로 옮긴다_ 화덕의 중심부에서 불과 가까운 지점을 정해서 피자도우를 넣는다. 아마도 당신은 그 지점에서 계속 피자를 구울 가능성이 높다. 피자삽을 그 지점까지 가져간 다음, 피자삽의 앞쪽 가장자리가 화덕의 바닥에 닿도록 피자삽을 아래로 기울인다. 피자삽을 재빨리 안쪽으로 밀어넣어서 피자도우의 한쪽 끝이 화덕의 바닥에 닿게 한 다음, 피자삽을 수평으로 잡고 조심스럽게 천천히 앞으로 잡아당겨서 도우가 바닥에 놓이게 한다. 이 순간에는 절대로 도우가 움직이지 않게 한다. 만일 위치가 마음에 들지 않더라도 도우가 어느 정도 익어서 위치를 옮겨도 바닥이 찢어지지 않게 될 때까지 15초 정도 기다린다.

NAPOLETANA

WOOD-FIRED OVEN BAKING

피자도우를 돌린다 _ 화덕에 피자도우가 들어가자마자 나무 피자삽은 옆에 내려놓고 금속 팔리노를 집어든다. 이것으로 화덕 안에 있는 피자도우를 옮기고 돌린다. 대체로 20초 정도 지나면 도우와 가장 가까운 불로 인해 도우의 가장자리가 갈색으로 변하거나 검게 탄 얼룩이 보일 것이다. 이 상태부터는 도우가 순식간에 타기 때문에 도우를 재빨리 회전시키는 것이 매우 중요하다. 도우와 불 사이로 피자삽을 움직여서 불에서 가까운 쪽의 피자도우 바닥면에 피자삽을 반 정도 밀어넣는다. 피자삽을 약간 기울여서 들고 앞쪽으로 살짝 잡아당겨서 도우를 시계 반대방향으로 90도 돌린다 ❶. 피자도우가 화덕의 바닥에 새롭게 위치를 잡았을 때, 곧바로 도우의 바닥면에 피자삽을 밀어넣고 도우를 화덕 안쪽으로 밀어 원래 있던 위치로 돌려놓는다. 도우의 가장자리를 균일한 색으로 굽기 위해 위와 같이 4번 반복하여 매번 같은 자리에 놓이게 한다 ❷. 화덕 안에서 피자도우를 돌리는 요령을 익힐 때까지 아무 것도 토핑하지 않은 둥근 도우(이 도우는 조심하지 않고 맘껏 다뤄도 괜찮다)를 사용하여 여러 번 연습해보기 바란다.

PRO TIP

장작의 준비단계 장작을 불 속으로 바로 던져 넣는 대신에 나는 준비단계를 거친다. 먼저 화덕의 왼쪽 입구 바로 안쪽에 장작을 약 3분간 놓아두었다가 사용하는 것이다. 이렇게 하면 장작을 불구덩이 속에 넣었을 때 불이 빨리 붙으면서 지속적으로 더 잘 타게 된다. 다만 이런 단계를 거치려면 규모가 제법 큰 전문적인 화덕이어야 공간 확보가 가능하다. 크기가 작은 가정용 화덕은 장작과 불구덩이 사이가 너무 가까워서 불이 금방 붙기 쉽다.

피자도우를 도밍(doming)한다 _ 피자도우를 화덕에서 꺼내기 바로 전에 피자 크러스트가 살짝 탄 것처럼 만들고 싶다면, 크러스트 바닥면에 필라노를 밀어넣고 조심스럽게 화덕의 천장 가까이 들어올리는 도밍 테크닉을 활용한다(p.207 ❸ 콰트로 포르니 피자 굽는 모습 참조). 도밍(doming)이란 피자삽으로 피자도우를 들어올려 화덕의 천장 가까이에서 굽는 기술을 말한다. 피자도우가 피자삽 가운데에 안정적으로 놓여 있게 하면서 피자도우를 조심스럽게 살살 흔들어준다. 피자도우의 표면이 너무 까맣게 타지 않도록 계속 주의를 기울이면서 몇 초 동안 도우를 도밍한다. 만일 한쪽이 너무 검게 타버리면 화덕 밖으로 필라노를 꺼내서 돌린 후에 다시 화덕 안으로 넣고 도밍을 한다.

피자를 마무리한다 _ 필라노를 사용하여 화덕에서 피자를 꺼내 도마로 옮긴다. 피자를 슬라이스하고 레시피대로 가니시를 한다.

불을 끈다 _ 당일 구울 피자를 모두 굽고 나면 애시 스크레이퍼로 장작불을 오븐 바닥에 편평하게 펼친 다음, 화덕 문을 닫고 온도가 완전히 내려갈 때까지 놓아둔다. 이 과정은 24시간 정도 걸리고, 때로는 이보다 더 걸릴 수도 있다. 화덕이 식으면 애시 스크레이퍼와 브러시로 재를 모아서 금속 통에 담는다. 재를 버리기 전에 확실하게 식었는지 반드시 확인한다.

문제 해결 팁

- 피자가 매번 너무 빨리 구워지는 것 같으면 피자도우를 불에서 약간 떨어뜨려 놓고 굽는다.

- 피자가 시간 내에 빨리 구워지지 않는 것 같으면 피자도우를 불 가까이로 옮기고 불꽃이 화덕 주위나 도우 위로 잘 타오르는지 확인한다.

- 피자 크러스트의 바닥면이 갈색을 충분히 띠지 않는 경우에는 피자도우를 새로운 위치로 옮긴다. 이때는 도우의 바닥에 덧가루가 너무 많이 묻어 있다는 신호일 수도 있으므로 주의해서 살펴본다. 그리고 다음 피자를 만들기 전에 장작을 추가로 넣는다. 그래도 별다른 변화가 없으면 피자도우를 구울 자리에 뜨거운 장작불 일부를 넓게 펼쳐놓고 10~15분 동안 놓아둔다. 그리고 장작불을 다시 불 쪽으로 밀어놓고 내열 브러시와 젖은 타월로 깨끗하게 청소한다.

- 크러스트의 바닥면은 갈색이 충분히 나왔지만 테두리는 그렇지 않을 경우에는 금속 피자삽 위에 피자도우를 올리고 테두리를 불 쪽으로 가져가서 갈색이 나게 굽는다.

- 피자를 굽는 위치가 너무 뜨거우면 더미도우(dummy dough, 피자 크기로 둥글게 만들고 토핑은 하지 않은 대용 반죽)를 사용하여 화덕의 바닥 온도를 낮출 수 있다. 더미도우를 화덕의 바닥에서 까맣게 타도록 굽고, 다시 뒤집어서 까맣게 탈 때까지 구운 다음 버린다. 그렇게 하면 더미도우를 구운 자리가 다음 피자를 굽기 적당한 온도로 내려가 있을 것이다.

- 화덕의 돔 둘레에 검은색 고리모양이 생기기 시작하면서부터는 피자를 굽는 데 90초 이상이 걸린다고 느껴질 것이다. 이런 경우는 화덕의 온도가 내려간 것이므로 장작을 더 넣을 필요가 있다. 일단 피자를 구울 때는 늘 한 번에 1개씩 장작을 넣어야 한다.

HOME-OVEN BROILER METHOD

가정용 오븐의 브로일 모드로 굽기_ 지름 30㎝(12인치) 피자 1판_ 6조각

이 테크닉은 오븐의 브로일 모드를 사용하여 오븐의 베이킹 모드로만으로는 완성할 수 없는 장작화덕피자의 살짝 탄 효과를 만드는 것이다. 내 생각에는 베이킹스틸에 굽는 것이 가장 좋지만, 피자스톤에 구워도 괜찮다. 기본적인 개념은 이렇다. 2개의 베이킹스틸이나 피자스톤을 오븐에 넣고 최고온도로 1시간 동안 예열한 후, 피자를 굽기 전에 몇 분 동안 브로일 모드로 바꾼다. 피자는 오븐 윗단에 있는 베이킹스틸이나 피자스톤의 열로 구워지면서, 그 위에 있는 브로일러에 의해 윗면이 탄 것처럼 구워진다. 마치 장작화덕의 위아래 환경과 비슷하게 만들어 굽는 것이다. 그러고 나서 오븐 아랫단의 베이킹스틸 위에서 크러스트의 바닥을 바삭하게 굽는다.

만일 오븐의 브로일 모드에 단계설정 기능이 있다면 처음에는 가장 높은 단계로 설정하도록 한다. 크러스트가 완전히 구워지기도 전에 피자 윗면이 짙은 색으로 타는 것 같으면 중간 단계로 낮춘다.

1개 255g(9온스)_ 나폴리식 도우볼(p.195)

밀가루_ 덧가루용

냉장고에서 도우볼을 꺼내 비닐랩을 씌운 채로 도우의 온도가 16~18℃(60~65℉)가 될 때까지 실온에 놓아둔다. 그 동안 오븐에 2개의 베이킹스틸이나 피자스톤을 넣고 260℃(500℉)로 1시간 동안 예열한다(p.37 〈시작하기〉 참조).

도우를 넓게 펼칠 준비가 되면 오븐을 브로일 모드로 설정하여 피자도우를 준비하는 약 5분 동안 예열한다.

작업대에 덧가루를 뿌리고, 도우를 작업대로 옮겨서 그 위에도 덧가루를 뿌린다(p.38 〈작업대로 도우 옮기기〉 참조).

나무 피자삽에 덧가루를 뿌린다. 작업대 위에서 도우를 지름 30㎝(12인치) 크기로 둥글게 펼치고 테두리는 약간 올라오게 만든다(p.39~41 〈도우를 넓게 펼치기〉 참조).

피자삽 위에 도우를 올려놓는다. 작업하는 동안 피자삽을 앞뒤 수평으로 흔들어서 도우의 바닥이 피자삽에 들러붙지 않았는지 확인한다. 만들려는 레시피대로 도우에 토핑한다.

오븐 윗단의 베이킹스틸 위로 피자도우를 미끄러뜨리듯이 옮긴다(p.42 〈오븐에 피자도우 옮기기〉 참조). 오븐의 문을 닫고 브로일 모드에서 약 1분 30초 동안 굽는다. (첫 번째로 피자를 구울 때는 1분 후에 피자도우의 상태를 확인하면서 너무 빨리 구워지거나 타지는 않는지 살펴본다.) 피자삽을 피자 크러스트 밑으로 미끄러지듯이 밀어 넣는다(나는 이때 금속 타공삽으로 바꾸어 사용하는 것이 편하다). 그리고 피자도우를 180도 돌려서 다시 오븐 윗단의 베이킹스틸 위에 놓고 계속해서 브로일 모드로 1분 30초 더 굽는다. 크러스트 윗면에 군데군데 얼룩

과 까맣게 탄 자국이 보이고 바닥면도 갈색으로 얼룩이 생길 때까지 굽는다. 피자삽을 피자도우 밑으로 밀어 넣고 피자도우를 올려서 180도 돌린 다음, 오븐 아랫단의 베이킹스틸 위로 옮겨서 완벽하게 구워질 때까지 약 30초 더 굽는다.

피자를 도마로 옮겨서 슬라이스하거나 레시피대로 가니시를 한다.

FIRST PLACE · WORLD CHAMPION PIZZA MAKER, BEST STG MARGHERITA · WORLD PIZZA CUP · NAPLES · ITALY

MARGHERITA

마르게리타_ 지름 30㎝(12인치) 피자 1판_ 6조각

사실일 수도, 사실이 아닐 수도 있는 이 피자에 대한 전설은 역사적으로 가장 유명한 주문 피자라는 것에서부터 시작한다. 1889년에 나폴리의 유명한 피자이올로인 라파엘레 에스포지토(Raffaele Esposito)는 그 도시에 있는 화려한 카포디몬테(Capodimonte) 궁의 부름을 받았다. 이탈리아 왕비인 사보이가문의 마르게리타가 그곳을 방문하여 그 지역의 파이를 먹어보고 싶다고 했기 때문이었다. 에스포지토는 뭔가 의미 있는 인상을 남기고 싶어서 세 가지 피자를 내놓았다. 한 가지는 전통적인 마리나라 피자, 두 번째는 치어를 토핑한 피자, 세 번째는 창의력을 발휘하여 토마토, 모차렐라치즈, 바질로 이탈리아 국기의 색깔을 상징적으로 표현한 피자였다. 이것은 이른바 세계에서 처음 만들어진 치즈피자였고, 인류 역사상 가장 획기적인 순간의 하나였다. 이 피자가 이탈리아 국기를 상징하는 세 가지 색으로 이루어졌다는 점이 마르게리타 왕비의 마음을 사로잡았으니, 어떻게 해서 이 피자의 이름이 지어졌는지는 상상할 수 있을 것이다.

보기에는 토핑이 약간 적게 느껴질지도 모르지만, 내가 제시하는 소스, 치즈, 바질의 양에 대해서 나를 믿어도 좋다.

NAPOLETANA

1개 255g(9온스)_ 나폴리식 도우볼(p.195)

밀가루_ 덧가루용

넉넉한 ⅓C(100g)_ 나폴리식 토마토소스(p.197)

3장_ 신선한 바질잎_ 반으로 찢은 것

115g(4온스)_ 프레시 홀밀크 모차렐라치즈_ 홈메이드(p.198) 또는 피오르 디 라테 시판제품_ 그랑데(Grande) 추천_ 수분을 제거한 것

고운 바닷소금

엑스트라버진 올리브오일_ 입구가 뾰족한 용기에 담은 것_ 뿌리기용

화덕에 불을 붙인다(p.203 〈불 붙이기〉 참조). 가정용 오븐을 사용할 경우에는 〈가정용 오븐의 브로일 모드로 굽기〉(p.210 참조)의 내용대로 준비한다.

도우 준비는 장작화덕에 구울 경우에는 p.205의 설명대로 하고, 가정용 오븐에 구울 경우에는 〈가정용 오븐의 브로일 모드로 굽기〉의 설명을 따른다.

스푼으로 토마토소스를 떠서 피자도우의 가운데에 올린다. 도우의 둘레를 따라 약 2㎝(¾인치)를 남기고 스푼의 볼록한 뒷부분을 이용하여 도우의 중심부에서 바깥쪽으로 나선을 그리면서 소스를 골고루 펴 바른다. (소스를 얇게 펴 발라야 한다.) 소스 위에 바질잎의 매끄러운 부분이 위로 오게 골고루 올린다. 모차렐라치즈를 100원짜리 동전 크기로 떼어서 치즈의 표면이 아래로 가게 골고루 놓는다. 몇몇 치즈를 바질잎 위에 얹으면 바질잎이 타지 않게 된다. 소금을 가볍게 뿌린다. 그리고 오일을(약 1½ts) 도우의 중심에서 바깥쪽으로 나선을 그리면서 윗면 전체에 뿌린다.

〈장작화덕에 굽기〉나 〈가정용 오븐의 브로일 모드로 굽기〉의 설명대로 피자를 굽는다.

구워진 피자를 도마로 옮기고 웨지모양으로 6등분하여 자른다.

장작화덕에 구운 방울토마토

장작화덕에 구운 방울토마토는 놀라울 정도로 농축된 풍미를 가지고 있다. 올리브오일에 가볍게 버무려(줄기는 제거해도 되고 안 해도 된다) 소금과 후추를 뿌리고 무쇠팬에 올린다. 일단 화덕의 불을 뒤쪽으로 밀어 놓았다면(p.203 〈불 붙이기〉 step3 참조) 화덕에 팬을 넣고 방울토마토가 부드러워질 때까지 굽는다. 대략 10분 정도 걸리는데 불의 세기에 따라 달라질 수 있다. 피자에 방울토마토를 사용할 때는 나중에 피자 토핑으로 올려서 다시 굽기 때문에 너무 많이 태우지 않는 것이 좋다. 그러나 구운 토마토를 테이블에 따로 서빙하거나 가니시로 활용한다면 살짝 탈 정도로 굽는 것이 좋다.

피자에 토핑으로 사용할 때 토마토를 줄기째 구웠다면 줄기를 제거하고 레시피대로 따른다. 구운 토마토는 피자 표면을 굴러 다니지 않으므로 굳이 반으로 자를 필요가 없다.

로스트를 하거나 그릴에 구운 고기나 생선을 줄기째 구운 방울토마토와 함께 서빙하면 아주 멋진 가니시가 된다.

MARGHERITA EXTRA
마르게리타 엑스트라_ 지름 30㎝(12인치) 피자 1판_ 6조각

우리 레스토랑에서는 이 피자를 「스파카 나폴리(Spacca Napoli)」라고 부른다. 스파카는 나폴리의 구시가지 중심부를 가로지르는 유명한 거리의 이름이다. 이 피자의 이름은 공식적으로 「마르게리타 엑스트라」로 알려져 있다. 그리고 이 「엑스트라」는 피오르 디 라테(fior di latte, 우유로 만든 모차렐라치즈) 대신 모차렐라 디 부팔라(mozzarella di bufala, 물소젖으로 만든 모차렐라치즈)로 만들고, 신선한 방울토마토를 소스 대신 사용한다. 이탈리아의 물소젖으로 만든 모차렐라치즈는 피자를 구웠을 때 미국이나 스페인의 물소젖으로 만든 모차렐라치즈보다 훨씬 더 크리미하고 텍스처도 훌륭하다. 이 피자는 여름에 만드는 것이 가장 좋다. 여름철에는 방울토마토를 직접 재배하거나 상점에서 쉽게 구할 수 있기 때문이다. 겨울에는 여름철보다 방울토마토 품질이 좀 떨어지지만 올리브오일, 마늘, 바닷소금을 넣고 재빨리 볶으면 방울토마토의 맛을 잘 살릴 수 있다.

NAPOLETANA

1개 255g(9온스)_ 나폴리식 도우볼(p.195)

밀가루_ 덧가루용

12개_ 생방울토마토 또는 장작화덕에 구운 방울토마토(p.214)

½ts(1.5g)_ 곱게 다진 마늘

올리브오일_ 코팅용

고운 바닷소금과 금방 간 흑후추

5장_ 신선한 바질잎_ 반으로 찢은 것

70g(2½온스)_ 모차렐라 디 부팔라_ 물기를 제거한 것

엑스트라버진 올리브오일_ 입구가 뾰족한 용기에 담은 것_ 뿌리기용

화덕에 불을 붙인다(p.203 〈불 붙이기〉 참조). 가정용 오븐을 사용할 경우에는 〈가정용 오븐의 브로일 모드로 굽기〉(p.210 참조)의 내용대로 준비한다.

도우 준비는 장작화덕에 구울 경우에는 p.205의 설명대로 하고, 가정용 오븐에 구울 경우에는 〈가정용 오븐의 브로일 모드로 굽기〉의 설명을 따른다.

크기가 큰 방울토마토는 4등분하고, 작은 방울토마토는 반으로 잘라서 볼에 담는다. (방울토마토를 토핑해서 오븐에 밀어 넣을 때 토마토가 피자도우 위에서 미끄러지며 구를 수 있으므로 모든 방울토마토는 잘라서 사용한다.) 올리브오일, 다진 마늘, 소금, 후추를 넣고 버무린 후 한쪽에 놓아둔다.

피자도우 위에 바질잎의 매끄러운 부분이 위로 오게 골고루 배열한다. 모차렐라치즈를 100원짜리 동전 크기로 떼어서 치즈의 표면이 아래로 가게 놓는다. 이때 바질잎 위에 치즈를 놓으면 바질잎이 타지 않게 된다.

피자도우 위에 토마토를 군데군데 놓고 소금을 가볍게 뿌린다. 그리고 오일을(약 1½ts) 도우의 중심에서 바깥쪽으로 나선을 그리면서 윗면 전체에 뿌린다.

〈장작화덕에 굽기〉나 〈가정용 오븐의 브로일 모드로 굽기〉의 설명대로 피자를 굽는다.

구워진 피자를 도마로 옮기고 웨지모양으로 6등분하여 자른다.

MARINARA

마리나라_ 지름 30㎝(12인치) 피자 1판_ 6조각

1700년대에 나폴리 선원들은 오랜 항해 기간 동안 맛없는 빵 위에 토마토와 허브를 올려서 먹기 시작했다. 이 아이디어가 그들의 고향에 있는 베이커리에서 인기를 끌면서「피자 알라 마리나라(pizza alla marinara, 마리나 스타일)」가 탄생하게 되었다. 오늘날 전통적인 피자 알라 마리나라에는 토마토 퓌레, 얇게 슬라이스한 마늘, 오레가노, 엑스트라버진 올리브오일 이외에는 아무 것도 토핑하지 않는다. 그렇다. 치즈도 토핑하지 않는다. 여기에 들어가는 마늘의 풍미를 부드럽게 하기 위해 나는 마늘을 구워서 사용한다. 비록 내 레시피에서는 이 피자를 6조각으로 슬라이스하라고 하지만, 마늘은 3쪽만 사용한다. 나폴리뿐만 아니라 이탈리아 전역에 걸쳐서 1인분의 피자 한 판에 사용하는 마늘은 3쪽이 적당하다는 그들의 생각에 나 역시 동의하기 때문이다.

1개_ 255g(9온스)_ 나폴리식 도우볼(p.195)

밀가루_ 덧가루용

¾C(200g)_ 나폴리식 토마토소스(p.197)

3쪽_ 구운 마늘(p.217)

고운 바닷소금

엑스트라버진 올리브오일_ 입구가 뾰족한 용기에 담은 것_ 뿌리기용

드라이 오레가노_ 뿌리기용

화덕에 불을 붙인다(p.203 〈불 붙이기〉 참조). 가정용 오븐을 사용할 경우에는 〈가정용 오븐의 브로일 모드로 굽기〉(p.210 참조)의 내용대로 준비한다.

도우 준비는 장작화덕에 구울 경우에는 p.205의 설명대로 하고, 가정용 오븐에 구울 경우에는 〈가정용 오븐의 브로일 모드로 굽기〉의 설명을 따른다.

스푼으로 토마토소스를 떠서 피자도우의 가운데에 올린다. 도우의 둘레를 따라 약 2㎝(¾인치)를 남기고 스푼의 볼록한 뒷부분을 이용하여 중심부에서 바깥쪽으로 나선을 그리면서 소스를 골고루 펴 바른다. 도우 위에 구운 마늘을 적당한 간격으로 올린다.

소금을 가볍게 뿌린다. 그리고 오일을(약 1½ts) 피자도우의 중심부에서 바깥쪽으로 나선을 그리면서 윗면 전체에 뿌린다.

〈장작화덕에 굽기〉나 〈가정용 오븐의 브로일 모드로 굽기〉의 설명대로 피자를 굽는다.

구워진 피자를 도마로 옮긴다. 오레가노를 흩뿌리고 오일을 좀 더 뿌린 다음, 웨지모양으로 6등분하여 자른다.

ROASTED GARLIC CLOVES
구운 마늘

껍질 벗긴 마늘_ 원하는 개수만큼

올리브오일_ 코팅용

주방의 레인지 위에서 마늘을 쉽게 구울 수 있는 방법이 있다. 마늘을 원하는 만큼 담고, 마늘이 잠기도록 오일을 붓는다.

마늘의 뿌리 부분을 잘라내고 껍질을 벗긴다. 작은 소스팬에 마늘을 넣고 마늘이 잠기도록 오일을 붓는다. 아주 약한 불로 가열한다(아래 NOTE 참조). 작은 기포들이 올라오는데 표면에서 기포가 터질 정도까지 가열하면 안 된다. 여전히 불이 셀 경우에는 히트 디퓨저(heat diffuser) 위에 소스팬을 올리면 불의 세기를 줄여주는 효과가 있다.

30분 정도 가열한 다음 작은 칼 끝으로 마늘을 찔러본다. 마늘은 황금빛이 나면서 속은 부드러워야 한다. 그렇지 않은 경우에는 적당한 색이 나면서 부드러워질 때까지 더 가열한다.

구멍 뚫린 스푼으로 마늘을 건져서 잼이나 피클을 담는 내열 병이나 밀폐용기에 옮겨 담는다. 오일을 최대한 따라내고 뚜껑을 닫으면 냉장고에서 1주일까지 보관이 가능하다. 사용하기 전에는 실온에 꺼내 놓는다.

NOTE_ 피자를 장작화덕에 구울 예정이라면, 화덕에 불을 피울 때 소스팬을 화덕의 열기가 닿도록 화덕의 입구 주위에 놓으면 된다. 그러면 복사열로 마늘이 조리된다. 조리시간은 대략 20~30분 정도 걸리지만, 팬을 틈틈이 돌려주며 상태를 자주 확인한다. 조리시간은 불의 세기에 따라 달라질 수 있다.

NAPOLETANA

마르게리타와 어울리는 와인

나는 나폴리식 피자를 그 지역에서 생산된 와인과 함께 서빙한다. 우리 레스토랑에서 마르게리타와 함께 추천하는 와인은 그로타 델 솔(Grotta del Sole)에서 생산하는 그라냐노 델 피노솔라 소렌티나(Gragnano delle Penisola Sorrentina)로 피디로소(Piedirosso), 알리아니코(Aglianico), 시아시노소(Sciascinono) 3가지 품종의 포도를 섞어서 만든 중간 가격의 레드와인이다. 약한 발포성 와인으로 체리향이 살짝 풍긴다.

MASTUNICOLA

마스투니콜라 _ 지름 30㎝(12인치) 피자 1판_ 6조각

정통 나폴리 피자인 마스투니콜라는 소박한 스타일의 피자 비안카(pizza bianca, 토마토를 토핑하지 않는 화이트 피자)이다. 일반적으로 바질(사람들은 이 피자의 이름이 바질의 나폴리 사투리인 「바수니콜라(vasunicola)」에서 유래했을 것이라고 추측한다)과 약간의 치즈, 라드만을 토핑하여 만든다. 이 피자가 오븐에서 구워져 나오면 라르도(lardo, 소금에 절인 돼지비계)를 얇게 슬라이스해서 추가로 토핑하는 나만의 방식으로 완성한다. 라드는 가열하지 않아도 뜨거운 피자 위에서 적당히 녹으면서 부드러워져서 반투명상태가 된다. 그리고 베이컨의 풍미도 진하게 살아난다.

1개_ 255g(9온스)_ 나폴리식 도우볼(p.195)

밀가루_ 덧가루용

5장_ 신선한 바질잎_ 반으로 찢은 것

85g(3온스)_ 모차렐라 디 부팔라_ 물기를 제거한 것

고운 바닷소금

엑스트라버진 올리브오일_ 입구가 뾰족한 용기에 담은 것_ 뿌리기용

6장(각 3g)_ 종잇장처럼 얇게 슬라이스한 라르도

화덕에 불을 붙인다(p.203 〈불 붙이기〉 참조). 가정용 오븐을 사용할 경우에는 〈가정용 오븐의 브로일 모드로 굽기〉(p.210 참조)의 내용대로 준비한다.

도우 준비는 장작화덕에 구울 경우에는 p.205의 설명대로 하고, 가정용 오븐에 구울 경우에는 〈가정용 오븐의 브로일 모드로 굽기〉의 설명을 따른다.

피자도우 위에 바질잎의 매끄러운 부분이 위로 오게 골고루 배열한다. 모차렐라치즈를 100원짜리 동전 크기로 떼어서 치즈의 표면이 아래로 가게 놓는다. 이때 바질잎 위에 치즈를 올리면 바질잎이 타지 않게 된다.

소금을 가볍게 뿌린다. 그리고 오일을(약 1½ts) 피자도우의 중심부에서 바깥쪽으로 나선을 그리면서 윗면 전체에 뿌린다.

〈장작화덕에 굽기〉나 〈가정용 오븐의 브로일 모드로 굽기〉의 설명대로 피자를 굽는다.

구워진 피자를 도마로 옮긴다. 얇게 슬라이스한 라르도 6장을 피자의 중심부에서 바깥쪽 가장자리까지 수레바퀴살 모양으로 배열한다. 라르도가 1장씩 올라갈 수 있게 피자를 웨지모양으로 6등분하고, 오일을 좀 더 뿌린다.

NAPOLETANA

Regional Italian

이탈리아의 지역피자

이탈리아를 방문하는 미국인들은 피자를 보고 자주 놀란다. 먼저, 피자 한 판이 1인분으로 제공된다는 점이다. 테이블 가운데 커다란 피자를 놓고 여러 명이 나누어 먹는 풍경은 볼 수 없다. 각자 자신의 커다란 디너접시 위에 슬라이스하지 않은 피자를 놓고 포크와 나이프를 사용하여 먹는다. 대부분의 이탈리아 사람들은 피자를 한 입 크기로 잘라서 포크로 찍어 먹는다.

그러나 그보다 크게 잘라서 손으로 집어 먹는 방법도 사회적으로 통용되고 있다.

다음은 크러스트이다. 이탈리아 피자는 대부분 크러스트가 쫄깃하고, 바닥은 상당히 바삭하다. 그리고 치즈, 소스, 토핑 재료들을 지금까지 당신이 보아왔던 전형적인 미국식 피자보다 매우 제한적으로 사용하기 때문에 훨씬 담백하고 맛있다.

이탈리아 요리는 18개 지역에 걸쳐 무척 다양한 모습들을 보이지만, 피체리아는 멀리 떨어진 곳이라도 비교적 비슷하다. 그리고 뉴욕식 피자가 미국식 피자를 대표하는 것처럼, 나폴리식 피자는 이탈리아의 피체리아에 있는 모든 피자를 대표한다. 나는 여기서 이탈리아 전역에서 쉽게 찾아볼 수 있는 공식적인 나폴리식 피자의 STG(Specialità Tradizionale Garantita 또는 Guaranteed Traditional Specially, 정통성을 보장할 수 있는 특징)에 대해 이야기하기보다는, 지구촌의 많은 사람들에게 사랑받고 있는 나폴리식 피자인 피자 톤다(pizza tonda, 원형 피자)에 대해 이야기하고자 한다.

대부분의 이탈리아 피체리아에서는 장작화덕을 사용한다. 그래서 크러스트 가장자리에 까맣게 탄 점들이 보인다. 그리고 어느 피체리아에서나 마르게리타와 마리나라를 빠짐없이 기본 메뉴로 하고, 그 밖에 다른 전통 피자들의 조합으로 메뉴를 구성해서 판매한다. 다른 전통 피자들의 예를 들어보면, 콰트로 스타지오니(quattro stagioni, 대체로 원형 피자를 네 영역으로 나누어 마리네이드한 아티초크, 햄, 버섯, 블랙올리브이 4가지 재료를 토핑한다), 카프리초사(capricciosa, 변덕스럽다는 뜻으로 콰트로 스타지오니의 4가지 재료를 흩어서 토핑하고, 가끔은 달걀노른자를 위로 오게 프라이해서 토핑하기도 한다), 콰트로 포르마지(quattro formaggi, 네 가지 치즈란 뜻으로 모차렐라, 고르곤졸라, 그 밖에 폰티나, 스위스, 페코리노 같은 치즈 중에서 4가지 치즈를 골라서 토핑한다) 등이 있다. 이러한 여러 가지 전통 피자들과 함께 칼조네 한 가지 또는 모차렐라치즈와 햄 또는 프로슈토만을 채워서 만든 간단한 메뉴를 포함해서 그 집만의 시그니처를 몇 가지 개발해서 판매하는 피체리아들을 흔히 볼 수 있다.

물론, 이탈리아에는 피체리아에서 볼 수 있는 피자 말고도 다양한 피자가 있다. 피자 인 텔리아(pizza in teglia, 팬피자) 또는 피자 알 탈리오(pizza al taglio, 조각피자)라고 불리는 커다란 직사각형 피자들이 이탈리아 전역의 카페, 테이크아웃 전문점, 베이커리에서 판매되고 있다. 이런 피자들은 이른바 시칠리아식 피자와 매우 비슷하다. 로마에는 피자 인 팔라(pizza in pala, 기다란 피자)라는 그곳만의 버전이 있는데 p.235를 참조하여 만들어볼 수 있다.

이 챕터의 레시피들은 이탈리아 지역피자들을 똑같이 복제한 것이 아니다. 오히려 이탈리아에서도 특별히 내가 좋아하는 곳의 몇 가지 피자에 바치는 개인적인 헌정에 가깝다. 여기에 나는 내가 만든 마스터 도우를 사용한다(피자 로마나는 제외). 그 이유는 도우볼의 크기가 이탈리아 스타일로 만든 피자 한 판을 혼자서 먹기에 알맞은 분량이고, 텍스처와 풍미가 여기에 사용하는 토핑 재료들과도 잘 어울리기 때문이다.

LUCCA

루카 _ 지름 33cm(13인치) 피자 1판 _ 6조각

내 아내 줄리(Julie)와 결혼했을 때, 우리의 신혼여행 장소는 오로지 한 곳, 이탈리아뿐이라는 것을 잘 알고 있었다. 그녀를 곰비텔리(Gombitelli)로 데리고 갈 생각에 나는 정말로 신이 났었다. 그곳은 루카(Lucca)산 기슭에 있는 작은 마을로, 내 아버지의 가족들은 그곳에서 이민을 왔다. 내 증조부모인 안젤로(Angelo)와 올림피아 제미냐니(Olimpia Gemignani)는 20세기 말에 곰비텔리를 떠나 미국으로 향했고, 내 할아버지 프랭크(Frank)는 미국에 도착해 배에서 내리자마자 곧바로 태어났다.

우리는 투스칸(Tuscan)의 시골길을 정처 없이 가고 있었다. 울퉁불퉁한 자갈로 뒤덮인 길을 따라가다 보니 가파른 산등성이를 감으며 돌아가는 좁은 당나귀 길에 다다르게 되었다. 7년 전에 방문했을 때보다 침식으로 인해 길이 더욱 좁아진 것 같았다. 차 한 대가 겨우 지나갈 정도로 좁은 길 한쪽은 당연히 난간도 없는 절벽이었다. 우리는 막다른 길에 다다랐고, 차 앞에는 깊은 계곡이 펼쳐져 있었다. 그때 한 노인이 그의 집에서 나와 손을 흔들면서 이탈리아말로 크게 소리를 질렀다. 나는 차 창문을 내리고 말했다. "제미냐니?" 그의 표정은 놀라움에서 반가움으로 변했고, 자신을 따라오라는 몸짓을 하며 길 뒤쪽으로 달리며 소리쳤다. "제미냐니! 제미냐니!" 나는 살면서 가장 위험한 유턴을 하며 그를 따라갔다.

그리고 내 눈앞에 펼쳐지는 작은 집과 농장을 보는 순간, 나는 처음 그곳에 갔을 때와 똑같은 감동을 느꼈다. 캘리포니아에 있는 할아버지의 농장에 들어설 때와 같은 느낌이었다. 할아버지는 비록 이탈리아에 가본 적이 한 번도 없었지만, 투스칸 콘타디노(Tuscan contadino, 투스칸의 농부)의 피가 흐르고 있었던 것이다. 그리고 그때 내 앞에 펼쳐진 풍경 속에는 할아버지의 뒷마당에 있던 모든 것들이 있었다. 똑같은 종류의 꽃들, 레몬나무, 층층나무, 잠두콩, 짚으로 감싼 큰 와인 주전자, 수변에 어질러져 있는 투박한 도구들……. 캘리포니아의 농장과 나의 할아버지는 오래 전에 내게서 멀어졌지만, 그 순간 나는 고향에 돌아온 듯한 기분이었다.

내 사촌들은 우리를 위한 환영음식으로 당연히 피자를 대접하기로 결정했다. 그리고 이 피자는 그때 그들이 만들어준 것이다. 그 피자는 상당히 얇아서 마치 토스트한 플랫브레드 같았다. 나는 밀대로 도우를 넓게 밀어서 펴고 스파이크 롤러로 구멍을 낸 이 레시피로 그때와 비슷한 피자를 만들었다. 이 피자를 통해 당신은 가볍고 바삭한 크러스트와 함께 으깬 토마토, 올리브, 마늘, 안초비가 조화롭게 어우러진 강렬한 맛의 푸타네스카 스타일(puttanesca-style, 거리의 맛이 느껴지는 스타일), 바로 그 맛을 느낄 수 있을 것이다.

REGIONAL ITALIAN

LUCCA

1개 370g(13온스)_ 마스터 도우볼_ 되도록 풀리시를 스타터로 사용한 것(p.52)

밀가루와 세몰리나를 2:1로 섞은 가루_ 덧가루용

조금 적은 ½C(100g)_ 손으로 으깬 토마토(p.36)

10개_ 오일 절임 블랙올리브_ 씨를 빼고 반으로 자른 것

1ts(8g)_ 오일 절임 안초비_ 오일을 제거하고 다진 것

¼ts(0.7g)_ 다진 마늘

엑스트라버진 올리브오일_ 브러시용과 뿌리기용

170g(6온스)_ 홀밀크 모차렐라치즈_ 슈레드한 것 (1½C)

1장_ 신선한 바질잎_ 돌돌 말아 가늘게 채썬 것

드라이 오레가노_ 뿌리기용

냉장고에서 도우볼을 꺼내 비닐랩을 씌운 채로 도우의 온도가 16~18℃(60~65℉)가 될 때까지 실온에 놓아둔다. 그 동안 오븐에 2개의 피자스톤이나 베이킹스틸을 넣고 260℃(500℉)로 1시간 동안 예열한다(p.37 〈시작하기〉 참조).

볼에 토마토, 올리브, 안초비, 마늘을 담고 잘 섞어서 한쪽에 놓아둔다.

작업대에 덧가루를 뿌리고, 도우를 작업대로 옮겨서 그 위에도 덧가루를 뿌린다(p.38 〈작업대로 도우 옮기기〉 참조).

나무 피자삽에 덧가루를 뿌린다.

〈피자도우 밀어 펴기〉(p.111)의 설명대로, 밀대를 사용하여 도우를 지름 36~38㎝(14~15인치) 크기로 둥글게 밀어서 편다. 피자휠로 도우의 테두리를 잘라서 지름 33㎝(13인치)의 원형으로 만든다. 브러시로 도우 윗면에 오일을 바른 다음, 가장자리를 눌러서 편평하게 만들고 스파이크 롤러나 포크로 도우 표면에 구멍을 낸다.

피자삽 위에 도우를 올려놓는다. 작업하는 동안 피자삽을 앞뒤 수평으로 흔들어서 도우의 바닥이 피자삽에 들러붙지 않았는지 확인한다.

피자도우의 가운데에 슈레드한 모차렐라치즈를 수북이 올리고, 도우의 둘레를 따라 2㎝(¾인치)를 남기고 손가락 끝으로 도우 윗면에 골고루 펼친다. 그 위에 오일을 좀 더 뿌린다.

오븐 윗단의 피자스톤 위로 피자도우를 미끄러트리듯이 옮기고(p.42 〈오븐에 피자도우 옮기기〉 참조) 4분 동안 굽는다. 피자삽 위에 도우를 올리고 오븐에서 꺼내 토마토, 올리브, 안초비, 마늘을 섞은 것을 도우 윗면에 골고루 올린다. 도우를 180도 돌려서 오븐 아랫단의 피자스톤 위로 옮긴다. 크러스트의 바닥이 갈색으로 바삭하게 구워지고 표면이 노릇노릇해질 때까지 5분 더 굽는다.

피자의 표면을 좀 더 짙은색으로 굽고 싶다면 오븐 윗단의 피자스톤으로 옮겨서 30초 동안 굽는다.

피자를 도마로 옮겨서 웨지모양으로 6등분하여 자른다. 각 슬라이스 위에 바질을 올리고, 마무리로 오레가노와 오일을 흩뿌린다.

RIMINI

리미니_ 지름 30cm(12인치) 피자 1판_ 6조각

흠…… 기름에 튀긴 도우라……. 이탈리아 아드리아 해변의 리조트타운인 리미니(Rimini)로 여행을 갔을 때, 나는 치즈와 햄을 토핑한 튀긴 피자가 무척 인상적이었다. 그것을 다시 새롭게 만들어보았다. 팬에 오일을 조금만 붓고 도우를 살짝 튀긴 다음, 뒤집어서 모차렐라치즈를 토핑하면 치즈가 녹으면서 뚜껑처럼 그 위를 덮는다. 여기에 표현할 수 없을 만큼 부드럽고 촉촉한 맛을 지닌 리미니 특산품인 스쿼퀘런(squacquerone, 신맛이 나는 프레시 크림치즈) 치즈를 그 위에 토핑해서 리미니를 기념하는 피자로 완성했다. 만일 이 치즈를 구하기 어려우면 스트라키노(stracchino)라고도 하는 크레센자(crescenza) 치즈를 사용해도 된다. 도우를 튀기자마자 크러스트가 뜨거울 때 곧바로 치즈를 올려야 잘 녹는다. 여기에 나는 이탈리안 식품점에서 판매하는 프로슈토 코토(prosciutto cotto)를 얇게 슬라이스해서 추가로 토핑한다. 이것은 이미 조리된 햄으로, 불에 익히지 않고 숙성만 시킨 프로슈토(prosciutto)와는 다르므로 혼동하면 안 된다. 프로슈토 코토는 햄의 일종으로 알려져 있지만 색이 연한 편이고 훈제향이 약해서 전형적인 미국식 델리햄에 비해서 좀 더 순한 맛이 난다.

이 피자는 만들기 전에 모든 준비를 해놓고 최대한 레인지 가까이에서 도우를 밀어서 펴는 것이 좋다. 레인지 위에 무쇠냄비를 올리고 뚜껑은 손이 닿는 위치에 놓는다. 또한 치즈와 토핑 재료는 미리 계량을 해놓고, 키친타월을 깐 접시는 불 바로 옆에 둔다. 도우를 튀기는 동안 불의 세기를 주의 깊게 지켜보면서 도우의 겉이 타지 않고 고르게 튀겨지도록 불을 잘 조절한다.

1개 225g(8온스)_ 마스터 도우볼_ 되도록 풀리시를 스타터로 사용한 것(p.52)

세몰리나_ 덧가루용

½C(112g)_ 올리브오일_ 필요에 따라 추가

45g(1½온스)_ 홀밀크 모차렐라치즈_ 슈레드한 것 (¼C+2Ts)

30g(1온스)_ 얇게 슬라이스한 라르도

냉장고에서 도우볼을 꺼내 비닐랩을 씌운 채로 도우의 온도가 16~18℃(60~65℉)가 될 때까지 실온에 놓아둔다.

큰 접시에 키친타월을 깔아놓는다. 지름 30cm(12인치) 크기의 무쇠팬에 올리브오일을 붓고, 뚜껑과 집게를 가까이에 놓아둔다.

레인지와 가까운 쪽의 작업대에 세몰리나를 뿌리고, 도우를 작업대로 옮겨서 그 위에도 세몰리나를 뿌린다(p.38 〈작업대로 도우 옮기기〉 참조).

도우를 납작하게 눌러서 원반모양으로 만들고, 밀대를 사용하여 지름 29cm(11½인치) 크기로 둥글게 밀어서 편다(p.111 〈피자도우 밀어 펴기〉 참조).

RIMINI

45g(1½온스)_ 스쿼퀘런치즈

6장 55g(2온스)_ 얇게 슬라이스한 프로슈토 코토

페코리노 로마노치즈 작은 조각_ 찬 것을 필러로 얇게 슬라이스한 것

오일이 담긴 팬을 중간불-센 불에 올리고, 표면에 잔잔한 파동이 생길 정도로 아주 뜨거워질 때까지 3분 동안 가열한다. 도우를 조심스럽게 들어서 한쪽 가장자리의 바닥부터 팬 옆면에 미끄러뜨리듯이 넣고 나머지 부분도 기름에 담근다. 약 2분 동안 가열하다가, 집게로 도우의 바닥을 살펴보고 때때로 돌려가면서 전체적으로 갈색이 나게 튀긴다. 도우의 윗면이 부풀어오르면 집게로 조심스럽게 터뜨린다.

바닥면이 노릇노릇해지면 도우를 곧바로 뒤집고 윗면에 모차렐라치즈를 골고루 흩뿌린 다음 뚜껑을 덮는다. 치즈가 녹고 바닥면이 짙은 갈색을 띨 때까지 1~1분 30초 동안 가열한다. 집게로 도우의 가운데를 잡고 키친타월을 깐 접시로 옮겨서 기름을 흡수시킨다.

피자를 도마로 옮겨서 웨지모양으로 6등분한다. 라르도를 골고루 올리고, 스쿼퀘런치즈를 떼어서 골고루 얹는다. 각 슬라이스 위에 프로슈토 코토를 자연스럽게 접어서 올리고, 가니시로 얇게 슬라이스한 페코리노 로마노치즈를 올린다.

CALABRESE 「DIAVOLA」

칼라브레제 「디아볼라」_ 지름 33cm(13인치) 피자 1판_ 6조각

영어로 「악마의 스타일(devil's style)」을 뜻하는 알라 디아볼라(alla diavola)는 토마토소스, 모차렐라치즈, 소프레사타 피칸테(soppressata piccante) 또는 살라메 피칸테(salame piccante)라고도 알려진 매운 살라미를 토핑한 피자의 이름이다. 이탈리아의 모든 매운 재료들은 칼라브리아(Calabria), 풀리아(Puglia), 시칠리아(Sicily) 같은 이탈리아 남부지방에 칠리 벨트를 형성하며 분포되어 있다. 알라 디아볼라는 이탈리아의 페페로니 피자라고 부를 수 있지만, 사실 이탈리아에서는 페페로니 피자를 찾아보기 어렵다. 페퍼로니는 이탈리아 남부의 매운 살라미에서 영향을 받아 미국에서 탄생한 것이지만, 살라미와는 좀 다르다. 최근에는 페퍼로니와 살라미의 연결고리가 더욱 확고해지고 있다. 미국의 피체리아들은 파이에 점점 더 매운 살라미와 소프레사타를 활용하면서 그것을 「새로운 페퍼로니」라고 부른다.

1개 370g(13온스) 마스터 도우볼_ 되도록 풀리시를 스타터로 사용한 것(p.52)

밀가루와 세몰리나를 2:1로 섞은 가루_ 덧가루용

⅔C(140g) 그라운드 토마토_ 토마토 매직 또는 디 나폴리 추천

½ts(2g)_ 고운 바닷소금

¾ts(0.5g)_ 드라이 오레가노

200g(7온스)_ 파트스킴 모차렐라치즈_ 슈레드한 것(1¾C)

12장 60g(2온스)_ 소프레사타 피칸테_ 크게 슬라이스한 것

레드페퍼 플레이크_ 뿌리기용

1Ts(16g)_ 핫페퍼오일(p.231)

한 줌_ 루콜라잎

파르미지아노 레지아노치즈 작은 조각_ 찬 것을 필러로 얇게 슬라이스한 것

냉장고에서 도우볼을 꺼내 비닐랩을 씌운 채로 도우의 온도가 16~18℃(60~65℉)가 될 때까지 실온에 놓아둔다. 그 동안 오븐에 2개의 피자스톤이나 베이킹스틸을 넣고 260℃(500℉)로 1시간 동안 예열한다(p.37 〈시작하기〉 참조).

볼에 그라운드 토마토를 담고 소금과 오레가노를 잘 섞어서 한쪽에 놓아둔다.

작업대에 덧가루를 뿌리고, 도우를 작업대로 옮겨서 그 위에도 덧가루를 뿌린다(p.38 〈작업대로 도우 옮기기〉 참조).

나무 피자삽에 덧가루를 뿌린다. 작업대 위에서 도우를 지름 33cm(13인치) 크기로 둥글게 펼치고 테두리는 약간 올라오게 만든다(p.39~41 〈도우를 넓게 펼치기〉 참조).

피자삽 위에 도우를 올려놓는다. 작업하는 동안 피자삽을 앞뒤 수평으로 흔들어서 도우의 바닥이 피자삽에 들러붙지 않는지 확인한다.

스푼으로 토마토소스를 떠서 피자도우의 가운데에 올린다. 도우의 둘레를 따라 약 2cm(¾인치)를 남기고 스푼의 볼록한 뒷부분을 이용하여 중심부에서 바깥쪽으로 나선을 그리면서 소스를 골고루 펴 바른다. 도우의 가운데에 모차렐라치즈를 수북이 올리고 손가락 끝으로 소스 위에 골고루 펼친다.

오븐 윗단의 피자스톤 위로 피자도우를 미끄러트리듯이 옮기고(p.42 〈오븐에 피자도우 옮기기〉 참조) 7분 동안 굽는다. 피자삽 위에 도우를 올려 오븐에서 꺼낸다. 소프레사타 피칸테를 골고루 배열하고, 도우를 180도 돌려서 오븐 아랫단의 피자스톤 위로 옮긴다. 크러스트의 바닥이 갈색으로 바삭하게 구워지고 윗면은 노릇노릇해질 때까지 7분 동안 굽는다.

피자를 도마로 옮겨서 웨지모양으로 6등분하여 자른다. 마무리로 레드페퍼 플레이크, 핫페퍼오일, 루콜라잎, 파르미지아노 레지아노치즈를 순서대로 뿌린다.

HOT PEPPER OIL
핫페퍼오일_ 1C(255g)

핫페퍼오일을 직접 만들려면 매운 정도와 풍미를 어떻게 완성해야 할지 결정해야 한다. 이것은 우리 레스토랑에서 사용하는 레시피다. 이 페퍼오일은 생선구이, 치킨, 또는 스테이크에서부터 채소 소테까지 두루 사용할 수 있고, 따뜻한 빵에 찍어 먹어도 맛있다. 나는 이 오일을 입구가 넓은 병에 담아서 필요할 때마다 스푼으로 떠서 요리에 뿌린다. 이렇게 하면 매운 칠리의 맛을 좀 더 추가하고 싶을 때 안에 들어 있는 건더기까지 함께 사용할 수 있어서 편하다.

두꺼운 소스팬에 물, 칼라브레제 페퍼, 세라노 칠리, 타이 칠리, 파프리카, 소금, 후추를 넣고 섞은 다음 중간불로 가열한다. 30초 동안 저으면서 가열하다가 오일을 붓고 섞는다. 오일이 끓기 시작하면 불을 줄이고 1분 더 가열한다.

소스팬을 불에서 내리고 내열용기에 붓는다. 완전히 식힌 다음 뚜껑을 덮는다. 이렇게 만든 오일은 실온에서 2주일까지 보관할 수 있다.

1Ts(14g)_ 물

1Ts(15g)_ 으깬 칼라브레제 페퍼

2½ts(7g)_ 잘게 다진 세라노 칠리(씨 포함)

2ts(5g)_ 잘게 다진 타이 칠리

½개 0.5g_ 작은 타이 칠리

¼ts(0.7g)_ 훈제 스위트 파프리카가루

¼ts(1.5g)_ 고운 바닷소금

¼ts(0.5g)_ 금방 간 흑후추

1C(240g)_ 올리브오일 또는 카놀라오일

QUATTRO ANCHOVY

콰트로 안초비_ 지름 33㎝(13인치) 피자 1판_ 4조각

안초비는 고대 로마 시대에 음식의 맛을 살리기 위해 가룸(garum, 생선을 발효시킨 젓갈)을 사용한 이후부터 이탈리아 음식의 일부로 자리잡았다. 그리고 나폴리 피자 초창기에는 안초비나 지중해의 작은 생선이 피자에 자주 등장한다. 물론 미국인들에게는 호불호가 갈리지만 좋아하는 사람들이 조금씩 늘어나는 것 같다. 우리 피체리아에서도 주문이 점점 더 늘어나는 추세여서 나는 안초비 마니아들을 위해 아주 근사한 안초비 피자를 만들기로 결정했다. 이 피자에는 맛이 풍부하고 진한 안초비 크림과 4가지 종류의 안초비를 사용한다. 이 4가지 타입의 안초비는 소금에 절인 안초비(생선살의 풍미가 진하다), 화이트 안초비(순하고 가볍게 절여서 생선냄새가 강하지 않다), 칼라브레제 안초비(칠리와 토마토를 함께 절였다), 그리고 브라운 안초비(통조림이나 병조림 제품처럼 오일에 담겨 판매된다)로 구성된다. 모든 사람이 안초비를 좋아하는 것은 아니므로 이 파이는 나누어 먹기에는 적당하지 않다. 한 사람이 4조각으로 잘라서 먹을 수 있고, 슬라이스한 조각마다 서로 다른 안초비의 맛을 느낄 수 있다.

1개 370g(13온스) 마스터 도우볼_ 되도록 풀리시를 스타터로 사용한 것(p.52)

밀가루와 세몰리나를 2:1로 섞은 가루_ 덧가루용

안초비 크림

1Ts(24g)_ 오일 절임 안초비_ 오일을 제거하고 다진 것

¼C(55g)_ 마요네즈

2Ts(30g)_ 사워크림

금방 짠 신선한 레몬즙

2Ts_ 페코리노 로마노치즈_ 치즈갈이로 간 것

1꼬집_ 금방 간 흑후추

2마리(전체) 25g_ 소금 절임 자이언트 안초비_ 아고스티노 레카(Agostino Recca) 추천

200g(7온스) 홀밀크 모차렐라치즈_ 슈레드한 것 (1¾C)

4개(살코기) 18g_ 식초 절임 화이트 안초비_ 아고스티노 레카 추천_ 물기를 제거한 것

냉장고에서 도우볼을 꺼내 비닐랩을 씌운 채로 도우의 온도가 16~18℃(60~65℉)가 될 때까지 실온에 놓아둔다. 그 동안 오븐에 2개의 피자스톤이나 베이킹스틸을 넣고 260℃(500℉)로 1시간 동안 예열한다(p.37 〈시작하기〉 참조).

푸드 프로세서에 오일 절임 안초비, 마요네즈, 사워크림, 레몬즙, 페코리노 로마노치즈, 후추를 넣고 매끄럽게 간다. 한쪽에 놓아둔다.

소금 절임 안초비는 뼈를 제거하지 않은 상태이므로 살을 발라내야 한다. 먼저 흐르는 찬물에 안초비를 씻어서 찬물이 담긴 볼에 넣고 뚜껑을 덮어 30분 동안 놓아둔다. 이때 10분에 한 번씩 물을 바꿔준다. 물에서 건져서 잘 씻은 후 조심스럽게 뼈를 제거한다. 뼈가 쉽게 떨어지지 않으면 안초비를 물에 좀 더 담가둔다. 그리고 나서 가운데 뼈는 물론 잔가시까지 깨끗하게 제거한다. 키친타월에 올려 물기를 제거한다.

작업대에 덧가루를 뿌리고, 도우를 작업대로 옮겨서 그 위에도 덧가루를 뿌린다(p.38 〈작업대로 도우 옮기기〉 참조).

나무 피자삽에 덧가루를 뿌린다.

〈피자도우 밀어 펴기〉(p.111)의 설명대로, 밀대를 사용하여 도우를 지름 36~38㎝(14~15인치) 크기로 둥글게 밀어서 편다. 피자휠로 도우의 테두리를 잘라서 지름 33㎝(13인치)의 원형으로 만든다. 브러시로 도우 윗면에 오일을 바른 다음, 가장자리를 눌러서 편평하게 만들고 스파이크 롤러나 포크로 도우 표면에 구멍을 낸다.

4개(살코기) 16g _ 칼라브레제 안초비_ 투토 칼라브리아(Tutto Calabria) 추천_ 물기를 제거한 것

4개(살코기) 14g _ 오일 절임 브라운 안초비_ 아고스티노 레카 추천_ 물기를 제거한 것

한 줌 _ 루콜라 어린잎

피아브치즈 작은 조각_ 찬 것을 필러로 얇게 슬라이스한 것

웨지모양으로 자른 레몬_ 서빙용

피자삽 위에 도우를 올려놓는다. 작업하는 동안 피자삽을 앞뒤 수평으로 흔들어서 도우의 바닥이 피자삽에 들러붙지 않았는지 확인한다.

피자도우의 가운데에 슈레드한 모차렐라치즈를 수북이 올린 다음, 도우의 둘레를 따라 2㎝(¾인치)를 남기고 손가락 끝으로 도우 윗면에 골고루 펼친다.

오븐 윗단의 피자스톤 위로 피자도우를 미끄러트리듯이 옮기고(p.42 〈오븐에 피자도우 옮기기〉 참조) 4분 동안 굽는다. 피자삽 위에 피자를 올리고 180도 돌린 다음 오븐 아랫단의 피자스톤 위로 옮긴다. 크러스트의 바닥이 갈색으로 바삭하게 구워지고 윗면은 노릇노릇해질 때까지 5분 동안 굽는다.

피자를 도마로 옮긴다. 스푼으로 안초비 크림을 떠서 피자의 가운데에 올리고, 스푼의 볼록한 뒷부분이나 작은 L자 스패츌러를 사용하여 피자의 가장자리 끝까지 크림을 골고루 펴 바른다. 피자를 웨지모양으로 4등분하여 자른다.

가니시로 각 슬라이스마다 다른 종류의 안초비를 올린다. 생선살을 나란히 올리거나 엑스(X)자 모양으로 교차해서 올린다. 칼라브레제 안초비가 부서진 경우가 가끔 있는데 스푼으로 떠서 올리면 된다. 그 위에 루콜라를 골고루 올리고, 마무리로 피아브치즈를 얇게 슬라이스하여 올린다.

웨지모양으로 자른 레몬과 함께 피자를 서빙하고, 먹기 직전에 각 슬라이스 위에 레몬즙을 짜서 먹도록 한다.

SARDINIA

사르데냐_ 지름 33㎝(13인치) 피자 1판_ 6조각

이것은 사르데냐(Sardinia)의 유명한 양젖 치즈에 찬사를 보내는 의미에서 만든 피자이다. 나는 사르데냐의 양젖을 사용하여 단기 숙성시킨 부드러운 사르데냐 페코리노(Sardinian Pecorino)와 모차렐라를 녹는 치즈로 사용한다. 그리고 그 위에 두 가지 경성 치즈인 피오레 사르도(Fiore Sardo)와 장기 숙성시킨 페코리노 사르도(Pecorino Sardo)를 얇게 슬라이스하여 토핑한다. 사르데냐의 페코리노치즈는 맛이 진하면서도 크리미하기 때문에 피자 토핑용으로 아주 잘 어울린다. 이 치즈들은 가니시용으로 조금만 사용하는 페코리노 로마노치즈보다 대체로 맛이 순하고 짠맛이 덜하다.

1개 370g(13온스)_ 마스터 도우볼_ 되도록 풀리시를 스타터로 사용한 것(p.52)

밀가루와 세몰리나를 4:1로 섞은 가루_ 덧가루용

115g(4온스)_ 홀밀크 모차렐라치즈_ 슈레드한 것(1C)

85g(3온스)_ 단기 숙성한 사르데냐 페코리노치즈_ 슈레드한 것(¾C)

피오레 사르도치즈 작은 조각_ 찬 것을 필러로 얇게 슬라이스한 것

장기 숙성한 페코리노 사르도치즈 작은 조각_ 찬 것을 필러로 얇게 슬라이스한 것

엑스트라버진 올리브오일_ 뿌리기용

냉장고에서 도우볼을 꺼내 비닐랩을 씌운 채로 도우의 온도가 16~18℃(60~65℉)가 될 때까지 실온에 놓아둔다. 그 동안 오븐에 2개의 피자스톤이나 베이킹스틸을 넣고 260℃(500℉)로 1시간 동안 예열한다(p.37 〈시작하기〉 참조).

작업대에 덧가루를 뿌리고, 도우를 작업대로 옮겨서 그 위에도 덧가루를 뿌린다(p.38 〈작업대로 도우 옮기기〉 참조).

나무 피자삽에 덧가루를 뿌린다. 〈피자도우 밀어 펴기〉(p.111)의 설명대로, 밀대를 사용하여 도우를 지름 36~38㎝(14~15인치) 크기로 둥글게 밀어서 편다. 피자휠로 도우의 테두리를 잘라서 지름 33㎝(13인치)의 원형으로 만든다. 브러시로 도우 윗면에 오일을 바른 다음, 가장자리를 눌러서 편평하게 만들고 스파이크 롤러나 포크로 도우 표면에 구멍을 낸다.

피자삽 위에 도우를 올려놓는다. 작업하는 동안 피자삽을 앞뒤 수평으로 흔들어서 도우의 바닥이 피자삽에 들러붙지 않았는지 확인한다.

피자도우의 가운데에 슈레드한 모차렐라치즈를 수북이 올린 다음, 도우의 둘레를 따라 2㎝(¾인치)를 남기고 손가락 끝으로 도우 윗면에 골고루 펼친다. 단기 숙성시킨 페코리노치즈도 같은 방법으로 토핑한다.

오븐 윗단의 피자스톤 위로 피자도우를 미끄러트리듯이 옮기고(p.42 〈오븐에 피자도우 옮기기〉 참조) 4분 동안 굽는다. 피자삽 위에 피자를 올리고 180도 돌린 다음 오븐 아랫단의 피자스톤으로 옮겨 2분 30초 동안 굽는다. 다시 피자를 180도 돌려서 크러스트의 바닥이 갈색으로 바삭하게 구워지고 윗면은 노릇노릇해질 때까지 마지막으로 2분 30초 더 굽는다.

피자를 도마로 옮기고 웨지모양으로 6등분하여 자른다. 마무리로 피오레 사르도치즈와 장기 숙성시킨 페코리노 사르도치즈를 얇게 슬라이스하여 올리고, 오일을 뿌린다.

PIZZA ROMANA

피자 로마나_ 지름 30×60㎝(12×24인치) 피자 1판_ 10×10㎝(4×4인치) 정사각형 18조각

로마의 피자는 무척이나 크다. 말 그대로이다. 피자 로마나(Pizza romana, 로마 피자), 피자 알 메트로(pizza al metro, 길이 1m 피자) 또는 피자 인 팔라(pizza in pala, 기다란 피자)라는 이름으로 잘 알려진 로마 피자는 이 도시만의 스타일을 가지고 있다. 베이커리나 피자전문점에서는 긴 직사각형으로 구운 피자를 슬라이스해서 무게 단위로 판매한다. 이런 피자들 중에는 크러스트가 두꺼운 피자도 있고 얇은 피자도 있는데(나는 신크러스트 피자를 가장 좋아해서 우리 레스토랑에서도 판매하고 있다), 최근 로마에서 아주 유명한 피자전문점인 피자리움(Pizzarium)에서는 더욱 창의적으로 변형된 메뉴들을 다양하게 선보이고 있다. 이곳 셰프인 가브리엘레 본치(Gabriele Bonci)는 팬 바닥에 먼저 토핑 재료들을 깔아서 구운 다음 뒤집어서 완성한 업사이드다운(upside-down) 팬피자를 새롭게 고안하기도 했다.

우리 레스토랑에서는 사람들의 시선을 끌어 모으는 이 커다란 직사각형 피자를 온전한 모습 그대로 테이블에 서빙한다. 그리고 이 피자를 18조각으로 자른 다음, 6조각을 한 세트로 묶어서 서로 다른 방법으로 토핑한다. 나는 손님들에게 피자를 한쪽 끝에서부터 정찬코스처럼 순서대로 먹도록 안내한다. 이 1개의 피자 안에는 안티파스토(antipasto, 애피타이저) 부분, 단백질이 주재료인 메인디시 부분, 달콤한 재료를 사용한 디저트 부분을 항상 포함시킨다. 이 피자 레시피에서는 안티파스토 부분에 토마토, 바질, 올리브를 사용하고, 메인디시 부분에 소프레사타 피칸테, 파르미지아노 레지아노치즈, 루콜라를 사용하며, 디저트 부분에 무화과, 프로슈토, 고르곤졸라치즈를 사용한다.

가정용 오븐이 아무리 크더라도 이렇게 거대한 피자를 한 번에 굽는 것은 불가능하다. 하지만 이 피자를 두 쪽으로 나누어 구우면 아주 간단하게 만들 수 있다. 이 피자를 반으로 나누어 먼저 하나를 굽고 이어서 나머지 하나를 구워서 각각 한쪽 가장자리를 다듬어서 붙이고 그 위에 토핑을 하면, 보는 사람 누구나 "와~" 하고 감탄할 만큼 아주 완벽한 대형 피자가 완성된다.

이 피자는 아주 컬러풀하고 드라마틱할 정도로 화려하지만, 실제로 만드는 법은 너무나 간단하다. 왜냐하면 단지 치즈만 얹어서 구운 2개의 도우 위에 모든 재료를 토핑하기만 하면 끝나기 때문이다. 반 쪽짜리 도우를 모두 굽고 여기에 재료들을 전부 토핑하고 나면 피자가 식어서 실온이나 약간 따뜻한 상태가 되겠지만, 걱정할 필요는 없다. 피자가 이렇게 식는 것은 모두 의도한 것으로, 토핑한 재료들은 이렇게 실온일 때에도 아주 맛있다. 토핑 재료의 경우에 내가 여기에 소개하는 3가지 재료를 조합해서 토핑할 수도 있고, 아니면 한 가지 재료만 토핑해도 된다. 그리고 많은 사람들이 손으로 집어먹을 수 있게 작은 조각으로 자르는 것이 좋다.

PIZZA ROMANA

이 피자를 굽기 위해서는 30×36㎝(12×14인치) 크기의 대형 피자삽과 피자스톤 또는 베이킹스틸이 필요하다. 구운 후에 대형 피자삽이나 대형 도마에 올린 그대로 서빙하면 매우 스타일리시해 보인다.

1개 740g(26온스)_ 로마식 도우볼(p.240)

세몰리나_ 덧가루용

340g(12온스)_ 홀밀크 모차렐라치즈_ 슈레드한 것(3C)

토핑_ 1

18개_ 방울토마토_ 반으로 자른 것

12개_ 오일 절임 블랙올리브_ 씨를 빼고 반으로 자른 것

3장_ 신선한 바질잎_ 돌돌 말아서 가늘게 채썬 것

엑스트라버진 올리브오일_ 뿌리기용

고운 바닷소금과 금방 간 흑후추

토핑_ 2

6장 30g(1온스)_ 소프레사타 피칸테_ 작게 슬라이스한 것

반 줌_ 루콜라 어린잎

파르미지아노 레지아노치즈 작은 조각_ 찬 것을 필러로 얇게 슬라이스한 것

2ts_ 으깬 칼라브레제 페퍼

핫페퍼오일(p.231)_ 뿌리기용(선택)

냉장고에서 도우볼을 꺼내 비닐랩을 씌운 채로 도우의 온도가 16~18℃(60~65℉)가 될 때까지 실온에 놓아둔다. 그 동안 오븐에 2개의 직사각형 피자스톤이나 베이킹스틸을 넣고, 도우를 밀대로 펼 준비가 될 때까지 260℃(500℉)로 1시간 동안 예열한다(p.37〈시작하기〉참조).

작업대에 덧가루를 넉넉히 뿌리고, 도우를 작업대로 옮겨서 도우 양면에 덧가루를 입힌다(p.38〈작업대로 도우 옮기기〉참조).

나무 피자삽에도 덧가루를 넉넉히 뿌린다.

도우를 세로로 길게 밀고(p.238 사진 ❶) 가로 방향으로도 밀어서 ❷ 약 33×76㎝(13×30인치) 크기의 직사각형으로 편다(p.111〈피자도우 밀어 펴기〉참조). 도우가 수축되면 1분 정도 휴지시켰다가 다시 민다. (도우가 밀대에 들러붙지 않도록 덧가루를 충분히 뿌린다.) 이렇게 잠시 쉬었다가 밀면 도우를 직사각형으로 넓게 펼치는 데 도움이 된다 ❸. 만일 직사각형의 한쪽이 더 넓어서 모양이 비뚤어져도 너무 걱정하지 말고 나중에 잘라서 정리하면 된다. 스파이크 롤러나 포크로 도우의 표면에 구멍을 낸다 ❹.

피자휠을 사용하여 직사각형 도우를 반으로 자른다 ❺.

도우의 반쪽을 피자삽 위에 올리고 가장자리를 적당히 늘려서 모양을 잡는다 ❻. 이때 도우가 피자삽 바깥으로 늘어져도 잘라서 정리하면 되므로 너무 걱정하지 않아도 된다. 작업하는 동안 피자삽을 앞뒤 수평으로 흔들어서 피자삽에 도우가 들러붙지 않았는지 확인한다.

피자도우의 가운데에 모차렐라치즈 전체 분량의 반을 수북이 올린 다음, 도우의 둘레를 따라 가장자리를 약간만 남기고 손가락 끝으로 도우 윗면에 골고루 펼친다 ❼. 도우를 30×36㎝(12×24인치) 크기의 직사각형으로 잘라낸다는 것을 생각하고, 도우의 가장자리 끝에서 안쪽으로 1.2㎝(½인치)를 남기고 치즈를 올려서 도우를 오븐의 피자스톤 위로 옮길 때 치즈가 도우 바깥으로 떨어지지 않게 한다.

피자휠을 사용하여 피자도우를 30×36㎝(12×24인치) 크기의 직사각형으로 잘라서 다듬는다 ❽. 잘리면서 각이 진 단면을 손 끝으로 가볍게 눌러 오븐에서 굽는 동안 끝이 말리지 않게 한다(p.111〈피자도우 밀어 펴기〉중에서 도우를 다듬고 편평하게 누르기 참조). 때때로 도우를 앞뒤 수평으로 흔들어 피자삽에 들러붙지 않았는지 확인한다. 오븐에 넣기 직전에 다시 한 번 흔들어서 확인하고, 필요하다면 손으로 도우를 조금씩 잡아당기면서 모양을 잡는다.

토핑_ 3

3~4개_ 무화과_ 6㎜(¼인치) 두께로 슬라이스한 것(12개)

3장 45g(온스)_ 얇게 슬라이스한 프로슈토_ 길이로 반 자른 것(선택)

1Ts_ 잘게 부순 고르곤졸라치즈_ 실온

발사믹 글레이즈(p.139)_ 뿌리기용

오븐 아랫단의 피자스톤 위로 피자도우를 미끄러트리듯이 옮긴다(p.42 〈오븐에 피자도우 옮기기〉 참조). 30초 정도 지나서 상태를 살펴보고 혹시 부풀어오른 부분이 있으면 칼 끝으로 터트려서 편평하게 가라앉히고 5분 동안 굽는다. 피자삽 위에 도우를 올리고 180도 돌린 다음 오븐 윗단의 피자스톤으로 옮겨 4분 동안 굽는다. 도우의 가장자리를 살짝 들어 바닥이 갈색으로 바삭하게 구워지지 않았다면 1~2분 더 굽는다.

먼저 구운 피자도우를 오븐에서 꺼낸 다음, 두 번째 도우를 피자삽 위에 올려놓고 나머지 모차렐라치즈를 토핑한 후 먼저 구운 피자와 같은 크기로 도우를 다듬는다. 두 번째 피자도우를 오븐 아랫단의 피자스톤 위로 옮기고 첫 번째 도우와 마찬가지로 굽고, 돌리고, 옮겨서 굽는다.

대형 도마나 작업대 위에 반쪽씩 구운 2개의 도우를 나란히 놓는다. 각 도우의 짧은 쪽 중에서 직선으로 똑바른 부분을 바깥쪽으로 놓는다(왜냐하면 그 부분은 자르지 않기 때문이다). 나머지 짧은 두 변은 서로 맞닿게 놓고 가장자리를 일직선으로 잘라서 붙인다 ❾. 필요하다면 가장자리가 긴 쪽도 똑바로 다듬는다. 2개의 도우를 긴 서빙 보드로 옮기고, 맞닿은 2개의 도우가 하나의 길쭉한 도우처럼 보이게 모양을 맞춘다. 먼저 피자를 길이가 긴 쪽으로 2번 같은 간격으로 자르고(폭이 같은 띠가 3개 만들어진다), 다시 길이가 짧은 쪽으로 5번 같은 간격으로 잘라서(폭이 같은 띠가 6개 만들어진다) 모두 18개의 정사각형을 만든다 ❿.

피자의 짧은 쪽 끝에서부터 시작하여 긴 쪽 끝을 향해 토핑 NO. 1, 2, 3의 순서대로 2줄씩(1줄당 3조각이므로 총 6조각) 토핑을 한다. 토핑 재료를 배열할 때 너무 정교하게 올리지 말고 자연스럽게 놓는 것이 오히려 더 세련되어 보인다.

토핑 1_ 크러스트 위에 방울토마토와 올리브를 흩뿌린다. 가니시로 바질을 올리고 오일을 뿌린 다음, 소금과 후추를 흩뿌린다.

토핑 2_ 슬라이스한 소프레사타 피칸테를 각각의 슬라이스 위에 얹고, 그 위에 루콜라잎과 얇게 슬라이스한 파르미지아노 레지아노치즈를 흩뿌린다. 스푼으로 칼라브레제 페퍼를 떠서 토핑 위에 조금씩 얹고, 핫페퍼오일을 살짝 뿌린다.

토핑 3_ 각각의 슬라이스 위에 슬라이스한 무화과를 2개씩 얹고, 그 위에 프로슈토 반쪽을 적당히 주름지게 올린다. 가니시로 고르곤졸라치즈 조각을 얹고 발사믹 글레이즈를 뿌린다.

이 피자는 가장 입맛을 돋우는 가벼운 조각부터 달콤한 마무리까지 순서대로 먹는 것이 가장 좋다(토핑 1부터 토핑 3까지).

REGIONAL ITALIAN

MAKING PIZZA ROMANA
피자 로마나 만들기

ROMANA DOUGH

로마식 도우_ 740g(26온스)_ 피자 로마나 1판

1g(¼+⅛ts)_ 액티브 드라이 이스트

70g(¼C+1Ts)_ 미지근한 물(27~29℃/80~85℉)

453g(3¾C)_ 단백질 함량 13~14% 밀가루_ 팬들턴 플라워 밀스의 파워 밀가루 또는 주스토스의 고성능 고단백 무표백 밀가루

9g(1Ts)_ 활성 몰트

237(1C)_ 얼음물

23g_ 풀리시(p.55)

14g(1Ts)_ 고운 바닷소금

세몰리나 또는 밀가루_ 덧가루용

베이커스 퍼센티지_ p.310 참조

작은 볼에 이스트를 계량하고 미지근한 물을 부어 30초 동안 섞는다. 이스트가 물에 녹으면서 표면에 약간의 거품이 생길 것이다. 만일 이런 현상이 생기지 않고 이스트 과립이 녹지 않은 상태로 떠 있다면 이스트가 사멸된 것이므로 버려야 한다. 유효기간이 많이 남은 새로운 이스트를 계량해서 물에 다시 녹인다.

후크를 끼운 스탠드 믹서의 볼에 밀가루와 몰트를 넣고 섞는다. 믹서를 가장 낮은 속도로 돌리면서 계량한 얼음물에서 2Ts 정도만 남기고 믹서볼에 붓는다. 이어서 이스트를 녹인 물을 붓고, 남겨두었던 얼음물 2Ts을 이스트를 녹인 볼에 부어 남아 있는 이스트를 헹군 다음 믹서볼에 붓는다. 15초 후에 믹서를 멈추고 풀리시를 넣는다.

대부분의 반죽이 후크 주위로 뭉칠 때까지 약 1분 동안 믹서를 저속으로 돌리다가 멈춘다. 손가락으로 후크에 붙어 있는 반죽을 떼어내고, 볼 스크레이퍼나 고무주걱을 사용하여 믹서볼 옆면과 바닥에 붙어 있는 반죽을 긁어낸다. 볼 바닥에 섞이지 않은 마른 가루가 있는지 확인하고, 물 ½Ts을 넣고 다시 믹싱한다. 반죽을 뒤집어 볼 바닥에 눌러서 흩어져 있는 반죽 조각들을 뭉친다. 물이 모두 흡수되어도 반죽이 완벽하게 매끄러워 보이지는 않을 것이다.

소금을 넣고 잘 섞일 때까지 저속으로 1분 동안 돌린다.

볼 스크레이퍼를 사용하여 믹서볼에서 도우를 꺼내 덧가루를 뿌리지 않은 깨끗한 작업대로 도우를 옮기고, 도우가 매끄러워질 때까지 2~3분 동안 손으로 반죽을 한다(p.32 〈도우 반죽하기〉 참조).

도우를 들어서 큰 볼로 옮긴 다음 표면을 다지듯이 가볍게 누르고 물을 약간 바른다. 비닐랩을 이중으로 씌우고 냉장고에서 24~48시간 동안 냉장숙성발효시킨다.

작업대에 덧가루로 세몰리나를 뿌린다. 도우볼의 비닐랩을 벗기고 도우 위에도 덧가루를 뿌린다. 볼 스크레이퍼로 볼 옆면과 바닥까지 깨끗하게 긁어서 작업대 위로 옮긴 후 도우 위에 덧가루를 뿌린다. 도우를 뒤집어 볼 안에서 윗면이었던 부분이 작업대에서도 윗면이 되도록 놓는다.

두 손을 컵처럼 둥글게 만들어 도우를 감싸고 축구공모양으로 만든다. 도우를 ½사이즈 시트팬에 옮기고 표면을 다지듯이 눌러서 20×10㎝(8×4인치) 크기의 타원형으로 만든다. 젖은 행주로 덮어서 실온에서 8시간 동안 발효시킨다. 중간에 행주가 마르면 다시 물에 적셔서 도우를 덮는다.

피자 한 판에 이탈리아 네 지역을 담다

2011년, 나는 이탈리아 나폴리에서 열린 〈월드 챔피언십 오브 피자 메이커스(World Championships of Pizza Makers)〉의 피자 로마나 부문에서 수상한 첫 번째 미국인이었다. 내가 출품한 피자는 클래식 콰트로 스타지오니(classic quattro stagioni, 사계절이라는 뜻)였다. 나는 이 피자를 네 부분으로 나누고 이탈리아의 대표적인 네 지역의 음식을 표현했다. 로마는 구운 판체타와 살짝 스크램블한 달걀을 토핑한 카르보나라 스타일로 연출하고, 나폴리는 물소젖으로 만든 모차렐라치즈와 토마토 슬라이스, 바질을 토핑한 카프레제, 풀리아는 부라타치즈와 화이트 안초비, 레몬, 마지막으로 칼라브리아는 소프레사타 피칸테와 칼라브레제 페퍼를 사용한 디아볼라를 토핑하였다.

Global
글로벌

형의 피체리아에서 느긋하게 피자 돌리기를 연습하면서 피자의 세계에 입문할 때만 해도, 나는 앞으로 그것이 세계에 나를 알리는 계기가 되리라고는 전혀 상상하지 못했다.

21살 때, 나는 피자 아크로바틱 챔피언십(pizza acrobatics championship)에서 처음으로 우승했다. 그러나 모든 것의 시작은 그로부터 2년 후, 제이 레노(Jay Leno)가 진행하는 〈더 투나잇 쇼(The Tonight Show)〉에 출연하면서부터였다. 곧바로 나는 TV 출연과 경연대회에 많은 제의를 받으면서 세계 여러 나라에 알려지기 시작했다.

단 한번도 해외에 나가보지 못한 어린 청년에게 일어났던 몇 년 동안의 일들은 마치 꿈만 같았다. 나는 이탈리아, 독일, 스페인, 프랑스, 벨기에, 네덜란드, 캐나다, 멕시코, 도미니카공화국, 그리고 미국 전역을 돌아다녔다. 심지어 방콕 출신의 피자도우 아크로바틱 팀과 함께 태국에도 가보았다. 그리고 내가 갔던 모든 곳에서 나는 단지 그 지역의 피자를 먹어보는 데 그치지 않고 그 피자와 관련된 사람들에게 나 자신을 소개하고 그들의 주방에서 피자를 만들기도 했다.

피자이올로의 세계는 마치 비밀조직 같다. 우리는 멀리 1마일 밖에서도 서로를 알아볼 수 있고, 누가 진짜이고 가짜인지 분간할 수 있다. 몇 분만 이야기를 나누다보면 우리는 같이 웃기도 하고, 언쟁을 하기도 하고, 마치 평생친구를 대하듯 서로를 놀리면서 농담을 하기도 한다. 그래서 나는 이 나라 저 나라를 돌아다니며 지구촌의 많은 훌륭한 피자이올로들을 만나 이야기를 나누고 그들과 일도 같이 해보았다. 그들과 함께 시간을 보내며 나누었던 모든 경험과 정보들은 그 자체가 마치 세계 최고의 피자 종합대학 같았다.

그러나 그것은 세계 여러 나라의 요리법에 대한 몰입이라기보다는 피자를 만드는 방법, 기술, 다양한 응용에 대해 배운다는 의미가 더 컸다. 그리고 내가 깨닫게 된 것은 세계 어느 나라, 어느 지역을 가든 피자는 그곳만의 고유한 요리라는 사실이다. 당신이 먹고 있는 피자가 그 지역의 음식과 식재료를 반영하든, 반영하고 있지 않든 상관없이 말이다.

그래서 나는 그 동안 전 세계를 열심히 뛰어다니며 먹어보았던 피자와, 특히 2000년 이후로 이탈리아와 프랑스에서 열린 피자대회에 참가하거나 심사를 하면서 먹어보았던 전 세계의 피자들 중에서 내가 가장 감동받았던 5가지 피자를 여기에 소개한다. 내가 먹어본 이 피자들이 실제로 각 나라를 대표하는 것은 아니다. 단지 그곳에서 먹었던 맛의 기억을 되살려 나만의 방식으로 새롭게 개발한 피자라고 보는 것이 맞다. 바로 이런 점이 동그란 피자도우가 가진 가장 매력적인 특징 중 하나다. 당신이 오리지널에 가까운 정통 피자를 만들든 아니면 100% 창의적인 당신만의 피자를 만들든 상관없이, 피자도우는 당신이 표현하고자 하는 맛을 완벽하게 그려낼 수 있는 캔버스와 같은 공간이다.

BARCELONA

바르셀로나_ 지름 33㎝(13인치) 피자 1판_ 6조각

아내 줄리(Julie)와 함께 스페인의 바르셀로나를 거닐며 좋아하는 음식을 먹으러 다닐 때, 우리는 보카딜로스(bocadillos)에 거의 중독될 정도였다. 이것은 타파스 가게나 카페에서 파는 아주 맛있는 샌드위치다. 우리는 매일 람블라스 거리에 위치한 매력적인 보케리아 시장에서 이 샌드위치를 먹었다. 그리고 우리가 스푼으로 스크램블드에그를 올려서 먹듯이 다른 사람들도 그와 같은 방식으로 먹는 것 같았다. 그래서 나는 보케리아 시장을 상징할 수 있는 보카딜로 스타일의 피자를 생각해냈다. 우선 나는 사프란, 프레시 초리조(케이싱케이싱을 하지 않은 벌크 소시지를 산다), 매운 페퍼, 약간의 크림을 섞어서 간단하게 토마토소스를 만들었다. 맛이 진한 이 소스는 마치 스페인 버전의 볼로네즈(Bolognese)와 비슷하고, 파스타소스로도 아주 좋다. 이 소스로 피자 한 판을 만들고 나면 1¼컵의 소스가 남기 때문에, 만일 부카티니(bucatini, 빨대처럼 가운데에 구멍이 뚫려 있는 파스타의 한 종류) 위에 소스를 얹은 파스타를 만들고 싶다면 여기에 약간의 크림을 추가해서 소스를 만들면 된다. 또는 스페인의 맛있는 해산물을 활용하는 방법도 있다. 화이트 와인에 홍합을 쪄서 따뜻하게 데운 이 소스에 버무리고, 그릴에 구운 빵과 함께 서빙해도 아주 좋다.

이 피자는 소스 위에 프로볼로네치즈와 숙성시킨 초리조(chorizo, 돼지고기로 매콤하게 만든 스페인 소시지)를 토핑하여 구운 다음, 서빙하기 직전에 하몽 세라노(jamon serrano, 흰 돼지의 넓적다리로 만든 스페인의 대표적인 햄), 얇게 깎은 만체고(Manchego, 양젖으로 만든 스페인의 대표 치즈로 돈키호테의 치즈라고도 불린다) 치즈, 세라노 칠리, 크리미하게 만든 스크램블드에그를 곁들인다. 보카딜로스처럼 달걀로 모든 재료를 한데 어우러지게 하는 것이다.

1개 370g(13온스)_ 마스터 도우볼_ 되도록 풀리시를 스타터로 사용한 것(p.52)

밀가루와 세몰리나를 4:1로 섞은 가루_ 덧가루용

바르셀로나 소스_ 2C(550g)

2Ts(28g)_ 미지근한 물

⅛ts(0.6g)_ 스페인산 사프란 줄기

올리브오일_ 소테용

소스를 만든다. 작은 볼에 미지근한 물을 담고 사프란을 뿌린 후 30분 동안 그대로 둔다.

팬에 오일을 두르고 중간불로 달군 후 버터를 넣는다. 버터가 녹으면 프레시 초리조를 50원짜리 동전 크기로 떼어서 넣는다. 소금과 후추로 양념을 하고, 큰 덩어리는 나무주걱으로 작게 부수면서 익힌다. 고기가 타지 않게 불을 조절한다.

1분 30초 정도 지나 초리조가 반 정도 익으면 칼라브레제와 뇨라페퍼, 파프리카, 마늘을 넣고 볶는다. 30초 동안 가열하다가 사프란과 사프란 우린 물을 붓고, 그라운드 토마토와 토마토 페이스트를 넣는다. 가끔씩 저어주면서 약 5분 동안 뭉근하게 끓이다가 헤비크림을 넣고 3~4분 더 가열한다. 이 단계까지 소스를 미리 만들어 식힌 다음 냉장고에 넣으면 하룻동안 보관할 수 있다.

BARCELONA

1Ts(14g)_ 무염버터

85g(3온스)_ 프레시 초리조(케이싱하지 않은 것)

고운 바닷소금과 금방 간 흑후추

1½ts(5g)_ 으깬 칼라브레제 페퍼

½ts(1.5g)_ 뇨라페퍼(ñora pepper) 가루

½ts(1.5g)_ 스페인산 훈제 스위트 파프리카가루

1ts(3g)_ 다진 마늘

240g(1C)_ 그라운드 토마토_ 토마토 매직 또는 디나폴리 추천

250g(1C)_ 토마토 페이스트_ 본타 또는 사포리토 슈퍼 헤비 피자소스 추천

¼C(60g)_ 헤비크림(유지방 36% 이상, 생크림으로 대체 가능)

140g(5온스)_ 프로볼로네치즈_ 얇게 슬라이스한 것(약 7장)

30g(1온스)_ 숙성시킨 스페인산 초리조_ 얇게 슬라이스한 것

2개_ 신선한 달걀

1Ts(15g)_ 헤비크림

1Ts(14g)_ 무염버터

고운 바닷소금과 금방 간 흑후추

스페인산 훈제 스위트 파프리카가루_ 뿌리기용

뇨라페퍼가루_ 뿌리기용

6장 30g(약 1온스)_ 하몽 세라노_ 얇게 슬라이스한 것

만체고치즈 작은 조각_ 찬 것을 필러로 얇게 슬라이스한 것

1개_ 작은 세라노 칠리_ 통으로 얇게 썬 것 (씨 포함)

피자 토핑에 사용할 소스 ¾컵(210g)을 덜어서 중간불로 데우고, 나중에 사용할 나머지는 냉장고에 그대로 보관한다.

그 동안 냉장고에서 도우볼을 꺼내 비닐랩을 씌운 채로 도우의 온도가 16~18℃(60~65℉)가 될 때까지 실온에 놓아둔다. 오븐에 2개의 피자스톤이나 베이킹스틸을 넣고 260℃(500℉)로 1시간 동안 예열한다(p.37 〈시작하기〉 참조).

작업대에 덧가루를 뿌리고, 도우를 작업대로 옮겨서 그 위에도 덧가루를 뿌린다(p.38 〈작업대로 도우 옮기기〉 참조).

나무 피자샵에 덧가루를 뿌린다. 작업대 위에서 도우를 지름 33㎝(13인치) 크기로 둥글게 펼치고 테두리는 약간 올라오게 만든다(p.39~41 〈도우를 넓게 펼치기〉 참조).

피자샵 위에 도우를 올려놓는다. 작업하는 동안 피자샵을 앞뒤 수평으로 흔들어서 도우의 바닥이 피자샵에 들러붙지 않는지 확인한다.

피자도우의 둘레를 따라 2㎝(¾인치)를 남기고 슬라이스한 프로볼로네치즈를 도우 윗면에 골고루 배열한다.

오븐 윗단의 피자스톤 위로 피자도우를 미끄러뜨리듯이 옮기고(p.42 〈오븐에 피자도우 옮기기〉 참조) 7분 동안 굽는다. 오븐에서 피자도우를 꺼내 도마로 옮긴다(또는 작업대에 피자샵을 놓을 공간이 있으면 피자샵 위에서 곧바로 작업해도 된다). 스푼으로 소스를 8번(한 번에 1½Ts씩) 떠서 도우의 둘레를 따라 골고루 올린다. 스푼의 볼록한 뒷부분을 사용하여 도우 위에 펴 바르되, 전체를 덮지 말고 군데군데 공간을 남겨둔다. 도우 위에 초리조를 골고루 배열한다.

피자샵 위에 토핑한 피자도우를 올려서(도마 위에서 토핑한 경우) 180도 돌린 다음 오븐 아랫단의 피자스톤 위로 옮긴다. 크러스트의 바닥이 갈색으로 바삭하게 구워지고 크러스트의 윗면이 노릇노릇해질 때까지 7분 동안 굽는다.

그 동안 볼에 달걀과 헤비크림 1Ts을 넣고 거품기로 잘 섞는다. 작은 팬을 숭간불-센 불에 올려서 버터를 녹인다. 달걀을 넣고 소금, 후추로 간을 한 다음, 고무주걱으로 계속 저어서 스크램블을 만들고 작은 볼에 옮겨 담는다.

피자를 도마로 옮기고 웨지모양으로 6등분하여 자른다. 스푼으로 스크램블드에그를 떠서 각 슬라이스 위에 얹는다. 파프리카가루, 뇨라페퍼를 살짝 흩뿌린다. 하몽 세라노와 만체고치즈를 토핑하고, 얇게 썬 세라노 칠리를 흩뿌린다.

MÜNCHEN

뮌헨_ 지름 33cm(13인치) 피자 1판_ 6조각

쿠킹 채널(Cooking Channel)의 〈푸도그래피(Food(ography)〉에서 많은 셰프들에게 맥주와 관련된 요리를 만들어보지 않겠냐고 제안했을 때, 나는 이 도전을 외면할 수가 없었다. 맥주와 관련된 가장 행복했던 기억을 더듬어보면 곧바로 독일이 떠오르고 사과, 뿌리채소, 감자, 양배추와 함께 맥주에 뭉근하게 삶은 돼지고기가 생각난다. 먼저 아래의 돼지고기 조리 레시피대로 돼지고기를 삶아서 건진 다음, 남아 있는 육수를 졸여 만든 소스에 버무린다. 그 다음엔 얇게 슬라이스한 감자, 양배추로 만든 코울슬로와 사우어크라우트를 섞어서 토핑한다. 그리고 바삭한 끝맛을 위해 피자 위에 뿌릴 프레첼을 부수어서 준비한다. (누가 맥주와 프레첼을 싫어할까?) 그리고 이 맛있는 피자가 잘 소화되도록 마지막에 예거마이스터(Jagermeister, 허브로 만든 독일의 약용술) 시럽을 뿌려주는 것이 필수다.

아래의 돼지고기 레시피대로 돼지고기를 삶으면 피자 한두 판에 사용할 분량보다 훨씬 많으므로, 남은 고기는 육수를 졸인 소스에 담가두었다가 돼지고기를 삶을 때 같이 조리한 감자, 당근, 사과를 곁들여서 다른 날 저녁식사 메뉴로 활용해도 좋다. 그리고 이 고기는 부드럽게 녹인 스위스치즈, 사우어크라우트, 코울슬로와 함께 그릴샌드위치를 만들어도 아주 훌륭하다.

1개 370g(13온스)_ 마스터 도우볼_ 되도록 풀리시를 스타터로 사용한 것(p.52)

밀가루와 세몰리나를 3:1로 섞은 가루_ 덧가루용

돼지고기 조리

올리브오일_ 갈색으로 색깔내기용

1.8kg(4파운드)_ 뼈 있는 어깨살

1개_ 작은 양파_ 큼직하게 깍둑썰기한 것

1개_ 큰 감자_ 큼직하게 깍둑썰기한 것

2개_ 당근_ 껍질을 벗기고 큼직하게 깍둑썰기한 것

1개_ 큰 사과_ 부사 추천_ 큼직하게 깍둑썰기한 것

⅔C(140g)_ 흑설탕_ 눌러 담은 것

¼C(55g)_ 고운 바닷소금

오븐의 아래쪽 ⅓지점에 걸침망을 놓고 피자스톤이나 베이킹스틸을 올린 다음 230℃(450℉)로 예열한다.

돼지고기를 조리한다. 커다란 볶음팬(돼지 어깨살이 충분히 들어갈 정도의 크기)에 오일을 두르고 중간불-센 불로 달군다. 팬이 뜨거워지면 돼지고기의 비계가 아래로 가게 담고 갈색이 될 때까지 지진다. 그리고 고기를 뒤집으면서 전체 표면을 골고루 갈색으로 지진다. 이 과정은 내략 20분 정도 길린다. 6ℓ 용량의 더치오븐에 돼지고기의 비계가 위로 오게 담는다. 더치오븐은 되도록 무쇠에 에나멜코팅(법랑)을 입힌 냄비를 사용하는 것이 좋다. 더치오븐에 양파, 감자, 당근, 사과, 설탕, 소금, 후추, 맥주를 넣는다. 고기의 윗면에서 4cm(1½인치) 이내로 뜨거운 물을 붓고 뚜껑을 닫는다.

오븐의 피자스톤 위에 더치오븐을 올리고 1시간 20분 정도 가열한다. 중간에 물 높이를 확인하고, 필요에 따라 원래의 물 높이대로 뜨거운 물을 추가한 다음 뚜껑을 덮고 고기가 부드러워질 때까지 1시간 정도 더 가열한다. 그래도 고기가 부드러워지지 않으면 15분에 한 번씩 살펴보면서 필요에 따라 뜨거운 물을 원래의 물 높이대로 추가하고 고기가 부드러워질 때까지 가열한다.

GLOBAL

MÜNCHEN

2Ts(14g)_ 곱게 간 흑후추

2병(1병 340g)_ 독일맥주_ 파울라너(Paulaner) 추천

½C_ 예거마이스터

2개(55g)_ 작은 감자

¼C(40g)_ 코울슬로(p.255)

¼C(40g)_ 사우어크라우트_ 물기를 제거한 것

5장 140g(5온스)_ 먼스터치즈 슬라이스

½개 15g_ 단단한 프레첼

115g(4온스)_ 파트스킴 모차렐라치즈_ 슈레드한 것(1C)

오븐에서 냄비를 꺼내고 뚜껑을 닫은 채로 고기와 육수를 1시간 정도 그대로 놓아둔다. 뚜껑을 열고 고기를 건져서 시트팬 위로 옮기고 손으로 만져도 뜨겁지 않을 정도까지 식힌다.

그 동안 깨끗한 소스팬 위에 고운체를 얹고 육수를 거른다. (삶은 채소와 사과는 따로 보관해 두었다가 돼지고기와 소스를 곁들여 식사용으로 먹거나 버린다.) 육수가 담긴 소스팬을 중간 불-센 불에 올리고 적절하게 불을 조절하면서 20분 정도 뭉근하게 끓여 2컵 반 분량이 될 때까지 졸인다.

1⅔C(200g)의 돼지고기를 작게 썰어 볼에 담는다. ¼C(57g온스)의 졸인 육수를 붓고 고기와 섞는다. (이렇게 조리한 돼지고기는 밀봉해서 냉장고에서 2일까지 보관할 수 있으며, 사용하기 전에 따뜻하게 데우면 된다.) 나머지 고기도 작게 썰어서 나머지 졸인 육수를 붓고 잘 섞은 후, 다음에 사용할 수 있게 보관한다.

그 동안 예거마이스터 시럽을 만든다. 작은 소스팬에 예거마이스터를 붓고 센 불에 올려 5분 동안 졸인다. 소스팬을 불에서 내리고, 스푼으로 접시에 흘려서 적당히 졸여졌는지 확인한다. 메이플 시럽과 같은 농도가 적당하다. 농도가 그보다 진하지 않으면 다시 불에 올리고 상태를 자주 확인한다. 대략 1Ts 정도로 졸여지면 적당하고, 완성된 시럽은 작은 플라스틱 소스병에 옮겨 담는다. 실온에서 3일까지 보관할 수 있다.

냉장고에서 도우볼을 꺼내 비닐랩을 씌운 채로 도우의 온도가 16~18℃(60~65℉)가 될 때까지 실온에 놓아둔다. 그 동안 오븐에 2개의 피자스톤이나 베이킹스틸을 넣고 260℃(500℉)로 1시간 동안 예열한다(p.37 〈시작하기〉 참조).

오븐이 예열되는 동안, 만돌린 슬라이서(채칼)을 사용하여 감자를 종잇장처럼 얇게 슬라이스하여 아주 차가운 소금물에 담가둔다. 30분 동안 담가두었다가 건지고, 새로운 소금물로 바꾸어 담가둔다. 다시 건져서 종이타월에 올려 물기를 제거한다.

코울슬로와 사우어크라우트를 섞는다. 먼스터치즈 슬라이스 3장을 대각선으로 반 잘라서 삼각형 6조각을 만든다. 나머지 먼스터치즈 슬라이스 2장은 적당히 찢어서 12조각을 만든다. 프레첼을 절구나 밀대로 곱게 부수어 한쪽에 놓아둔다.

작업대에 덧가루를 뿌리고, 도우를 작업대로 옮겨서 그 위에도 덧가루를 뿌린다(p.38 〈작업대로 도우 옮기기〉 참조).

나무 피자삽에 덧가루를 뿌린다. 작업대 위에서 도우를 지름 33cm(13인치) 크기로 둥글게 펼치고 테두리는 약간 올라오게 만든다(p.39~41 〈도우를 넓게 펼치기〉 참조).

피자삽 위에 도우를 올려놓는다. 작업하는 동안 피자삽을 앞뒤 수평으로 흔들어서 도우의 바닥이 피자삽에 들러붙지 않았는지 확인한다.

피자도우 가운데에 슈레드한 모차렐라치즈를 수북이 올린 다음, 도우의 둘레를 따라 2cm(¾인치)를 남기고 손가락 끝으로 도우 윗면에 골고루 펼친다. 그 위에 슬라이스한 감자를 골고루 배열한다.

오븐 윗단의 피자스톤 위로 피자도우를 미끄러트리듯이 옮기고(p.42 〈오븐에 피자도우 옮기기〉 참조) 7분 동안 굽는다. 피자삽 위에 피자도우를 올리고 오븐에서 꺼낸다. 12조각으로 찢은 먼스터치즈를 피자도우의 둘레를 따라 배열하고, 돼지고기를 골고루 올린다. 피자도우를 180도 돌려서 오븐 아랫단의 피자스톤으로 옮기고, 크러스트의 바닥이 갈색으로 바삭하게 구워지고 크러스트가 노릇노릇해질 때까지 5분 동안 굽는다.

피자를 도마로 옮기고 웨지모양으로 6등분하여 자른다. 각각의 슬라이스 위에 삼각형으로 자른 먼스터치즈를 같은 방향으로 배열하여 수레바퀴모양을 만든다. 가니시로 치즈마다 코울슬로와 사우어크라우트 섞은 것을 1스푼씩 올린다. 예거마이스터 시럽을 뿌리고, 곱게 부순 프레첼을 흩뿌린다.

DUBLINER

더블리너_ 지름 33cm(13인치) 피자 1판_ 6조각

우리의 테이크아웃 전문점인 슬라이스 하우스(Slice House)에서는 아주 맛있는 델리 샌드위치와 우리가 직접 만든 콘비프(corned beef, 소금물에 절인 소고기), 파스트라미(pastrami, 양념한 소고기를 훈제하여 차갑게 식힌 것), 이탈리안 비프를 메뉴로 제공하는데, 가게 여러 곳에 소개하는 글이 있다. 우리는 1주일 동안 소고기를 소금물에 절인 다음, 샌프란시스코의 유명 맥주회사에서 생산하는 앵커 스팀(Anchor Steam) 맥주를 붓고 삶는다. 가정에서는 소금물에 절인 소고기 양지머리를 상점에서 구입하고, 육수 양념은 여기 레시피대로 만들도록 추천한다. 오랜 시간 뭉근하게 졸이지 않고 그냥 끓이기만 하는 내 방법에 놀랄 수도 있겠지만 걱정하지 않아도 된다. 분명히 돼지고기를 삶은 것처럼 부드러워지고 고기가 결대로 잘 찢어진다. 그리고 이 피자에는 견과류의 고소한 풍미를 가진 화이트 체다 스타일 치즈인 더블리너(Dubliner)와 기본적인 수제 코울슬로를 조합하여 맛을 낸다.

1개 370g(13온스)_ 마스터 도우볼_ 되도록 풀리시를 스타터로 사용한 것(p.52)

밀가루와 세몰리나를 3:1로 섞은 가루_ 덧가루용

콘비프

2.7kg(6파운드)_ 소금물에 절인 소고기 양지머리

1C(220g)_ 갈색설탕_ 눌러서 담은 것

3Ts(20g)_ 통올스파이스

2Ts(15g)_ 쥬니퍼베리

2Ts(13g)_ 통정향

2Ts(10g)_ 생강가루

2Ts(20g)_ 노란 겨자씨

2Ts(28g)_ 고운 바닷소금

2Ts(18g)_ 검은 통후추

6장_ 월계수잎

3병(1병 340g)_ 맥주_ 앵커 스팀 추천

콘비프를 만든다. 소고기 양지머리의 소금기와 양념을 제거하고 물기도 뺀다. 8~10ℓ 용량의 큰 냄비나 더치오븐에 양지머리를 담고 갈색설탕, 올스파이스, 쥬니퍼베리, 정향, 생강, 겨자씨, 소금, 통후추, 월계수잎, 맥주를 넣는다. 고기가 충분히 잠기도록 5cm(2인치) 높이까지 찬물을 부은 다음 뚜껑을 덮는다. 센 불로 가열한다. 끓기 시작하면 불을 약하게 줄이고 뚜껑을 연 상태에서 30분에 한 번씩 육수의 높이가 계속 유지되는지 살펴보고, 필요할 경우에는 물을 추가하면서 4시간 동안 끓인다. 포크로 찔러서 고기가 익은 상태를 확인하면서 돼지고기처럼 부드러워질 때까지 총 5~6시간 동안 끓인다. 이 레시피에 필요한 분량을 뺀 나머지 고기는 다른 용도를 위해 따로 보관한다.

냄비를 불에서 내리고 고기를 육수에 잠긴 상태로 30분 동안 놓아둔다. 그 다음에 고기를 건져서 도마로 옮기고(육수는 따로 보관한다), 지방은 잘라낸다. 손으로 만져도 될 만큼 충분히 식으면 170g(6온스)의 고기를 결대로 찢어서 볼에 담는다. 그 위에 고운체로 거른 육수를 적당히 부어 고기를 촉촉하게 유지시킨다. 이렇게 만든 고기는 냉장고에서 2일까지 보관할 수 있으며, 사용하기 전에 따뜻하게 데운다. 남은 콘비프는 다른 용도를 위해 보관한다.

러시안 드레싱(Russian dressing)을 만든다. 모든 재료를 볼에 담고 잘 섞는다. 뚜껑을 덮어서 냉장고에 넣으면 3일까지 보관할 수 있다. 사용하기 전에는 실온으로 만들어 플라스틱 소스병에 담는다.

냉장고에서 도우볼을 꺼내 비닐랩을 씌운 채로 도우의 온도가 16~18℃(60~65℉)가 될 때까지 실온에 놓아둔다. 그 동안 오븐에 2개의 피자스톤이나 베이킹스틸을 넣고 260℃(500℉)로 1시간 동안 예열한다(p.37 〈시작하기〉 참조).

DUBLINER

러시안 드레싱_1C(215g)

½C(110g)_ 마요네즈

¼C(68g)_ 토마토케첩

1Ts(12g)_ 그래뉴당

1Ts(15g)_ 우스터소스

½ts(2.5g)_ 물기를 제거한 호스래디시

½ts(1.5g)_ 곱게 다진 양파

½ts(1.5g)_ 곱게 다진 마늘

¾ts(3.5g)_ 고운 바닷소금

½ts(1g)_ 금방 간 흑후추

½ts(1.5g)_ 칠리가루

½ts(2.5g)_ 곱게 다진 파슬리

½ts(2.5g)_ 핫페퍼소스(선택)

200g(7온스)_ 더블리너치즈_ 슈레드한 것(1¾C)

⅓C(50g)_ 코울슬로(p.255)

2개 30g_ 페퍼듀페퍼_ 굵게 다진 것

작업대에 덧가루를 뿌리고, 도우를 작업대로 옮겨서 그 위에도 덧가루를 뿌린다(p.38 〈작업대로 도우 옮기기〉 참조).

나무 피자삽에 덧가루를 뿌린다. 작업대 위에서 도우를 지름 33㎝(13인치) 크기로 둥글게 펼치고 테두리는 약간 올라오게 만든다(p.39~41 〈도우를 넓게 펼치기〉 참조).

피자삽 위에 도우를 올려놓는다. 작업하는 동안 피자삽을 앞뒤 수평으로 흔들어서 도우의 바닥이 피자삽에 들러붙지 않았는지 확인한다.

피자도우의 가운데에 슈레드한 더블리너치즈를 수북이 올린 다음, 도우의 둘레를 따라 2㎝(¾인치)를 남기고 손가락 끝으로 도우 윗면에 골고루 펼친다.

오븐 윗단의 피자스톤 위로 피자도우를 미끄러트리듯이 옮기고(p.42 〈오븐에 피자도우 옮기기〉 참조) 6분 동안 굽는다. 피자삽 위에 피자를 올리고 180도 돌린 다음, 오븐 아랫단의 피자스톤으로 옮겨 4분 동안 굽는다.

오븐에서 피자도우를 꺼내 도마로 옮긴 다음(또는 작업대에 피자삽을 내려놓을 공간이 있으면 피자삽 위에서 곧바로 작업해도 된다), 콘비프를 골고루 토핑한다. 피자도우를 180도 돌려서 오븐 윗단의 피자스톤 위에 넣고 크러스트 바닥이 갈색으로 바삭하게 구워지고 크러스트 전체가 노릇노릇해질 때까지 2분 동안 굽는다.

피자를 도마로 옮기고 웨지모양으로 6등분하여 자른다. 스푼으로 코울슬로를 조금씩 떠서 각 슬라이스 위에 얹고, 마무리로 페퍼듀페퍼를 올린다. 러시안 드레싱을 플라스틱 소스병에 담아 뿌리듯이 짠다.

드레싱

3Ts(40g)_ 마요네즈

2Ts(24g)_ 그래뉴당

2Ts(28g)_ 증류한 화이트식초

2Ts(28g)_ 버터밀크

1ts(5g)_ 금방 짠 레몬즙

고운 바닷소금과 금방 간 흑후추

1C(80g)_ 양배추_ 잘게 채썬 것

2Ts(12g)_ 당근_ 껍질을 벗기고 잘게 채썬 것

1Ts(9g)_ 적양파_ 얇게 슬라이스한 것

2ts(10g)_ 페퍼듀페퍼_ 굵게 다진 것

고운 바닷소금과 금방 간 흑후추

COLESLAW

코울슬로_ 1C(150g)

코울슬로에 대해서 우리는 곁들임 채소나 샌드위치 재료로 알고 있다. 하지만 크리미하면서도 아삭한 코울슬로가 피자와 얼마나 잘 어울리는지 직접 경험하기 전에는 그렇게 단정하지 말자. 이 레시피는 우리 레스토랑과 슬라이스 하우스(Slice House)에서 제공하는 가장 기본적인 버전이다.

작은 볼에 마요네즈와 설탕을 넣고 완전히 섞일 때까지 거품기로 섞다가 식초, 버터밀크, 레몬즙을 첨가하여 크림처럼 만든다. 소금과 후추를 넣고 간을 본 다음, 필요에 따라 소금, 후추, 레몬즙을 추가한다. 뚜껑을 덮고 사용하기 전까지 냉장고에 넣어 적어도 2시간 이상 숙성시킨다. 드레싱의 풍미는 8시간이 지났을 때가 가장 훌륭하다.

새로운 볼에 양배추, 당근, 양파, 페퍼듀페퍼를 담는다. 드레싱의 절반을 넣고 재료들과 골고루 잘 섞는다. 취향에 맞게 나머지 드레싱을 추가하면서 소금과 후추로 간을 한다. 뚜껑을 덮고 냉장고에 넣어 적어도 2시간에서 하룻동안 숙성시킨다. 사용하기 전에 코울슬로를 뒤적이며 잘 섞어준다.

Grilled 그릴

그릴피자의 선풍적 인기는 1980년대에 미국 북동부 로드 아일랜드(Rhode Island) 주의 주도인 프라비던스(Providence)에서 조지 저먼(George Germon)과 조안 킬린(Johanne Killeen)에 의해 시작되었다. 그릴피자를 만드는 기본 방식은 간단하다. 그릴의 석쇠 위에 피자도우를 직접 올린 다음, 도우가 반 정도 익고 바닥면에 그릴 자국이 생길 때까지 굽는다. 이어서 그릴 자국이 위로 오게 도우를 뒤집고 그 위에 토핑을 하여 구우면 완성이다. 경우에 따라서는 그릴에서 꺼내 토핑을 추가로 할 수도 있다.

왜 이런 식으로 피자를 만들까? 여기에는 두 가지 이유가 있다. 우선, 오븐의 열기로 온 집안을 덥히지 않아도 된다. 더불어 크러스트를 살짝 태웠을 때의 맛있는 풍미를 느낄 수 있다. 만일 장작화덕에 구운 피자를 좋아하지만 집에 화덕이 없는 사람은 이 방법으로 화덕피자와 비슷한 맛을 낼 수 있다. 실제로 나는 나폴리식 도우(p.195) 레시피를 그릴피자용 도우의 기본 레시피로 활용하고 있고, 밀가루는 소프트 카푸토(Caputo)나 산 펠리체(San Felice)의 더블제로 밀가루(00 밀가루)를 사용하며, 몰트는 사용하지 않는다.

그릴피자 팁

- 그릴피자의 크러스트를 얇고 균일하게 만들기 위해 나는 밀대를 이용한다. 두께가 일정하면 그릴 자국이 더욱 선명하고 균일하게 잘 나타나기 때문이다. 물론 밀대를 이용하지 않고 손으로 도우를 넓게 펼 수도 있는데(p.41), 그럴 경우에는 크러스트가 두툼하게 나오면서 그릴 자국이 덜 선명하고 생김새나 씹히는 식감이 화덕에 구운 피자와 비슷해진다.

- 개인적으로 그릴피자용 도우에 사용하는 덧가루는 밀가루와 세몰리나를 섞은 것보다 오로지 밀가루만 사용하는 것을 선호한다. 그 이유는 그릴의 고열에 세몰리나가 탈 수 있기 때문이다. 하지만 피자삽 위에 올려놓은 도우가 매끄럽게 움직이지 않을 때는 도우 밑에 세몰리나를 약간만 뿌리는 것은 괜찮다.

- 그릴의 온도는 위치에 따라 상당히 다르므로 피자를 구울 때 세심하게 살펴야 한다. 특히 처음 시도할 때 몇 번은 더욱 주의가 필요하다. 만일 대형 그릴을 가지고 있다면 그릴의 한 부분을 낮은 온도로 설정해놓도록 한다. 그러면 크러스트의 바닥이 너무 빨리 타는 것처럼 느껴질 때 그 부분으로 피자를 옮길 수 있어서 편리하다.

- 피자도우의 그릴 자국은 불에 먼저 닿는 면(이 부분이 피자의 윗면이 된다)에 더 선명하게 생긴다. 왜냐하면 말랑말랑한 도우가 그릴의 석쇠 사이에 늘어지듯이 달라붙기 때문이다. 그러나 도우를 뒤집으면 이미 도우가 열에 의해 어느 정도 단단해져서 더 이상 그릴 자국이 선명하게 나타나지 않는다. 마치 토스트한 것처럼 군데군데 검은 반점이 생기면서 오히려 화덕에 구운 크러스트의 바닥면과 비슷해진다. 따라서 도우를 뒤집기 전에 그릴 자국이 선명하게 나올 때까지 기다려야 한다.

- 그릴피자는 도우 위에 토핑을 올린 일반적인 피자 형태로 서빙할 수도 있지만, 도우의 반쪽에만 토핑을 하고 반달모양으로 접은 다음 웨지모양으로 3~4등분하여 샌드위치 스타일로 서빙할 수도 있다. 이렇게 접은 형태는 피자의 바삭함과 부드러움이 아주 적절하게 균형을 이루기 때문에 나는 이런 스타일을 좋아한다.

- 이 도우를 그릴에 구우면 멋진 플랫브레드로 완성되어 마치 인도의 「난」과 매우 비슷하다. 반죽을 115~140g(4~5온스)의 도우볼로 만들어 넓게 밀어서 편 다음, 그릴 위에 올려서 완전히 익을 때까지 양면을 고르게 구우면 된다. 이 빵을 찍어 먹는 소스나 스프레드잼 또는 치즈를 곁들여서 서빙할 수도 있고, 올리브오일, 녹인 버터, 갈릭오일(p.37)을 뿌린 다음 그 위에 허브를 흩뿌려 파티용 스낵으로 서빙해도 좋다.

DOUGH FOR GRILLING

그릴용 도우_ 765g(27온스)_ 1개 255g(9온스) 도우볼 3개

4.5g(1½ts)_ 액티브 드라이 이스트

85g(⅓C+1ts)_ 미지근한 물(27~29℃/80~85℉)

453g(3¾C)_ 더블제로 밀가루_ 카푸토 또는 산 펠리체 추천_ 반죽용 추가

210g(¾C+2Ts)_ 얼음물

9g(2ts)_ 고운 바닷소금

작은 볼에 이스트를 계량하고 미지근한 물을 부어 30초 동안 섞는다. 이스트가 물에 녹으면서 표면에 약간의 거품이 생길 것이다. 만일 이런 현상이 생기지 않고 이스트 과립이 녹지 않은 상태로 떠 있다면 이스트가 사멸된 것이므로 버려야 한다. 유효기간이 많이 남은 새로운 이스트를 계량해서 물에 다시 녹인다.

후크를 끼운 스탠드 믹서의 볼에 밀가루를 넣는다. 믹서를 가장 낮은 속도로 돌리면서 계량한 얼음물에서 2Ts 정도만 남기고 믹서볼에 붓는다. 이어서 이스트를 녹인 물을 붓고, 남겨두었던 얼음물 2Ts을 이스트를 녹인 볼에 부어 남아 있는 이스트를 헹군 다음 믹서볼에 붓는다.

대부분의 반죽이 후크 주위로 뭉칠 때까지 약 1분 동안 믹서를 저속으로 돌리다가 멈춘다. 손가락으로 후크에 붙어 있는 반죽을 떼어내고, 볼 스크레이퍼나 고무주걱을 사용하여 믹서볼 옆면과 바닥에 붙어 있는 반죽을 긁어낸다.

소금을 넣고 잘 섞일 때까지 저속으로 1분 동안 돌린다. 믹서를 멈추고 후크에서 반죽을 떼어내고 1분 더 믹싱한다. 반죽이 완벽하게 매끄러워 보이지는 않을 것이다. 하지만 반죽의 일부를 손가락으로 문질러보았을 때 소금 입자가 느껴지지 않아야 한다. 만일 소금 입자가 느껴진다면 1분 더 믹싱한다.

볼 스크레이퍼를 사용하여 믹서볼에서 도우를 꺼내 덧가루를 뿌리지 않은 깨끗한 작업대로 도우를 옮기고, 도우가 매끄러워질 때까지 2~3분 동안 손으로 반죽을 한다(p.32 〈도우 반죽하기〉 참조). 만일 도우가 너무 끈적거리면 덧가루를 약간만 뿌려서 반죽하기 좋게 한다. 젖은 행주로 덮어 실온에서 1시간 동안 휴지시킨다.

도우 커터를 사용하여 도우를 적당히 펼치고 3등분한다. 분할한 덩어리마다 무게를 챈 다음 양을 조절하여 255g(9온스) 세 덩어리를 만든다.

분할한 도우를 공모양으로 만든다(p.34 〈도우볼 만들기〉 참조). 도우볼들을 ½사이즈 시트팬에 약 8cm(3인치) 간격으로 배열한다. 만약 도우볼들을 각기 다른 날에 구울 계획이라면 ¼사이즈 시트팬에 하나씩 나누어 올린다. 도우볼이 담긴 시트팬을 공기가 통하지 않게 비닐랩으로 바닥면까지 이중으로 단단하게 감싼다. 냉장고의 편평한 곳에 넣고 24~48시간 동안 냉장숙성발효시킨다.

베이커스 퍼센티지_ p.310 참조

GRILLED PIZZA MASTER RECIPE

그릴피자 기본 레시피_ 지름 30~33㎝(12~13인치) 피자 1판

1개 255g(9온스)_ 그릴피자용 도우볼(p.265)

밀가루_ 덧가루용

냉장고에서 도우볼을 꺼내 비닐랩을 씌운 채로 도우의 온도가 16~18℃(60~65℉)가 될 때까지 실온에 놓아둔다. 피자를 그릴에 굽기 전까지 대략 1시간 30분 정도 걸린다.

그릴피자는 가스, 장작, 또는 숯으로 예열한 그릴에서 중간불-센 불로 굽는 것이 적당하다. 장작이나 숯을 사용하는 그릴의 경우에는 크러스트 바닥에 불이 직접 닿아서 타지 않게 조심해야 한다. 만일 가스 그릴을 사용하는데 두 부분으로 나눌 수 있다면, 한쪽은 중간불-센 불, 다른 한쪽은 중간불로 설정해서 사용하도록 한다. 이 방법은 중간불-센 불에서 피자가 너무 빨리 탈 경우에 중간불로 옮길 수 있어서 편리하다.

가능하면 그릴 가까이에 도마나 시트팬, 집게, 피자 커터, 그리고 피자에 올릴 토핑 재료들을 모두 준비해 놓는 것이 좋다.

작업대에 덧가루를 뿌리고, 도우를 작업대로 옮겨서 그 위에도 덧가루를 뿌린다(p.38 〈작업대로 도우 옮기기〉 참조).

나무 피자삽에 덧가루를 뿌린다.

밀대를 사용하여 도우볼을 지름 30~33㎝(12~13인치) 크기로 둥글게 밀어 편다. 그릴에 구울 때 부풀어오르지 않게 밀대로 가장자리 끝까지 편평하게 민 다음, 스파이크 롤러나 포크로 구멍을 낸다(p.111 〈피자도우 밀어 펴기〉 참조).

피자삽 위에 도우를 올려놓는다. 작업하는 동안 피자삽을 앞뒤 수평으로 흔들어서 도우의 바닥이 피자삽에 들러붙지 않았는지 확인한다.

한쪽 면을 먼저 그릴에 굽기_ 넓게 밀어 편 피자도우를 그릴 위로 미끄러트리듯이 옮기고 그릴 덮개를 덮지 않은 채로 1분 동안 굽는다. 집게로 도우의 가장자리를 들어 바닥면이 타지 않았는지 확인한다. 갈색으로 구워지기 시작하면 그릴 자국이 선명해지고 노릇노릇해질 때까지 30초~1분 더 굽는다. 상태를 확인하고 너무 탄 것 같으면 도우를 90도 돌리고 갈색의 격자무늬가 생길 때까지 30초~1분 더 굽는다. 만일 갈색이 충분히 나오지 않을 경우에는 불을 올리거나, 좀 더 뜨거운 위치로 도우를 옮긴다.

피자삽 위에 피자도우를 올려놓는다. 작업대에 공간이 있으면 피자삽을 내려놓고 곧바로 피자삽 위에서 작업을 해도 된다. 그렇지 않을 경우에는 도마로 미끄러트리듯이 옮긴다. 도우를 뒤집고 윗면을 편평하게 누른 다음 부풀어오른 곳을 터트린다. 도우의 둘레를 따라 2㎝(¾인치)를 남기고 만들고자 하는 레시피에서 사용하는 치즈를 크러스트 위에 흩뿌리듯이 올린다. 피자삽 위에 도우를 다시 올린다(도마 위에서 토핑한 경우).

반대쪽을 그릴에 굽기_ 그릴 위에서 피자삽을 들고 손으로 피자도우를 그릴 석쇠 위로 조심스럽게 미끄러뜨리듯이 옮긴다. (피자도우를 그릴로 옮길 때 피자삽을 흔들면 토핑한 치즈가 그릴 쪽으로 떨어질 수 있으므로 조심한다.) 그릴의 덮개를 덮고 30초~1분 동안 굽는다. 필요에 따라서는 크러스트 바닥이 갈색으로 구워지고 치즈가 골고루 녹을 수 있게 도우를 한 번 돌려준다. 치즈가 다 녹기 전에 크러스트 바닥이 갈색을 띠면 시트팬에 도우를 옮긴 다음 그릴 위에 시트팬을 놓고 치즈를 녹인다.

피자를 도마로 옮기고 레시피에서 설명한 대로 피자를 완성한다. 샌드위치 스타일의 피자를 만들려면 피자의 반쪽에만 토핑을 올리고 반을 접어 웨지모양으로 3등분한다. 일반적인 피자 형태로 만들려면 피자의 윗면 전체에 토핑한 후 서빙하면 된다.

STEAK LOVER'S

스테이크 러버스_ 지름 30~33㎝(12~13인치) 피자 1판_ 웨지모양 샌드위치 스타일 3조각 또는 슬라이스 6조각

망고 살사를 곁들인 그릴스테이크는 상상을 초월할 정도로 피자와 잘 어울린다. 특히 스테이크처럼 피자도 그릴에 구우면 더욱 맛있다. 나는 스테이크가 육즙을 품을 수 있을 정도의 알맞은 두께로 굽는 것을 좋아하기 때문에 이 레시피에서는 455g(1파운드)의 고기를 사용한다. 이 정도 양이면 여기에 있는 망고 살사 분량과도 맞고, 피자 2판을 만들기에도 넉넉하다. 살사는 몇 시간 전에 미리 만들어두는 것이 좋다. 세라노 칠리는 매운 정도가 매우 다양하기 때문에 준비한 세라노 칠리가 얼마나 매운지 꼭 확인하고, 입맛에 맞게 양을 조절한다.

1개 255g(9온스)_ 그릴피자용 도우볼(p.265)

밀가루_ 덧가루용

망고 살사_ ¾C(176g)_ 피자 2판에 사용할 분량

⅔C(140g)_ 잘 익은 망고_ 작게 깍둑썰기한 것

1Ts(9g)_ 적양파_ 작게 깍둑썰기한 것

1Ts(8g)_ 세라노 칠리_ 작게 깍둑썰기한 것

1Ts(2g)_ 잘게 다진 실란트로(고수)

1Ts(15g)_ 금방 짠 라임즙

1꼬집_ 소금

455g(1파운드)_ 소고기 채끝살_ 실온

엑스트라버진 올리브오일_ 고기 표면에 바를 것

고운 바닷소금과 금방 간 흑후추

망고 살사를 만든다. 피자를 만들기 몇 시간 전에 모든 재료를 볼에 담고 잘 섞는다. 맛을 보고 간을 맞춘다. 뚜껑을 덮고 실온에 놓아둔다.

도우볼을 준비하고 그릴을 세팅한다(p.266 〈그릴피자 기본 레시피〉 참조).

피자를 그릴에 굽기 10분 전에 스테이크 표면에 오일, 소금, 후추를 골고루 바른다. 그릴의 중간불-센 불에 스테이크를 올리고 굽다가, 중간에 한 번 뒤집어서 총 7~8분 정도 굽는다. 이때 탐침온도계로 고기 가운데를 찔러보아 52~54℃(125~130℉) 정도이면 미디엄 레어로 굽기에 가장 적당한 온도이다. 구운 스테이크를 도마로 옮기고 피자를 굽는 동안 놓아둔다.

한쪽 면을 먼저 그릴에 굽기_ 〈그릴피자 기본 레시피〉의 설명대로 피자를 그릴에 굽는다.

한쪽 면만 구운 피자도우를 그릴에서 꺼내 레시피대로 뒤집은 다음, 도우 가운데에 슈레드한 모차렐라치즈를 수북이 올리고 도우의 둘레를 따라 2㎝(¾인치)를 남기고 손가락으로 골고루 펼친다.

반대쪽을 그릴에 굽기_ 피자도우를 다시 그릴로 옮긴 다음, 크러스트 바닥이 갈색으로 변하고 치즈가 녹을 때까지 기본 레시피에서 설명한 대로 굽는다.

115g(4온스)_ 홀밀크 모차렐라치즈_ 슈레드한 것(1C)

웨지모양으로 자른 레몬_ 서빙용

피자 완성하기_ 고기를 결과 반대방향으로 얇고 어슷하게 슬라이스한다. 슬라이스한 고기의 반을 피자의 반쪽에만 올리거나(반으로 접을 경우), 전체에 토핑한다(접지 않은 오픈 스타일로 서빙할 경우). 망고 살사의 절반을 스테이크 위에 뿌린다. (나머지 스테이크와 망고 살사는 두 번째 피자를 구울 때 사용하거나 다른 용도로 사용하면 된다.) 오일, 소금, 후추를 흩뿌리고, 그 위에 레몬을 짠다.

피자를 반으로 접고 웨지모양으로 3등분하여 샌드위치 스타일로 서빙하거나, 오픈 스타일로 6등분한다. 웨지모양으로 자른 레몬 조각을 곁들여 서빙한다.

INSALATA

인살라타_ 지름 30~33㎝(12~13인치) 피자 1판_ 웨지모양 샌드위치 스타일 3조각 또는 슬라이스 6조각

가끔은 피자와 샐러드를 동시에 먹고 싶을 때가 있다. 이것은 그런 경우에 가장 적당한 피자다. 또한 여름에 야외파티 메뉴로도 아주 탁월한 선택이다.

1개 255g(9온스)_ 그릴피자용 도우볼 (p.265)

밀가루_ 덧가루용

시트러스 비네그레트_ ⅔C(155g)

¼C+2Ts(85g)_ 금방 짠 오렌지즙

2½Ts(53g)_ 꿀

1¼ts(7g)_ 디종 머스터드

1Ts(14g)_ 엑스트라버진 올리브오일

고운 바닷소금, 금방 간 흑후추와 백후추

85g(3온스)_ 홀밀크 모차렐라치즈_ 슈레드한 것 (¾C)

4C(50g)_ 가볍게 담은 루콜라 또는 어린잎 채소

85g(3온스)_ 프레시 고트치즈_ 로라 셰넬 (Laura Chenel) 추천

16개_ 라즈베리

10개_ 가염 마르코나(Marcona) 아몬드_ 굵게 다진 것

플뢰르 드 셀(Fleur de sel, 프랑스 토판염으로 소금의 꽃이란 뜻)과 금방 간 흑후추

도우볼을 준비하고 그릴을 세팅한다(p.266 〈그릴피자 기본 레시피〉 참조).

그릴이 달궈지는 동안 비네그레트(vinaigrette)를 만든다. 작은 볼에 오렌지즙, 꿀, 머스터드, 오일을 넣고 거품기로 잘 섞는다. 소금, 흑후추, 백후추로 간을 맞추고 한쪽에 놓아둔다.

한쪽 면을 먼저 그릴에 굽기_ 〈그릴피자 기본 레시피〉 설명대로 그릴에 피자를 굽는다.

한쪽 면만 구운 피자도우를 그릴에서 꺼내 레시피대로 뒤집은 다음, 도우 가운데에 슈레드한 모차렐라치즈를 수북이 올리고 도우의 둘레를 따라 2㎝(¾인치)를 남기고 손가락으로 골고루 펼친다.

반대쪽을 그릴에 굽기_ 피자도우를 다시 그릴로 옮긴 다음, 크러스트 바닥이 갈색으로 변하고 치즈가 녹을 때까지 기본 레시피에서 설명한 대로 굽는다.

피자 완성하기_ 루콜라를 볼에 담고 비네그레트를 살짝 버무려서 샐러드를 만든다. 샐러드의 반을 피자의 반쪽에만 올리거나(반으로 접을 경우), 전체에 토핑한다(접지 않은 오픈 스타일로 서빙할 경우). 루콜라 위에 고트치즈를 흩어 놓고, 라즈베리와 아몬드로 장식한다. 플뢰르 드 셀과 흑후추를 흩뿌린다.

피자를 반으로 접고 웨지모양으로 3등분하여 샌드위치 스타일로 서빙하거나, 오픈 스타일로 6등분한다. 남은 드레싱을 곁들여 서빙한다.

ST-GERMAIN BBQ CHICKEN

생제르맹 바비큐 치킨_ 지름 30~33cm(12~13인치) 피자 1판_ 웨지모양 샌드위치 스타일 3조각 또는 슬라이스 6조각

비록 아시아 스타일을 의도한 것은 아니지만, 이 피자는 베트남의 반미(banh mi, 밀가루 또는 밀가루와 쌀가루를 혼합해 만든 베트남 바게트 빵) 샌드위치를 먹는 기분이다. 왜냐하면 육즙이 풍부하고 달콤한 그릴치킨의 맛과 한 입 베어물 때마다 피클링한 오이와 당근이 아삭하게 씹히는 재미를 함께 느낄 수 있기 때문이다. 생제르맹(Saint-Germain)은 엘더플라워(elderflower, 일명 딱총나무 꽃이라고 불리는 식용 꽃)로 만든 프랑스 리큐어로, 최근에 트렌디한 칵테일에 빠지지 않고 들어간다. 나는 바비큐소스에서 느껴지는 생제르맹의 향기로운 꽃향기를 참 좋아한다. 그런데 이 치킨은 사실 정식으로 메인코스에 사용하기도 한다. 그릴에서 굽자마자 곧바로 바비큐소스를 듬뿍 바른 후에 소스를 추가로 곁들여 메인코스로 내놓는다.

1개 255g(9온스)_ 그릴피자용 도우볼(p.265)

밀가루_ 덧가루용

바비큐소스_ 1⅔C(450g)

올리브오일_ 조리용

¼C(40g)_ 곱게 다진 양파

1ts(3g)_ 다진 마늘

3Ts(37g)_ 생제르맹 리큐어

1ts(2.5g)_ 금방 간 백후추

1ts(2.5g)_ 금방 간 흑후추

½ts(1g)_ 카엔 페퍼_ 또는 취향에 따라

1ts(4.5g)_ 흑설탕

1ts(7g)_ 꿀

1½C(410g)_ 케첩

1ts(5g)_ 훈제향 액(선택)

바비큐소스를 만든다. 소스팬에 올리브오일을 두르고 중간불-센 불로 달군다. 불을 중간불로 줄인 다음, 양파와 마늘을 넣고 가끔씩 저으면서 부드러워질 때까지 2분 동안 가열한다. 생제르맹 리큐어, 백후추, 흑후추, 카엔 페퍼, 흑설탕, 꿀, 케첩을 순서대로 넣고 잘 섞는다. 중간불-센 불로 올리고 졸인다.

불을 약하게 줄인 다음 훈제향 액을 넣는다. 향이 골고루 잘 섞이도록 15분 동안 서서히 졸인다. 완성된 소스는 냉장고에서 2주일까지 보관할 수 있고, 사용하기 전에 데운다.

오이 렐리시(일종의 다진 피클)를 만든다. 오이는 껍질을 벗기고 길게 반으로 자른다. 꼭지는 잘라버리고 티스푼으로 씨를 긁어낸 다음, 반달모양으로 썰어서 볼에 담는다. 양파, 설탕, 식초, 당근을 넣고 섞고, 소금으로 간을 맞춘다. 뚜껑을 덮고 냉장고에 하룻동안 넣어둔다.

닭고기를 재울 담금액을 만든다. 작은 소스팬에 물 1C을 붓고 센 불로 끓인다. 소금과 설탕을 넣고 잘 저어서 녹인다. 닭다리가 잠길 정도로 큰 내열 볼에 끓인 소금물을 붓는다. 이어서 얼음물 2C을 붓고 섞는다. 물은 실온에 가깝거나, 닭다리를 넣기 전보다 차가워야 한다. 닭다리를 넣고 실온에 30분 동안 놓아둔다.

그 동안 도우볼을 준비하고, 그릴을 중간불-약한 불로 달군다(p.266 〈그릴피자 기본 레시피〉 참조).

소스팬에 물을 붓고 센 불로 끓인다. 물이 끓으면 옥수수를 넣어 1분간 데치고 건져서 물기를 뺀다.

작은 볼에 소금과 카엔 페퍼를 섞은 다음, 녹인 버터를 넣고 잘 섞는다. 옥수수에 바를 수 있게 한쪽에 놓아둔다.

GRILLED

ST-GERMAIN BBQ CHICKEN

오이 렐리시_ ½C(85g)

¼개 85g_ 오이

1½Ts(14g)_ 적양파_ 깍둑썰기한 것

1½ts(6g)_ 그래뉴당

1Ts(15g)_ 쌀식초

3Ts(18g)_ 당근_ 껍질을 벗기고 잘게 채썬 것

고운 바닷소금

담금액

1C(236g)_ 물

3Ts(45g)_ 고운 바닷소금

2ts(8g)_ 그래뉴당

2C(472g)_ 얼음물

170g(6온스)_ 뼈와 껍질이 붙어 있는 닭다리 부위 3토막

1자루_ 큰 옥수수_ 껍질째

½ts(2.5g)_ 고운 바닷소금

¼ts(0.6g)_ 카옌 페퍼

2Ts(28g)_ 무염버터_ 녹인 것

올리브오일

115g(4온스)_ 홀밀크 모차렐라치즈_ 슈레드한 것(1C)

그릴에 닭다리와 옥수수를 같이 굽는다. 옥수수는 5분 정도만 굽고, 닭다리는 20분 정도 굽는다. 닭다리는 그릴에 굽기 전에 담금액을 닦아내고 오일을 바른 후, 닭껍질이 아래로 가게 놓고 5분 동안 굽는다. 닭고기가 타지 않도록 불을 조절하고 고기를 90도씩 돌려가면서 5분씩 굽는다. 완전히 익을 때까지 대략 20분 동안 굽는다. 혹시 뼈에 붙어 있는 살이 여전히 핑크색을 띠면서 안 익은 상태인지 확인하고, 그릴에서 꺼내 손으로 만질 수 있을 정도로 식을 때까지 한쪽에 놓아둔다.

그 동안 옥수수도 그릴에 굽는다. 가끔씩 돌려주면서 준비해놓은 녹인 버터를 바르고 옥수수알이 부드러워질 때까지 5분 정도 굽는다. 굽는 동안에 타는 부분이 생길 수도 있는데 이 부분이 나중에 피자의 풍미를 살려준다. 옥수수를 그릴에서 꺼내 손으로 만져도 될 만큼 식힌다. 식은 후에는 옥수수알을 잘라서 속대와 분리해 놓는다. 피자에 토핑할 분량으로는 ⅓C(45g) 정도가 적당하다.

치킨은 뼈에서 살을 발라내고, 껍질은 취향에 따라 그대로 사용해도 좋고 버려도 좋다. 발라낸 살은 6㎜(¼인치) 두께로 슬라이스하고 볼에 담아 따뜻하게 놓아둔다.

한쪽 면을 먼저 그릴에 굽기_ 〈그릴피자 기본 레시피〉의 설명대로 피자를 그릴에 굽는다.

한쪽 면만 구운 피자도우를 그릴에서 꺼내 레시피대로 뒤집은 다음, 도우 가운데에 슈레드한 모차렐라치즈를 수북이 올리고 도우의 둘레를 따라 2㎝(¾인치)를 남기고 손가락으로 골고루 펼친다.

반대쪽을 그릴에 굽기_ 피자도우를 다시 그릴로 옮긴 다음, 크러스트 바닥이 갈색으로 변하고 치즈가 녹을 때까지 기본 레시피에서 설명한 대로 굽는다.

피자 완성하기_ 피자 위에 따뜻한 바비큐소스를 적당히 바르고(약 ¼C/70g) 준비해둔 치킨을 피자의 반쪽에만 올리거나(반으로 접을 경우), 전체에 토핑한다(접지 않은 오픈 스타일로 서빙할 경우). 스푼을 사용하여 렐리시를 골고루 얹고 옥수수를 흩뿌린다. 피자를 반으로 접고 웨지모양으로 3등분하여 샌드위치 스타일로 서빙하거나, 오픈 스타일로 6등분한다. 바비큐소스를 곁들여 서빙한다.

그릴 위에서 피자스톤을 사용할 경우

많은 사람들이 야외에서 그릴 위에 피자스톤을 올려놓고 피자를 굽는 방식을 즐긴다. 그렇게 하면 마치 화덕에 구운 피자와 비슷한 결과가 나올 수 있기 때문이다. 하지만 모든 피자스톤이 그릴 위에서도 사용할 수 있게 제조되지는 않는다. 그러므로 이 방식을 시도해보기 전에, 사용할 피자스톤 제품의 사용설명서나 제조사의 홈페이지 정보를 통해서 그릴에서 사용해도 괜찮은지 반드시 확인해야 한다.

그리고 그릴에 따라서 온도를 일정한 범위로 유지시키기가 매우 까다로운 종류가 있다. 비록 덮개를 덮어도 윗부분에서 복사열이 나오지 않는 경우가 있기 때문이다. 그때는 그릴 위에 피자스톤을 올려서 미리 예열을 해야 한다. 중간불-센 불이나 센 불로 피자스톤을 30분 동안 예열한 다음, 뜨거운 피자스톤 위에 피자도우를 올리고 덮개를 덮어 10분 동안 굽는다. 중간에 5분 정도 지나면 도우를 180도 돌려주면서 바닥이 타지 않았는지 살펴본다. 그릴마다 모두 다르기 때문에 여러 번 경험을 통해 익혀야 한다. 만일 웍 뚜껑이 있으면 그릴의 덮개를 닫기 전에 먼저 피자도우를 덮어서 도우 주위의 열을 모으는 것도 좋은 방법이다.

그린 에그(Green Egg) 테크닉

나는 세라믹으로 만든 그릴에 피자스톤을 사용하여 가장 좋은 결과를 얻었다. 특히, 빅 그린 에그(Big green Egg) 사의 제품을 좋아한다. 이 회사에서는 그릴 위에 사용하기 위해 특별히 고안된 피자스톤도 판매한다. 이 그릴은 가스나 전기를 사용하는 그릴보다 두 가지 면에서 훨씬 효과적이다. 하나는 오랫동안 열을 유지할 수 있다는 것이고, 다른 하나는 돔 형태의 세라믹이 구조적으로 천장 부분에 복사열을 만들어낸다는 것이다. 그래서 피자의 바닥과 표면이 골고루 구워진다. 그리고 환기구와 열 조절이 가능한 온도계를 사용할 수도 있다. 공기 흐름의 변화는 온도에 중요한 영향을 끼치므로 덮개를 되도록 조금만 여는 것이 중요하다.

그릴에 불을 붙인 다음 피자스톤을 올리고 온도가 300~315℃ (575~600℉) 정도가 될 때까지 적어도 30분 동안 예열한다. 피자스톤 위에 피자도우를 올리고 덮개를 닫는다. 온도계가 285~300℃(550~575℉)를 유지하도록 주의 깊게 지켜본다. 피자가 완전히 구워지려면 10분 정도가 걸린다. 피자도우를 넣고 5분 정도 지난 후에 바닥면이 갈색으로 골고루 구워졌는지 재빨리 확인하고, 그렇지 않은 경우에는 도우를 180도 돌린다.

두 번째 피자를 구울 때에는 피자도우를 피자스톤으로 옮기기 전에 그릴이 다시 300℃(575℉)가 되도록 충분히 예열한다.

Wrapped and Rolled
랩 · 롤

조금만 연습하면 나의 마스터 도우로 모든 종류의 랩, 롤, 스터프트 피자를 만들 수 있다. 먼저 기본적인 칼조네를 만들어보면서 요령을 익히고 나면 칼조네위치(Calzonewich), 더 보우타이(The Bow Tie), 그리고 나의 두 가지 스트롬볼리 스타일(Stromboli-style) 롤도 만들 수 있다. 그리고 나머지 도우를 가지고 재미있게 활용할 수 있는 방법도 소개한다. 지금부터 시작해보자.

CALZONE WITH MEATBALLS OR SPINACH

칼조네 위드 미트볼 or 스피니치_ 25㎝(10인치) 칼조네 1개(p.278 사진)

225g(8온스)의 도우볼을 밀대로 밀면 칼조네를 만들기 적당하게 균일한 두께로 잘 펼쳐진다. 이 칼조네에는 미트볼과 시금치 소테를 사용한다. 일단 이 레시피에 익숙해지면 다른 피자 재료들을 충천물로 다양하게 활용할 수 있다. 이때 반드시 레시피가 요구하는 분량의 치즈와 충전물을 사용해야 한다. 충전물의 양이 적다고 느낄 수도 있겠지만, 칼조네를 만들 때는 언제나 충천물을 너무 많이 넣지 않게 신경써야 한다. 그렇게 되면 칼조네 안에 수분이 많이 생기거나 지나치게 부풀어 터질 수도 있다.

1개 225g(8온스)_ 마스터 도우볼_ 되도록 풀리시를 스타터로 사용한 것(p.52)

밀가루와 세몰리나를 1:1로 섞은 가루_ 덧가루용

미트볼 칼조네

115g(4온스)_ 조리한 미트볼(p.295)_ 100원짜리 동전 크기로 부순 것(1C)

70g(2½온스)_ 파트스킴 모차렐라치즈_ 슈레드한 것(⅔C)

45g(3½Ts)_ 홀밀크 리코타치즈_ 뉴욕 스타일 폴리오 추천 또는 리코타 크림(p.99)

½ts(1.5g)_ 다진 마늘

페코리노 로마노치즈_ 치즈갈이로 간 것_ 뿌리기용

드라이 오레가노_ 뿌리기용

1개_ 달걀(선택)_ 브러시용

갈릭오일(p.37)_ 브러시용

레드페페 플레이크_ 뿌리기용

½C(125g)_ 미트볼 마리나라(p.298)_ 따뜻한 것

냉장고에서 도우볼을 꺼내 비닐랩을 씌운 채로 도우의 온도가 16~18℃(60~65℉)가 될 때까지 실온에 놓아둔다. 그 동안 오븐에 2개의 피자스톤이나 베이킹스틸을 넣고 260℃(500℉)로 1시간 동안 예열한다(p.37 〈시작하기〉 참조).

작업대에 덧가루를 뿌리고, 도우를 작업대로 옮겨서 그 위에도 덧가루를 뿌린다(p.38 〈작업대로 도우 옮기기〉 참조).

나무 피자삽에 덧가루를 뿌린다.

밀대를 사용하여 도우를 지름 25㎝(10인치) 크기로 둥글게 밀어 편다(p.111 〈피자도우 밀어 펴기〉 참조).

피자삽 위에 도우를 올려놓는다. 작업하는 동안 피자삽을 앞뒤 수평으로 흔들어서 도우의 바닥이 피자삽에 들러붙지 않았는지 확인한다.

미트볼 칼조네를 만든다. 피자도우의 둘레를 따라 1.2㎝(½인치)를 남기고 도우의 반쪽에 미트볼을 배열한다. 미트볼 위에 슈레드한 모차렐라치즈를 뿌리고, 스푼으로 리코타치즈를 떠서 전체적으로 골고루 얹는다. 다진 마늘을 흩뿌리고, 페코리노 로마노치즈와 오레가노도 뿌린다.

스피니치 칼조네를 만든다. 피자도우의 둘레를 따라 1.2㎝(½인치)를 남기고 도우의 반쪽에 슈레드한 모차렐라치즈를 손가락으로 골고루 펼친다. 치즈 위에 시금치를 골고루 올린다. 갈릭오일을 뿌리고, 페코리노 로마노치즈와 오레가노를 뿌린다.

도우를 반으로 접어 토핑을 덮는다. 겹쳐진 도우의 가장자리 끝을 공기가 들어가지 않게 손가락으로 누르면서 붙인다. 칼이나 포크의 뾰족한 끝으로 도우의 가장자리를 눌러 장식처럼 자국을 만들면서 완전히 붙인다.

스피니치 칼조네

70g(2½온스)_ 파트스킴 모차렐라치즈_ 슈레드한 것(⅔C)

½C(95g)_ 시금치 소테(p.91)_ 물기를 제거한 것

갈릭오일(p.37)_ 뿌리기용과 브러시용

페코리노 로마노치즈_ 치즈갈이로 간 것_ 뿌리기용

드라이 오레가노_ 뿌리기용

1개_ 달걀(선택)_ 브러시용

레드페퍼 플레이크_ 뿌리기용

만일 윤기나는 크러스트를 만들고 싶다면 칼조네 표면에 브러시로 달걀물을 바른다. 큰 달걀을 깨서 작은 볼에 흰자의 절반과 노른자를 담고, 작은 거품기로 저어서 섞은 다음 사용하기 전에 체에 거른다.

오븐 윗단의 피자스톤 위로 칼조네를 미끄러뜨리듯이 옮기고(p.42 〈오븐에 피자도우 옮기기〉 참조) 4분 동안 굽는다. 칼조네를 180도 돌려서 바닥이 바삭하게 갈색으로 구워지고 표면이 노릇노릇해질 때까지 4~6분 더 굽는다.

오븐에서 칼조네를 꺼내 도마로 옮긴다. 브러시로 칼조네 표면에 갈릭오일을 바르고, 페코리노 로마노치즈와 오레가노, 레드페퍼 플레이크를 살짝 뿌린 다음 3분 동안 그대로 놓아둔다.

서레이티드 나이프(톱날칼)로 칼조네를 가로로 반 자른다. 미트볼 칼조네는 사이드로 마리나라를 곁들여서 서빙한다.

MORTADELLA AND CHEESE CALZONEWICH

모르타델라&치즈 칼조네위치_ 지름 25㎝(10인치) 칼조네위치 1개

이것은 오래 전 내가 형의 피체리아인 피자노스(Pyzano's)에서 일할 때 얻은 아이디어로 만들었다. 모르타델라(mortadella, 고기와 지방에 말린 후추열매와 피스타치오를 첨가한 이탈리아 소시지)와 모차렐라치즈를 넣고 구운 칼조네에 칼집을 내고 프로슈토, 상추, 토마토, 비네그레트, 겨자, 마요네즈를 채워 샌드위치 스타일로 만든 것이다. 그 결과는 칼조네와 정통 이탈리안 델리 샌드위치가 절묘하게 결합된 스타일로, 따끈한 크러스트와 치즈에 대비되는 차가운 필링이 멋진 조화를 이룬다.

1개 225g(8온스)_ 마스터 도우볼_ 되도록 풀리시를 스타터로 사용한 것(p.52)

밀가루와 세몰리나를 1:1로 섞은 가루_ 덧가루용

1Ts(14g)_ 엑스트라버진 올리브오일

1ts(5g)_ 레드와인 식초

드라이 오레가노_ 양념용

고운 바닷소금과 금방 간 흑후추

45g(1½온스)_ 얇게 슬라이스한 모르타델라

70g(2½온스)_ 파트스킴 모차렐라치즈_ 슈레드한 것(⅔C)

1개_ 달걀_ 브러시용

45g(1½온스)_ 얇게 슬라이스한 프로슈토

디종 머스터드 또는 매콤한 브라운 머스터드_ 스프레드용

마요네즈_ 스프레드용

4개_ 슬라이스한 작은 토마토

3~4장_ 버터상추

냉장고에서 도우볼을 꺼내 비닐랩을 씌운 채로 도우의 온도가 16~18℃(60~65℉)가 될 때까지 실온에 놓아둔다. 그 동안 오븐의 중간단에 걸침망을 놓고 그 위에 피자스톤이나 베이킹스틸을 올린다. 오븐을 260℃(500℉)로 1시간 동안 예열한다(p.37 〈시작하기〉 참조).

비네그레트 소스를 만든다. 작은 볼에 오일과 식초를 넣고 저어서 섞는다. 오레가노와 소금, 후추로 양념을 한다. 이 드레싱은 칼조네위치에 사용하기 때문에 향이 풍부해야 한다. 한쪽에 놓아둔다.

작업대에 덧가루를 뿌리고, 도우를 작업대로 옮겨서 그 위에도 덧가루를 뿌린다(p.38 〈작업대로 도우 옮기기〉 참조).

나무 피자삽에 덧가루를 뿌린다.

밀대를 사용하여 도우를 지름 25㎝(10인치) 크기로 둥글게 밀어 편다(p.111 〈피자도우 밀어 펴기〉 참조).

피자삽 위에 도우를 올려 놓는다. 작업하는 동안 피자삽을 앞뒤 수평으로 흔들어서 도우의 바닥이 피자삽에 들러붙지 않았는지 확인한다.

피자도우의 둘레를 따라 1.2㎝(½인치)를 남기고 도우의 반쪽에 슬라이스한 모르타델라를 반으로 접어 배열한다. 모르타델라 위에 슈레드한 모차렐라치즈를 골고루 올린다.

피자도우를 반으로 접어 토핑을 덮는다. 겹쳐진 도우의 가장자리 끝을 공기가 들어가지 않게 손가락으로 누르면서 붙인다. 칼이나 포크의 뾰족한 끝으로 도우의 가장자리를 누르면서 장식처럼 자국을 만들고 완전히 붙인다.

만일 윤기나는 크러스트를 만들고 싶다면 브러시로 칼조네 표면에 달걀물을 바른다. 큰 달걀을 깨서 작은 볼에 흰자의 절반과 노른자를 담고 작은 거품기로 저어서 섞은 다음 사용하기 전에 체에 거른다.

오븐 윗단의 피자스톤 위로 칼조네를 미끄러뜨리듯이 옮기고(p.42 〈오븐에 피자도우 옮기기〉 참조) 4분 동안 굽는다. 칼조네를 180도 돌려서 바닥이 바삭하게 갈색으로 구워지고 표면이 노릇노릇해질 때까지 4~6분 더 굽는다.

칼조네를 도마로 옮겨서 5~10분 동안 식힌다. 서레이티드 나이프(톱날칼)를 사용하여 반달모양의 둥근 부분을 한쪽 끝에서 반대쪽 끝까지 수평으로 자른다. 이때 반달모양의 직선 부분은 자르지 않는다.

칼집을 낸 칼조네의 윗면을 들어올린다. 칼조네 안쪽에 모르타델라와 모차렐라치즈가 모여 있으면 포크를 사용하여 조심스럽게 앞쪽으로 옮긴다. 프로슈토를 적당히 주름지게 올리고 그 위에 머스터드와 마요네즈를 바른 다음, 토마토 슬라이스와 버터상추를 올린다. 비네그레트 소스를 스푼으로 떠서 상추 위에 살짝 뿌린다.

THE BOW TIE

더 보우타이_ 28cm(11인치) 보우타이 1개(p.279 사진)

이 트위스트 형태의 칼조네는 발렌타인데이의 특별한 데이트를 위해 개발한 것이다. 한쪽은 고기를 사용하고 다른 한쪽은 채소를 사용한 두 부분이 마치 나비넥타이(bow tie)처럼 가운데에서 연결되도록 만들었다. 나는 작업대 위에서 만든 다음 금속 타공삽으로 오븐에 넣어 굽는다. 그러나 익숙해질 때까지 처음 몇 번은 좀 더 다루기 쉽게 나무 피자삽 위에서 작업하는 방법을 추천한다.

1개 225g(8온스)_ 마스터 도우볼_ 되도록 풀리시를 스타터로 사용한 것(p.52)

밀가루와 세몰리나를 1:1로 섞은 가루_ 덧가루용

¼C(45g)_ 양파 소테(p.97)

4개 50g_ 마리네이드한 아티초크 작은 조각_ 물기를 제거하고 다진 것

55g(2온스)_ 홀밀크 모차렐라치즈_ 슈레드한 것 (½C)

오일 절임 선드라이 토마토 적당량_ 적당히 자른 것

15g(2온스)_ 페퍼로니 슬라이스_ 되도록 천연 케이싱한 것

2장 12g_ 제노아 살라미(Genoa Salami) 슬라이스

⅓C(85g)_ 미트볼 마리나라(p.298)_ 따뜻한 것

¼C(40g)_ 바질 페스토(p.142)_ 실온

냉장고에서 도우볼을 꺼내 비닐랩을 씌운 채로 도우의 온도가 16~18℃(60~65℉)가 될 때까지 실온에 놓아둔다. 그 동안 오븐에 2개의 피자스톤이나 베이킹스틸을 넣고 260℃(500℉)로 1시간 동안 예열한다(p.37 〈시작하기〉 참조).

작업대에 덧가루를 뿌리고, 도우를 작업대로 옮겨서 그 위에도 덧가루를 뿌린다(p.38 〈작업대로 도우 옮기기〉 참조).

나무 피자삽에 덧가루를 뿌린다.

밀대를 사용하여 도우를 지름 28cm(11인치) 크기로 둥글게 밀어 편다(p.111 〈피자도우 밀어 펴기〉 참조).

도우의 중심을 지나는 지름선에서 약 2cm(¾인치) 벗어난 테두리 끝에서부터 도우의 중심을 향해 피자휠을 사용하여 일직선으로 자르다가, 중심점에서 2cm(¾인치) 정도 못 미쳐서 멈춘다 ❶. 피자휠을 멈춘 지점에서 도우의 중심점을 가로질러 4cm(1½인치) 떨어진 지점으로 피자휠을 옮겨서 먼저 자른 선과 대칭이 되도록 반대쪽 테두리를 향해 자른다 ❷. 이렇게 하면 도우의 중심부에 4cm(1½인치) 크기의 자르지 않은 부분이 생긴다.

피자삽 위에 도우를 올려놓는다. 작업하는 동안 피자삽을 앞뒤 수평으로 흔들어서 도우의 바닥이 피자삽에 들러붙지 않았는지 확인한다.

도우를 네 구역으로 나눈다고 생각하고, 양파와 아티초크를 그 중 한 구역의 가운데에 올린다. 그 위에 슈레드한 모차렐라치즈의 절반을 올리고, 선드라이 토마토를 그 위에 올려서 마무리한다. 토핑한 구역의 반대편 가운데에 페퍼로니 슬라이스를 올린다. 그 위에 나머지 모차렐라치즈의 절반을 올리고, 제노아 살라미 슬라이스 하나를 모차렐라치즈 위에 주름지게 올린다 ❸. 나머지 모차렐라치즈와 함께 제노아 살라미 슬라이스 한 쪽을 올린다.

재단선을 기준으로 채소 필링을 올린 구역과 같은 쪽의 도우를 들어서 채소 필링을 덮는다. 칼이나 포크의 뾰족한 끝으로 도우의 가장자리를 눌러 장식처럼 자국을 만들면서 완전히 붙인다 ❹.

반대편의 도우도 같은 방법으로 작업하여 나비모양을 만든다 ❺.

오븐 윗단의 피자스톤 위로 도우를 미끄러뜨리듯이 옮기고(p.42 〈오븐에 피자도우 옮기기〉 참조) 6분 동안 굽는다. 조심스럽게 칼조네를 들어 피자삽 위에 올린다. 특별히 조심하면서 피자삽 가운데로 옮기고 180도 돌려서 오븐 아랫단의 피자스톤 위로 옮긴다. 바닥이 갈색으로 바삭하게 구워지고 표면이 노릇노릇해질 때까지 4분 더 굽는다. 피자삽 위에 칼조네를 올려서 오븐 윗단의 피자스톤 위로 옮기고 마지막으로 1~2분 더 굽는다.

서빙용 보드나 접시로 칼조네를 옮기고 마리나라와 페스토를 곁들여 서빙한다.

PEPPEROLI

페퍼롤리_ 길이 30㎝(12인치) 롤 1개_ 큰 조각 3개(p.278 사진)

이것은 피자계의 젤리롤인 스트롬볼리(Stromboli, 빵이나 피자도우에 치즈와 고기를 채워 넣는 칼조네와 비슷한 미국 요리)를 나만의 버전으로 페퍼로니를 채워 만든 것이다. 애피타이저를 위한 핑거푸드로 제공할 때는 얇게 썰어서 미트볼 마리나라(p.298)를 담은 볼 옆에 놓기만 하면 된다.

1개 225g(8온스)_ 마스터 도우볼_ 되도록 풀리시를 스타터로 사용한 것(p.52)

밀가루와 세몰리나를 1:1로 섞은 가루_ 덧가루용

45g(1½온스)_ 슬라이스한 페퍼로니_ 되도록 천연 케이싱한 것

70g(2½온스)_ 파트스킴 모차렐라치즈_ 슈레드한 것(⅔C)

½ts(1.5g)_ 다진 마늘

페코리노 로마노치즈_ 치즈갈이로 간 것_ 뿌리기용

드라이 오레가노_ 뿌리기용

엑스트라버진 올리브오일_ 브러시용

갈릭오일(p.37)_ 브러시용

½C(125g)_ 미트볼 마리나라(p.298)_ 따뜻한 것

냉장고에서 도우볼을 꺼내 비닐랩을 씌운 채로 도우의 온도가 16~18℃(60~65℉)가 될 때까지 실온에 놓아둔다. 그 동안 오븐에 2개의 피자스톤이나 베이킹스틸을 넣고 260℃(500℉)로 1시간 동안 예열한다(p.37 〈시작하기〉 참조).

작업대에 덧가루를 뿌리고, 도우를 작업대로 옮겨서 그 위에도 덧가루를 뿌린다(p.38 〈작업대로 도우 옮기기〉 참조).

밀대를 사용하여 도우를 25×32㎝(10×12½인치) 크기의 직사각형으로 밀어서 펴고, 스파이크 롤러나 포크로 구멍을 낸다(p.111 〈피자도우 밀어 펴기〉 참조).

도우의 긴 쪽을 마주보게 놓는다. 도우의 아래쪽은 가장자리 끝에서 1.2㎝(½인치)를 남기고, 도우의 위쪽과 양 옆면은 각각 2.5㎝(1인치)를 남기고 페퍼로니를 골고루 올린다. 도우의 가운데에 슈레드한 모차렐라치즈를 수북이 올리고 손가락 끝으로 페퍼로니 위에 골고루 펼친다. 다진 마늘을 골고루 뿌리고, 페코리노 로마노치즈와 오레가노를 흩뿌린다.

몸에서 가까운 가장자리를 위로 한 번 접은 다음, 롤케이크를 말듯이 둥글게 만든다(p.288 ❶ 소시지롤 참조). 롤의 이음매가 위로 오게 놓고 도우의 가장자리를 당겨서 롤을 최대한 단단하게 감싼다 ❷. 이음매를 눌러서 붙인 다음 손가락으로 꼬집어서 단단하게 여민다 ❸.

필링을 채우지 않은 부분을 각각 2㎝(¾인치)씩 남기고 롤의 양쪽 끝을 잘라서 직선으로 다듬는다. 마치 선물을 포장할 때처럼 도우의 양쪽 끝을 각각 두 번 접어서 마무리한다. 접힌 가장자리를 피자휠이나 나무스푼의 손잡이로 눌러 좀 더 단단하게 여미면서 장식처럼 자국을 남긴다 ❹.

브러시로 롤 표면에 오일을 바른다. 오일을 바르면 도우가 좀 더 부드러워지고 롤을 잘랐을 때 덜 부서진다.

피자스톤이 놓인 오븐 윗단의 걸침망을 앞으로 잡아당긴다. 조심스럽게 롤을 들어 피자스톤 위로 옮긴 다음 7분 동안 굽는다. 피자삽 위에 롤을 올리고 180도 돌린 다음 아랫단의 피자스톤 위로 옮긴다. 도우가 짙은 갈색을 띨 때까지 7분 동안 굽는다.

롤을 도마로 옮겨 2~3분 동안 식힌다. 롤 윗면에 브러시로 갈릭오일을 바르고, 페코리노 로마노치즈와 오레가노를 뿌린다. 서레이티드 나이프(톱날칼)로 어슷하게 3등분한다.

서빙용 보드나 접시에 올리고, 마리나라를 사이드로 곁들여서 서빙한다.

그리고 그들은 그것을 페퍼로니라 부른다

페퍼로니는 단연코 미국인들이 좋아하는 피자 토핑이다. 미국에서 팔리는 피자 중에서 36%가 페퍼로니 피자다. 그런데 페퍼로니가 이탈리아에서 온 식재료가 아니라는 사실을 알고 있는가? 만일 당신이 이탈리아 피체리아에서 페퍼로니 피자를 주문한다면 아마도 당신을 이상한 사람으로 보거나, 파프리카가 토핑된 피자가 나올 가능성이 크다. 비록 페퍼로니가 이탈리아의 매콤한 살라미에서 영향을 받기는 했지만, 우리가 아는 페퍼로니는 1930년대에 이탈리아계 미국인이 만든 것이다. 페퍼로니의 기원이 미국이라는 단서는 소고기를 사용한다는 점이다. 이탈리아에서는 좀처럼 소시지에 소고기를 사용하지 않지만, 미국에서는 훨씬 더 많이 사용하는 편이기 때문이다. 그리고 특히 지방이 많은 부위의 소고기로 만든 페퍼로니는 피자 오븐의 고열에서도 타지 않고 잘 구워진다.

모든 식재료에 대해서 그렇듯이, 나는 페퍼로니에 대해서도 매우 까다롭다. 우리 레스토랑에서 사용하는 브랜드는 단지 스위스 아메리칸(Swiss American)뿐이고 내가 주문하는 타입은 카포 디 몬테(Capo Di Monte)인데, 그것은 내가 먹어본 많은 페퍼로니와는 확연하게 구분되는 두 가지 특별한 퀄리티를 가지고 있다.

우선 일반적으로 사용하는 소고기 부위보다 더 좋은 부위로 만들어서 식감과 풍미가 훨씬 좋다. 그리고 무엇보다 중요한 점은 천연 케이싱을 한다는 것이다. 대부분의 페퍼로니는 공장에서 생산된 인공 케이싱으로 만들어 숙성시킨다. 천연 케이싱 페퍼로니는 인공 케이싱과는 다른 방식으로 만들어지며, 피자에 토핑되어 구워지는 동안 케이싱이 오그라들어 페퍼로니가 컵모양으로 변형된다. 대부분의 피체리아에서는 이 점을 아쉬워한다. 왜냐하면 그들은 페퍼로니가 피자 표면을 편평하고 보기 좋게 덮고 있어서 손님들이 비용 지불에 대해 만족스러워하기를 바라기 때문이다. 그러나 나는 작은 컵모양으로 오그라드는 페퍼로니를 더 좋아하기 때문에 천연 케이싱한 작은 페퍼로니를 사용한다. 컵모양으로 구워진 얇은 슬라이스는 위로 올라온 테두리가 바삭하게 구워지면서 베이컨에서 맛볼 수 있는 풍미가 느껴지는 반면에, 가운데는 부드럽고 촉촉한 상태가 그대로 유지된다. 만약 천연 케이싱 페퍼로니를 구할 수 있다면 한 번 구입해서 만들어보기 바란다. 참고로 말하면, 나는 가정용으로 에초(Ezzo) 브랜드를 추천한다. 한 번 먹어보면 아마도 내가 말하는 의미를 이해하게 될 것이다.

SAUSAGE ROLL

소시지롤_ 길이 30㎝(12인치) 롤 1개_ 6~8조각(p.278 사진)

도우로 감싼 소시지를 나선형으로 균일하게 만드는 비법은 비닐랩 사이에 소시지를 얇게 펼친 다음 도우 위에 올리는 것이다. 이 롤에는 치즈가 들어가지 않지만, 치즈가 없어도 아주 진하고 풍부한 맛을 느낄 수 있다.

1개 370g(13온스)_ 마스터 도우볼_ 되도록 풀리시를 스타터로 사용한 것(p.52)

밀가루와 세몰리나를 1:1로 섞은 가루_ 덧가루용

140g(5온스)_ 스위트 펜넬 소시지(p.62)_ 찬 것

엑스트라버진 올리브오일_ 브러시용

갈릭오일(p.37)_ 브러시용

페코리노 로마노치즈_ 치즈갈이로 간 것_ 뿌리기용

드라이 오레가노_ 뿌리기용

레드페퍼 플레이크_ 뿌리기용

½C(125g)_ 미트볼 마리나라(p.298)_ 따뜻한 것

냉장고에서 도우볼을 꺼내 비닐랩을 씌운 채로 도우의 온도가 16~18℃(60~65℉)가 될 때까지 실온에 놓아둔다. 그 동안 오븐에 2개의 피자스톤이나 베이킹스틸을 넣고 260℃ (500℉)로 1시간 동안 예열한다(p.37 〈시작하기〉 참조).

길이 30㎝의 비닐랩 가운데에 소시지 반죽을 올린다. 그 위에 같은 크기의 비닐랩을 덮고, 누르거나 밀대로 밀어서 23×15㎝(9×6인치) 크기에 3㎜(⅛인치) 두께의 편평한 직사각형으로 만든다. 위에 덮은 비닐랩을 벗기고 가장자리를 직선으로 정리한다. 다시 비닐랩을 덮고, 사용하기 전까지 그대로 냉장고에 보관한다.

작업대에 덧가루를 뿌리고, 도우를 작업대로 옮겨서 그 위에도 덧가루를 뿌린다(p.38 〈작업대로 도우 옮기기〉 참조).

밀대를 사용하여 도우를 30×20㎝(12×8인치) 크기의 직사각형으로 밀어서 펴고, 스파이크 롤러나 포크로 구멍을 낸다(p.111 〈피자도우 밀어 펴기〉 참조).

도우의 긴 쪽을 마주보게 놓는다. 소시지의 위를 덮고 있는 비닐랩을 벗긴다. 도우의 아래쪽 가장자리에서 1.2㎝(½인치) 위에 소시지의 끝부분을 대고 비닐랩과 소시지를 조금씩 뒤집으면서 도우의 가운데에 펼치고, 비닐랩을 벗긴다. 도우의 아래쪽을 제외하고, 소시지의 끝에서부터 각각 2.5㎝(1인치)씩 남기고 나머지 세 가장자리를 잘라낸다.

몸에서 가까운 가장자리를 위로 한 번 접은 다음, 롤케이크를 말듯이 둥글게 만든다(p.280 ❶ 소시지롤 참조). 롤의 이음매가 위로 오게 놓고 도우의 가장자리를 당겨서 롤을 최대한 단단하게 감싼다 ❷. 이음매를 눌러서 붙인 다음 손가락으로 꼬집어서 단단하게 여민다 ❸.

필링을 채우지 않은 부분을 각각 2㎝(¾인치)씩 남기고 롤의 양쪽 끝을 잘라서 직선으로 다듬는다. 마치 선물을 포장할 때처럼 도우의 양쪽 끝을 각각 두 번 접어서 마무리한다. 접힌 가장자리를 피자휠이나 나무스푼의 손잡이로 눌러 좀 더 단단하게 여미면서 장식처럼 자국을 남긴다 ❹.

브러시로 롤 표면에 오일을 바른다. 오일을 바르면 도우가 좀 더 부드러워지고 롤을 잘랐을 때 덜 부서진다.

WRAPPED AND ROLLED

SAUSAGE ROLL

피자스톤이 놓인 오븐 윗단의 걸침망을 앞으로 잡아당긴다. 조심스럽게 롤을 들어 피자스톤 위로 옮긴 다음 7분 동안 굽는다. 피자삽 위에 롤을 올리고 180도 돌린 다음 오븐 아랫단의 피자스톤 위로 옮긴다. 도우가 짙은 갈색을 띨 때까지 7분 동안 굽는다.

롤을 도마로 옮겨 2~3분 동안 식힌다. 롤 윗면에 브러시로 갈릭오일을 바르고, 페코리노 로마노치즈, 오레가노, 레드페퍼 플레이크치를 뿌린다. 서레이티드 나이프(톱날칼)를 사용하여 약간 어슷하게 6~8조각으로 자른다.

서빙용 보드나 접시에 올리고 마리나라를 곁들여서 서빙한다.

TWO COOL THINGS TO DO WITH LEFTOVER DOUGH
남은 도우로 만들 수 있는 두 가지 멋진 메뉴

두 번째나 세 번째 도우볼로 더 이상 피자를 만들고 싶지 않거나, 피자도우를 성형하면서 잘라낸 도우가 있을 때 간단하게 만들 수 있는 레시피 두 가지를 소개한다. 그러나 남은 도우가 없다고 이 레시피를 아예 포기하지 않기를 바란다. 이 작은 먹거리들은 일부러 만들어도 좋을 만큼 근사한 메뉴이다.

GARLIC KNOTS
갈릭 노트_ 12개

나는 이 전통적인 피체리아의 애피타이저를 서빙하기 직전에 꿀을 뿌리는 과정을 추가한다. 갈릭 노트를 오븐의 피자스톤에 구워도 좋지만, 나는 기름에 튀기는 방법을 더 좋아한다. 이것은 중독성 있는 달콤짭짤한 파티스낵으로 맥주, 프로세코, 칵테일과 잘 어울린다.

냉장고에서 도우볼을 꺼내 비닐랩을 씌운 채로 도우의 온도가 16~18℃(60~65℉)가 될 때까지 실온에 놓아둔다.

갈릭 노트를 오븐에 구울 계획이라면, 그 동안 오븐의 위쪽 ⅓ 지점에 걸침망을 놓고 피자스톤이나 베이킹스틸을 올린 다음 260℃(500℉)로 1시간 동안 예열한다(p.37 〈시작하기〉 참조).

갈릭 노트를 튀길 계획이라면, 도우가 원하는 온도가 되었을 때 깊이가 최소 15㎝(6인치)인 냄비에 오일을 5㎝(2인치) 높이까지 붓고 177℃(350℉)까지 가열한 다음, 불을 조절하여 온도를 유지시킨다.

작업대에 덧가루를 뿌리고, 도우를 작업대로 옮겨서 그 위에도 덧가루를 뿌린다(p.38 〈작업대로 도우 옮기기〉 참조).

밀대를 사용하여 도우를 15×30㎝(6×12인치) 크기에 두께는 3㎜(⅛in) 이하의 직사각형으로 밀어서 편다(p.111 〈피자도우 밀어 펴기〉 참조).

도우를 2.5㎝(1인치) 폭으로 잘라서 12개의 띠를 만든다. 각각의 띠를 매듭모양으로 성형한다.

1개 225g(8온스)_ 마스터 도우볼_ 되도록 티가나 풀리시를 스타터로 사용한 것(p.52)

밀가루와 세몰리나를 1:1로 섞은 가루_ 덧가루용

카놀라오일_ 튀김용_ 갈릭 노트를 튀길 경우

1Ts(14g)_ 무염버터_ 녹인 것_ 튀길 경우, 또는
1½Ts(21g)_ 녹인 것_ 오븐에 구울 경우

1ts(3g)_ 곱게 다진 마늘_ 또는 취향대로

1ts(4g)_ 곱게 다진 이태리파슬리_ 또는 취향대로

1ts(2g)_ 페코리노 로마노치즈_ 치즈갈이로 간 것_ 또는 취향대로

넉넉한 1꼬집_ 고운 바닷소금

1꼬집_ 레드페퍼 플레이크

꿀_ 뿌리기용(선택)

WRAPPED AND ROLLED

GARLIC KNOTS

갈릭 노트를 오븐에 굽는 경우_ 피자스톤이 놓인 오븐의 걸침망을 앞으로 잡아당긴다. 갈릭 노트에 붙어 있는 밀가루를 최대한 털어내고 재빨리 피자스톤 위로 옮긴다. 6분 동안 구운 다음 상태를 확인하고, 좀 더 고르게 구워지도록 위치를 옮긴다. 갈릭 노트가 노릇노릇해질 때까지 2분 더 굽는다.

갈릭 노트를 기름에 튀기는 경우_ 뜨겁게 달군 기름에 4~6개(냄비의 깊이에 따라 개수 조절)의 갈릭 노트를 조심스럽게 넣고 튀긴다. 3~4분 동안 살살 저으면서 전체적으로 노릇노릇해질 때까지 튀긴다. 집게로 갈릭 노트를 꺼내 키친타월 위에 올려 기름을 흡수시키고, 나머지 갈릭 노트를 마저 다 튀길 때까지 따뜻하게 놓아둔다.

갈릭 노트가 뜨거울 때 큰 볼에 담고 버터에 버무린 다음, 마늘, 파슬리, 페코리노 로마노치즈, 소금, 레드페퍼 플레이크를 넣고 다시 골고루 버무린다.

갈릭 노트를 서빙용 접시나 볼에 가지런히 담는다. 그 위에 꿀을 살짝 뿌려서 서빙한다.

1개 225g(8온스)_ 마스터 도우볼_ 되도록 티가나 풀리시를 스타터로 사용한 것(p.52)

밀가루와 세몰리나를 1:1로 섞은 가루_ 덧가루용

6장 220g_ 베이컨_ 되도록 일반적인 두께나 그보다 얇은 것

메이플시럽 또는 꿀_ 브러시용

페코리노 로마노치즈_ 치즈갈이로 간 것_ 뿌리기용

BACON TWISTS
베이컨 트위스트_ 6개(p.279 사진)

만일 치즈스틱을 만들어본 경험이 있다면 만드는 방법을 이해하기 쉬울 것이다. 띠모양의 도우 위에 베이컨을 한 줄 올린 다음, 도우와 베이컨을 나선모양으로 같이 꼬아서 시트팬 위에 올려서 굽는다. 나는 여기에 메이플시럽이나 꿀을 뿌려서 달콤짭짤한 베이컨 캔디의 맛을 낸다. 베이컨 트위스트는 애피타이저로 아주 잘 어울리고, 아침식사나 브런치에 달걀 반숙 디핑용으로도 완벽하다. 주의사항으로, 두껍게 슬라이스한 베이컨은 잘 꼬이지 않아서 완벽한 모양이 나오기 어려우므로 피하는 것이 좋다.

냉장고에서 도우볼을 꺼내 비닐랩을 씌운 채로 도우의 온도가 16~18℃(60~65℉)가 될 때까지 실온에 놓아둔다. 그 동안 오븐의 중간단에 걸침망을 놓고 피자스톤이나 베이킹스틸을 놓는다. 220℃(425℉)로 1시간 동안 예열한다(p.37 〈시작하기〉 참조).

작업대에 덧가루를 뿌리고, 도우를 작업대로 옮겨서 그 위에도 덧가루를 뿌린다(p.38 〈작업대로 도우 옮기기〉 참조).

밀대를 사용하여 도우를 3mm(⅛in) 두께의 직사각형으로 밀어서 펴는데, 한쪽은 베이컨 길이보다 약간 길게 민다(p.111 〈피자도우 밀어 펴기〉 참조).

½사이즈 시트팬을 가까이에 놓고 도우의 한쪽 끝에 맞추어 베이컨을 1장 놓는다. 도우의 폭이 베이컨보다 아주 약간 넓도록 피자휠로 베이컨 주위의 도우를 자른다.

가운데에서부터 바깥쪽으로 도우와 베이컨을 함께 비튼다. 완성된 트위스트는 마치 이발소의 줄무늬 표시등처럼 보일 것이다. 시트팬 위에 트위스트를 올리고 엄지손가락으로 도우의 양끝을 눌러서 팬에 고정시킨다. 이렇게 하면 굽는 동안 트위스트가 풀리지 않게 된다.

피자스톤 위에 시트팬을 올리고 8분 동안 굽는다. 팬을 180도 돌려서 트위스트가 바삭해지고 베이컨이 잘 익을 때까지 8분 더 굽는다.

오븐에서 팬을 꺼내고 금속 스패츌러로 트위스트를 들어올린다. 원한다면 곧바로 키친타월 위에 올리고 지방을 흡수시켜도 되지만, 베이컨의 지방이 트위스트에 진한 풍미를 더해준다는 것을 잊지 말자. 트위스트를 도마에 놓고 양쪽 끝을 깔끔하게 자른다. 브러시로 메이플시럽을 살짝 바르고, 마무리로 페코리노 로마노치즈를 뿌린다.

MEATBALLS

미트볼_ 약 1.8kg(4파운드)_ 1개 370g(13온스) 대형 미트볼 5개, 또는 1개 115g(4온스) 작은 미트볼 16개

미트볼을 만들 때 조금만 신경 쓰면 육즙이 아주 풍부하면서도 맛이 부드럽고 진한 미트볼을 만들 수 있다. 나는 양념을 한 브레드 크럼(bread crumbs, 빵의 껍질을 제외한 속살)과 함께 신선한 빵, 크림, 리코타치즈를 섞어 만든 파나드(panade)라는 퓌레를 모두 사용한다(이 퓌레가 미트볼의 텍스처를 가볍고 부드럽게 해준다). 여기에 미트볼을 캐러멜라이즈하고 달콤한 맛을 더하기 위해 우리 가게 지붕에서 채집한 꿀을 약간 넣고, 소시지와 소고기 분쇄육, 송아지고기 분쇄육을 모두 섞은 고기를 사용한다. 이렇게 만든 미트볼은 모든 요리에 활용할 수 있다.

우리는 미트볼을 두 가지 크기로 만든다. 지름 6cm(2½인치) 정도의 작은 미트볼은 슬라이스하거나 부수어 피자나 칼조네 또는 미트볼 마리나라(p.298)에 넣고 뭉근하게 끓여 파스타나 샌드위치를 만들 때 사용한다.

크기가 좀 더 큰 미트볼은 우리 레스토랑의 시그니처 애피타이저인 미트볼 지간테(Meatball Gigante)로 제공된다. 무게가 무려 370g(13온스)이고 지름은 10cm(4인치)나 된다. 하루에 25개만 만드는데 모두 다 판매된다. 나는 여기에서 미트볼을 만드는 방법뿐만 아니라 가장 인기 있는 서빙 방법 네 가지도 소개한다. 손님의 일행이 많을 때는 3~4개의 미트볼 지간테로 서빙하거나 보통 크기 미트볼로 만들어 각기 다른 방법으로 토핑한다.

첫째도 둘째도 꼭 지켜야 할 점은 모든 재료를 섞을 때 힘을 많이 줘서 치대야 한다는 것이다. 하지만 정작 미트볼을 뭉칠 때에는 손에서 힘을 빼고 가볍게 다루어서 고기가 너무 단단하게 뭉쳐지지 않게 한다.

양념한 브레드 크럼

1½슬라이스 50g_ 하드계열 화이트 브레드_ 빵 껍질을 제거한 것

½ts(0.7g)_ 다진 이태리파슬리

¼ts(0.7g)_ 마늘가루

1.4ts(0.7g)_ 양파가루

1/8ts(0.7g)_ 고운 바닷소금

1꼬집_ 금방 간 흑후추

브레드 크럼을 만들기 위해 오븐의 중간단에 걸침망을 놓고 150℃(300℉)로 예열한다.

시트팬에 슬라이스한 빵을 올리고 오븐에 넣는다. 15분이 지나면 뒤집는다. 20분 더 구워서 빵의 색은 변하지 않게 하고 수분만 날린다. 오븐에서 꺼내서 식힌다.

빵을 2.5cm(1인치) 크기로 찢어서 푸드 프로세서에 넣는다. 파슬리, 마늘가루, 양파가루, 소금, 후추를 넣고 적당한 굵기로 갈면서 양념이 고루 섞이게 한다. 이렇게 만든 브레드 크럼은 곧바로 사용하거나 밀봉하면 실온에서 3일까지 보관할 수 있다.

미트볼을 만들기 위해 오븐의 중간단에 걸침망을 그대로 놓고 200℃(400℉)로 예열한다. 시트팬에 유산지를 깐다.

푸드 프로세서에 잘게 조각낸 빵, 헤비크림, 리코타치즈를 넣고 부드럽게 간다. 한쪽에 놓아둔다.

WRAPPED AND ROLLED

MEATBALLS

미트볼

½C(15g)_ 하드계열 화이트 브레드 속살_ 빵 껍질을 제거하고 속살을 찢어 가볍게 담은 것

¼C+1Ts(75g)_ 헤비크림(유지방 36% 이상, 생크림으로 대체 가능)

½C(115g)_ 홀밀크 리코타치즈_ 뉴욕스타일 폴리오 추천 또는 리코타 크림(p.99)

1½ts(3.5g)_ 카옌 페퍼

2Ts(28g)_ 물

910g(2파운드)_ 스위트 펜넬 소시지(p.62)

570g(1¼파운드)_ 소고기 분쇄육_ 지방 함량 20%인 니만목장(Niman Ranch) 소고기 추천

115g(4온스)_ 송아지고기 분쇄육

1Ts(4g)_ 다진 이태리파슬리

1½ts(8g)_ 곱게 다진 마늘

¼C(20g)_ 파르메산치즈_ 치즈갈이로 간 것

1개_ 달걀_ 가볍게 푼 것

2Ts+2ts(56g)_ 꿀

큰 볼에 카옌 페퍼와 물을 담고 섞는다. (카옌 페퍼를 물과 미리 섞어두면 분쇄육에 골고루 잘 섞인다.) 소시지, 소고기, 송아지고기를 곱게 갈아서 볼에 담는다. 손으로 충분히 주물러 섞고, 카옌을 섞은 물을 넣고 혼합한다.

손으로 계속 치대면서 파슬리, 마늘가루, 양념한 브레드 크럼을 넣는다. 재료가 잘 섞이면 파르메산치즈, 리코타치즈 혼합물을 순서대로 섞는다.

마지막으로 달걀과 꿀을 넣고 계속 치댄다. 이 마지막 단계는 생각보다 오래 걸린다. 손가락을 전부 사용해서 볼 옆면과 바닥까지 모두 긁어 올려 모든 재료를 골고루 섞는다.

큰 미트볼은 370g(13온스)으로 계량하고, 작은 미트볼은 115g(4온스)으로 계량한다. 양손으로 각각의 미트볼을 부드럽게 뭉쳐서 매끄러운 공모양을 만든다. 텍스처를 부드럽게 만들려면 작업대 위에서 동글리거나 미트볼을 성형할 때 손에 힘을 너무 많이 주면 안 된다. 성형한 미트볼은 ½사이즈 시트팬에 서로 붙지 않게 배열한다.

큰 미트볼은 15분 동안 굽고, 작은 미트볼은 10분 동안 굽는다. 시트팬을 180도 돌린 다음 큰 미트볼은 15분 더 굽고, 작은 미트볼은 8분 더 굽는다. 다 익었는지 확인할 때는 탐침온도계로 미트볼의 가운데를 찔러서 60℃(140℉)인지 살펴본다.

미트볼을 짙은 갈색으로 굽고 싶다면 오븐을 브로일 모드로 바꾸어 1~2분 더 굽는다. 피자나 칼조네에 사용할 미트볼은 슬라이스하거나 잘게 부수기 전에 완전히 식힌다. 이렇게 구운 미트볼은 비닐랩으로 싸서 냉장고에 2일까지 보관할 수 있다.

1개 470g(13온스)_ 미트볼(p.295)_ 실온

½C(125g)_ 미트볼 마리나라(p.298)_ 실온

MEATBALL GIGANTE

미트볼 지간테_ 미트볼 1개_ 2인분

오븐의 중간단에 걸침망을 놓고 200℃(400℉)로 예열한다.

1인용 내열용기 가운데에 미트볼을 담고 그 위에 소스를 얹는다. 이렇게 하면 소스가 접시의 바닥까지 흘러내리게 된다. 미트볼이 뜨거워질 때까지 10~15분 동안 오븐에 넣어둔다. 아래의 방법대로 가니시를 한다.

부라타 치즈_ 미트볼 위에 부라타치즈 조각을 올리고, 잘게 채썬 바질잎, 소금, 엑스트라버진 올리브오일을 뿌린다.

달걀_ 달걀노른자를 터트리지 않고 한쪽 면만 익혀서 미트볼 위에 올리고, 말돈 소금 1꼬집과 금방 간 흑후추를 흩뿌린다.

꿀_ 미트볼 위에 꿀을 뿌리고, 파르메산치즈를 흩뿌린다.

머시룸, 판체타, 로비올라소스_ 스푼으로 소스(p.299)를 떠서 미트볼 위에 끼얹는다.

WRAPPED AND ROLLED

MEATBALL MARINARA

미트볼 마리나라_ 많은 양 6C(1.5㎏)

_ 적은 양 3C(755g)

이것은 p.295의 미트볼을 뭉근하게 졸여서 풍미를 진하게 해주는 레드소스이다. 여기서는 두 가지 분량의 레시피를 제공한다. 많은 양은 크기가 작은 미트볼을 졸이기에 충분한 양이고, 적은 양은 크기가 큰 미트볼을 졸이기에 충분한 양이다.

만일 소스를 만들어서 곧바로 사용할 예정이라면, 레시피의 모든 재료들을 작은 육수용 냄비에 넣고 중간불-약한 불에서 가끔씩 저으면서 뭉근하게 끓인 후 불에서 내린다.

소스를 미리 만들어둘 계획이라면, 레시피의 모든 재료들을 큰 볼에 담고 잘 섞은 다음 뚜껑을 덮고 냉장고에서 3일 동안 숙성시킨다.

많은 양

1.1㎏(4½C)_ 그라운드 토마토_ 6 in 1 또는 디나 폴리 추천

340g(1¼C+2Ts)_ 토마토 페이스트_ 슈퍼돌체 추천

2Ts(3.5g)_ 드라이 오레가노

1½ts(7g)_ 고운 바닷소금

2Ts(28g)_ 엑스트라버진 올리브오일

1장_ 신선한 바질잎_ 찢은 것

적은 양

550g(2¼C)_ 그라운드 토마토_ 6 in 1 또는 디나 폴리 추천

170g(½컵+3Ts)_ 토마토 페이스트_ 슈퍼돌체 추천

1Ts(2g)_ 드라이 오레가노

¾ts(3.5g)_ 고운 바닷소금

1Ts(14g)_ 엑스트라버진 올리브오일

1장_ 신선한 바질잎_ 찢은 것

MUSHROOM, PANCETT, AND ROBIOLA SAUCE
머시룸, 판체타, 로비올라 소스_ 미트볼 지간테 1개

140g(5온스)_ 버들송이버섯, 느타리버섯, 만가닥버섯, 트럼펫버섯 등 여러 가지 모둠 버섯

올리브오일_ 소테용

고운 바닷소금과 금방 간 흑후추

30g(1온스)_ 얇게 슬라이스한 판체타_ 다진 것

½C(120g)_ 헤비크림(유지방 36% 이상, 생크림으로 대체 가능)

30g(1온스)_ 로비올라치즈_ 작게 조각낸 것

로비올라(Robiola) 치즈는 이탈리아 북부에서 생산되는 부드럽고 크리미한 치즈다. 나는 맛이 진한 버섯크림소스에 매끄러운 텍스처와 풍미를 더하기 위해 로비올라치즈를 사용한다. 마리나라소스에 잠겨 있는 미트볼에 이 소스를 스푼으로 떠서 끼얹으면 두 가지 소스가 섞이면서 환상적인 궁합을 이룬다. 아마도 당신은 이 소스를 파스타에도 사용하고 싶어질지도 모른다. 그리고 그것은 탁월한 선택이 될 것이다.

버섯을 깨끗이 씻어서 같은 시간에 조리될 수 있게 비슷한 크기로 자른다. 버들송이버섯처럼 작고 부드러운 버섯은 그대로 사용하고, 크기가 큰 버섯은 3㎜(⅛인치) 두께로 세로로 슬라이스한다.

팬에 올리브오일을 살짝 두르고 중간불–센 불로 아주 뜨겁게 달군다. 큰 버섯부터 넣고 30초 동안 가열하다가 나머지 작은 버섯을 넣고 소금과 후추로 간을 한 다음, 30초 더 볶는다. 판체타를 넣고 가끔 저어주면서 버섯이 갈색으로 변하고 판체타가 너무 바삭해지지 않을 정도까지 2~3분 더 볶는다.

크림을 붓고 중간불로 줄여서 크림이 ⅓로 줄어들고 소스와 같은 농도가 될 때까지 1분 30초~2분 동안 끓인다. 치즈를 넣고 녹을 때까지 계속 저어준 다음 곧바로 서빙한다.

Focaccia and Bread
포카치아 · 브레드

대다수의 사람들은 빵 만들기를 어려워하는 것 같다. 왜 그럴까? 피자도우는 결국 브레드도우이다. 따라서 피자도우는 당신이 자신감 넘치는 브레드베이커가 되기 위해 거쳐야 할 관문이 될 수 있다. 그래서 여기에 나의 시칠리아식 피자도우로 멋진 포카치아와 치아바타 만드는 법을 소개하고, 더불어 이 홈메이드 빵을 사용하여 내가 즐겨 만드는 두 가지 레시피도 소개한다.

FOCACCIA

포카치아_ 30×46㎝(12×18인치) 포카치아 1판

이것은 우리 레스토랑에서 제공하는 포카치아로, 맛이 진하면서도 무척 가볍고 입 안에서 녹을 정도로 부드럽다. 이것을 막대모양으로 잘라서 빵 바구니에 담거나 술안주로 제공하기도 하고, 또는 크게 잘라서 포카치나(Focaccina, p.305) 같은 샌드위치를 만들기도 한다. 만약 올리브를 좋아하지 않는다면? 올리브오일과 소금을 넣고 구운 방울토마토(p.214)로 대체하면 된다. 팬에 담긴 도우를 눌러서 펴는 마지막 단계에서 올리브 대신 이 방울토마토를 넣는다. 구운 마늘(p.217) 역시 올리브를 대체할 수 있는 아주 좋은 재료이다.

1개 990g(35온스)_ 스타터를 사용하지 않은 시칠리아식 도우볼(p.128)

¼C(56g)_ 올리브오일_ 팬에 바를 것

15개_ 오일 절임 블랙올리브 또는 그린올리브_ 씨를 빼고 반으로 자른 것

엑스트라버진 올리브오일_ 브러시용과 뿌리기용

2ts(6g)_ 다진 마늘

2ts(2g)_ 다진 생로즈메리

¼ts(0.5g)_ 레드페퍼 플레이크

꿀_ 뿌리기용

플뢰르 드 셀 또는 말돈 소금

〈시칠리안 도우 미리 굽기〉(p.130)의 설명대로 만들다가, 중간에 다음의 추가적인 단계를 거친다. 도우를 30분 동안 휴지시키고 마지막으로 넓게 펼칠 때, 페어링 나이프(작은 식칼) 끝으로 도우에 중간 중간 구멍을 낸다. 그 구멍 안에 올리브가 살짝 보일 정도로 끼워 넣고, 나머지 올리브도 같은 방법으로 도우에 끼워 넣는다. p.130의 설명대로 다시 1시간 30분~2시간 동안 발효시킨 다음부터는 아래의 설명을 따른다.

도우가 부풀어오르는 동안, 오븐에 2개의 피자스톤이나 베이킹스틸을 넣고 230℃(450℉)로 1시간 동안 예열한다(p.37 〈시작하기〉 참조).

오븐 윗단의 피자스톤 위에 팬을 조심스럽게 올리고 10분 동안 굽는다. 팬을 180도 돌려서 오븐 아랫단의 피자스톤 위로 옮긴다. 표면이 노릇노릇하게 구워질 때까지 약 5분 더 굽는다. 넓은 금속 스패츌러로 포카치아의 가장자리를 들어서 바닥면을 확인한다. 바닥을 좀 더 바삭하게 굽고 싶다면 팬을 오븐 윗단의 피자스톤 위로 옮겨서 1분 더 구운 다음, 팬을 180도 돌려서 1분 더 굽는다.

오븐에서 팬을 꺼내고, 포카치아의 둘레를 따라 스패츌러를 한 바퀴 돌려서 팬으로부터 분리한다. 잘 분리되지 않으면 팬 바닥면에 오일을 흘려 넣고 조심스럽게 떼어서 바닥면에서 완전히 분리시킨다.

포카치아의 윗면에 브러시로 엑스트라버진 올리브오일을 바르고, 다진 마늘, 로즈메리, 레드페퍼 플레이크를 뿌린다. 엑스트라버진 올리브오일에 브러시를 깊숙이 담갔다가 재빨리 지그재그로 움직여서 포카치아 윗면에 골고루 떨어뜨린다. 포크로 꿀을 듬뿍 떠서 오일과 같은 방법으로 포카치아 윗면에 떨어뜨리고, 플뢰르 드 셀을 흩뿌린다.

FOCACCINA

포카치나_ 샌드위치 1개_ 1~2인분

이 샌드위치는 살루미(salumi, 돼지고기나 소고기로 만든 이탈리아 가공육), 치즈, 채소, 크리미한 페스토 마요를 사용하는 최상의 조합으로 구성되어 있다. 온기가 남아 있는 포카치아로 만들면 가장 좋고, 피크닉이나 점심 도시락으로 미리 만들어두어도 괜찮다. 비록 안에 넣은 푸른색 채소가 약간 시들어버릴 수는 있어도 모든 재료의 풍미가 빵과 한데 어우러진 이 샌드위치는 믿을 수 없을 정도로 포카치아스럽다.

2Ts(26g)_ 마요네즈

1Ts(10g)_ 바질 페스토(p.142)

1개 13×13㎝(5×5인치) 크기의 정사각형 포카치아(p.302)

4장 70g(2.5온스)_ 얇게 슬라이스한 프로볼로네 치즈

4장 55g(온스)_ 얇게 슬라이스한 프로슈토

4개_ 얇게 슬라이스한 토마토

115g(4온스)_ 홀밀크 모차렐라치즈_ 홈메이드(p.198), 또는 상점에서 판매하는 피오르 디 라테_ 얇게 슬라이스하여 물기를 제거한 것

고운 바닷소금과 금방 간 흑후추

1쪽_ 얇게 슬라이스한 적양파

6장 45g(1.5온스)_ 얇게 슬라이스한 제노아 살라미(Genoa Salami)

한 줌_ 루콜라잎

2개 30g_ 페퍼듀페퍼_ 굵게 다진 것

발사믹 식초_ 뿌리기용

엑스트라버진 올리브오일_ 뿌리기용

갈릭오일(p.37)_ 브러시용

잘게 다진 생로즈메리_ 뿌리기용

말돈 소금

작은 볼에 마요네즈와 페스토를 섞고 한쪽에 놓아둔다. 포카치아는 수평으로 반 자른다.

아래쪽 포카치아 위에 프로볼로네치즈를 올리고, 프로슈토, 토마토, 모차렐라치즈를 순서대로 올린다. 모차렐라치즈 위에 소금과 후추로 간을 한다.

슬라이스한 양파는 링을 하나씩 분리해서 토핑하고, 그 위에 살라미, 루콜라, 페퍼듀페퍼를 올린다. 발사믹 식초와 올리브오일을 뿌린다. 위쪽 포카치아의 단면에 페스토 마요네즈를 바르고 맨 위에 올린다.

샌드위치 윗면에 브러시로 갈릭오일을 바르고, 다진 로즈마리와 말돈 소금을 뿌린다. 샌드위치를 대각선으로 반 자른다.

CIABATTA
치아바타_ 2개

치아바타라고 하면 당신은 아마도 길고 납작한 이탈리안 화이트 브레드를 떠올릴 것이다. 나의 〈스타터를 사용한 시칠리안 도우〉로 이 빵을 쉽게 만드는 법을 소개할 수 있어서 매우 기쁘다. 이탈리아어로 슬리퍼를 뜻하는 치아바타는 도우를 아주 간단하고 자연스럽게 슬리퍼모양으로 성형해서 뜨거운 오븐에 구운 모양에서 비롯되었다. 도우를 오븐에 넣고 10분이 지난 후에 도우에 촉촉하게 스프레이하여 표면을 부드럽게 해주면 크러스트가 완전히 익어서 바삭해지기 전에 도우가 좀 더 부풀게 되고, 빵 색깔도 전체적으로 짙게 구워진다. 치아바타는 샌드위치용으로 아주 잘 어울리고, 식사에 곁들이는 것은 물론 즉석에서 〈애프터스쿨 치아바타 피자〉(p.308)을 만들어도 좋다.

2개 540g(20온스)_ 풀리시를 스타터로 사용한 시칠리안 도우볼(p.126)

세몰리나와 밀가루를 3:1로 섞은 가루_ 덧가루용

냉장고에서 도우볼을 꺼내 비닐랩을 씌운 채로 도우의 온도가 16~18℃(60~65℉)가 될 때까지 실온에 놓아둔다(p.37 〈시작하기〉 참조).

작업대에 덧가루를 뿌리고, 도우를 작업대로 옮겨서 그 위에도 덧가루를 뿌린다(p.38 〈작업대로 도우 옮기기〉 참조).

도우가 매우 질척하므로 손에 덧가루를 묻히고 도우를 눌러서 대략 25×15cm(10×6인치) 크기의 직사각형으로 편다. 길이가 짧은 쪽의 양끝을 가운데를 향해 약 2.5cm(1인치)씩 접고, 브러시를 사용하여 접힌 부분의 덧가루를 털어낸다. 길이가 긴 쪽의 양끝을 가운데에서 맞닿게 접고, 마찬가지로 브러시로 덧가루를 털어낸다. 맞닿은 도우를 꼬집어서 잘 여민 다음, 뒤집어서 이음매가 바닥으로 가게 놓는다.

도우를 손바닥으로 가볍게 두드려서 30×10cm(12×4인치) 크기의 직사각형으로 만든다. 위에 덧가루를 뿌리고, 젖은 행주를 덮는다.

나머지 도우도 같은 방법으로 성형하고 1시간 30분 동안 발효시킨다.

그 동안 오븐에 넣을 베이킹스톤의 깊이를 잰다. 베이킹스톤 위에 2개의 빵 반죽을 수직으로 나란히 놓고 동시에 굽는 방법이 가장 좋다. 대부분의 베이킹스톤은 세로길이가 대략 36cm(14인치) 정도이고, 성형한 도우는 대략 30cm(12인치) 정도이다. 그러나 성형한 도우가 베이킹스톤의 세로길이보다 긴 경우에는 도우를 베이킹스톤 위에 가로방향으로 놓거나 대각선으로 놓고 한 번에 1개씩 구우면 된다. 오븐에 2개의 피자스톤이나 베이킹스틸을 넣고 220℃(425℉)로 1시간 동안 예열한다(p.37 〈시작하기〉 참조).

나무 피자삽에 덧가루를 뿌린다. 성형한 도우를 들어서 피자삽 위에 조심스럽게 올려놓는다. 피자삽을 앞뒤 수평으로 흔들어 도우가 바닥에 붙지 않았는지 확인한다.

성형한 도우의 표면에 면도칼로 길이 6cm(2½인치), 깊이 6mm(¼인치)의 대각선 칼집 3개를 남긴다.

도우를 오븐 윗단의 피자스톤 위로 미끄러뜨리듯이 옮기고(p.42 〈오븐에 피자도우 옮기기〉 참조) 10분 동안 굽는다.

그 동안 스프레이통에 물을 채우고 10분이 지나면 빵 반죽 위에 재빨리 스프레이를 한 다음, 계속해서 10분 더 굽는다.

피자삽 위에 빵을 올리고 180도 돌린 다음 오븐 아랫단의 피자스톤 위로 옮겨서 10분 동안 굽는다. 빵 위에 한 번 더 재빨리 스프레이를 한 다음, 마치 손가락마디를 꺾을 때 나는 소리와 함께 짙은 갈색으로 빵이 구워질 때까지 6분 동안 굽는다. 빵이 다 구워졌을 때의 빵 속 온도는 대략 93~100℃(200~210℉) 정도가 적당하다.

오븐에서 빵을 꺼내 식힘망 위에 올리고, 자르기 전에 2시간 정도 식힌다. 빵이 식으면 밀봉해서 실온에 보관하면 된다.

AFTER-SCHOOL CIABATTA PIZZA

애프터스쿨 치아바타 피자_ 피자 2개_ 8~10조각

1960년대 이후에 태어난 사람이라면 아마도 프렌치 브레드 피자에 대해 잘 알 것이다. 일종의 오픈 샌드위치처럼 빵 위에 피자소스와 모차렐라치즈를 얹고, 때로는 페퍼로니도 올려 오븐토스터에 구워 학교에서 돌아온 후 간식으로 먹었었다. 어린 시절 이후로 이것을 한 번도 먹어본 적이 없다면, 홈메이드 치아바타로 만든 이 A⁺ 버전은 당신의 어린 시절을 추억하게 해주고, 혹시 당신의 아이가 피자이올로의 잠재력을 가지고 있는지 알아볼 수 있는 아주 쉬운 방법이다.

140g(⅝C)_ 그라운드 토마토_ 7/11 또는 디나폴리 추천

140g(½C+1Ts)_ 토마토 페이스트_ 슈퍼돌체(SuperDolch) 추천

드라이 오레가노_ 양념용과 뿌리기용

고운 바닷소금과 금방 간 흑후추

1개_ 치아바타(p.306)

갈릭오일(p.37)_ 브러시용

225g(8온스)_ 홀밀크 모차렐라치즈_ 슈레드한 것(2C)

55g(2온스)_ 슬라이스한 페퍼로니_ 되도록 천연 캐이싱한 것(선택)

페코리노 로마노치즈_ 치즈갈이로 간 것_ 뿌리기용

엑스트라버진 올리브오일_ 뿌리기용

오븐의 중간단에 피자스톤이나 베이킹스틸을 놓고 260℃(500℉)로 1시간 동안 예열한다 (p.37 〈시작하기〉 참조).

깊이가 있는 볼이나 용기에 그라운드 토마토, 토마토 페이스트, 오레가노 1꼬집, 소금과 후추를 1꼬집씩 넣고 핸드 블렌더로 갈아서 퓌레를 만든다.

치아바타를 수평으로 반 자르고, 양쪽 모두 ½사이즈 시트팬에 자른 면이 위로 가게 놓는다.

피자스톤 위에 팬을 올리고 2~3분 동안 구워서 빵의 수분을 날린다.

오븐에서 빵을 꺼내고 브러시로 단면에 갈릭오일을 바른다. 스푼으로 소스를 절반씩 떠서 각 빵의 윗면 전체에 펴 바른다.

그 위에 모차렐라치즈를 골고루 펼치고, 치즈 위에 페퍼로니 슬라이스를 배열한다.

피자스톤 위에 팬을 올리고 치즈가 녹고 페퍼로니가 조리될 때까지 4~6분 동안 굽는다. 표면이 좀 더 짙은 갈색이 되기를 원한다면 브로일 모드로 바꾸어 1분 더 굽는다.

구워진 피자를 도마로 옮기고 페코리노 로마노치즈와 오레가노를 흩뿌린 다음, 올리브오일을 뿌린다. 각 피자를 가로로 4~5조각씩 자른다.

베이커스 퍼센티지(Baker's Percentages)

	밀가루 Flour	물 Water	이스트 Yeast	몰트 Malt	소금 Salt	꿀 Honey	오일 Oil	스타터	수분율
시카고 딥디시 도우*	100%	60	1	2	2	–	–	–	60
스타터를 사용한 크래커신 도우	100%	62	.5	2	2	–	–	20	65
스타터를 사용하지 않은 그릴용 도우	100%	65	1	–	2	–	–	–	65
스타터를 사용하지 않은 아인콘 도우	100%	60	.5	–	3	–	–	–	60
스타터를 사용한 호라산 도우	100%	62	.5	–	3	–	–	20	65
스타터를 사용하지 않은 마스터 도우	100%	65	1	2	2	–	1	–	65
스타터를 사용한 마스터 도우	100%	64	.5	2	2	–	1	20	65
스타터를 사용한 멀티그레인 도우	100%	66	.5	2	3	–	1	5	67
스타터를 사용한 나폴리식 도우	100%	62	.5	2 가정용 오븐에만 사용	2	–	–	20	65
스타터를 사용한 유기농 도우	100%	60	.2	–	2	–	–	30	65
스타터를 사용한 로마식 도우	100%	66	.2	2	3	–	–	5	68.5
스타터를 사용하지 않은 시칠리안 도우	100%	70	1	2	2	–	1	–	70
스타터를 사용한 시칠리안 도우	100%	67	.5	2	2	–	1	20	70
발아밀 도우	100%	35	.25	–	2	3	5	50	61

＊이 도우에는 버터 4%와 라드 4%도 들어간다.

 **PRO TIP**

스타터를 사용한다면 소금, 몰트, 오일 등의 퍼센티지를 계산할 때 도우의 밀가루 양에 스타터에 들어 있는 밀가루의 양을 포함해서 계산해야 한다.

계량 단위 환산표

부피

미국식	영국식	미터법
1Ts	½ fl oz(플루이드 온스)	15㎖
2Ts	1 fl oz	30㎖
¼C	2 fl oz	60㎖
⅓C	3 fl oz	90㎖
½C	4 fl oz	120㎖
⅔C	5 fl oz (¼pint, 파인트)	150㎖
¾C	6 fl oz	180㎖l
1C	8 fl oz (⅓pint)	240㎖
1¼C	10 fl oz (½pint)	300㎖
2C(1pint)	16 fl oz (⅔pint)	480㎖
2½C	20 fl oz (1pint)	600㎖
1quart	32 fl oz (1⅔pint)	1ℓ

무게

미국식 / 영국식	미터법
½ oz(온스)	15g
1oz	30g
2oz	60g
¼ lb (파운드)	115g
⅓ lb	150g
½ lb	225g
¾ lb	350g
1 lb	450g

길이

인치(inch)	미터법
¼ inch	6㎜
½ inch	1.25㎝
¾ inch	2㎝
1 inch	2.5㎝
6 inch (½foot)	15㎝
12 inch (1foot)	30㎝

온도

화씨(℉)	섭씨(℃)
250℉	120℃
275℉	135℃
300℉	150℃
325℉	160℃
350℉	180℃ 또는 175℃
375℉	190℃
400℉	200℃
425℉	220℃
450℉	230℃
475℉	245℃
500℉	260℃

재료와 도구

대부분의 재료와 도구는 식료품점이나 조리도구 용품점, 인터넷 쇼핑몰에서 구입할 수 있다. 참고로 나는 구하기 어려운 물품이 있을 때 bakerybits.co.uk를 애용한다.

재료

치즈·버터

그리스 페타치즈(식염수 포장)
더블리너치즈
리코타치즈
만체고치즈
모차렐라 디 부팔라
모차렐라치즈 - 그랑데(Grande) 파트스킴 제품
모차렐라치즈 - 그랑데(Grande) 홀밀크 제품
모차렐라 커드
브릭치즈
생앙드레치즈
콩테치즈
파르미지아노 레지아노치즈
페코리노 사르도치즈(장기숙성)
프레시 모차렐라치즈 오볼리네(피오르 디 라테)
프로볼로네치즈
피아베치즈
피오레 사르도치즈
화이트 체다치즈 - 캐봇(Cabot) 제품
pennmac.com

고트치즈 - 로라 셰넬(Laura Chenel) 제품
laurachenel.com

니카시오 밸리 치즈 컴퍼니의 유기농 치즈
(니카시오 리저브)
nicasiocheese.com

드라이 모차렐라치즈
arthuravenue.com

리코타치즈 - 폴리오 뉴욕 스타일
(Polly-O New York Style) 제품
italco.com

마운틴 탐(Mt. Tam) 유기농 치즈
cowgirlcreamery.com

부라타치즈 - 디 스테파노(Di Stefano) 제품
amazon.com / igourmet.com

크레센자치즈(또는 스트라키노치즈)
amazon.com / igourmet.com

페코리노, 소프트 로마노
페코리노, 소프트 사르데냐
페코리노, 하드 사르데냐
igourmet.com / dibruno.com

프로마주 블랑
amazon.com

프로벨치즈
amazon.com

화이트 체다치즈(유기농)
sierranevadacheese.com

유럽식 버터(유지방 최소 82%)
sierranevadacheese.com / plugra.com

밀가루·곡물가루·몰트·스타터

고성능 고단백 무표백 밀가루(주스토스)
giustos.com / mugnaini.com

무표백 파워 밀가루(펜들턴 플라워 밀스)
amazon.com

밀기울(오가닉 베이커스 브랜드)
발아밀
유기농 고산지대 고단백 밀가루
유기농 아티장 타입 70몰트 밀가루
유기농 통밀 중력 밀가루
유기농 흰호라산 가루
유기농 흑호밀가루
콘밀(중간 굵기)
활성 몰트
centralmilling.com

서 랜슬롯 고단백 무표백 밀가루(킹 아서)
kingarthurflour.com / chefcentral.com

세레소타 다목적 밀가루(중력분)
heckersceresota.com / amazon.com

스타터 - 에드 우즈 인터네셔널 사워도우
(Ed Woods International Sourdoughs) 제품
sourdo.com

아인콘 가루
jovialfoods.com / amazon.com / Whole Foods Market

올 트럼프 밀가루(제너럴 밀스)
amazon.com

카푸토 더블제로 밀가루, 산 펠리체 더블제로 밀가루
amazon.com / chefcentral.com / fgpizza.com

하베스트 킹 밀가루(제너럴 밀스)
amazon.com

고기

미국산 와규(고베 스타일) 구이용 허벅다리 바깥쪽 살
- 스네이크 리버 팜(Snake River Farms) 제품
snakeriverfarms.com

초리조(조리하지 않은 벌크 소시지)
fontanini.com

구안치알레
모르타델라
소프레사타 피칸테
제노아 살라미
초리조(절인 것)
프로슈토 디 파르마
프로슈토 코토
훈제한 판체타
framani.com / arthuravenue.com / amazon.com / creminelli.com

라르도
하몽 세라노
tienda.com

페퍼로니 천연 케이싱 - 에쪼(Ezzo) 제품
pennmac.com

페퍼로니 천연 케이싱 - 스위스 아메리칸 소시지 컴퍼니
(Swiss American Sausage Company) 제품
burkecorp.com

시즈닝(양념)

뇨라페퍼(간 것)
tienda.com

드라이 오레가노 줄기 - 투토 칼라브리아
(Tutto Calabria) 제품
fgpizza.com / mugnaini.com

말돈 소금
amazon.com / Whole Foods Markets

스파이스류
wholespice.com / amazon.com

으깬 핫칠리페퍼 – 투토 칼라브리아(Tutto Calabria) 제품
tuttocalabria.com / amazon.com

훈제 스위트 파프리카가루
tienda.com

스페셜 아이템

무화과잼 – 달마티아(Dalmatia) 제품
amazon.com / Whole Foods Market

블랙트러플 페이스트
amazon.com

블러드 오렌지 시럽 – 토라니(Torani) 제품
amazon.com

아마레나 체리
amazon.com

안초비(소금 절임)
안초비(오일 절임)
agostinorecca.com / amazon.com

안초비 – 칼라브레제
tuttocalabria.com

올리브(카스텔베트라노, 체리뇰라, 풀리에제)
pennmac.com

올리브오일(퓨어, 엑스트라버진)
– 필리포 베리오(Filippo Berio) 제품
올리브오일(엑스트라버진) – 사그라(Sagra) 제품
올리브오일 – 코르토(Corto) 제품
amazon.com

올리브오일(마무리용)
실로로 엑스트라버진(Siloro Extra Virgin)
casadecase.com

지아디니에라
fontanini.com

천연 케이싱(돼지창자) 32mm
amazon.com

페퍼듀페퍼
pennmac.com / amazon.com / Whole Foods Market

트러플오일(화이트)
amazon.com / Whole Foods Market

토마토 가공품

스트리아니즈 산 마르자노 토마노
fgpizza.com / mugnaini.com

비안코 디나폴리 유기농 토마토
pizzeriabianco.com / fgpizza.com

스타니슬라우스 발로로소
스타니슬라우스 사포리토
스타니슬라우스 슈퍼돌체
스타니슬라우스 알타 쿠치나
스타니슬라우스 토마토 매직
스타니슬라우스 7/11
에스칼론 본타 토마토 페이스트
에스칼론 크리스티나 유기농 그라운드 토마토
에스칼론 6 인 1 그라운드 토마토
escalon.net or pennmac.com

조리도구

고기 슬라이서
edgecraft.com

그릴 청소용 벽돌
amazon.com

나무 피자삽_ 40×46cm(16×18인치) 크기에
손잡이 61cm(24인치) – 얼라이드 메탈
(Allied Metal) 제품
amazon.com

내열 브러시
amazon.com

베이킹스틸
bakingsteel.com

볼 스크레이퍼
amazon.com

도우 커터
gimetalusa.com / fgpizza.com

도우 스크레이퍼 – 에피큐리언(Epicurean) 제품
epicureancs.com

도우 도커
fgpizza.com / amazon.com

도우 트레이, 덮개
doughmate.com

디트로이트팬 – 시즈닝된 디트로이트 스타일 피자
(Detroit Style Pizza) 제품
Detroitstylepizza.com

반달 피자커터 – 덱스터 러셀(Dexter-Russell) 제품
amazon.com

시칠리안팬_ 30×46cm(12×18인치) 블랙스틸
시카고 딥디시팬_ 33cm(13인치) 블랙스틸
콰트로 포르니팬_ 20×20cm(8×8인치) 정사각형
fgpizza.com

알루미늄 타공삽_ 지름 40cm(16인치) 크기에
손잡이 50cm(20인치) – 지아이 메탈(GI Metal) 제품
gimetalusa.com

오크통
barrelsonline.com

장작화덕 용품(애시 스크레이퍼, 바닥 청소용 브러시, 적외선
온도계, 팔리노 등)
mugnaini.com

전자저울
amazon.com

주물팬_ 30cm(12인치) 주물팬 – 롯지(Lodge) 제품
lodgemfg.com

킹사이즈 아이스큐브 트레이
amazon.com

피자스탠드 – 아메리칸 메탈크래프트
(American Metalcraft) 제품
amazon.com

피자스톤
amazon.com

감사의 말

이 책의 제작을 위해 2년이 넘는 기간 동안 도움을 준 모든 분들에게 깊은 감사의 마음을 전한다.

제작팀에게_ 레시피 작가이자 프로듀서인 수지 헬러(Susie Heller), 텍스트 작가 스티브 시겔만(Steve Siegelman), 디자이너 재닛 멈포드(Janet Mumford). 여러분들은 말 그대로 기술을 중시하는 참된 모델들이다.

토니스 피자 나폴레타나(Tony's Pizza Napoletana), 카포스(Capo's), 토니의 석탄화덕피자(Tony's Coal Fired Pizza), 토니스 노스비치(Tony's of North Beach), 토니스 슬라이스 하우스(Tony's Slice House), 피자 록 세크라멘토(Pizza Rock Sacramento), 피자 록 라스베이거스(Pizza Rock Las Vegas)에서 일하는 모든 직원들, 특히 로라 메이어(Laura Meyer), 티아고 바스콘첼로스(Thiago Vasconcelos), 마리오 아브루초(Mario Abruzzo), 매트 몰리나(Matt Molina), 엘머 메지카노스(Elmer Mejicanos), 루이스 발라데즈(Luis Valadez)는 많은 시간과 레시피를 공유해주었고 언제나 아낌 없는 우정과 지지를 보내주었다.

사진팀에게_ 현실적이면서도 미적인 감각을 동시에 표현해준 사진작가 사라 레밍턴(Sara Remington), 푸드 스타일리스트 에린 콴(Erin Quon), 소품 담당 스타일리스트 대니 피셔(Dani Fisher)와 젠 리안(Jen Ryan), 사진 보조 니콜 르완(Nicole Rejwan)과 로렌 재니(Luaren Janney), 푸드 스타일리스트 보조 로리 누노카와(Lori Nunokawa)에게 고마움을 전한다.

텐 스피드 프레스(Ten Speed Press)의 직원들에게_ 우리 일에 항상 열성적인 지원을 아끼지 않았던 아론 웨너(Aaron Wehner), 제니 와프너(Jenny Wapner), 해너 라힐(Hannah Rahill), 엠마 캄피온(Emma Campion), 나탈리 멀포드(Natalie Mulford), 애슐리 마터스작(Ashley Matuszak), 다니엘 위키(Daniel Wikey)에게 감사의 인사를 전한다.

테스트, 보완, 조언 담당 에이미 보글러(Amy Vogler), 편집 담당 샤론 실바(Sharon Silva), 테스트과정 동안 열심히 일하면서 지원을 아끼지 않았던 레베카 윌리스(Rebecca Willis), 조지 벨라즈키즈(Jorge Velazquez), 블레어 스캇(Blair Scott), 그리고 책 표지를 멋지게 디자인해준 르네 하코트(Renée Harcourt)에게도 감사를 전한다.

재료와 도구를 공급해주고 우리가 레시피를 테스트할 때 조언을 아끼지 않았던 거래처의 친구들에게_ 센트럴 밀링(Central Milling)의 니키 주스토(Nicky Guisto), 그랑데 치즈(Grande Cheese)의 데릴 곰리(Daryl Gormley), 머그나이니 장작화덕(Mugnaini Wood Fired Ovens)의 안드레아 머그나이니(Andrea Mugnaini), 푸드 프로덕트(Food Products), 스네이크 리버 팜(Snake River Farms), 지엘 메탈(GL Metal)에 있는 내 친구들, 그리고 셰프 디 페데(De Fede), 캐롤 블리미르(Carol Blymire), 클레이 맥라클란(Clay McLachlan)에게도 감사인사를 보낸다.

또한 나의 부모님 에일린(Eileen)과 프랭크(Frank)에게 감사한다. 그리고 그 누구보다도 나와 내가 만드는 피자를 사랑해주는 줄리(Julie)와 루시(Lucy)에게 깊은 감사를 보낸다.

INDEX

ㄱ

가브리엘레 본치(Gabriele Bonci) 235
감자
    구안치알레 & 퀘일에그 167-168
    뮌헨 249-251
    퍼플포테이토 & 판체타 141-142
거스 구에라(Gus Guerra) 71
계량 16, 311
구안치알레 & 퀘일에그 167-168
그랜드마 147-148
그레코 259-260
그릴피자
    그릴용 도우 265
    그릴 위에서 피자스톤을 사용할 경우 275
    그릴피자 기본 레시피 266-267
    생제르맹 바비큐 치킨 273-274
    스테이크 러버스 268-269
    역사 263
    인살라타 271
    팁 264
글렌 시불스키(Glenn Cybulski) 194
기술의 중요성 9

ㄴ

나폴리식 피자
    경연대회 192-194
    나폴리식 도우 195-196
    나폴리식 토마토소스 197
    마르게리타 213
    마르게리타 엑스트라 215
    마리나라 216
    마스투니콜라 219
    브로일 모드 210-211
    어울리는 와인 217
    장작화덕 202-209
네이시 푸글리시(Nacy Puglisi) 194
뉴요커 59-60
뉴욕-뉴저지 토마토소스 36, 61
뉴저지 토마토 파이 69
뉴헤이븐 위드 클램 67-68

ㄷ

달걀
    구안치알레 & 퀘일에그 167-168
    바르셀로나 245-247
닭고기
    생제르맹 바비큐 치킨 273-274

더 보우타이 284-285
더 브루클린 133
더블리너 253-255
더 와이즈 가이 120
더 카포네 121
도구 12-13, 313
도우
    가장자리를 편평하게 펴기 111
    그릴용 도우 265
    글루텐프리 187
    나폴리식 도우 195-196
    남은 도우 활용법 291-293
    냉동과 해동 57
    늘여 접기 방법 129
    도우에 구멍 내기 111
    로마식 도우 240-241
    만들기 15-16, 31-34
    멀티그레인 도우 159-160
    밀어 펴기 111
    발아밀 도우 188-189
    베이커스 퍼센티지 16-17, 310
    성형 38-41
    수분율 17
    스타터를 사용하지 않은 마스터 도우 56
    스타터를 사용하지 않은 시칠리안 도우 128
    스타터를 사용한 마스터 도우 52-53
    스타터를 사용한 시칠리안 도우 126-127
    시칠리안 도우 미리 굽기 130-132
    시카고 딥디시 도우 82-83
    시카고 스터프트 도우 84
    아인콘 도우 186-187
    오토리즈법 17
    유기농 도우 181-183
    잘라서 다듬기 111
    재료 19-24
    재료 계량하기 16
    채식주의자를 위한 딥디시 피자도우 83
    크래커신 도우 105
    호라산 도우 184-185
    참조 → 스타터
도우 커터 13
돼지고기
    뮌헨 249-251
    스위트 펜넬 소시지 62
    칼라브레제 허니 소시지 63
    참조 → 베이컨, 햄, 판체타, 프로슈토, 소시지

드레싱
    러시안 드레싱 254
    시트러스 비네그레트 271
디트로이트 레드 탑 71-72
딥디시 피자
    딥디시 토마토소스 85
    시카고 딥디시 도우 82-83
    시카고 딥디시 위드 스피니치 & 리코타 89-91
    시카고 딥디시 위드 칼라브레제 & 펜넬 소시지 86-87
    역사 74, 77
    채식주의자를 위한 딥디시 피자도우 83
    팁 80-81

ㄹ

라 레지나 143-145
라이 위스키
    더 와이즈 가이 120
    더 카포네 121
라이 풀리시 160
라즈베리
    인살라타 271
라파엘레 에스포지토(Raffaele Esposito) 213
러시안 드레싱 254
로라 메이어(Laura Meyer) 143
로마식 피자
    로마식 도우 240-241
    만들기 238
    피자 로마나 235-237
롤
    소시지롤 289-290
    페퍼롤리 286-287
루디 말나티(Rudy Malnati) 77
루카 225-226
루콜라
    인살라타 271
    프로슈토 & 루콜라 피자 46
리미니 227-228
리코타 크림 99
릭 리카르도(Ric Riccardo) 77

ㅁ

마늘
    갈릭 노트 291-292
    갈릭오일 37
    구운 마늘 217
마르게리타 213
    마르게리타 엑스트라 215

어울리는 와인 217
마리나라 216
마리오 아브루초(Mario Abruzzo) 114
마스투니콜라 219
망고
    망고 살사 268
    스테이크 러버스 268-269
멀티그레인 도우 159-160
모르타델라 & 치즈 칼조네위치 282-283
몰트 24
무화과
    칼-이탈리아 157-158
    피그, 아몬드, 몬터레이 잭 179-180
    피자 로마나 235-237
물 20
뮌헨 249-251
미트볼 295-296
    미트볼 마리나라 298
    미트볼 지간테 297
    미트볼 칼조네 280-281
    풀리 스터프트 95-99
민들레잎
    오가닉 3치즈 173-175
밀가루
    계량 16
    단백질 함량 20, 22-23
    스톤 그라운드 158
    종류 19-20, 22-23

ㅂ

바르셀로나 245-247
바비큐소스 273
바질
    마르게리타 213
    마르게리타 엑스트라 215
    마스투니콜라 219
    바질 페스토 142
발사믹 글레이즈 139
버번
    더 메이드 맨 119
버섯
    머시룸, 판체타, 로비올라 소스 299
    버섯 소테 97
    파리지앵 257-258
    풀리 스터프트 95-99
베르무트
    더 메이드 맨 119
베이커스 퍼센티지 16-17, 310
베이컨

구안치알레 & 퀘일에그 167-168
뉴헤이븐 위드 클램 67-68
베이컨 트위스트 292-293
에디 먼스터 165-166
베이킹스틸 13
벤치 스크레이퍼 13
볼 스크레이퍼 13
부라티나 디 마르게리타 137-139
브랜디
    더 메이드 맨 119
    시카고 칵테일 121
브랜 스타터 183
브레드
    애프터스쿨 치아바타 피자 308
    양념한 브레드 크럼 295
    치아바타 306-307
    포카치아 302
    참조 → 샌드위치
빌리 만조(Billy Manzo) 194

ㅅ

사르데냐 234
샌드위치
    모르타델라 & 치즈 칼조네위치 282-283
    이탈리안 비프 샌드위치 117
    포카치아 305
생제르맹 바비큐 치킨 273-274
세인트루이스 74-75
    세인트루이스 토마토소스 75
소고기
    더블리너 253-255
    미트볼 295-296
    미트볼 지간테 297
    미트볼 칼조네 280-281
    스테이크 러버스 268-269
    이탈리안 비프 114-116
    이탈리안 비프 샌드위치 117
    이탈리안 스탤리온 112-113
    콘비프 253-254
    풀리 스터프트 95-99
소금 24
소스
    나폴리식 토마토소스 197
    뉴욕-뉴저지 토마토소스 36, 61
    딥디시 토마토소스 85
    만들기 34
    망고 살사 268
    머시룸, 판체타, 로비올라 소스 299
    미트볼 마리나라 298

바르셀로나소스 245-247
바비큐소스 273
바질 페스토 142
세인트루이스 토마토소스 75
시칠리안 토마토소스 134
얼리 걸 토마토소스 149
크래커신 토마토소스 107
토마토소스 72
토마토에 대해 25-26
퓌레 만들기와 섞기 36
소시지
    구안치알레 & 퀘일에그 167-168
    뉴요커 59-60
    더 보우타이 284-285
    라 레지나 143-145
    모르타델라 & 치즈 칼조네위치 282-283
    미트볼 295-296
    미트볼 지간테 297
    미트볼 칼조네 280-281
    바르셀로나 245-247
    세인트루이스 74-75
    소시지롤 289-290
    소시지 피자 38
    스위트 펜넬 소시지 62
    시카고 딥디시 위드 칼라브레제 & 펜넬 소시지 86-87
    이탈리안 스탤리온 112-113
    칼라브레제「디아볼라」230-231
    칼라브레제 허니 소시지 63
    캐스트아이언 스킬렛 101-103
    케이싱하기 64-65
    크래커신 위드 펜넬 소시지 106-107
    페퍼로니 & 소시지 135
    포카치나 305
    풀리 스터프트 95-99
    피자 로마나 235-237
    활용법 65
    참조 → 페퍼로니
송아지고기
    미트볼 295-296
    미트볼 지간테 297
    미트볼 칼조네 280-281
    풀리 스터프트 95-99
숀 란다조(Shawn Randazzo) 71
스타터
    다루기 55
    라이 풀리시 160
    만들기 21
    브랜 스타터 183

티가 54
풀리시 55
활용 21
스타터를 사용하지 않은 마스터 도우 56
스타터를 사용한 마스터 도우 52-53
스터프트 피자
    만들기 92-93
    시카고 스터프트 도우 84
    풀리 스터프트 95-99
스테이크 러버스 268-269
시금치
    스피니치 칼조네 280-281
    시금치 소테 91
    시카고 딥디시 위드 스피니치&리코타 89-91
    프랭크 니티 109-110
시럽
    심플 시럽 75
    캄파리 시럽 171
시모네 파도안(Simone Padoan) 158
시칠리아식 피자
    그랜드마 147-148
    더 브루클린 133
    라 레지나 143-145
    만들기 124
    부라티나 디 마르게리타 137-139
    스타터를 사용하지 않은 시칠리안 도우 128
    스타터를 사용한 시칠리안 도우 126-127
    시칠리안 도우 미리 굽기 130-132
    시칠리안 토마토소스 134
    역사 123-124
    정의 124
    콰트로 포르니 151-153
    팁 125
    퍼플포테이토&판체타 141-142
    페퍼로니&소시지 135
시카고식 피자
    딥디시 팁 80
    시카고 딥디시 도우 82-83
    시카고 딥디시 위드 스피니치&리코타 89-91
    시카고 딥디시 위드 칼라브레제&펜넬 소시지 86-87
    시카고 스터프트 도우 84
    역사 77, 79
    이탈리안 스탤리온 112-113
    채식주의를 위한 딥디시 피자도우 83
    캐스트아이언 스킬렛 101-103
    크래커신 도우 105
    크래커신 위드 펜넬 소시지 106-107
    크래커신 팁 104

풀리 스터프트 95-99
프랭크 니티 109-110
시카고 칵테일 121
시트러스 비네그레트 271
심플 시럽 75

ㅇ
아몬드
    인살라타 271
    피그, 아몬드, 몬터레이 잭 179-180
아인콘 도우 186-187
안초비
    안초비 크림 232
    콰트로 안초비 232-233
애프터스쿨 치아바타 피자 308
양배추
    더블리너 253-255
    뮌헨 249-251
    코울슬로 255
양파
    양파 소테 97
    풀리 스터프트 95-99
    허니 파이 161-163
얼리 걸 토마토소스 149
에그플랜트&올리브 176-177
에디 먼스터 165-166
에스카롤
    캄파리 171-172
엘머 메지카노스(Elmer Mejicanos) 119
오가닉 3치즈 173-175
오일
    갈릭오일 37
    종류 24
    핫페퍼오일 231
오토리즈법 17
올리브
    그레코 259-260
    루카 225-226
    부라티나 디 마르게리타 137-139
    에그플랜트&올리브 176-177
    오일 24
    포카치아 302
    피자 로마나 235-237
워터크레스
    피그, 아몬드, 몬터레이 잭 179-180
유기농 도우 181-183
이스트
    종류 20-21
    활성화 31

이크 스웰(Ike Sewell) 77
이탈리안 비프 114-116
    이탈리안 비프 샌드위치 117
    이탈리안 스탤리온 112-113
인살라타 271

ㅈ
장작화덕피자 202-209
재료
    계량 16, 30, 311
    품질 19
제프 스모케비치(Jeff Smokevitch) 71
젠나로 롬바르디(Gennaro Lombardi) 49, 59
조개
    뉴헤이븐 위드 클램 67-68
조안 킬린(Johanne Killeen) 263
조지 저먼(George Germon) 263
조 칼루치(Joe Carlucci) 137
주키니
    그레코 259-260
짤주머니 96

ㅊ
치아바타 306-307
치즈 26
    더블리너 253-255
    리코타 크림 99
    머시룸, 판체타, 로비올라 소스 299
    모르타델라&치즈 칼조네위치 282-283
    모차렐라치즈 198-201
    시카고 딥디시 위드 스피니치&리코타 89-91
    에디 먼스터 165-166
    오가닉 3치즈 173-175
    피그, 아몬드, 몬터레이 잭 179-180

ㅋ
칵테일
    더 메이드 맨 119
    더 와이즈 가이 120
    더 카포네 121
    시카고 칵테일 121
칼라브레제「디아볼라」 230-231
칼라브레제 허니 소시지 63
칼조네
    더 보우타이 284-285
    모르타델라&치즈 칼조네위치 282-283
    미트볼 칼조네 280-281
    스피니치 칼조네 280-281
    칼조네 위드 미트볼 or 스피니치 280-281

캄파리 171-172
캘리포니아 스타일 피자
    구안치알레 & 퀘일에그 167-168
    멀티그레인 도우 159-160
    에그플랜트 & 올리브 176-177
    에디 먼스터 165-166
    오가닉 3치즈 173-175
    정의 155
    칼-이탈리아 157-158
    캄파리 171-172
    피그, 아몬드, 몬터레이 잭 179-180
    허니 파이 161-163
캐스트아이언 스킬렛 101-103
코냑
    더 메이드 맨 119
    시카고 칵테일 121
코울슬로 255
콘비프 253-254
콰트로 안초비 232-233
콰트로 포르니 151-153
퀴노아 185
크래커신 피자
    이탈리안 스탤리온 112-113
    크래커신 도우 105
    크래커신 위드 펜넬 소시지 106-107
    크래커신 토마토소스 107
    팁 104
    프랭크 니티 109-110

ㅌ
토니 팔롬비노(Tony Palombino) 194
토마토 25-26
    그랜드마 147-148
    나폴리식 토마토소스 197
    뉴요커 59-60
    뉴욕-뉴저지 토마토소스 36, 61
    뉴저지 토마토 파이 69
    더 브루클린 133
    디트로이트 레드 탑 71-72
    딥디시 토마토소스 85
    라 레지나 143-145
    루카 225-226
    마르게리타 213
    마르게리타 엑스트라 215
    마리나라 216
    미트볼 마리나라 298
    바르셀로나 245-247
    부라티나 디 마르게리타 137-139

세인트루이스 74-75
세인트루이스 토마토소스 75
소시지 피자 38
손으로 으깬 토마토 36
시칠리안 토마토소스 134
시카고 딥디시 위드 스피니치 & 리코타 89-91
시카고 딥디시 위드 칼라브레제 & 펜넬 소시지 86-87
애프터스쿨 치아바타 피자 308
얼리 걸 토마토소스 149
장작화덕에 구운 방울토마토 214
칼라브레제 「디아볼라」 230-231
캐스트아이언 스킬렛 101-103
콰트로 포르니 151-153
크래커신 위드 펜넬 소시지 106-107
크래커신 토마토소스 107
토마토소스 72
페퍼로니 & 소시지 135
페퍼로니 피자 38
포카치아 305
풀리 스터프트 95-99
프랭크 니티 109-110
프로슈토 & 루콜라 피자 46
피자 로마나 235-237
티가 54
티아고 바스콘첼로스(Thiago Vasconcelos) 59

ㅍ
파리지앵 257-258
판체타
    머시룸, 판체타, 로비올라 소스 299
    캄파리 171-172
    퍼플포테이토 & 판체타 141-142
팬 91
페퍼
    그레코 259-260
    더블리너 253-255
    붉은피망 소테 98
    이탈리안 비프 샌드위치 117
    이탈리안 스탤리온 112-113
    캄파리 171-172
    캐스트아이언 스킬렛 101-103
    페퍼듀 113
    포카치나 305
    풀리 스터프트 95-99
    핫페퍼오일 231
페퍼로니 287
    뉴요커 59-60

더 보우타이 284-285
애프터스쿨 치아바타 피자 308
페퍼로니 & 소시지 135
페퍼로니 피자 38
페퍼롤리 286-287
풀리 스터프트 95-99
포카치아 302
포카치나 305
풀리 스터프트 95-99
풀리시 55
    라이 풀리시 160
프랭크 니티(Frank Nitti) 109-110
프랭크 페페(Frank Pepe) 67
프로슈토
    라 레지나 143-145
    리미니 227-228
    모르타델라 & 치즈 칼조네위치 282-283
    칼-이탈리아 157-158
    콰트로 포르니 151-153
    포카치나 305
    프로슈토 & 루콜라 피자 46
    피자 로마나 235-237
피자
    만들기 29-46
    상대성 27
    슬라이스하기 13, 45
    십계명 47
    이탈리아에서 221, 223
    평가 45
    참조 → 도우, 소스, 개별 레시피와 스타일
피자삽 13
피자 스탠드 13
피자스톤
    그릴 위에서 사용할 경우 275
    베이킹스틸과의 비교 13
    청소 46
피자 커터
    반달 피자커터 13

ㅎ
햄
    리미니 227-228
    바르셀로나 245-247
    참고 → 프로슈토
허니 파이 161-163
호라산 도우 184-185
호박
    그레코 259-260

펴낸이 유재영 | 펴낸곳 그린쿡 | 지은이 토니 제미냐니 | 옮긴이 김찬숙
기 획 이화진 | 편 집 나진이 | 디자인 정민애

1판 1쇄 2017년 7월 10일
1판 5쇄 2025년 9월 1일

출판등록 1987년 11월 27일 제 10-149
주소 04083 서울 마포구 토정로 53 (합정동)
전화 324-6130, 6131
팩스 324-6135
E 메일 dhsbook@hanmail.net
홈페이지 www.donghaksa.co.kr
www.green-home.co.kr
페이스북 www.facebook.com / greenhomecook
인스타그램 www.instagram.com / _ _greencook

ISBN 978-89-7190-595-1 13590

- 이 책은 실로 꿰맨 사철제본으로 튼튼합니다.
- 잘못된 책은 구매처에서 교환하시고, 출판사 교환이 필요할 경우에는 사유를 적어 도서와 함께 위의 주소로 보내주세요.

THE PIZZA BIBLE : The World's Favorite Pizza Styles, from Neapolitan,
Deep-Dish, Wood-Fired, Sicilian, Calzones and Focaccia to New York, New Haven, Detroit, and more
Copyright © 2014 by Tony Gemignani
Photographs copyright © 2014 by Sara Remington
All rights reserved.

This translation published by Donghak Publishing Co., Ltd./GREENCOOK in 2017 by arrangement with Ten Speed Press,
an imprint of the Crown Publishing Group, a division of Penguin Random House LLC through KCC(Korea Copyright Center Inc.), Seoul.

이 책은 ㈜한국저작권센터(KCC)를 통한 저작권자와의 독점계약으로 주식회사 동학사(그린쿡)에서 출간되었습니다.
저작권법에 의해 한국 내에서 보호를 받는 저작물이므로 무단전재와 복제를 금합니다.

옮긴이 김찬숙_ 대학 졸업 후 요리에 관심을 가져 외국 유명 셰프의 책을 보면서 요리와 베이킹을 공부하였으며, 이후 SFBI(San Francisco Baking Institute)에서 본격적으로 베이킹 수업을 들었다. 국내에서 베이커리를 열어 오너셰프로 일하였으며, 신세계 아카데미 본점에서 베이킹 강사로도 활동하였다. 지금은 그동안 베이킹을 공부하면서 국내에 소개하고 싶었던 책들을 번역하는 일에 집중하고 있다. 번역서로 『밀가루 물 소금 이스트』가 있다.

La Bibbia della Pizza